KB039018

윤병웅의
야구기록과 기록 사이
2

BASEBALL
SCORING RECORD

윤병웅의
야구기록과 기록 사이 2

The Between the Baseball Scoring & Record 2

추천사

2023년 10월 KBO 총재

허구연

　이 책의 저자 윤병웅 기록위원은 1990년부터 34년간 3000경기가 넘는 프로야구 경기를 기록해 왔습니다. KBO리그가 올해로 42년째를 맞이한 것을 감안하면, 말 그대로 프로야구의 산증인입니다.

　수십 년간, 수천 경기 중에서 이렇게 정확하고, 재미있는 이야기로 풀어낼 수 있는 건 바로 경기마다 작성되는 '기록'이 있기 때문입니다. 기록지에 작성된 건 단순한 기호와 숫자이지만, 그 속에는 복잡한 과정과 결과, 야구의 역사가 담겨 있습니다.

　기록지에는 직접 표기되지 않는 이야기가 참으로 많고 다양합니다. 저자가 한순간도 놓치지 않고 모든 상황을 기록해야 하는 기록원이기에 이런 이야기를 가장 잘 기억하고, 풀어낼 수 있는 것 같습니다.

　그 이야기를 2012년에 이어 또다시 만나볼 수 있게 되어 야구를 사랑하는 사람으로서 무척 반갑습니다. 이 책은 새로운 야구기록이고, 기록은 야구를 더 재미있게 만듭니다. 저와 야구팬들에게 또 다른 즐거움을 선사해 주셔서 고맙습니다.

프롤로그

2012년 초여름, 야구기록에 관한 ≪OSEN≫ 연재 글의 일부를 모아 『윤병웅의 야구기록과 기록 사이』를 처음 펴낸 이후 10년이 넘는 세월이 흘렀다.

돌아보면 프로야구가 출범한 1982년 1군 총경기 수가 240경기(6개 구단)였던 것이 지금은 정확히 세 배인 720경기(10개 구단)에 이를 만큼 양적 팽창도 이루어졌고, 늘어난 경기 수에 비례한 사건·사고뿐만 아니라 야구기록이나 야구 규칙을 둘러싼 일화 역시 해마다 끊이지 않고 풍성함을 더해 왔다.

프로야구가 통산 2만 경기를 넘겼을 만큼 그간 많은 야구 경기가 펼쳐지며 제도적으로 안정화 단계에 접어들었지만 야구기록과 규칙·규정들을 둘러싼 해프닝은 40년이 흐른 현재에도 여전히 진행형이다. 그만큼 알면 알수록, 파고 들면 파고 들수록 야구 규칙은 더 복잡해지고 어려워져만 간다.

처음 야구기록에 입문했을 때 대략 10년쯤 출장 경력이 쌓이면 일이 어느 정도 쉬워질 것이라 생각했었다. 하지만 생각했던 시기에 이르렀을 즈음 규칙 앞에서 오히려 데뷔 때보다 더욱 혼란스러워진 나를 발견할 수 있었다. 거기에 또 10년을 더해 20년을 스쳐 갈 즈음엔 아직도 이론적으로 스스로를 제대로 정립해 놓지 못한 부분이 산재해 있음을 발견하고 또 한 번 마음속으로 깊은 좌절을 느껴야 했다.

그리고 이제 또 하나의 현실로 마주한 공식기록원 생활 30여 년. 경기 수로만 따져도 3000여 경기. 아주 멀리 왔다고, 아주 높이 올랐다고 생각했는데, 어느 가수의 노랫말처럼 뒤돌아보니 돌아볼 곳도, 내려다볼 곳도 별로 없었다.

인류의 역사도 어느 시점에 완성되는 것이 아닌 것처럼 야구기록 역시 그랬다. 이것만 보완하면, 이것만 외우면 되겠다 싶었지만 시간이 지나고 보면 그것은 과정의 극히 일부에 지나지 않았다.

야구기록이나 야구 규칙 역시 끊임없이 진화하며 시대의 흐름과 양상에 따라 옷을 연신 갈아입는다. 이에 더해 문명의 이기가 더해질수록 옷을 갈아입는 속도 역시 예전과는 비교조차 할 수 없을 정도로 무척 빠르다. 치열한 고민과 적응 없이 과거의 방식과 이론 고수에만 의지하고 집착하는 순간, 야구는 어느덧 생명력을 잃은 죽은 야구가 되고 만다. 기록도 그렇다.

'오심도 경기의 일부'라고 믿었던 때가 오래전이 아닌데 지금은 아주 낡고 때묻은, 현실과 거리가 먼 이끼 덮인 옛말이 되어버렸다. 그 대신 "역사는 바로 쓰여야 한다"라는 명제가 문명의 힘을 입고 도도한 장강의 물결이 되어 야구의 속살을 파고들었다. 그런 시대 속에 우리가 살고 있고 야구기록도 그 물살을 타고 흐른다. 미래의 야구는, 야구기록은 또 어떤 얼굴을 하고 있을지…….

좀 더 합리적이고 보편타당한 규칙과 기록 이론을 찾아내고자 치열하게 고민하고 씨름해 온 지난 세월을 다 담을 수는 없지만, 굵직했던 야구기록에 대한 인식 변화의 흐름과 맥에 대한 진지한 고민을 이 책을 통해 다시 한번 담고자 했다. 덧붙여 미처 다 풀어내지 못한 부분과 장차 다가올 야구기록의 새로운 모습들은 또 한 번의 환한 빛을 위한 불씨로 남겨두려 한다.

　끝으로 『윤병웅의 야구기록과 기록 사이』 1, 2가 세상에 나올 수 있도록 애써준 한울엠플러스㈜를 비롯해 출간하기까지 게을러지는 마음을 다잡게 해준 동료 기록원들과 전문기록원 과정 모임인 '위드(WITH)' 회원들, 그리고 야구기록과 통계에 관한 밤낮 없는 고민과 새로운 시도로 기록의 기술적 발전을 위해 함께 달려주고 있는 ㈜스포츠투아이, 야구에 대한 열정과 기록(scoring)에 대한 각별한 사랑으로 귀한 시간을 내어 기록강습회와 전문기록원 과정을 찾아주었던 수많은 야구팬 분들께도 지면을 통해서나마 고마운 마음을 전하고자 한다.

　아울러 부족함이 많은 야구기록에 관한 글 조각들이 한곳에 모일 수 있도록 번듯한 둥지를 마련하는 데 큰 힘이 되어주신 KBO 허구연 총재님과 유대환 사무총장님께도 존경과 함께 깊은 감사의 말씀을 전해 올리고 싶다.

2023년 10월 KBO 기록위원회

윤병웅

차 례

PART 02   야구 경기의 블랙홀, '룰(Rule)'

PART 03 기록적인 그러나 인간적인 …

야구를 하는 것이 즐겁지 않은 일이 되었다면,
그것은 나에게 있어서 더 이상 야구가 아니다

조 디마지오

공식기록원은
우산과 소금 장수 중 어느 편?

　야구에서 '대기록'이라고 하면 구체적으로 그건 어떤 범주의 기록들을 말하는 것일까? 비슷한 느낌에는 '진기록'이라는 말도 있다. 이를 아주 간단히 비교하자면 진기록은 자주 보기 어려운 기록, 대기록은 웬만해선 좀처럼 이뤄내기 어려운 기록 정도로 정의할 수 있겠다. 그중 흔히 '대기록' 하면 야구팬들이 반사적으로 가장 먼저 떠올릴 수 있는 것은 아마도 홈런에 관한 기록들일 것이다.

　한국프로야구는 지난 2003년 삼성 라이온즈의 이승엽이 일본의 왕정치가 가지고 있던 55호 홈런 기록을 넘어 아시아 최다 기록인 56호 홈런을 쳐내는 장면을 벅찬 감정으로 지켜봤다. 야구계뿐만 아니라 온 나라가 이 홈런 하나로 들썩였던 행복한 기억이었다. 비록 금지 약물 스캔들로 기록의 의미가 완전히 퇴색하기는 했지만 미국의 배리 본즈(샌프란시스코 자이언츠)가 2001년에 무려 73개라는 소나기 홈런을 몰아치며 메이저리그의 한 시즌 최다 홈런 기록을 갈아치웠을 때도 미국 야구팬들은 물론이고 세계의 야구팬들은 배리 본즈의 홈런 기록 앞에 흥분을 감추지 못했었다. 그러나 야구 경기를 역사로 남기는 역할을 맡고 있는 공식기록원으로서는 이와 같은 홈런에 대한 대기록에는 직분상 어떠한 영향도 미칠 수 없고, 단지 대기록의 순간을 역사의 한 페이지로 적어놓는 것에 만족할 뿐이다.

야구에서 대기록으로 인정받을 수 있는 종류는 생각보다 훨씬 많다. KBO리그만을 놓고 봐도, 1982년 원년에 백인천(당시 MBC 청룡) 감독 겸 선수가 기록한 4할대 타율(0.412), 1983년 삼미 슈퍼스타즈의 재일동포 투수 장명부가 거둔 한 시즌 30승, 선동렬(당시 해태 타이거즈) 선수의 통산 세 번에 걸친 한 시즌 0점대 방어율 기록(1986년 0.99, 1987년 0.89, 1993년 0.78), 2002년 최태원(SK 와이번스) 선수의 1000경기 연속 출장, 2004년 박종호(삼성 라이온즈)의 39경기 연속 안타, 2014년 서건창(당시 넥센 히어로즈)의 시즌 200안타 돌파 등 적지 않은 대기록이 탄생되었고, 또 앞으로도 숱한 대기록들이 세월을 거듭하며 쌓여갈 것이다.

다만 대기록 얘기에서 한 가지 아쉬운 점은, 우리나라에서는 2023년 현재 만 40년이 지나도록 단 한 번의 퍼펙트게임도 나오지 않고 있다는 점이다. 한 투수가 한 경기에서 상대 팀의 타자에게 단 한 명의 출루도 허용치 않고 완벽하게 아웃카운트 27개(연장전의 경우 그 이상이 될 수도 있다)를 잡아내 경기를 마무리 짓는 기록으로 '퍼펙트게임'은 그야말로 야구 대기록 분야의 하이라이트이자 백미다[2군 경기에 해당하는 퓨처스리그에서는 롯데 이용훈 선수가 2011년 9월 17일 대전구장에서 열린 한화 이글스전(4 : 0 승)에서 KBO 최초의 퍼펙트게임을 달성한 바 있다].

하지만 투수에게는 꿈의 기록이라 할 수 있는 이러한 퍼펙트게임도 공식기록원으로서는 그저 구경꾼에 불과하다. 물론 구경할 수 있는 기회를 얻었다는 것만으로도 엄청난 영광이겠지만 ……. 퍼펙트게임보다 난도가 한 수 아래지만 역시 귀한 대기록으로 인정받는 투수의 노히트노런은 국내에서 총 14차례(1996년 한국시리즈 4차전에서 세운 현대 정명원의 기록은 제외)가 기록되었다.

그런데 홈런이나 퍼펙트게임과는 달리 노히트노런이나 연속 경기 안타 기록에 공식기록원이 미치는 영향은 때에 따라서는 가히 절대적이 될 수도 있다. 가령 노히트노런 기록이 유지되고 있는 상황에서 9회 2사 후, 타자의 타구를 야수가 잡다가 놓쳤다고 가정해 보자. 평범한 땅볼이나 플라이 타구였다면 간단하게 실책으로 기록해 노히트노런 기록이 유지되겠지만, 만일 타구의 코스나 타구의 강도 등이 안타의 냄새가 조금이라도 들어갈 소지가 있는 모호한 타구였다고 한다면, 공식기록원이 어떻게 생각하고 판단을 내리느냐에 따라서 노히트노런 기록이 유지될 수도 있고, 그 시점에서 깨질 수도 있는 것이다. 모든 선수와 야구팬들의 시선이 전광판에 고정된 순간, 공식기록원은 길어야 10초도 안 되는 그 짧은 시간에 결과의 잘잘못을 떠나 일단 역사에 남을 수도 있는 판정을 내려야만 한다.

문제는 여기에 있다. 노히트노런 행진 중인 투수 개인의 기록 달성 여부도 물론 중요하지만, 현재 노히트노런의 수모를 당하고 있는 상대 팀의 처지에서도 한 치의 심적인 여유가 없다. 어떠한 판정이 내려지든 간에 불리한쪽은 일정 부분 불만이 있을 수밖에 없다. 안타로 기록할 경우 노히트노런을 기록 중인 팀에서 난리가 날 것이고, 실책으로 기록할 경우에는 노히트노런을 당하고 있는 팀에서 민감하게 반응할 것이 뻔하다(기록이의신청제도 시행으로 현장에서 격하게 반응할 일은 없어졌다. 판정이 마음에 안 들면 이의신청으로 가는 길이 새로 생겼으니 말이다). 생각하기에 따라서 실책으로 볼 수도 있고 안타로 볼 수도 있는 타구(기록원들만의 언어로는 흔히 5 : 5 라고 한다)라면 당신이 공식기록원의 자리에 있다고 가정할 때 과연 어떤 판정을 내릴 것인가?

예전부터 전해져 내려오는 이야기 중에 「우산 장수와 소금 장수의 두 아들을 둔 할머니 이야기」에 관한 내용이 생각이 난다. 어떤 할머니가 아들 둘이 있었는데, 한 아들은 우산을 팔고 한 아들은 소금을 파는 아들이었다. 할머니는 비가 오는 날이면 소금 장수 아들의 소금이 빗물에 녹을까 걱정하고, 해가 쨍쨍 내리쬐는 날에는 우산 장수 아들의 장사가 안 될까

봐 걱정을 했다. 그러자 동네 사람이 걱정을 달고 사는 할머니에게 이런 얘기를 했다고 한다.

"비가 오면 우산 장수 아들이 장사가 잘되겠구나 하고 생각하고, 비가 안 오면 소금 장수 아들이 문제없겠구나 하고 생각해야 마음이 편해집니다."

가만 생각해 보면 이 이야기에서 어렴풋이 지혜를 얻을 수도 있을 것 같다.

결론적으로, 앞서 말한 바와 같이 정말 애매한 상황이라면 대기록을 깨는 방향으로 공식기록원이 판정을 내리지는 않을 것이다.

아, 오해는 금물! 이는 특정 기록을 밀어준다거나 만들어준다는 뜻이 결코 아니다. 대기록을 향한 그 선수나 팀의 노력에 지대한 영향을 미치지 않는 사소한 장애물은 긍정적인 방향으로 애써 무시할 수도 있다는 것이다. 대기록은 아무 때나 이루어질 수 있는 것이 아니다. 그 기회가 자주 오는 것도 아니며 실력 없이 운으로만 찾아오지도 않는다. 그렇게 어렵사리 찾아온 기회를 기록판정관이라고 해서 사명감이나 책임감 없이 쉽사리 섣부른 결정을 내려 대기록을 무산시킬 수는 없는 일이다.

반면 그 기록을 중단시킬 만한 충분한 근거가 있다면 과감히 그 기록의 가치를 위해서라도 중단시켜야 한다. 물론 진행 중인 대기록을 공식기록원의 손으로 중단시키는 일은 신중하고 또 신중해야 한다. 플레이의 주인공인 선수들 당사자가 아닌, '공식기록원 때문에 대기록이 허무하게 날아갔다'라는 말이 나와서는 안 되지 않겠는가?

공정함을 목숨으로 아는 공식기록원이나 심판원도 마음속으로는 대기록을 기다린다. 다만 그 기다림은 대기록이 판정관의 도움을 필요로 하는 상황으로 번지지 않고, 선수들의 자력에 의해 순수히 탄생되길 바라는 기다림일 뿐이다.

KBO리그 정규리그 역대 노히트노런(2023년 현재)

NO	일자	소속	투수명	포수명	상대 팀	구장	스코어	내용
1	1984.5.5	해태	방수원	유승안	삼미	무등	5 : 0	6K,3BB
2	1986.6.5	롯데	김정행	한문연, 김용운	빙그레	사직	8 : 0	5K,4BB
3	1988.4.2	OB	장호연	김경문	롯데	사직	4 : 0	3BB
4	1988.4.17	빙그레	이동석	유승안	해태	무등	1 : 0	5K,2E
5	1989.7.6	해태	선동열	장채근	삼성	무등	10 : 0	9K,3BB
6	1990.8.8	삼성	이태일	이만수	롯데	사직	8 : 0	4K,3BB
7	1993.4.30	쌍방울	김원형	김충민	OB	전주	3 : 0	6K,1BB
8	1993.9.9	LG	김태원	김동수	쌍방울	잠실	9 : 0	4K,3BB
9	1997.5.23	한화	정민철	강인권	OB	대전	8 : 0	8K
10	2000.5.18	한화	송진우	강인권	해태	무등	6 : 0	6K,3BB
11	2014.6.24	NC	찰리	김태군	LG	잠실	6 : 0	7K,3BB
12	2015.4.9	두산	마야	양의지	넥센	잠실	1 : 0	8K, 3BB
13	2016.6.30	두산	보우덴	양의지	NC	잠실	4 : 0	9K, 4BB
14	2019.4.21	삼성	맥과이어	강민호	한화	대구	16 : 0	13K, 2BB
*	1996.10.20 (KS4차전)	현대	정명원	김형남	해태	인천	4 : 0	9K,3BB

* 별표는 포스트시즌 경기다.

오선진의 맨손 수비에 낚인
기록원과 노히트노런

늘 염려하던 일이었다. 조심스러울 수밖에 없어 마인드 컨트롤 하듯 스스로를 가상의 대기록 진행 상황에 몰아넣고 판정과 관련한 이미지 트레이닝을 수도 없이 했던 그런 낯설지 않은 상황. 그러면서도 내 앞에서는 절대로 벌어지지 않기를 바라왔던 상황이었는데, 경력 30년의 기록원이 무너진(?) 것은 한순간이었다.

일상적으로 반복되는 야구 경기이지만, 기록원에게도 나름 그해의 경기 흐름이라는 것이 존재한다. 이를테면 자꾸만 연장전 경기가 걸린다든지, 맡는 경기마다 경기시간이 길어져 꼴찌로 끝난다거나, 경기에서 사건·사고가 유독 자주 일어난다든지 하는 식이다.

2019 시즌, 서서히 무더워지는 초여름으로 돌입할 즈음, 담당하는 경기에서 약간 이상한 흐름이 감지되고 있었다. 그건 평소에는 잘 일어나지 않는 선발투수들의 호투가 경기 중반까지 이어지는 경기가 유독 잦다는 불길한 느낌이었다. 팀들마다 선발투수층이 얇다는 것과 과거에 비해 타자들의 파워 증가로 공격력이 엄청나게 강해졌다는 사실이 맞물려 투수전 양상의 경기를 보기 어려워진 것이 요즘 야구인데, 어찌 된 일인지 만나는

경기마다 선발투수들이 5이닝 노히트노런급의 투구 내용을 이어가는 일이 자주 나타나곤 했던 것이다. 물론 경기 내용 자체가 깔끔하게 전개되다 보니 경기시간이 늘어지지 않아 좋긴 했지만, 기록원으로서는 늘 좌불안석일 수밖에 없는 상황의 연속이었다.

그러던 5월 18일, 고척 스카이돔에서 열린 키움과 롯데의 경기에서 키움의 선발투수 최원태는 4회 초까지는 퍼펙트, 6회 초 1사까지는 노히트노런 기록을 유지하는 압도적인 투구 내용으로 롯데 팀 타선을 바짝 옭아매고 있었다. 계속해서 타석에 들어선 롯데의 신본기가 유격수 김혜성 쪽으로 땅볼타구를 날렸고, 김혜성은 3루 쪽으로 스텝을 밟으며 글러브를 내밀었지만 공은 시차적으로 늦게 내민 글러브 아래를 지나 좌익수 쪽으로 빠져나가고 있었다. 잡을 수도 있겠다 싶었지만 김혜성의 글러브 포구 방향 선택이 좋지 못해 타구를 잡지 못한 상황으로 보였다. 차라리 역모션으로 글러브를 갖다 댔으면 보다 쉽게 잡아낼 수도 있어 보였는데 김혜성의 선택은 그렇질 못했다.

경기가 아직 종반이 아닌 중반전이었지만 최원태의 이날 투구 페이스와 투구 수로 봐서는 완투까지도 충분히 가능해 보였다. 기록원으로서는 잠시 고민에 빠질 수밖에 없는 상황. 잠깐의 고민 후 김혜성의 수비 중심과 발이 미처 타구를 못 쫓아가는 상황으로 판단해 안타로 판정을 내려 전광판에 표출을 시켰다. 그 순간 롯데 응원단이 자리해 있던 3루 측에서는 커다란 환호성이 일었고, 이 결정으로 롯데는 노히트노런의 굴욕적인 흐름을 조기에 끊어낼 수 있었다. 키움 쪽의 반응도 살짝 궁금했지만, 별다른 반응은 없는 분위기였다. 그렇게 경기는 종료되었고, 집으로 돌아와서는 신본기의 타구를 보고 또 보고, 수차례 돌려보기를 반복했다.

몇 차례의 위기 아닌 위기를 잘 헤쳐나가며 시즌이 막바지로 치닫던 9월 17일.

번개가 잦으면 천둥이 치고, 천둥이 잦으면 비가 온다는 말처럼 마침내

일은 터지고야 말았다. 이날 대전구장에서는 한화와 키움의 경기가 열렸고, 한화의 선발투수 채드벨은 키움의 강타선을 상대로 7회 말 2사까지 8개의 삼진을 곁들이며 퍼펙트게임을 이어가고 있었다. 다소 이른 김칫국이긴 했지만 KBO리그 최초의 퍼펙트게임 완성까지는 단 7개의 아웃카운트만이 남겨진 시점. 이때까지의 투구 수도 88개에 불과해 충분히 완투가 가능해 보이는 상황인지라 초미의 관심은 자연스럽게 채드벨의 퍼펙트게임 실현 여부에 모이고 있었다.

그리고 타석에는 이정후(키움)가 들어서고 있었다. 이정후는 2019년 팀동료 서건창(2014년 201안타/128G)에 이어 KBO리그 역대 두 번째로 한 시즌 개인 '200안타'에 도전 중이었다. 볼카운트 1B-0S에서 이정후의 배트가 돌았고, 채드벨의 구위에 밀려 타이밍이 약간 늦었던 이정후의 빗맞은 타구는 한화 유격수 오선진 쪽으로 굴렀다. 대전구장에 모인 한화 팬 대부분은 오선진이 충분히 처리해 줄 수 있는 타구라고 생각해 안도의 한숨을 내쉬던 그 순간, 오선진의 행동은 모두를 경악 속으로 몰아넣고 말았다. 다소 빗맞은 타구가 자신의 오른쪽 방향으로 굴러오자 유격수 오선진은 이정후의 발이 빠르다는 것을 의식한 나머지 글러브가 아닌 맨손으로 이를 잡으려 시도했고, 공은 오선진의 손을 맞고 옆으로 흘렀다.

전혀 예상치 못한 오선진의 수비 동작에 당황한 것은 기록원도 마찬가지였다. '왜 저 타구를 맨손으로 잡으려고 대들었을까?', '정상적으로 잡아 던지면 이정후를 1루에서 아웃시키기 어렵다고 판단한 건가?' 유격수 오선진을 거친 퍼펙트게임의 화살촉은 어느덧 공식기록원을 향하고 있었고, 담당 기록원이었던 내 머릿속은 복잡하게 꼬여가고 있었다. 안 그래도 모호한 속도의 타구에 발 빠른 이정후라 타구 처리가 안 되는 상황이 벌어지면 판단에 애를 먹겠구나 생각하고 있던 차인데, 오선진의 맨손 캐치 시도는 내 고민을 한쪽으로 몰았다. 게다가 이정후가 1회 초 평범한 1루수 앞 땅볼을 치고도 간발의 차로 아웃된 장면은 이정후의 타구를 안타 쪽으로

심증을 굳히는 데 결정적인 빌미를 제공해 주었다.

　7회까지 요지부동이던 전광판 위 키움의 안타 숫자가 '0'에서 '1'로 바뀌자 구장은 술렁였다. 안타든 실책이든 기록원의 판단과 무관하게 이정후의 출루로 채드벨의 퍼펙트게임 행진은 이미 중단이 되었지만, 기록원의 선택에 따라 아직 노히트노런이라는 대기록은 유지될 수 있었기에, 한화의 실책 칸이 아닌 키움의 안타 칸 숫자가 바뀐 부분은 대전구장 팬들로서는 아쉬운 판정 결과가 아닐 수 없었던 것이다.

　경기를 마치고 난 후 한화 관계자와 언론 및 방송사 관계자들의 질문이 뒤를 이었다. 이정후의 타구를 안타로 본 이유가 어디에 있는지를 묻는 질문이었다. 평소 결과론적으로 맞는 판정이든 아니든 기록원은 그렇게 판정한 이유를 설명할 수 있어야 한다는 지론을 갖고 있던 내가 할 수 있는 답변은, 앞서 장황하게 서술해 놓은 상황에 대한 소스들을 한번 더 설명하는 선에서 크게 벗어날 수 없었다.

KBO리그 단일 시즌 200안타 도전 리스트(195안타 이상)

순위	연도	안타 수	선수명	소속	팀당 경기 수
1	2014	201안타	서건창	넥센	128G
2	2020	199안타	페르난데스	두산	144G
3	2019	197안타	페르난데스	두산	144G
4	1994	196안타	이종범	해태	126G
5	2016	195안타	최형우	삼성	144G

이날 경기 전을 기준으로 시즌 종료까지 5경기를 남겨놓은 키움의 이정후 선수가 187안타로 시즌 200안타까지 13개를 남겨놓은 상태라 그의 안타 기록 도전이 일부분 고려된 것이 아니냐는 질문도 있었지만, 희박했던 이정후의 기록 달성 가능성과 상관없이 그러한 상상은 거리가 먼 가정일 뿐이었다(이정후의 2019 시즌 최종 안타 수는 193안타였다).

이날 경기 후 비록 대기록은 무산되었지만 8이닝 호투 끝에 팀을 1 : 0 승리로 이끌며 시즌 10승을 채운 채드벨은 인터뷰 석상에서 다음과 같은 말로 오선진을 위로했다.

"이정후의 발이 빠르기 때문에 공이 맞는 순간 내야안타를 직감했다. 처리하기 어려운 타구였고, 오선진은 할 수 있는 최선을 다했다. 퍼펙트가 깨진 것에 아쉬움은 없다."

그렇지만 집으로 돌아와 이날의 장면을 거듭 복기한 내 결론은 기록원의 상황 판단 미스였다. 재량권 문제이기에 기록원의 실수로 잘라 말할 수는 없지만, 객관적 판단으로는 기록원이 좀 더 냉정했어야 한다는 쪽으로 귀결되었다. 오선진의 맨손 처리가 보통 수비 범주에서 벗어나는 것은 분명하지만, 오선진의 판단이 일정 부분 잘못된 것이라면, 그리고 그 상황이 더욱이 투수의 대기록이 유지되고 있는 상황이었다고 한다면 그에 대해 과감히 책임을 물었어야 옳은 판단이었다. 같은 자리에 있던 동료 기록원 역시 그 상황에서 안타 쪽으로 같은 생각을 표했지만 둘 다 크게 보지 못했다는 생각이다.

야구가 그렇다. 선수도 그렇겠지만 하면 할수록 쉬워지는 게 아니라 어째 점점 더 어려워져만 간다. 깊이 파면 팔수록, 알면 알수록 남은 배움의 수가 줄기는커녕 오히려 점점 더 늘어가는 모양새다. 경험이 많을수록 유리한 것은 맞지만, 때론 이번 경우처럼 경험의 많음이 되레 독(毒)으로 작용할 수도 있음을 또 하나 배웠으니 말이다.

16득점,
그 이닝 속으로

마치 둑이 무너진 느낌이었다. 어떤 물길부터 막아야 할지 판단이 서지 않을 만큼 다이너마이트 폭발로 사방에 균열이 생긴 롯데의 마운드는 쏟아지는 안타에 완전히 침수되고 있었다. 한 경기도 아닌 한 이닝 16점. 더군다나 선수들 모두가 상당한 수준의 기량을 기본적으로 갖추고 있는 프로야구에서 이러한 이닝 스코어가 나올 것이라곤 쉽게 상상하지 못했다. 적어도 2019년 4월 7일 허일(롯데)의 솔로 홈런으로 1 : 0으로 앞서나가며 기선 제압에 성공한 2회 말 롯데의 공격이 끝났을 때까지는.

1982년 출범 후 어느덧 장년의 나이라 할 수 있는 마흔 줄에 접어든 KBO리그에서 그 누구도 일찍이 경험해 보지 못했던 일이었는데, 3회 초 한화의 타선은 어느덧 '타자이순(打者二巡)'을 넘어 전인미답의 '타자삼순'을 향해 달려가고 있었다.

사직구장에서 낮 경기로 열렸던 이날, 한화 '빅 이닝'의 서막은 3회 초 7번 타자 지성준이 볼넷을 얻어 걸어 나가면서부터 시작되었다. 이후 한화는 16점을 몰아치기까지 정은원과 제러드 호잉의 3점 홈런 두 방을 포함, 총 13개의 안타와 세 개의 볼넷, 상대 유격수의 실책 하나를 묶어 롯데

	1	2	3	4	5	6	7	8	9	R	H	E	B
한화	0	0	16							16	14	0	3
롯데	0	1								1	2	1	0

를 공황 속으로 밀어 넣었다. 3회 초 타석에 들어선 한화의 타자 수는 총 20명. 롯데는 경기가 1 : 5로 뒤집히자 선발 장시환(6실점 6자책)을 마운드에서 내리고 무사 1루 상황에서 구원으로 노장 윤길현을 투입했지만 사태는 들불처럼 점점 더 걷잡을 수 없는 상태로 번져갔고, 윤길현(10실점 2자책)이 오롯이(?) 16점을 헌납한 후 2사 2루에서 김건국을 올리고 나서야 악몽 같았던 3회를 끝낼 수 있었다.

　기록도 풍성했다. 한 이닝 '16점'이라는 KBO리그 전대미문의 득점(종전 13점)은 물론이고, 이 이닝에서 세운 20타석(종전 18타석)과 13안타(종전 12안타), 16타점(종전 13타점), 한화 지성준과 장진혁의 한 이닝 세 차례 타석 등장 등이 모두 리그 신기록이었는데, 이 와중에 지성준은 세 차례 모두 출루(볼넷-2루타-2루타)하며 진기록의 풍미를 한껏 더했다.

　한편 기록지상 재미있는 그림도 부가적으로 만들어졌는데, 첫 번째 아홉 명의 타자일순에서 이뤄진 8득점은 모두 자책점(표기상 검은색 원)으로 기록된 반면, 두 번째 타자일순 때의 8득점은 모두 비자책점(표기상 하얀색 원)으로 표기되는 바람에 마치 기록지가 바둑판을 연상시키는 그림으로 장식되기도 했다. 이러한 현상은 첫 8실점 후 계속된 2사 1, 2루에서 롯데 유격수 강로한이 오선진의 땅볼타구를 잡아 1루 주자를 포스아웃 시키는 과정에서 그만 2루로 악송구를 저질러 주자를 모두 살려주는 바람에 만들어진 현상이었다.

그러면 3회 초 한화의 공격 시간은 얼마나 걸렸을까? 얼핏 꽤 많은 시간이 소요되었을 것 같지만, 대량 득점수에 비하면 상대적으로 그다지 긴 시간을 잡아먹지는 않았다. 3회 초 롯데 투수 세 명이 던진 투구 수는 총 71개. 타석에 등장한 한화의 타자 수가 20명이었으니 타자 한 명당 평균 투구 수는 3.5개에 불과했다. 이는 한화 타자들이 공을 기다리기보다는 적극적으로 타격에 임한 결과였다.

아울러 점수 격차가 많이 벌어진 것도 있지만 소요 시간이 짧았던 또 하나의 이유가 있었는데, 그것은 바로 날씨였다. 경기 전부터 잔뜩 찌푸렸던 하늘은 금방이라도 비를 쏟을 듯 짙은 잿빛으로 변해 있었고, 예보상으로도 비구름이 야구장 부근까지 바짝 다가서 있는 상태였다. 정식 경기가 성립되기 위한 5회까지는 아직 갈 길이 멀었기에 큰 폭의 리드로 어느 정도 승기를 잡게 된 한화로서는 입맛에 맞는 공을 골라서 칠 여유가 없었다. 이렇게 속전속결식으로 타격에 임했음에도 한화가 때려낸 공은 하나같이 롯데 수비수들의 손이 미치지 못하는 곳으로 쏙쏙 빠져나갔으니 이날만큼은 하늘이 완전히 한화 편이었던 모양이다.

어찌 되었건 득점 폭풍 이후 내리기 시작한 빗속에 서둘러 5회 말을 끝내 정식 경기가 성립되자마자 기다렸다는 듯 빗줄기가 거세졌다. 6회 초 시작 전 16 : 1 상황에서 일시 중단된 경기는 45분의 기다림 끝에 재개되기는 했지만, 6회 말이 끝나고 재차 쏟아진 비로 경기는 결국 6회 강우 콜드게임으로 처리되고 말았다.

사실 현실적으로 프로야구에서 한 이닝에 10점 이상을 뽑아낸다는 것은 결코 쉽지 않은 일이다. 흔히 사회인 야구로 불리는 일반인들의 생활체육 야구에선 두 자릿수 득점이 다반사이긴 하지만, 평생 야구만을 업으

KBO리그 한 이닝 최다 득점 리스트

순위	기록 일자	득점수	팀명	상대 팀	이닝	구장
1	2019.4.7	16	한화	롯데	3회	사직
2	1992.4.23	13	LG	OB	1회	잠실
3	1999.7.24	13	현대	쌍방울	7회	군산
4	2001.8.11	13	LG	KIA	8회	잠실
5	2003.5.15	13	삼성	LG	3회	대구
6	2023.7.25	13	한화	키움	8회	고척

로 알고 살아온 엘리트 선수들이 하는 야구 경기에서는 기능상 좀처럼 만나기 어려운 장면에 속한다. 그런 진귀한(?) 상황을 맞아 손으로 낑낑대며 일일이 적어 넣고 있는 동료를 보고 있자니 이날 수기(手記)가 아닌 전산 기록을 맡고 있었다는 것은 그나마 내겐 불행 중 다행의 천운이었다고나 할까.

그러면 선수층은 물론 기량에서 세계 최고의 선수들이 모였다는 '꿈의 무대' 메이저리그에서는 한 이닝 다득점에 관한 기록이 어떻게 쓰여 있을까 문득 궁금했다. 시대에 따른 기록적인 면의 신뢰도 차이를 감안해 야구가 처음 시작되었던 '1800년대 후반~1900년대 초반'과 야구가 어느 정도 정형화되어 틀이 잡혔다고 볼 수 있는 '1950년대 이후~'로 시기를 나누어 접근해 보니 오랜 연륜을 가진 메이저리그답게 이 부문에서도 KBO리그보다 한 수 위였다.

초창기 시절이던 1883년 9월 6일 보스턴 펜웨이 파크에서 시카고 화이트 스타킹(현 시카고 컵스)이 디트로이트 울버린스를 상대로 7회 말에 18득점을 기록한 것이 최다 기록이었고, 현시점과 가장 가까운 시기의 기록으로는 1953년 6월 18일 보스턴 레드삭스가 역시 디트로이트를 상대로 17점을 뽑아낸 것이 한 이닝 최다 득점 기록으로 올라 있었다.

이쯤에서 자연스럽게 떠오르는 궁금증 또 하나, 그렇다면 우리보다 두

배 이상 역사가 깊은 일본프로야구에서는? 이 부문에서 일본의 기록은 우리보다 한 수 아래(?)였다. 2009년 6월 11일 마린스 스타디움에서 지바 롯데가 히로시마를 상대로 6회 말 15점을 빼낸 것이 최고 기록이었다.

명색이 프로야구지만 과거 각국의 사례에서 볼 수 있듯이 수준 높은 리그라고 해서 상식선의 기록들만 만들어지는 것은 아니다. 이처럼 참사에 가까운 처참한 기록들도 악마처럼 간혹 그 모습을 드러낸다. 야구가 보여주는 승부의 의외성과 기록의 다양성, 그래서 우리는 야구의 유혹에서 여전히 벗어나고 있지 못하는 것일지도 모른다.

만신창이 불펜 덕에
하얗게 불태운 하루

1989년 수습기록원으로 KBO에 몸담기 시작한 이후 공식기록을 맡았던 1~2군 정규리그와 올스타전, 포스트 시즌 경기, 여기에 시범경기와 비정기적인 국내외 국제 경기 등을 모두 더하면 출장 경기가 대략 3500경기 내외쯤은 될 듯싶다. 양적으로 쳐도 적은 경기 수는 아니다. 그런 만큼 어떤 경기는 맡아 기록을 했으면서도 내가 직접 본 것이 맞는지 기억이 가물가물하거나 확신이 서지 않는 경기도 많다.

반면 경험이 너무 강렬해 죽을 때까지 도저히 잊을 수 없을 것 같은 경기도 당연히 들어 있는데, 2017년 7월 5일 인천 문학구장에서 열렸던 SK와 KIA의 경기가 그중 한 귀퉁이에 뱀처럼 똬리를 틀고 있다. 잠깐 힌트를 던지자면 그 기억은 한 이닝 다득점에 관한 잊지 못할 또 하나의 기억으로, 하필 전산이 아닌 수기를 맡는 바람에 기록 마무리까지 애를 먹었던 경기였다.

그간 야구 경기를 기록하면서 수많은 역전극을 봐왔다. 허무한 역전패도 있었고 반대급부의 드라마틱한 역전승도 있었다. 또한 졸전 끝에 '네가 이겨라'식의 낯부끄러워 보이는 역전승도 있었다. 그렇지만 한 경기 내에서 경험상 승부가 기울었다고 판단되는 상황이 한두 번도 아니고, 천당과 지옥을 넘나들듯 양 팀을 여러 차례 오가며 반복되는 경우는 기억에 흔치 않은데, 이날 열린 SK와 KIA전이 바로 그러한 양상이었다.

경기가 아직 반도 지나지 않은 시점이었지만 4회 말이 끝났을 때 이미 승부는 SK 쪽으로 많이 기울어 있었다. '12 : 1'. SK 선발투수 스캇 다이아몬드가 KIA 타선을 4회까지 1실점으로 막아냄과 동시에, 공격에서의 활발한 지원 사격으로 KIA 선발 팻 딘을 조기에 무너뜨린(3이닝 8실점) SK의 무난하고도 싱거운 승리를 의심하는 이는 아무도 없었다.

그리고 돌아선 5회 초, 1이닝만 대충 흘려보내면 쉽사리 승리 투수가 될 수 있었던 스캇 다이아몬드는 갑자기 난조를 보이기 시작했다. 선두타자로저 버나디나(KIA)를 볼넷으로 출루시킨 뒤 곧바로 최형우에게 2점 홈런을 허용했을 때까지만 해도 점수 차가 워낙 있다 보니 그러다 말겠지 했는데, 아니었다. KIA는 버나디나의 볼넷 출루 이후 폭풍처럼 무려 11타자가 연속안타(4홈런 포함)를 몰아치며 일거에 12득점, 11점 차로 끌려가던 경기를 단박에 13 : 12로 뒤집어 놓았다.

아웃카운트 하나 잡지 못하고 갑작스레 무너진 선발 스캇에 이어 SK는 다급히 베테랑 채병룡을 구원투수로 올렸지만 효과가 없었다. 9 : 12로 쫓긴 시점에서 다시 투수 문광은을 내세워 진압에 나섰지만 한번 달아오른 KIA의 타선 앞에서는 그저 속수무책이었다. 5회 초 KIA의 11타자 연속안타는 KBO리그 신기록이었으며, 12타자 연속 출루는 리그 타이기록이었다. 이처럼 거짓말 같은 대역전극을 실현한 KIA는 망연자실해 있는 SK를 상대로 7~8회에 추가득점까지 빼내며 15 : 12로 점수 차를 더욱 벌려나갔고, 누가 봐도 이젠 KIA의 승리가 확실해 보였다.

SK의 불펜 난조로 엉망이 된 경기에서 KIA 쪽 구원 승리 투수가 누가 될지 고민하며 서서히 기록지 갈무리 작업에 들어설 무렵, 아직 반전이 남아 있었다. 경기 흐름은 8회 말 또 한 번 거센 파고를 일으켰다.

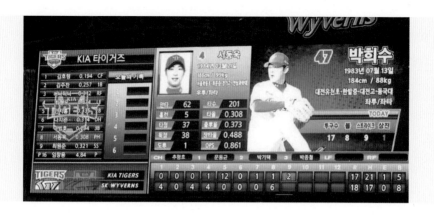

　11점 차 대역전승의 위업을 마무리 짓기 위해 마운드에 올라온 KIA의 불펜투수 김윤동을 상대로 마지막 안간힘을 다한 SK는 무사 1, 2루의 기회를 만들었다. 그러나 믿었던 중심타자 김동엽과 제이미 로맥이 각각 인필드 플라이와 삼진으로 맥없이 물러나며 그 희망이 사라지는가 싶던 그 순간, 이재원의 좌중간 2루타가 터져 나왔다. 이 한 방에 힘입어 14 : 15로 턱밑까지 추격하는 데 성공한 SK는 이어진 2사 만루 상황에서 나주환이 KIA 최후의 보루 임창용에게 싹쓸이 3루타를 뽑아내며 마침내 17 : 15로 재역전을 이끌어냈다. 나주환까지 상대의 폭투로 득점하며 스코어는 18 : 15. 3점 차로 뒤져가던 상황에 SK가 일거에 6득점을 하며 다시 3점 차로 리드하는 상황이 된 것이다.

　이제 KIA에 남은 공격은 9회 초 한 번뿐. KIA는 이 마지막 공격에서 최형우가 SK 박희수를 상대로 2점 홈런을 때려내며 17 : 18로 다시 한번 끈질기게 턱밑까지 쫓아붙었지만 더 이상의 반전은 각본에 없었다. 총 4시간 17분에 걸쳐 양 팀이 홈런 10개를 포함해 38안타 35득점을 서로 주고받는 난타전 끝에 막을 내린 이날 불펜진 막장드라마의 엔딩은 18 : 17, SK의 재역전승이었다.

　그렇게 한바탕 거센 폭풍이 문학구장을 휩쓸고 간 다음 날 SK의 힐만 감독은 "감독 생활을 하면서 처음 본 경기였다. 메이저리그에서 한 이닝에 11점 차를 뒤집는 경기를 보기는 어렵다"라는 코멘트를 남겼다. 이 경기가 얼마나 보는 이들의 진을 뺐는지는 당시 SK 외야수 노수광의 이야기를 통해 알 수 있다.

"경기가 끝난 뒤 마치 더블헤더를 뛴 것같이 피곤했다. 특히 수비수로 나가 있던 5회 초는 영원히 끝나지 않을 것만 같은 생각마저 들었다."

국가대표 기록원의 이름으로

   글러브를 끼고 외야 이곳저곳을 배회하던 중 타구가 날아왔다. 몇 발 앞으로 전진하면 충분히 잡을 수 있겠다 싶은 타구였다. 하지만 이내 마음을 고쳐먹었다. 날아오는 타구의 속도가 취미로 하는 동호인들 간 야구 경기에서 보던 타구와는 질이 전혀 달랐다. 야구 경기를 하다가 공에 맞아 아팠던 적이 여러 번 있었다. 그랬어도 딱딱한 야구공에 대한 무서움이나 두려움을 느껴본 일이 없었는데, 그때와는 사뭇 달랐다. 공이 무섭고 두려웠다. 맞으면 죽을 것 같았다.

   사방에 널려 있는 야구공을 하나둘 주워 바구니에 옮겨 담으며, 저 멀리 홈플레이트 타석에서 프리배팅을 하고 있는 선수를 계속 응시하며 타구를 감시했다. 그러면서 생각했다. '선수들은 목숨 걸고 야구를 하고 있었구나.'

   1995년 11월 3일부터 12일까지 일본에서는 1995 한일 슈퍼게임이 예정되어 있었다. 1991년 첫 대회에 이어 두 번째로 치른 한일전으로, 3일 도쿄 돔(1차전), 4일 요코하마 스타디움(2차전), 5일 고시엔 구장(3차전), 9일 후쿠오카 돔구장(4차전), 11일 기후 나가라가와 구장(5차전), 12일 나고야 구장(6차전) 등 일본 전역을 돌며 총 6경기를 치르는 일정이었다.

이 한일 슈퍼게임은 1991년 한국프로야구 출범 10주년과 한일 국교 정상화 25주년을 기념하는 의미에서 마련된 대회였지만, 한국으로서는 야구 선진국이라 할 수 있는 일본을 상대로 프로야구 출범 후 그 실력 차를 얼마나 좁혔는지 가늠해 볼 수 있는 시험 무대 성격의 대회이기도 했다. 1991년 첫 대회에서 한국은 예상대로 대회 초반 일본에 고전을 면치 못했지만, 경기를 치르며 다소 안정감을 찾아 2승 4패라는 그다지 나쁘지 않은 결과로 대회를 마무리하며 4년 후를 기약했었다.

그리고 1995년 KBO는 야구팬은 물론이고 국민적 관심사로 떠오른 프로 한일 대항전을 위해 그야말로 쟁쟁한 올스타급 선수들로 대표 팀을 꾸려 두 번째 슈퍼게임을 준비했다.

당시 대표 팀은 김인식 감독을 필두로 코치에 이광환·김용희·최일언을 선임했으며, 투수진은 선동열(해태)을 비롯한 조계현·이대진(해태), 이상훈·김용수(LG), 김상진·권명철(OB), 정민철·구대성(한화), 주형광(롯데) 등 각 팀의 에이스급 선수들로 화려하게 꾸려졌다. 포수엔 김동수(LG)와 박경완(쌍방울)이 자리했고, 내야수로는 김민호·이명수(OB), 이종범·홍현우(해태), 장종훈(한화), 마해영(롯데), 유지현(LG) 등이 선발되었다. 또한 외야수엔 심정수·김상호(OB), 전준호(롯데), 양준혁(삼성), 김광림(쌍방울) 등이 낙점되었으며 지명타자 자리에는 김기태(쌍방울)가 선정되는 등 총 29명으로 대표단을 구성했다. 이 명단은 발표 당시에도 대단하다 생각했는데, 세월이 흘러 돌아보니 더더욱 화려한 조합이었다는 생각이 든다.

물론 일본 측도 왕정치 감독 아래 이치로(오릭스), 마쓰이(요미우리), 사사키(세이부), 다이호(주니치) 등 각 팀의 내로라하는 간판급 선수들을 총망라한 명단을 내놓은 터였다.

한편 대표 팀에 선발된 선수들은 한국시리즈가 끝난 뒤인 10월 하순, 일본으로 건너가기에 앞서 부산에서 일주일 정도의 일정으로 합숙 훈련에 돌입했다. 11월 1일 출국해 14일에 돌아오기로 예정된 슈퍼게임 대회 기

躍進、韓国 渾身の挑戦!!

■三冠王を狙うスラッガー
チャンジョンフン内野手 (ハンファイーグルス)

■昨シーズンの最多勝投手・本格派左腕
イ・サンフン投手 (LGツインズ)

■イチロー外野手 (オリックス・ブルーウェーブ)

日韓
国交正常化
30周年記念

'95日韓親善
プロ野球スーパーゲーム

日本12球団選抜チーム VS 韓国オールスターチーム

第1戦	11月3日	(祝)	東京ドーム	13:00 開始
第2戦	4日	(土)	横浜スタジアム	13:00 開始
第3戦	5日	(日)	阪神甲子園球場	13:00 開始
第4戦	9日	(木)	福岡ドーム	18:00 開始
第5戦	11日	(土)	岐阜長良川球場	13:00 開始
第6戦	12日	(日)	ナゴヤ球場	13:00 開始

간까지 포함하면 20여 일이 넘는 비교적 긴 여정이었지만, 1991년 제1회 한일 슈퍼게임 때에 비해 나은 경기 내용과 성적을 위해서는 좀 더 철저한 준비가 필요했기에 KBO는 전력 완성에 많은 시간을 투자하지 않을 수 없었다.

그리고 그 합숙 훈련이 이루어지던 부산 사직구장 외야에서 나는 공을 피해가며, 때로는 공을 주워가며 광활한 그라운드를 전전하고 있었다.

시즌 중 각 팀이 경기 전후에 훈련을 할 때면 선수들뿐만 아니라 훈련 보조원을 비롯한 팀 내 기록원들까지도 선수들의 훈련을 돕는 모습을 쉽게 접할 수 있다. 그 일들은 훈련에 필요한 장비나 시설들을 대신 준비해 주고, 티배팅이나 프리배팅 때 볼을 던져 올려주고, 사방에 굴러가 있는 공을 한데 모으는 등의 손이 많이 가는 자질구레한 일들이다. 공식기록원이라는 자리에서는 바라만 볼 뿐 남의 나라, 먼 나라의 일이었는데, 1995년에는 국가대표 선수들 틈에 끼어 그 일들은 내가 해야 하는 일이 되어 있었다.

대회를 한참 앞두고 주최 측인 일본에서 한국 측 공식기록원 파견 요청이 들어와 있었고, 그 자리에 영광스럽게도 당시 경력 6년에 불과했던 내가 낙점되었다는 통보에 부담감과 기대감이 공존했지만, 그 일은 나중의 일이고 당장 해야 할 일은 스태프의 일원으로서 선수단을 지원하는 것이었다. 어쩌면 그러한 부분까지 더해줄 일손이 필요했기에 비교적 젊은 나이의 기록원인 내가 선택된 것인지도 모르지만 하루하루가 내겐 새로운 경험이었고, 그래서 지루할 틈이 없었다.

대회가 임박해 일본으로 건너갈 때도, 일본에서 경기가 거듭되는 일정 속에서도 본경기가 열리는 4~5시간 외에 내가 해야 하는 일은 선수단 지원이었다. 6경기가 모두 각각 다른 구장에서 치러지는 만큼 잦은 이동 과정에서 인원 누락(그때 처음 배웠다, 선수단 버스나 일본 신칸센 열차에 다들 탔는지 확인하는 효율적인 방법을. 일일이 세지 않고 특정 선수가 탔는지만 확인하면 틀림이 없다는 사실을 말이다)과 장비 분실이 일어나지 않도록 챙겨야 했고, 날마다의 일정을 방마다 전달하고 선수들 유니폼의 세탁 관리와 배분도 신경 써야 했다. 식사도 언제나 선수단이 먹고 난 뒤에야 수저를 들 수 있었고, 때로는 일부 선수들의 개인적인 고충이나 민원까지 처리해야 하는 등 눈코 뜰 새 없는 하루의 연속이었다.

반면 경기 시작 전 양 팀 선발 라인업이 교환되는 순간부터 그 경기의 통계 작업까지 모두 끝나는 그 4~5시간 동안 나는 기록원이었다. 선수단과도 분리되어 공식기록 업무에만 집중했다. 일본 측 공식기록원들에 비해 경험이 일천했던지라 책잡히지 않으려 애썼고, 메인 기록원으로 배정된 경기에서는 더더욱 고고한 척, 백조처럼 굴어야 했다. 타국 땅 기록실 안에서 국가를 대표한 공식기록원이라는 무게는 어렸던 내겐 생각보다 묵직했다.

그러나 경기가 끝나고 숙소로 복귀한 순간, 내 자리는 공식기록원이 아닌 스태프였다. 일종의 '투잡(Two job)'이었던 셈이다. 냉정하고 사심 없어야 하는 기록석에서 한국의 경기 내용이 좋지 못하거나 경기에서 일방적으로 지면 어쩌나 하는 걱정을 나도 모르게 하고 있었다. 한국 팀은 1~3차전을 치르는 동안 2승 1무라는 예상밖의 호성적을 낸 덕분에 분위기가 한껏 올라와 대회 기간 내내 화목함 속에 지낼 수 있어 다행이었지만, 나 역시 숨길 수 없는 한국인이었던 것이다. 경기 전 의식으로 경기장에 울려 퍼지는 애국가를 듣고 게양된 태극기를 바라보며 가슴이 콩닥거렸다. 선수가 아님에도 비장함이 스며들었다.

그런데 대회 초반 너무 오버페이스를 한 것이었을까, 아니면 다소 긴장을 늦추고 있던 일본이 정신을 가다듬고 나온 탓이었을까? 한국 대표 팀은 2승 1무 이후 4~6차전에서 승수를 추가하지 못하고 1무 2패를 기록하며, 종합 전적 2승 2무 2패로 대회를 마무리 지었다.

공식기록원 자격이었던지라 주최 측에 의해 가고 오는 비행기 안에서

선수단과 함께 비지니스석이 배정되었지만, 그 자리가 편치 않았다. 선수단 지원을 위해 긴 기간 서로 동고동락한 KBO 사무국의 동료들과 함께 하지 못하는 자리는 꽤나 어색함을 주었다. 아마도 주 임무였던 공식기록원보다 부임무였던 역할과 자리에 그간 더욱 정이 깊이 들었던 모양이다.

　세월이 흘러 돌아본 1995년 한일 슈퍼게임은 내게 처음으로 나라를 대표한다는 느낌이 무엇인지, 그 무게감이 어떤 것인지를 체감하게 해주었다. 그런데 그 느낌이 표면이 아닌, 가슴속을 파고드는 설렘 섞인 감정이 될 수 있었음은 그 대회의 공식기록원이라서가 아니라 스태프의 일원으로서 대표팀 안으로 들어가 몸소 느끼고 부대꼈기 때문이었다는 것을 부인하지 않는다. 개인적으로 영광스러운 한 해였지만 '국가대표 공식기록원'이라는 간판 못지않게 '국가대표 스태프의 일원'이라는 자리가 주었던 보람과 자부심은 빛바랜 사진과 반대로, 시간이 갈수록 오히려 또렷해지는 기분이다.

　한편 이 대회의 한국 측 MVP에는 두 차례 결승타를 기록하는 등, 16타수 9안타의 맹타를 휘두른 쌍방울 소속의 교타자 외야수 김광림이 선정되었는데, 부산 사직구장에서 합숙 훈련하던 당시 맞으면 죽을 것 같은 타구를 날려보냈던 타자가 바로 김광림이었다.

'수비 시프트'는 야구에 약일까? 독일까?

야구의 수비 시프트 유래와 KBO리그 초창기에 행해졌던 일명 '유승안 시프트'에 관해서는 2012년판 『윤병웅의 야구기록과 기록 사이』에서 다루었기에 여기서는 그 내용을 생략하고 들어가겠다. 이미 다루었던 수비 시프트에 관해 다시 얘기를 꺼내는 까닭은, 불과 10년밖에 지나지 않은 시점이지만 수비 시프트를 놓고 그때와는 또 다른 흐름의 관점과 그에 따른 새로운 해석이 생겨나고 있어서다.

과거 수비 시프트는 특정 상황에서만 사용하는 수비 형태로 여겼지만 현대 야구에서는 그 의미가 특별하게 다가오지 않는다. 그만큼 시도도 늘었고 시프트 방법도 다양해졌다. 해마다 팀의 통계치에 약간씩 차이가 있긴 하지만 2014년을 기점으로 폭증한 메이저리그의 시프트 사용 빈도는 총타석 수 대비 30%를 넘어 이제 40%를 향해 달려가고 있다. 물론 KBO리그는 수치상 아직 이에 미치지 못하지만 전체적인 시프트 시도 횟수는 전보다 대폭 늘어났음은 부인할 수 없는 사실이다.

그러면 시프트 수비란 구체적으로 어떤 상황을 두고 말하는 것일까? 우리가 경기 중 흔히 보는 시프트는 대체로 상식선에 있는 시프트 수비들이다. 야수들이 상황에 따라 통상적인 제자리에 있지 않고 전진수비를 한다든지, 아니면 뒤로 물러나 깊은 수비 대형을 갖춘다든지 하는 것들이 큰 범주 안의 시프트 수비들이다. 여기에서 한발 더 들어간 좁은 범위의 시프트를 찾는다면 KIA의 최형우나 두산의 김재환 등과 같이 주로 당겨 치는 좌타자를 상대하기 위해 2루수를 거의 외야 중간 지점까지 밀어 보내는, 일명 '2익수' 시프트 정도를 들 수 있다.

　반면 극단적인 시프트는 외야수를 네 명으로 늘린다든지, 아니면 내야수를 다섯 명으로 늘리는 식의 기존 수비 포지션을 완전히 파괴하는 형태의 시프트를 취했을 때를 말한다. 그중 KBO리그에서 일어났던 몇 가지 극단적 시프트 사례 중 가장 화제를 모았던 것은 내야 5인 시프트였는데, 그 내용을 간추려보면 다음과 같다.

① 내야수 5인 시프트

　내야 5인 시프트를 선택하는 경우는 극히 제한적이다. 1점만 내주면 경기가 끝나는 벼랑 끝 위기에서 주로 사용되는데, 비어 있는 누가 있을 경우에는 고의4구로 주자를 채운 뒤 포스아웃이 가능한 만루 상황을 만들어놓는 다음 시도하는 것이 일반적이다. 방법은 내야 수비가 가능한 외야수를 내야로 들인다거나, 외야수 한 명을 빼고 내야수로 교체해 다섯 명으로 내야 그물을 짜는 식이다.

　2013년 3월 19일, SK 이만수 감독은 넥센과의 원정(목동구장) 시범경기 9회 말 8 : 8 동점 만루 상황에서 중견수 김강민을 2루 뒤에 배치하며 내야를 촘촘히 만드는 시프트를 선택한 적이 있다. 그러나 넥센 이성열에게 SK 투수 최영필이 볼넷을 허용하며 밀어내기로 경기가 끝나는 바람에 이 시프트는 전혀 쓸모가 없어졌지만, 이만수 감독은 미련을 버리지 않았다. 같은 해 4월 14일 마산구장 NC전에서 역시 9회 말 3 : 3 동점 1사 만루 때 다시 한번 김강민을 2루 뒤로 불러들여 같은 시프트를 꺼내들었던 것. 이 역시도 NC 김경문 감독이 번트에 의한 스퀴즈 작전을 펴는 바람에 고개를 떨구어야 했고, 건진 게 있다면 시프트 이동의 당사자였던 김강민의 관전평 정도가 아니었을까 싶다. 이날 김강민은 경기 후 "끝내기를 가까이서 볼 수 있어 좋았다"라는 말을 남겼다.

한편 이와 비슷한 유형의 시프트는 이후에도 심심찮게 사용되었다. 2015년 목동구장 넥센과 LG전에선 3 : 3 동점이던 9회 말 1사 3루에서 LG 양상문 감독이 외야수 박용택을 1루로 불러들여 내야수 숫자를 다섯 명으로 늘리는 시프트를 전개했지만, 넥센의 염경엽 감독 역시 스퀴즈 작전을 꺼내들며 이를 묵살시킨 바 있다.

그리고 2017년 울산 문수구장에서 열린 롯데와 삼성전, 동점이던 11회 말 1사 3루에서 삼성 김한수 감독은 고의4구를 이용해 주자를 모두 채워 만루를 만들어놓은 뒤 내야수 5인 시프트를 펼쳤었는데, 롯데 전준우의 타구를 포수 파울플라이 아웃으로 잡아내 2사가 되자 시프트를 풀고 야수들을 원위치시키기도 했다.

같은 해 9월 15일 수원구장에서 열린 KT와 LG전 동점 상황 11회 말 1사 3루 상황에서 LG 양상문 감독은 또 한 번 5인 시프트를 꺼내들었다. 외야수 이형종을 빼고 외야에는 둘만 남긴 채 내야수 강승호를 새로 기용해 내야 한가운데에 배치했던 것. 그러나 이번에도 장성우가 좌익선상 끝내기 안타를 때리는 바람에 재미를 보지는 못했다.

② 외야 4인 시프트

통상 야구는 내야 네 명, 외야 세 명의 수비수를 기본 포메이션으로 한다. 그런데 최근 메이저리그에서는 이러한 상식을 무너뜨리는 외야 네 명의 시프트를 시도하는 경우도 있었다. 그렇다면 외야 네 명은 어떤 경우에 꺼내들 수 있는 시프트일까? 내야 5인 시프트는 막다른 곳에 몰린 팀이 어떻게든 실점을 막고 위기를 모면해 보려는 도박성 시프트라고 한다면, 외야 4인 시프트는 아무 때나 선택할 수 있는 시프트는 아니다. 이것은 땅볼보다 뜬공의 비율이 높고 장타를 때려낼 수 있는 타자를 상대할 때만 고려할 수 있는 시프트다. 그리고 그것은 누적된 데이터를 기반으로 할 때 가능하다. KBO리그에서는 아직 이 카드를 꺼내든 감독은 없다. 야구 형태가 선수들의 자의적 능력을 중요시하는 메이저리그와 달리 팀플레이를 중시하는 KBO리그에서는 아직 요원한 일이다. 메이저리그에서 처음 이 시프트를 선보인 것은 2017년 시카고 컵스였다. 신시내티 레즈의 강타자 조이 보토를 상대로 정규 시즌에서 외야 4인 시프트를 펼친 적이 있다. 결과는 조이 보토가 우익선상 2루타를 때려내는 바람에 완전한 실패로 끝.

이상 몇 가지 극단적 시프트를 사용한 전례에서 볼 수 있듯이, 사실 극단적인 수비 이동은 성공을 거둔 경우보다 무위에 그친 경우가 더 많다. 이는 시프트 자체가 로또성 결과를 기대할 수밖에 없는 상황에서 쓰이기 때문이다. 당겨치기 일변도의 타자를 상대로 행하는 소프트(?) 시프트 등은 데이터를 기본으로 하기에 어느 정도 성공 확률을 기대할 수 있지만, 하드(?)성 극단적 시프트는 그렇지 못하다.

한편 2015년 메이저리그의 커미셔너 롭 맨프레드는 공격적인 야구를 위해 수비 시프트를 금지할 수도 있음을 언급해 파장을 불러일으켰다. 파괴력을 가진 리그의 중심타자들이 시프트라는 기형적 수비에 출루가 막히는 일이 잦아지자 팬들의 흥미를 떨어뜨리는 요소로 시프트를 해석해서 나온 말이다. 이러한 생각 속에는 야구의 본질을 지키고자 하는 의도도 들어 있다고 보인다. 하지만 이를 현실화하기 위해서는 또 다른 야구의 본질을 깨뜨려야 하는 문제가 걸린다. 이범호의 시프트 사례에서 공부했듯이 현행법상 투수·포수를 제외한 모든 야수는 페어지역 안에 있는 한, 어느 위치에 서 있어도 문제가 되지 않는다. 따라서 시프트를 금지하기 위해서는 각 포지션의 이동 허용 범위를 따로 정해야 하는 규칙 문제가 뒤따르게 된다.

맨프레드 커미셔너의 돌발성 언급이 있은 지 7년이 흐른 2023년, 메이저리그에서는 마침내 수비 시프트 이동을 금지하는 규정을 도입했다. 투수와 포수를 제외한 내야수들은 2루를 기준으로 양쪽에 반드시 두 명씩 자리하도록 했고, 아울러 내야의 흙으로 된 지역을 벗어날 수 없도록 못을 박았다. 물론 현장에서는 시프트에 관한 찬반양론이 여전히 공존한다. 시프트가 야구 발전을 위해 긍정적인 영향을 미친다고 얘기하는 사람도 있지만, 야구를 재미없게 만드는 요소라고 얘기하는 사람도 있다. 선수들의 심리도 둘로 나뉜다. 시프트를 대수롭지 않게 여기는 선수들이 있는가 하면, 심리적으로 선수를 동요하게 만들 수 있음을 주장하는 쪽도 있다.

야구는 적응의 스포츠다. 시프트로 길을 막아선다면 그것을 넘어서기 위해 부단히 노력해야 한다.

시프트를 시도해 막아낸 안타는 금방 잊지만, 시프트를 시도해서 막을 수 있는 타구가 안타가 된 것은 쉽게 잊히지 않는다. 투수를 흔들리게 만드는 요소다.

야구는 스포츠이며, 스포츠는 예술이라고 생각해 왔다. 그러나 현대에 들어 야구는 데이터를 기반으로 하는 과학을 추구한다. 논란의 중심에 들어온 시프트도 결국은 과학의 산물이다. 그리고 야구기록원 역시 그 과학의 산물인 시프트에 현재 적응 중이다. 적어도 KBO리그에선 아직까지 말이다.

김현수의 기록 번복 요청이 무산된 이유

2018년 6월 10일 대구 삼성라이온즈파크에서 열린 삼성과 LG전, 2회 초 LG 김현수의 2루수 방면 타구가 기록원에 의해 실책으로 기록되자 LG는 이튿날 KBO 사무국에 기록 판정 변경을 요청한 일이 있었다. 공식기록원의 판정에 선수가 구단을 통해 기록 판정의 번복이나 수정을 요구하는 일은 KBO리그 내에선 당시만 해도 좀처럼 찾아보기 어려운 일이었다. 이 요청에 대한 결과는 뒤에서 다시 다루기로 하고, 김현수가 이러한 과정을 밟게 된 이유는 어디에 있었는지 유추해 보도록 하자.

2015년 시즌을 마치고, 마침내 메이저리그 진출의 꿈을 이뤘던 김현수는 2016~2017년 2년간 빅리그 경험을 쌓을 수 있었다. 여러 가지 이유로 풀타임을 소화해 내지는 못했지만, 이런저런 일을 두루 경험할 수 있었던 소중한 시간이었을 것이다. 그런 가운데 김현수는 기록 판정과 관련된 생소한 경험을 몇 차례 겪기도 했는데, 어쩌면 그때의 학습효과를 바탕으로 한 선택이 아니었을까 생각된다.

메이저리그 데뷔 첫해인 2016년 3월 12일, 볼티모어의 김현수는 뉴욕 양키스와의 시범경기에서 4번타자 겸 좌익수로 선발 출장하며 3타수 1안타를 때려냈다. 그런데 이 유일한 안타는 기록원의 판정 번복으로 얻은 안타였다. 2회 초, 상대 선발투수 다나카 마사히로를 상대로 때린 타구가 2루수 앞으로 약하게 구르자 2루수 스탈린 카스트로가 처리하려 했지만 타구는 글러브를 맞고 옆으로 굴절되었다. 이때 기록원의 최초 판정은 2루수 실책이었다. 그런데 어찌 된 일인지 잠시 후 실책 판정은 안타로 바뀌었고, 그 덕분에 김현수는 야수 실책이 아닌 내야안타 출루로 기록되었다.

이후 얼마 지나지 않은 2016년 6월 30일, 김현수는 샌디에이고전을 앞두고 약 2주 전인 6월 18일 토론토 블루제이스와의 홈경기에서 기록했던 안타 하나를 토해내야 했다. 당시 김현수는 1회 말 무사 1루 상황에서 1루 쪽으로 강한 땅볼타구를 날렸고, 이 타구가 토론토 1루수 저스틴 스모크의 미트를 맞고 옆으로 굴절되는 사이에 1루로 출루할 수 있었다. 이 타구에 대한 현장 기록원의 판정은 안타였다. 그런데 이 판정이 MLB 사무국에 의해 실책으로 변경이 되었다는 통보를 한참 후에 받은 것이다. 시범경기 성적이야 공식기록으로 남지 않기에 그런가 보다 넘길 수 있다 하겠지만, 본경기에서의 기록은 그 성격이 다르다. 더군다나 좋은 쪽이 아닌 불리한 쪽으로 기록이 변경된 경우라면 선수로서 그 결정이 결코 달가울 리 없을 것이다.

김현수는 2017년을 끝으로 KBO리그로의 복귀(LG 트윈스)를 알렸다. 그렇게 맞이한 복귀 첫 시즌에 김현수는 기록상 모호한 상황을 만났고, 그 상황에 대한 해법을 메이저리그의 경험에서 찾은 것으로 짐작된다. 결론적으로 LG의 이의 제기에 대해 KBO 사무국은 "기록원의 판정 변경은 규정상 해당 기록원이 변경을 결정한 경우에 한하며, 구단의 판정 변경 요청을 심사하는 규정이나 제도는 존재하지 않기에 기록 판정 변경은 불가능하다"라는 답변을 LG 측에 보내며 일을 마무리지었다.

사실 메이저리그의 기록 판정에 대한 번복이나 정정은 과거에도 종종

있어왔다. 2014년부터 메이저리그에서는 비디오판독 항목을 주심의 볼 판정을 제외한 거의 모든 부문에 걸쳐 확대하며 기록 확인 역시 판독 가능 항목으로 넣어 기록 수정이 제도화되었지만, 사무국에서는 그 이전에도 현장에서 내려진 기록 판정에 대해 종종 수정을 가해왔다. 이처럼 메이저리그 사무국이 현장의 기록원 결정에 대해 이의 제기가 있을 경우 이를 다시 검토해 최종 판단을 내려주게 된 배경에는 KBO리그와는 다른 기록원 임명 절차와 관리가 자리하고 있다.

KBO리그는 사무국 내에 심판위원회와 같은 성격의 기록위원회라는 전문위원회를 따로 두어 기록원 선발 및 채용, 교육과 관리를 일원화하고 있다. 반면 메이저리그는 사무국 주관이 아닌 구단 주도로 공식기록원의 임명과 관리가 이루어진다. 환경이 이렇다 보니 임명되는 기록원 개개인마다 경험이나 경력은 물론이고 업무 처리 능력도 수준이 고르지 않은 편이다. 게다가 땅이 넓은 탓도 있겠지만, 임명된 모든 공식기록원이 한자리에 모여 규칙 적용에 관해 토론하거나 통일된 판정 훈련을 받을 시간도 없다. 따라서 기록의 균일성과 공정성을 확보해야 하는 사무국으로서는 제2의 거름 장치를 마련하지 않을 수 없는 것이다. 이것이 시즌 중 각종 기록에 관한 수정이 이루어지는 배경이다.

2018년 9월, LA 다저스 소속이던 류현진은 구단 차원의 요청으로 실점 중 자책점 2점이 줄어들어 평균 자책점을 낮춘 일(2.47→2.16)이 있었다. 9월 6일 대뉴욕 메츠전 5회 초 1사 1, 3루 상황에서 뉴욕 메츠의 아메드 로사리오가 친 타구를 우익수 알렉스 버두고가 슬라이딩 캐치를 시도하다 잡지 못해 안타를 내주며 이후 2실점으로 연결되었다. 그런데 이 상황이 구단의 이의 제기로 하루 만에 우익수 실책으로 바뀌었고, 타구가 짧아 3루 주자가 리터치해 홈으로 들어올 수 없었다는 판단 아래 2점이 모두 비자책점으로 수정되었던 것이다. 그리고 이런 일은 그 이듬해에도 있었다.

LA 다저스는 2019년 7월 15일 류현진이 보스턴 레드삭스와의 원정경기에서 7이닝 동안 허용한 2실점이 모두 자책점으로 처리된 것에 대해 이의 제기를 했고, 이를 사무국에서 받아들여 약 20일 뒤, 모두 비자책점으로 기록이 정정되었다. 핵심은 2018년과 마찬가지로 타구에 대한 판정이었다. 1회 말 1사 1루에서 보스턴 잰더 보가츠의 타구를 LA 유격수 크리스 테일러가 머뭇거리다 내야안타를 내준 뒤 이것이 빌미가 되어 2실점으로 이어졌는데, 이 타구가 실책으로 정정되며 류현진의 2실점이 모두 비자책점으로 바뀌었던 것이다. 테일러의 실책이 없었다면 2사가 되었을 것이고 바로 다음 잡아낸 삼진으로 이닝이 종료되었을 것이기 때문에 이후에 맞은 안타로 인한 실점은 류현진의 책임이 되지 않기에 내려진 결정이었다.

이와 같은 메이저리그의 기록 정정 사례와 과정들은 기록이의신청심의제도가 자리 잡기 전, KBO리그 안에서는 현실적으로 일어나기 어려웠다. KBO리그 기록원들은 실수를 하지 않기 때문이 아니다. 2018년 6월 넥센 박병호의 기록이 4구에서 삼진으로 정정된 적이 있다. 6월 12일 고척 스카이돔에서 열린 넥센과 한화전 3회 말 2사 2루 풀카운트에서 한화 선발투수 키버스 샘슨이 박병호를 헛스윙 삼진으로 처리했지만, 포수 최재훈이 이 공을 뒤로 빠뜨리는 바람에 스트라이크아웃 낫아웃 상황이 되어 박병호가 1루에 출루했는데, 이때 공식기록원이 주심의 헛스윙 콜 동작을 확인하지 못해 4구로 알고 기록한 것을 바로잡은 경우다. 단적인 예지만 KBO리그에서도 기록 수정은 발생한다. 다만 메이저리그처럼 며칠이 지난 뒤 안타 판정이 실책으로, 실책 판정이 안타로 변경되는 일은 불가능했다는 얘기다. 기록 업무가 KBO 사무국의 직접적인 관리하에 있기 때문에 설령 수정이 필요한 상황이 벌어진다 하더라도 그 처리 과정은 신속했다.

물론 당시 KBO리그가 메이저리그처럼 기록 확인에 대한 항목을 비디오 판독 대상으로 채택하고 있지 않았다는 제도적인 배경도 있었지만, 기록 정정에 관한 규칙 내용에도 차이가 있다는 점 역시 기록 수정 절차와 방법이 서로 다른 이유가 되고 있다. 메이저리그는 규칙상 기록에 대해 재심 요청을 할 수 있다. 그리고 필요시 구단이나 선수는 리그 사무국에 재심을 서류로 요청하도록 명시하고 있다.

반면 KBO리그는 공식기록원이 판정을 내리면 원칙적으로 이를 변경할 수 없었다. 만일 변경할 필요가 있을 경우에는 그 사유를 첨부해 총재에게 24시간 안에 변경을 신청해야 한다. 기록 변경 주체가 메이저리그는 사무국이라면 KBO리그는 공식기록원인 것이다. 2018년 국내로 복귀한 김현수의 기록 판정 이의 제기가 무위로 끝난 배경에는 이처럼 공식기록원 운영의 구조적 차이와 이의 제기에 관한 규정적 차이가 들어 있었다.

전광판 오작동이 부른 참사

2016년 시즌 개막을 앞두고 SK 와이번스가 홈구장으로 사용하고 있는 인천 문학구장은 일명 '빅 보드'라는 세계에서 제일 큰 면적의 야구장 전광판을 선보였다. 근래 들어 야구장마다 전광판의 크기를 키우거나 선명도를 높이는 등, 팬들의 보는 재미를 더하기 위해 많은 돈을 들여 속속 업그레이드하는 작업이 줄을 잇고 있는데, 문학구장 전광판은 차원이 다른 변신이었다. 각 구단이 전광판에 이처럼 신경을 쓰는 이유는 팬들을 위해서이다. 팬들의 응원 모습은 물론이고 각종 이벤트의 관련 정보와 영상 제공 등 다양한 기능을 시연함으로써 팬들에게 야구장을 찾는 재미와 보는 재미를 더하게 하려는 것이 주목적이다.

그러나 전광판이 아무리 화려한 변신을 꾀한다 해도 이는 어디까지나 부수적인 기능일 뿐, 전광판의 고유 기능은 야구 경기와 관련된 정보의 확인이다. 경기에 뛰고 있는 선수 이름과 현재의 점수, 이닝, 아웃카운트와 볼카운트 그리고 선수들의 플레이에 따른 그 결과들이 전광판을 통해 표출된다. 그 덕분에 팬들은 물론이고 선수들도 혼란을 겪지 않고 경기를 치를 수 있는 것이다. KBO 퓨처스리그(2군) 경기에선 타자들이 자기 순서를 잘못 알고 남의 타순에 등장하다가 제지를 받는 사례가 종종 있는데, 이역시 제대로 된 전광판이 없다 보니 나타나는 현상이다. 그러면 전광판은 이처럼 순기능만 갖고 있는 것일까? 2014년 4월 18일 잠실구장에서 열린 두산과 롯데전에선 오히려 이 전광판이 경기를 대혼란 속으로 몰아넣은 일이 있었다.

롯데가 2 : 1로 역전에 성공한 2회 초 공격 1사 만루 상황에 정훈(롯데)이 3루 앞으로 땅볼타구를 날리면서 사달이 시작되었다. 이 타구를 잡은 3루수 허경민은 병살이 가능해 보이자 지체 없이 홈으로 던졌고, 공을 받은 포수 양의지는 병살플레이 완성을 위해 곧바로 1루로 송구했다. 그러나 1루수의 발이 베이스에서 떨어지며 정훈에겐 세이프 판정이 내려졌고, 전광판에는 3루 주자 문규현이 홈에서 포스아웃 된 것만 반영되어 두 번째 아웃카운트가 켜진 상황이었다. 일단 표면상 경기 진행 상황은 2사 만루였다. 이어 두산 선발투수 크리스 볼스테드는 다음 타자인 롯데의 손아섭에게 투수땅볼을 유도해 내며 추가 실점 없이 위기를 넘기고, 의기양양하게 더그아웃으로 향하고 있었다. 좋은 기회를 더 이상 살리지 못한 롯데의 선수들이 2회 말 수비를 위해 하나둘 그라운드로 향하려던 순간, 야구장이 술렁였다.

롯데 포수 강민호가 지금 상황이 투 아웃인 것 같다는 의사를 김응국 코치에게 전했고, 한편에선 심판원들이 한곳에 모였다. 이 논의에는 공식기록원도 가담을 했다. 롯데는 수비를 위해 나가고 있던 선수들을 모두 불러들인 상태에서 심판진의 얘기를 전해 들었고, 이어 심판진은 두산 쪽으로 향했다. 그리고 잠시 후 심판진의 설명을 전달받은 두산 감독과 코칭스태프는 펄쩍 뛰었다. 이러한 일련의 상황에서 과연 무슨 얘기가 오갔던 것이며, 일은 어디서부터 잘못되었던 것일까?

이제 얽힌 실타래를 하나하나 풀어보도록 하자. 소동의 단초는 1사 만루에서 3루수 허경민의 송구를 받은 포수 양의지의 발이 홈플레이트를 밟지 못한 것에서 시작되었다. 타자주자까지 1루에서 잡아야 한다는 급한 마음에 홈플레이트를 제대로 터치하지 못한 것이다. 이때 주심은 잠시 뜸을 들이다 양의지의 발을 확인하고 팔을 양옆으로 펼쳐 아웃이 아닌 세이프임을 표시했다. 정확한 판정이었다. 타자주자 정훈까지 1루에서 살았기 때문에 3루 주자의 득점은 인정되어 3 : 1에 주자 상황은 1사 만루가 되어야 맞는 상황이었다.

그러면 전광판에 득점이 올라가지 않고 2사를 알리는 아웃카운트가 표출된 이유는 무엇일까? 이는 3루수의 홈 송구가 워낙 여유 있게 전달되어 홈에서의 아웃이 확실시되는 상황이었고, 곧바로 양의지가 1루를 향해 송구 동작을 가져갔기 때문에 기록실의 기록원과 전광판 조작을 담당하는 운영요원 역시 시선이 자연스럽게 1루로 향할 수밖에 없어 빚어진 일이었다. 다시 말해 1루로의 시선 이동이 홈에서 일어난 양의지의 홈 터치 미스에 따른 주심의 세이프 동작 확인을 불가능하게 만들었던 것이다. 이 대목에서 한 가지 아쉬운 점은, 홈에서의 아웃이 워낙 확실해 보이는 상황에서 세이프가 선언된 것이기 때문에 '주심이 좀 더 확연하고 큰 동작으로 세이프를 선언해 주었더라면' 기록실은 물론이고 선수들도 상황을 인지하는 데 큰 도움이 될 수 있었을 텐데, 그렇지 못했다는 점이다. 더욱이 기록실에서는 시야 각도나 거리상 양의지의 발이 홈플레이트를 터치했는지 확인하는 것은 물리적으로 불가능했다.

이제 1차적인 답은 나왔다. 이유야 어찌 되었든 기록실에서 확신하고 올렸던 두 번째 아웃카운트가 발화 지점이었던 셈이다. 옛 속담에 "도둑을 맞으려면 개도 안 짖는다"라는 말이 있다. 홈에서 세이프 판정을 내린 주심이 전광판에 잘못 올라간 아웃카운트 오류를 이때라도 바로 지적해 주었으면 좋았으련만, 주심 역시 이를 캐치하지 못한 상태에서 경기는 계속 흘러갔다. 이때 2차 저지선이 무너졌다.

롯데도 마찬가지였다. 홈에서 세이프된 것을 확인하고 개인 용무로 더 그아웃을 벗어났던 문규현을 제외하고 나머지 대부분의 선수들은 전광판의 아웃카운트가 잘못되었다고 생각하거나, 설령 의심이 들었다 하더라도 확신할 수 없었기에 바로 문제 제기를 하지 않았다. 3차 방어막도 제 구실을 못한 것이다.

이렇듯 점점 꼬여만 가는 형국에서 당연히 현 상황을 투 아웃으로 인지하고 있던 투수 볼스테드는 손아섭의 땅볼타구를 잡고 홈으로 들어가는 3루 주자 전준우에게는 관심을 전혀 두지 않은 채, 1루로만 가볍게 송구해 타자주자를 아웃시켰다. 병살이 필요한 상황이었다면 만루였기에 홈으로 송구를 했겠지만, 그는 2사로 알고 있었기에 그럴 필요가 없었다. 한편 손아섭의 투수땅볼 때 현 상황이 1사임을 알고 있었던 양의지는 투수에게 공을 던지라는 모션을 취했지만 볼스테드가 1루로 던지고 더그아웃으로 향하자 '내가 잘못 알고 있었나?' 하는 긴가민가한 표정으로 덩달아 따라 들어갔다.

그리고 이 시점에 뭔가 이상한 낌새를 챈 롯데의 김시진 감독은 주심에게 어필을 했고, 심상치 않은 내용에 심판진과 기록원이 모였던 것이다. 진작 이의 제기를 했었으면 좋았을 것을 ……. 그러나 일이 꼬일 대로 꼬인 상황에서의 때늦은 어필은 역설적으로 롯데에 유리하게 작용했고, 결과적으로 두산에는 카운터펀치로 작용하고 말았다.

심판진과 기록원이 모여 일련의 상황에 대해 논의 결과 내려진 결론은 다음과 같았다. 양의지의 홈 터치 미스로 세이프가 된 3루 주자 문규현의 득점으로 3 : 1 인정 후 계속된 1사 만루에서 볼스테드가 1루에 공을 던져 손아섭을 아웃시키는 사이 홈에 들어온 전준우의 득점까지 유효로 간주해 스코어 4 : 1, 주자 2, 3루 상황에서 경기를 속개한다는 결정이었다.

이 내용을 전해 들은 두산은 강하게 항의했다. 3 : 1까지의 상황은 인정하겠지만, 이후 전광판 볼카운트가 잘못 나와 벌어진 투수 볼스테드의 병살 미시도 플레이는 너무 억울하다는 것이었다. 따라서 네 번째 점수만큼은 인정할 수 없다고 버텼다. 백 번 양보해서 병살을 못 시킨 것은 억울하지만 볼스테드가 1사였다면 당연 홈부터 던졌을 것이기 때문에 3루 주자 전준우가 홈에서 아웃된 것으로 하고, 타자주자 손아섭은 1루에 살아나간 것으로 하자는 주자 위치 가상 트레이드까지 제시하고 나섰지만 이는 더 더욱 실현 불가능한 타협안이었다. 결국 두산으로선 심판진의 결정을 받아들일 수밖에 없었고, 옥신각신 끝에 중단된 경기는 22분이 지나서야 재개될 수 있었다.

이렇게 천신만고 끝에 상황을 정리한 심판진과 기록원의 속은 이미 숯검댕이가 되어 있었을 터, 어쩌면 속으로는 이날만큼은 두산이 다시 경기를 뒤집어 억울할 수도 있는 패배를 스스로 극복해 주었으면 좋겠다는 생각을 하고 있었을지도 모른다. 그러나 이러한 기대(?)는 얼마 못 가 무참히 무너지고 말았다.

2사 2, 3루로 경기가 재개된 상황에서 롯데 타자 4번 최준석이 우익수 담장을 훌쩍 넘기는 대형 3점 홈런을 때려내며 두산을 완전 그로기 상태로 몰아넣었던 것. 아무리 초반이라 해도 분위기상 승부는 이걸로 끝이었다. 결국 이날 경기는 롯데가 13:7로 승리했고, 심판과 기록원의 검게 탄 속은 이날 완전히 잿더미로 변하고 말았다.

이상이 2014년에 있었던 전광판 오작동 해프닝의 전말이다. 선수들의 플레이에 도움을 주고자 만들어놓은 전광판이 잘못된 정보 표출로 오히려 플레이에 독으로 작용한 사례라고 하겠다. 그런데 전광판 오작동이 원인이 되어 빚어진 해프닝은 아주 오래전에도 이미 한 차례 있었다.

1993년 7월 23일 전주구장에서 열린 쌍방울과 LG의 경기에서는 잘못된 전광판 때문에 공격 팀이 더블플레이를 당하는 어처구니없는 상황이 발생한 적이 있다. LG의 5회 초 공격 1사 1루 상황에서 벌어진 일로, 1루에는 송구홍(LG)이 출루해 있었고 타석에는 좌타자 김상훈이 들어와 있었다. 이 상황에서 전광판의 아웃카운트가 1사가 아닌 2사로 표출되어 있었던 것이 문제를 만들고 말았다. 김상훈이 때린 타구가 우익수 쪽 평범한 플라이가 되었는데 순간 2사 상황으로 알고 있던 1루 주자 송구홍이 마냥 앞으로만 달려갔던 것. 송구홍이 폭주하는 모습에 덩달아 수비가 끝난 것으로 알고 더그아웃으로 철수하던 쌍방울 야수들은 LG 더그아웃에서 송구홍을 향해 "아직 투 아웃!"이라고 외치는 소리를 듣자 화들짝 공을 찾았고, 1루수 신경식이 넘겨받은 공을 갖고 1루를 찍어 진짜로 스리아웃을 시켰던 일이다.

황당한 경험에 LG 코칭스태프는 그라운드로 나와 한참을 하소연했지만, 성격상 심판진이 내린 판정이 아닌지라 가려운 곳이 아닌 엉뚱한 데를 긁는 꼴이었다. 억울하다고 하지만 잘못된 정보를 믿고 생각 없이 플레이를 한 선수에게도 책임은 있었다.

야구장 전광판은 선수들에게 경기 상황에 대한 정보와 플레이에 가이드 라인을 제시해 주는 역할을 한다. 하지만 아무리 첨단화되었다고 해도 전광판 자체가 언제나 오류를 일으킬 수 있는 기계이기 때문에 맹목적으로 믿고 플레이하는 것은 바람직하지 않다. 게다가 앞서 열거한 해프닝에서 볼 수 있듯이 기계 문제가 아닌 그것을 다루는 사람들의 단순 조작 실수나 상황을 오판해 벌어진 일이라면, 그로 인한 혼란을 원천적으로 막기란 더욱 쉽지 않은 일이다. 그래서 눈에 보이는 것에 의지하는 본능적인 플레이를 넘어 늘 생각하는 야구가 필요한 것이다.

한편 야구장 전광판은 1908년 시카고 출신의 조지 베어드에 의해 처음 발명된 것으로 알려져 있는데, 전광판에 볼과 스트라이크, 아웃카운트 등의 정보를 담았다고 한다. 발명 당시 두 개 팀에서 테스트를 했지만, 큰 흥미를 끌지 못했는지 바로 리그에 채택되지는 못했다는 얘기가 전해져 오고 있다.

한용덕 감독에 휘둘린
기록원의 새가슴

옛말에 "자라 보고 놀란 가슴 솥뚜껑보고 놀란다"라는 말이 있다. 어떤 물건에 크게 놀란 사람은 비슷한 물건만 봐도 겁을 집어먹는 것을 일컫는 말이다. 그런데 기록원에게도 이런 경우가 간혹 있다. 과거 경기 중 사고로 이어졌던 일들과 비슷한 상황이 닥치면 그때의 기억이 되살아나며 식은 땀이 흐르곤 하는 것이다. 야구가 복잡함에서 타의 추종을 불허하다 보니 경기 중 그러한 상황이 도처에 깔려 있긴 하지만, 그중에서도 볼카운트를 둘러싼 오류 해프닝은 기록원들이 단연 질색하는 부분에 속한다.

2019년 한용덕 감독(한화)은 무난히 잘 흘러가던 경기 종반에 갑자기 그라운드로 걸어 나와 주심과 볼카운트 상황을 놓고 긴 실랑이를 벌여 기록원들의 가슴을 덜컹 내려앉게 만든 일이 있다. 6월 9일 대전구장 한화와 LG전에서 1 : 1 동점이던 연장 10회 초, 선두타자 김용의(LG)가 풀카운트 (3B-2S) 상황에서 7구를 골라내 볼넷으로 출루하자 한용덕 감독은 전광판을 가리키며 지금 들어온 공이 네 번째 볼이 아니라 세 번째 볼이라고 이의를 제기하고 나섰기 때문이다. 한용덕 감독이 주심과 이야기를 나누는 동안 기록실에서도 수기 기록지와 전산 기록지를 대조하며 김용의의 볼카

운트에 이상이 없는지를 재차 확인했지만, 분명 볼넷 출루가 맞는 상황이
었다. 주심도 출루가 이상이 없다고 얘기하는 것 같았지만 한용덕 감독은
쉽게 물러서지 않고 있었다.

　상황이 이쯤 되면 그때부터 흔들리는 건 심판과 기록원이다. 지금까지
갖고 있었던 확신과 믿음은 옅어지고 혹시나 하는 의심 증상이 슬슬 발동
을 건다. '감독이 수긍하지 않는 데는 그만한 이유가 있기 때문이 아닐까?'

　경기 중단 시간이 의외로 길어지면서 드디어 불안해지기 시작했다. 전
광판 운영 진행 요원인 장내아나운서와도 전광판 표출 과정에 혹시나 문
제가 있었는지 확인했지만, 드러나는 문제점은 없어 보였다.

　"볼넷이 맞는 거죠?"

　무전기를 이용한 주심의 재확인 질문이 전파를 타고 들려왔다.

　'맞는 거 같기는 한데 혹시나 아니면 어떡하지 …….' 스멀스멀 조바심이
밀려왔다. 그리곤 기억 하나가 문득 머릿속을 스쳤다. 2005년 두산 김재호
타석에서 일어났던 볼카운트 착각 사건(볼넷으로 출루했어야 할 타자가 우전안

타를 친 사건)이었다. 아직도 어제의 일처럼 뇌리에 선명하게 남아 있는데, 또 다시 볼카운트를 둘러싼 실수가 나온다면 스스로가 용납이 안 될 일이었다. 식은땀이 흘렀다.

이제 남은 수단은 오로지 한 가지. 노트북을 이용해 김용의 타석을 처음부터 영상 리플레이를 통해 확인하는 방법뿐이었다. 다만 메이저리그라면 기록 확인에 대한 비디오판독이 제도적으로 가능하기 때문에 바로 확인하면 될 일이었지만, KBO리그는 이러한 상황에 대한 비디오판독 신청 허용이 되지 않기 때문에 공식적으로 드러내 놓고 확인할 수는 없는 상황이었다. 그러나 상황이 상황인지라 마냥 손 놓고 있을 수만도 없는 일. 다행히 ⑺ 한용덕 감독은 그라운드에 계속 남아 시간을 벌어주고 있었다. 영상 빨리 감기 방법을 통해 볼카운트를 하나하나 다시 살폈다. 이상이 없었다. 볼넷이 정확했다. 불안했던 마음은 어느덧 눈 녹듯 사라지고 목소리엔 자신감이 다시 살아나고 있었다.

"볼넷이 확실합니다. 확인했어요!"

무전기로 주심에게 내용이 통보된 뒤, 그제야 한용덕 감독은 더그아웃을 향해 돌아섰다.

이로부터 약 3달 뒤인 9월 4일, 메이저리그 LA 에인절스와 오클랜드 애슬레틱스전에서는 볼넷이 맞는지를 놓고 급기야 비디오판독을 통해 확인까지 벌이는 작은 소동이 있었다. 오클랜드가 7 : 5로 앞서던 7회 초 1사 상황에서 LA 에인절스의 3번 타자 오타니 쇼헤이가 8구째가 볼이 되자 볼넷으로 알고 1루로 걸어 나가려 한 것에서 해프닝이 시작되었다. 주심이 볼넷이 아니라고 오타니를 일단 제지하기는 했지만, 주심도 순간 확신이 서지 않는 모양이었다. 1루심을 불러 정확한 상황에 대해 자문을 구했지만 여기서도 확답을 못 얻자, LA 에인절스 감독이 영상을 통해 확인해 줄 것을 요구했고, 주심이 이를 받아들인 사건이었다.

판독 결과는 볼넷이 아니라 3B-2S였다. 오타니가 잘못 알고 있었던 것이다. 연속으로 세 개의 파울 타구를 쳐내며 투수와 8구까지 가는 긴 공방이 이어지다 보니 아마도 헷갈린 모양이었다. 이후 오타니는 다시 타석에 들어 공격을 이어갔지만 9번째 공에 헛스윙하며 삼진으로 물러났다. 후에 오타니는 볼카운트를 착각한 부분에 대해 이렇게 설명했다.

"나와 포수가 모두 볼이라고 생각한 공이 한 개 있었는데, 이게 실제는 스트라이크였기에 생긴 일이다."

심판이나 기록원의 경기 몰입도는 사실 대단히 높다. 한순간만 놓쳐도 자칫 대형 사고로 이어지는 만큼, 경기 내내 긴장의 끈을 놓지 않는다. 특히나 아웃카운트나 볼카운트에 대해서는 더욱 예민하다. 경기 중 이 부분이 선수의 생각과 다를 경우, 대부분은 선수의 착각으로 결론 나는 것이 일반적이긴 하지만, 심판과 기록원도 결국 사람인지라 언제나 완벽할 수만은 없다. 상황이 꼬이면 실수가 나온다.

2015년 메이저리그에선 타자가 볼넷이 아닌 '볼셋'으로 1루에 출루하는 황당한 일이 일어났다. 6월 1일 신시내티와 워싱턴의 경기에서 뛰어난 선구안으로 높은 출루율을 자랑하는 조이 보토(신시내티)는 팀이 3 : 2로 리드하던 7회 말 1사 1루 볼카운트 2B-2S 상황에서 6구째 공이 볼이 되자 배트를 내려놓고 유유히 1루로 걸어 나갔다. 조이 보토의 능력을 너무 믿어서였을까? 주심은 물론이고 포수를 비롯한 상대 팀 그 어느 선수도 이에 대해 문제 제기를 하지 않았다. 사기(?)를 쳐 1루에 출루한 조이 보토는 후속 타자들의 도움으로 득점까지 뽑아내며 팀을 승리로 이끌었다. 그러면 조이 보토의 출루와 관련된 기록은 어떻게 처리되었을까? 공식기록은 볼넷에 의한 출루로 기록(볼셋 항목이 없는 관계로)되었다.

이처럼 주심의 실수로 타자가 득을 본 경우는 오래전 일본에서도 있었다. 1987년 10월 18일 요시무라 사다아키(요미우리)는 볼넷에도 출루하지 않고 타격을 이어간 끝에 볼카운트 4B-2S 상태에서 홈런을 때려낸 역사가 있다.

이와는 반대로 타자의 착각과 주심의 실수가 한데 묶여 결과적으로 타자가 손해를 본 경우도 당연히 존재한다. 2008년 9월 5일 메이저리그 LA 에인절스와 디트로이트 타이거즈 경기에서는 타자가 볼넷을 얻고도 공격을 이어가다 삼진으로 기록된 일이 있다. 4회 초 1사 상황에서 타석에 들어온 LA의 션 로드리게스는 볼넷으로 걸어 나가야 했음에도, 주심의 볼카운트 정정 과정에서 생긴 착오로 계속 타석에 남아 있다가 삼진으로 돌아서야 했던 것이다.

또한 2018년 8월 9일 일본프로야구 히로시마 도요 카프와 주니치 드래건스의 경기에선 타자가 역시 볼넷에 출루하지 않고 공격을 이어가다 땅볼타구로 물러난 일이 있다. 히로시마가 1 : 2로 뒤지던 3회 말 공격 1사 상황에서 히로시마의 스즈키 세이야는 투수와 10구까지 가는 긴 승부 끝에 2루수 땅볼로 물러났는데, 이미 8구째에 볼넷이 확정된 것을 모르고 타격을 이어갔던 것이다. 경기 후 주심은 "내 착각이다. 그라운드 정비할 때 가서야 알았다"라고 코멘트했다.

이러한 말도 안 될 것 같은 해프닝들은 야구팬들을 웃게 만드는 요소다. 그러나 사건에 휘말린 심판이나 기록원들의 속은 온통 까맣게 타들어 간다. 뒤따를 징계가 싫고 무서워서가 아니다. 경기를 완벽하게 운영하지 못했다는 자책과 자괴감 때문이다. 늘 완벽하고자 애쓰지만 완벽할 수 없는 것. 선수도 그렇지만 그것이 또한 심판과 기록원의 야구다.

한국시리즈 물길을 바꾼
기록원의 조언

2013 한국시리즈, 삼성과 두산의 3차전이 열리고 있던 잠실구장. 잘 던지던 선발투수를 경기 도중 갑자기 마운드에서 내려야 한다는 사실을 야구장 안의 그 누구도 알지 못했다, 기록실 안에 자리한 공식기록원 말고는. 이미 지난 세월 속 이야기가 됐지만, 당시에 기록원이 투수 교체에 관한 정보를 제대로 전달하지 못했다면 그해 한국시리즈 역사는 어떻게 기록되었을까 하는 부질없는 생각을 지금도 해보곤 한다.

2013년 10월 27일, 한국시리즈 3차전을 앞두고 삼성과 두산 양 팀 더그아웃의 분위기는 사뭇 달랐다. 그도 그럴 것이 2013 정규리그에서 1위를 차지하며 한국시리즈에 직행한 삼성이 정규리그 4위로 준플레이오프(5경기)와 플레이오프(4경기)를 거치며 전력을 상당히 소모하고 올라온 두산에 대구 홈구장에서 한국시리즈 1, 2차전을 연거푸 내주리라고 예상한 사람은 거의 없었다. 그만큼 대구 2연전 연패는 삼성으로서는 상당히 충격적인 결과였기에 분위기는 무거울 수밖에 없었다.

반면 포스트시즌 들어 "미러클 두산"으로 불릴 정도로 시리즈마다 극적인 반전을 이끌어내며 한국시리즈까지 올라온 두산은 1승 1패면 대만족이라는 대구 원정 2연전을 쓸어 담고 홈그라운드인 잠실구장으로 돌아와 3차 전을 치르게 된 만큼, 더그아웃 분위기는 최고조에 올라 있었다.

두산으로선 비중이 큰 경기를 연이어 치른 터라 기선 제압에 성공한 한 국시리즈의 초반 분위기를 그대로 살려 단기전으로 끝내려는 계산 아래 맞이한 3차전이었다. 삼성으로서도 이 경기마저 내주면 통합 우승은 둘째 치고 일명 '광탈'이라는 수모를 하위 팀에게 당하며 패권을 조기에 내어줄 확률이 아주 높아지는 만큼, 배수의 진을 치지 않을 수 없는 3차전이었다.

이러한 희망과 부담을 안고 3차전의 막이 올랐다. 장원삼 대 유희관. 양 팀 모두 좌완 선발이었다. 두산은 LG를 상대로 플레이오프에서 MVP를 차 지할 정도로 좋은 투구 내용을 보이며 포스트시즌 들어 두산 마운드의 키 플레이어로 급부상한 유희관을, 삼성은 정규리그 13승에 빛나는 장원삼을 각각 내세웠다. 특히나 두산 유희관은 팀 내 유일한 좌완투수인 데다 정규 리그 동안 삼성을 상대로 1.91의 평균 자책점을 기록하며 극강의 모습을 보였던 터라 두산으로선 3차전만 잡으면 한국시리즈의 패권 향방을 완전 하게 틀어쥘 수 있어 팬들의 기대치는 하늘에 닿아 있었다.

경기는 예상대로 팽팽한 투수전으로 흘렀고, 먼저 0의 균형을 깬 것은 삼성이었다. 3회까지 무실점으로 삼성을 막아내던 유희관이 4회 초 선두 타자 박석민에게 2루타를 허용하며 선취점을 내줄 수 있는 위기를 맞자 두 산의 정명원 투수코치가 마운드로 올라와 유희관을 안정시켰다. 그러나 다음 타자 최형우에게 다시 안타를 내준 유희관은 채태인을 좌익수 플라 이로 잡아내며 한숨 돌리는가 싶었으나 이후 이승엽을 볼넷으로 출루시키 며 1사 만루를 만들어 코너에 몰리게 되었다.

이 상황에서 유희관은 다행히도 박한이로부터 유격수 앞 땅볼타구를 끌 어냈지만, 유격수 손시헌이 서두르다 실책을 저질러 삼성에 선취점을 내 주고 말았다. 이 과정에서 손시헌이 2루 쪽으로 급히 던진 공을 두산 2루 수 오재원이 넘어지며 잡아냈지만 주자 세이프 판정이 내려지자 오재원은

2루심을 향해 강하게 어필하는 모습을 드러냈는데, 어찌 생각하면 이때부터 두산의 불행이 시작된 것이라고 볼 수도 있겠다. 두산의 평정심이 일단 흔들렸기 때문이다.

이어진 삼성의 공격에서 이지영의 타구는 좌익수 쪽으로 높이 날아갔고, 두산의 좌익수 김현수가 이 타구를 잡아 홈에 던져 3루 주자를 잡아보려 했지만 홈에서 주심이 내린 판정은 또 한 번 세이프였다. 이 판정에 대해 태그플레이를 한 포수 최재훈은 물론이고 홈플레이트 부근에 접근해 있던 유희관까지 펄쩍 뛰며 아웃이라고 주장했고, 두산 벤치 역시 그라운드로 나와 주심의 세이프 판정에 대해 강경한 어필을 이어갔다. 여기까지는 그럴 수 있었고, 판정의 옳고 그름을 떠나 감독의 어필 자체에는 문제가 없었다.

어쨌거나 두산은 어필을 끝내고 돌아갔고 유희관도 흥분을 가라앉히고 다시 마운드로 돌아갔다. 이후 주심 역시 자리로 돌아가 중단됐던 경기를 속개하려던 찰나, 기록실에서 주심을 다급히 불렀다. 기록실로 다가간 주심은 기록원에게서 뭔가를 전해 듣고 경기운영위원 및 심판위원장과 상의를 거친 후, 두산 더그아웃으로 향했다. 이때 두산에 취해진 조치는 청천벽력과도 같은 유희관의 강판이었다. 이에 김진욱 감독과 강성우 배터리 코치는 억울한 표정으로 주심에게 나름의 상황 설명을 하는 것 같았지만 한 번 내려진 결정은 변하지 않았다. 그나마 건진 게 있다면 전혀 준비가 되지 않은 구원투수가 몸 풀 시간을 약간 얻은 것이 전부였다.

한국시리즈 같은 중차대한 경기에서 기록원의 말 한마디에 이러한 결정이 내려진 이유는 무엇일까? 다시 김진욱 감독의 어필 시점으로 돌아가 보도록 한다.

정작 문제가 된 것은 엉뚱한 다른 곳이었다. 김진욱 감독의 어필이 이어지는 동안 강성우 배터리 코치가 파울라인을 넘어 포수 최재훈과 유희관을 진정시키기 위해 다가선 것이 나중에 문제를 일으키고 만 것이다. 야구 규칙 5조 10항에는 "감독이나 코치가 한 이닝에 동일 투수에게 두 번째 가면 그 투수는 자동으로 경기에서 물러나야 한다"라고 명시되어 있다. 또한 감독이나 코치가 포수나 야수에게 간 다음, 그 야수가 바로 투수에게 가거나, 투수가 그 야수에게 가면 감독이나 코치가 마운드에 간 것과 동일하게 간주하도록 규정하고 있다.

두산으로서는 유희관이 선두타자 박석민에게 2루타를 맞았을 때 이미 한 번의 마운드 방문이 기록되어 있었다. 이어 돌발적인 상황이긴 했지만, 강성우 코치가 심판의 허락 없이 페어지역으로 들어가 포수와 투수를 접촉한 것이 두 번째로 간주되었던 것이다. 두산으로서는 흥분한 선수를 진정시키기 위한 것이었다고 정상참작(?)을 주장할 수도 있겠지만, 어찌 되었든 그림은 경기 중의 마운드 방문에 해당되었다. 결과적으로 항의하기 위해 감독을 따라 두산 코치들이 우루루 따라나선 것이 화근이 된 것이다. 심판 판정을 둘러싼 연이은 항의로 두산 벤치는 이것저것 따져볼 냉정함과 여유를 완전히 잃고 있었던 것이다.

그렇게 유희관은 0 : 2로 뒤진 4회 초 2사 2, 3루 상황에서 어이없는 사유로 마운드를 내려와야 했다. 이때까지 투구 수는 52개였다. 이날 유희관의 억지 강판은 두산에는 치명타와도 같았다. 남은 이닝을 감안하면 경기 흐름이 언제 어떻게 바뀔지 모르는 상태였고, 2승을 먼저 따낸 두산의 저력과 뒷심을 생각하면 충분히 뒤집을 가능성이 아직 남아 있는 경기였다.

유희관의 조기 강판에 따른 후유증은 3차전으로 그치지 않았다. 남은 이닝을 버티기 위해 다섯 명이나 되는 중간 계투진을 소진해야 했고, 이는 7차전까지 가는 내내 두산의 마운드 운용에 있어 발목을 잡은 꼴이 되었다.

아무튼 삼성은 상대 선발 조기 강판이라는 반사이익을 앞세워 3차전을 잡아내며 기사회생했고, 결국 7차전까지 가는 피 말리는 대접전 끝에 두산을 4승 3패로 따돌리고 KBO리그 통합 우승 3연패를 달성할 수 있었다.

마지막으로 규칙 관련해 한 가지 더 덧붙이자면, 당시 공식기록원이 경

기에 개입해도 되는 것인지를 묻는 이들이 있었는데 규칙 9조 1항 공식기
록원에 관한 조항에는 다음과 같은 내용이 들어 있다.

공식기록원은 볼카운트 착각으로 주심이 타자를 볼넷으로 1루에 내보낸
다든지, 교체할 수 없는 투수 대신 다른 선수가 출전하려 할 경우, 심판원
에 이에 대해 조언을 해야 한다.

이 규칙에 함축된 의미를 부연 설명하자면, 기록원은 경기 중 볼카운트
가 잘못되어 일어나는 여러 가지 일들을 주심에게 알려 바로잡아야 하며,
경기에 출장할 수 없는 선수가 나온다든지, 경기에서 물러나야 할 선수가
계속 경기장에 남아 있는 경우가 발견되면 심판원에게 즉시 그 사실을 말
해주어야 한다는 것이다.

아찔했던 오재일의 위험천만 앞지르기

차선에는 주행선과 추월선이 있다. 그러나 야구 경기의 주로에는 그저 주행선 하나만 있을 뿐이다. 따라서 앞에 있는 주자를 앞질러 가는 일은 야구에서는 있을 수 없다. 야구의 추월은 앞 주자의 역주행과 뒷 주자의 전방 주시 태만이 복합적으로 작용해 일어나게 되는데, 같은 추월이라도 그 발생 시점과 상황에 따라 경기에 미치는 영향은 천차만별이다. 2018년과 2019년 2년 연속으로 메이저리그에선 홈런을 친 타자가 앞 주자를 추월해 아웃되고, 기록은 단타로 둔갑하는 황당한 일이 거푸 일어났는데, 같은 유형의 추월이라고 해도 어떤 상황에서 발생했는지에 따라 그 후폭풍은 완전 다른 바람이 된다.

2018년 4월 15일 메이저리그 애리조나 다이아몬드백스와 LA 다저스 전에서 애리조나의 3루수 데븐 마레로는 팀이 3 : 1로 앞서던 4회 초 1사 1, 2루 때 3점 홈런을 터뜨렸지만, 1루 주자 알렉스 아빌라를 추월하는 바람에 졸지에 홈런을 잃어야 했다. 1루 주자 아빌라가 타구를 착각해 1루 쪽으로 돌아오는 상황에서 홈런을 치고 흥분한 그와 교차 상황이 발생되었던 것.

추월아웃은 그 성격상 누군가에 발견이 되지 않으면 그냥 넘어가는 일도 있는데, 이날도 홈런타자 마레로의 추월은 처음에는 지적되지 않았다. 그러나 LA 다저스의 데이브 로버츠 감독은 이를 매의 눈으로 잡아냈고 비디오판독을 신청해 추월아웃 판정을 이끌어냈던 것이다. 이에 따라 마레로의 기록은 3점 홈런에서 2타점짜리 단타로 강등되고 말았다. 개인적인 손해는 상당히 컸지만 그나마 불행 중 다행인 것은 팀이 원래 리드하고 있던 상태라 6 : 1의 리드 폭이 5 : 1로 한 칸 줄어든 정도의 데미지에 그쳤다는 것뿐.

이로부터 만 1년이 지난 2019년 4월 27일, 시카고 화이트삭스와 디트로이트 타이거즈 전에선 또다시 홈런타자의 추월아웃이 터져 나왔다. 이번 주인공은 시카고의 호세 아브레우. 그는 팀이 9 : 10으로 끌려가던 7회 말 1사 주자 1, 3루 상황에서 좌익수 머리 위로 넘어가는 3점 홈런을 때려내며 일순간에 스코어를 12 : 10으로 뒤집었다. 이 한 방에 홈 팬들은 열광했고 아브레우는 동료들의 축복 속에 홈을 밟았다. 적어도 이 순간까지는 아무 문제가 없었다.

그러나 디트로이트의 론 가든하이어 감독은 뭔가를 확신한 듯 그라운드로 나와 비디오판독(메이저리그 명칭은 챌린지)을 요청했고, 잠시 후 아브레우에겐 아웃 선언이 내려지고 말았다. 사유는 추월이었다. 홈런이 된 타구가 그다지 큰 포물선을 그리지 않고 날아가자 펜스 부근에서 잡힐 것을 감안, 2루 부근까지 갔다가 1루 쪽으로 되돌아가려 했던 1루 주자를 아브레우가 1루를 돈 지점에서 추월하고 만 것이었다. 다행히 1사 후라 본인의 득점을 제외한 주자들의 득점은 모두 인정받아, 11 : 10의 1점 차 리드 상태는 유지가 되었지만, 승부처가 되는 중요한 시점에서 비중 있는 1점을 손해 봐야 했다. 이날 경기는 시카고가 9회 말 팀 앤더슨의 끝내기 홈런에 힘입어 12 : 11로 간신히 승리할 수 있었는데, 그는 7회 말 추월 해프닝에서의 1루 주자였다. 경기 후 추월아웃으로 홈런을 허공에 날린 아브레우는 "내 잘못이다. 홈런을 잃어 기분은 나쁘지만 팀이 이겼다. 그것이 가장 중요하다"라며 스스로 위안했다.

　이상 두 번의 '3점 홈런 → 추월아웃 → 2타점 단타' 공식의 판박이 해프닝은 형식은 같았지만, 내용상 팀에 미친 파장에 있어선 이처럼 커다란 차이가 있었다.

　다행스러운 일이지만 누 공과(空過)와 달리 추월아웃이 치명타가 되어 팀이 패배한 사례는 아직까지 크게 드러난 것이 없다. 그러나 그 위험성은 분명이 내재되어 있다. 상황에 따라선 팀을 아주 위태롭게 만들 수도 있다. 그리고 그 위험천만한 일들이 KBO리그에서도 언제든지 발생할 수 있다는 가능성을 보여준 사례가 두어 차례 있었다.

　2019년 10월 22일, 두산과 키움의 한국시리즈 1차전(잠실구장)에서 두산은 6 : 6 동점이던 9회 말 1사 만루 때 터져 나온 오재일(두산)의 천금 같은 끝내기 안타 덕분에 귀중한 승리를 거두며 기선을 제압하는 데 성공할 수 있었다. 이날의 활약으로 1차전 MVP로도 뽑힌 오재일에게는 더 없이 기쁜 날이었지만, 그는 끝내기 안타가 완성된 짜릿했던 순간을 마음껏 즐길 수 없었다. 적장이었던 키움의 장정석 감독이 그라운드로 나와 오재일의 플레이를 두고 뭔가를 1루심을 통해 확인하는 미심쩍은 상황이 눈앞에 펼쳐졌기 때문이었다. 끝내기 안타로 승리가 확정되었다고 믿었던 두산 팬들은 물론, 기록실에서도 처음에는 이유를 알지 못했다. 그리고 잠시 후 장정석 감독과 이야기를 마친 1루심이 기록실로 다가왔다.

　"형, 문제 없지요?"

　"무슨 일인데?"

　"오재일이 1루 돌고 나서 앞 주자 추월했는데 ……."

　섬뜩했다. 순간 바로 기록지를 확인했다. 이 경기의 담당 기록원은 아니었지만 우연히 닥친 상황이 심상치 않다고 느껴진 순간, 미룰 일이 아니었다. 추월이 나온 시점이 2사가 아니라 1사였다. 천만다행이었다.

　"상관없네. 추월아웃 선언한 거는 맞고?"

"예!"

오재일의 타구가 중견수 이정후의 키를 훌쩍 넘어 펜스 아래 떨어진 순간, 이 타구가 잡혔다고 지레 판단한 1루 주자 김재환이 1루 쪽으로 되돌아오면서 벌어진 사건이었다. 만일 2사 후였다면 오재일이 1루 주자를 추월한 순간 제3아웃이 되면서 그 전에 홈을 밟지 않은 주자의 득점은 인정이 안 되는 상황이었다(실제로 그런 상황이었다면 경기는 6 : 6 에서 연장전으로 접어들어야 한다). 물론 2사였다면 1루 주자가 귀루를 시도할 리는 없지만, 2사 후에도 추월은 얼마든지 일어날 수 있다. 타자주자가 기쁜 마음에 너무 열심히 달린 나머지 경기가 끝났다고 생각해 천천히 움직이는 앞 주자를 따라 잡는 일도 상상해 볼 수 있다. 그간 도저히 일어날 것 같지 않은 장면들이 실제로 눈앞에서 벌어지는 것을 우리는 수없이 봐왔지 않은가. 한편 기록적으로 오재일은 피해를 입지 않았다. 타구는 장타성 타구였지만 결승 득점을 올린 3루 주자의 진루 수(1개)와 똑같은 만큼만 인정되는 결승안타 루타 수 규정 따라 오재일의 기록은 단타에 의한 1타점 그대로였다.

당시 오재일의 추월에 관해 1루수 박병호와 함께 이의를 제기한 장정석 감독은 경기 후 "내가 착각했다"라며 1사 상태라 어필이 의미가 없었음을 인정했지만, 꼭 그렇게만 생각할 일은 아니다. 추월은 발생하더라도 볼 인플레이 상태라 주자들의 진루에는 아무 이상이 없지만, 만에 하나 추월이 볼데드 상태로 인정될 경우에는 진루하려던 주자들이 원위치 될 가능성도 기대해 봐야 하기 때문이다. 감독이라면 당연히 가능성이 별로 없다 하더라도 지푸라기를 잡는 심정으로 최후까지 모든 가능성을 다 열어봐야 하는 게 정상이다.

한편 2019년 오재일에 의해 빚어진 것과 비슷한 추월 상황은 2007년에도 있었다.

9월 4일 현대와 LG의 수원 경기에서였다. 7 : 7 동점이던 9회 말 1사 만루에서 현대 송지만의 타구가 중견수 머리 위로 날아갔다. 잡혔을 경우에 대

비해 2루 주자 정성훈과 3루 주자 이택근은 리터치를 준비하고 있던 상황이었다. 하지만 1루 주자였던 유한준은 이 타구가 잡힐 가능성이 거의 없다고 판단, 그대로 2루를 향해 달려 나갔다. 타구는 유한준의 생각대로 중견수 뒤쪽으로 떨어졌고, 3루 주자는 천천히 걷다시피 하며 홈인, 경기는 '8：7' 홈팀 현대의 승리로 마무리가 되는 순간이었다.

그런데 이 상황에서 눈에 들어온 장면이 하나 있었다. 3루 주자 이택근이 홈에 들어오기 전, 미리 스타트를 끊었던 1루 주자 유한준이 2루를 돌고 난 뒤, 타구를 확인하고 천천히 3루 쪽으로 출발한 2루 주자 정성훈을 순간적으로 지나치는 그림이 펼쳐졌던 것이다. 이때 깜짝 놀란 유한준은 얼른 정성훈 뒤로 다시 원위치 했고, 이 정확한 시점은 3루 주자가 아직 홈을 통과하기 이전이었다. 경기가 끝났다는 생각만으로 선행주자의 위치 파악을 소홀히 한 유한준의 전방 주시 태만 과실이었다. 경기가 끝나는 어수선한 상황이었기에 그 누구도 이 장면을 주목하지 않았다.

추월은 발생하는 순간 자동 아웃이지만, 이 역시 심판의 인정을 전제로 하기에 기록원이 발견한 추월은 힘이 없었다. 설령 인정한다 하더라도 1사였기에 경기 결과는 달라지지 않는 상황이었다. 이날 유한준에게는 심판으로부터 아웃 선언이 내려지지 않기에 공식 종료 기록은 1사 후 끝내기로 남았다. 만일 유한준도 화들짝 놀란 추월 시점이 2사 후였다면, 그리고 3루 주자가 홈을 밟기 전이었다면 경기는 7 : 7 연장 승부로 가야 했다.

추월은 이처럼 위험천만한 사고다. 단순 접촉 사고 정도로 끝날 수도 있지만, 상황을 잘못 만나면 돌이킬 수 없는 대형 사고로 이어질 수도 있다. 야구의 교통사고로 불리는 추월을 예방하기 위해선 그저 운전자인 선수들의 안전운행만이 답이다.

주자들의 추월아웃 시점과는 관계없이 무조건 3루 주자의 득점을 인정하도록 하는 예외 조항이 한 가지가 있다. 바로 볼넷의 경우다. 가령 2사 만루에서 볼넷이 나왔을 경우, 타자주자를 포함한 누상의 어느 주자가 선행주자를 추월해 아웃으로 선언된 시점이 걸어 들어오는 3루 주자의 득점 순간보다 빨랐다 하더라도 3루 주자의 득점은 인정된다. 즉 제3아웃 시점과 무관하게 득점이 자동 인정되는 경우다.

오판 유발자, 추월의 묵시록

    프로야구에는 '제소(提訴)'라는 것이 있었다. 심판의 제정이 규칙에 위배된다고 판단했을 때, 팀에서 이에 대한 이의 제기를 할 수 있게 만든 제도이다. 야구 경기에서 쓰이는 규칙이나 규정이 워낙 많아 막연하게 생각될 수 있겠지만, 제소 가능 상황에서 볼, 스트라이크 판정이나 아웃, 세이프 판정 또는 투수 보크 판정 등, 심판의 감각적인 판정 능력에 의존해야 하는 부문은 일단 제외된다. 그 대신 안전진루권 적용 오류라든가 누 공과나 추월 상황에 대한 규칙 적용 미스 또는 포스와 태그 상황을 착각해서 내려진 심판원의 제정 등으로 어느 팀이 손해를 입었다고 한다면, 이는 제소가 가능한 범위다. 어찌 보면 이 제소라는 절차는 지금은 모든 스포츠의 대세로 자리 잡은 비디오판독이라는 제도가 없던 시대의 나름 유일한 신문고(2021 시즌 이후 제소경기 제도는 사라졌다)였다.

    서두에 '제소'라는 장치에 관해 긴 설명을 꺼내든 이유는 간단하다. 제도적 장치를 두면서까지 신경을 쓸 정도로 "규칙과 규정의 올바른 적용"이라는 명제는 야구 경기에서 절대 양보할 수 없는, 최후의 보루와도 같은 것임을 말하기 위해서다. 판정관들의 올바른 법 집행이 무너진 상태에서 정의를 기대한다는 것은 한마디로 '어불성설(語不成說)'이기 때문이다.

프로야구가 막 출범했던 1982년 어느 여름날, 설렘 가득한 팬심(心)을 안고 동대문야구장을 찾았던 적이 있다. 그때가 고등학교에 다니던 시기였으니 야구 규칙이나 규정에 대해 학생이 알면 얼마나 알았겠는가. 그런데 그날 야구 경기를 보다 처음으로 억울함을 해결해 줄 수 있는 방법의 필요성을 절감하며 분한 마음을 안고 집으로 돌아와야 했다. 지금도 기억에서 떠나지 않고 있는 그날의 장면은 이랬다.

경기 중반 주자를 스코어링 포지션인 2루로 진루시키며 안타 하나면 득점을 기대할 수 있는 상황이었다. 그러나 기대했던 안타 대신 유격수 앞 땅볼이 나왔고, 이 공을 잡은 유격수의 선택지는 3루였다. 송구된 공은 3루에 먼저 도달했지만 2루 주자는 슬라이딩하며 안전하게 3루에 들어갔다고 생각한 순간, 큰 몸집을 가진 3루심의 콜은 가차 없는 '아웃'이었다. 적어도 포스 상황이 아닌 태그 상황이라 공만 먼저 가서는 주자가 아웃될 수 없다는 것쯤은 상식이었는데, 무슨 일인지 믿기지 않았다. 공격 측은 펄펄 뛰었지만 판정은 바뀌지 않았다. 심판도 상황을 착각할 수 있으니 바로 번복해 주지 않을까 기대했지만 기대했던 광경은 볼 수 없었다.

그 후 세월이 흘러 1989년 수습기록원 시절, 야구 규칙집에서 발견한 제소경기에 관한 내용은 고등학교 시절의 그 기억을 다시 소환하고 있었다. 이젠 팬이 아닌 직업인으로 그간 누군가는 억울함을 느껴 제소와 같은 절차를 떠올렸을, 정의가 무너진 경우가 몇 번이나 있었을까를 헤아려 봤다. 없지 않았다. 그리고 그 이야기의 중심엔 하나같이 추월이 미꾸라지처럼 들어 있었다.

2009년 4월 26일 대구구장에서 열린 삼성과 KIA전에서는 7 : 1로 KIA가 크게 리드하던 5회 초 무사 주자 1, 2루 때, 우익수 쪽 외야플라이 타구를 날린 김상훈(KIA)이 1루를 돌아 2루 쪽으로 방향을 틀다 1루 주자였던 이현곤을 추월해 아웃으로 처리된 적이 있다. 삼성 우익수 박한이가 김상훈이 날린 타구를 잡다가 놓치면서 발생한 일이다. 여기까지야 일반적 추월 현상이니 규칙적으로 크게 번질 것은 없었다. 그러나 추월은 추월로 끝나지 않았다. 문제는 추월로 빚어진 주자들의 신분 변화에서 시작되었다.

최초 타구를 잡다 놓친 박한이는 얼른 주워 2루 쪽으로 급히 던졌다. 중계플레이를 나갔던 2루수는 공을 받아 2루에 서 있던 유격수에게 다시 전달. 타구가 잡힐 것으로 알고 스타트를 끊지 못했던 1루 주자 이현곤은 뒤늦게 2루 쪽으로 움직여봤지만 이미 공은 2루에 도착해 있었다. 2루심은 바로 손을 올렸다. 포스아웃이었다. 무사 주자 1, 2루가 1사 주자 1, 3루로 바뀌는 상황이었다. 그런데 이때 타자주자 김상훈이 1루 주자를 추월한 것이 지적되었고, 규칙에 따라 김상훈에게도 아웃이 선언되었다. 경기 상황은 또 한 번 2사 주자 3루로 바뀌고 있었다. 그리고 KIA 조범현 감독이 그라운드로 나왔다. 갑자기 아웃카운트가 두 개나 올라가니 이상하다고 생각한 모양이었다. 심판진과 이야기가 오고 갔지만 판정은 그대로 유지되고 있었다.

사실 이 상황의 핵심은 2루 주자였다. 처음 포스아웃 판정을 받았지만 그것은 김상훈의 추월아웃이 일어나기 전이었다. 하지만 김상훈의 추월아웃이 인정되면서 1루 주자 이현곤의 신분은 포스 상태가 아니라 태그 상태의 주자로 신분이 바뀌어 있었다. 후위 주자가 없는 상태로 변했기 때문이다. 따라서 몸에 태그가 되어야만 아웃인데 처음 내려진 포스아웃 상태가 그대로 유지되고 있는 것이 문제였다. 기록실에서도 규칙적으로 문제가 있음을 감지하고 아래층에 자리한 심판실을 왕복하며 사실 확인에 나섰지만, 그리고 나서도 이현곤의 아웃은 요지부동이었다. KIA 조범현 감독은 점수 차도 어느 정도 여유가 있었고, 어필로 시간이 지체되자 그대로 더그아웃으로 돌아갔고 경기는 2사 주자 3루 상태에서 속개되었다.

경기 상황은 그렇게 억지 춘향으로 흘러가고 있었지만 문제는 그래도 남아 있었다. 기록지상에 1루 주자 이현곤의 포스아웃 상황(9-4-6)을 그대로 기록하자니 규칙에 맞지 않는 것이 문제였다. 그래서 생각해 낸 것이 태그아웃을 적어 넣는 일이었다. 있지도 않았던 사실을 심판 판정에 꿰어 맞춰야 했으니 어쩔 수 없는 선택이었다. 이 경기를 직접 기록하지는 않았지만 이야기를 듣는 것만으로도 꽤나 난감했었을 것이 짐작되었다. 이제 와서 뒤늦은 얘기가 되겠지만 기록원이 규칙적으로 문제가 있음을 확신했다면 2루 주자의 아웃은 취소하도록 유도하는 것이 맞았다. 기록원이 심판 판정에 반하는 기록을 해서는 절대 안 되지만, 그것이 규칙 적용의 오류라고 한다면 이는 나이, 경력, 선후배를 떠나 차원이 다른 문제다.

잘못된 규칙 적용이 경기에 그대로 흘러 들어간 사례는 2016년 또 한 번 있었다. 이번에도 단초는 추월이었다. 9월 1일 사직구장 롯데와 NC전, 4회 초 무사 1루 때 NC의 박석민이 큼지막한 우중간 2루타성 타구를 날렸고, 이 타구에 롯데 우익수 손아섭이 쫓아가 몸을 날리며 글러브를 내민 순간 일은 시작되었다. 공이 사라진 것이다. 1루 주자 에릭 테임즈는 우익수가 잡았다고 생각해 2루로 향했다가 1루 쪽으로 돌아오고 있었고, 타자주자 박석민은 2루로 향하는 과정에서 주자 간 교차가 일어나고 만 것이다.

그러면 사라진 공은 어디에 있었을까? 테임즈의 판단대로 우익수 손아섭의 글러브에 들어가 있었을까? 아니었다. 공은 우중간 담장의 움푹 들어간 홈 상단에 그대로 박혀 있었다. 볼데드였다. 타자에게는 인정2루타가 주어지는 상황이었는데 타자주자의 추월이 여기에 끼어든 것이었다. 심판진은 잠시 고민하는 듯싶더니 박석민의 추월 상황을 없던 일로 간주하고 무사 주자 2, 3루 상황에서 경기를 진행시키려 했다. 그러자 롯데의 조원우 감독이 어필에 나섰고 경기는 다시 중단되었다.

얼마의 옥신각신 시간이 흐른 뒤 조원우 감독은 소득 없이 발걸음을 돌렸다. 심판진은 추월이 일어난 것은 맞지만, 볼데드 상황이었고 타자주자에겐 아웃될 염려 없이 2개 누의 안전진루권이 부여되는 상황이기 때문에 추월아웃은 적용될 수 없다고 결론을 내렸던 것이다. 하지만 이 상황 역시 규칙에 위배된 결정이었다는 것을 알았다면 기록원은 심판원에게 이를 알렸어야 했다. 그러나 이날 현장의 기록원 역시 심판원이 내린 결정이 합리적이라고 생각하고 있었기에 그러지 못했다.

그리고 다음 날 기록원의 이와 같은 안이한 생각은 아주 간단한 예시 하나에 일순간 와르르 무너져 내렸다. 홈런도 볼데드였다. 홈런 치고 그라운드를 돌다가 앞 주자를 추월해 아웃된 사례도 많았는데, 이날 일은 그것과 차이가 없었다. 홈런도 안전진루권이 주어지지만 주루플레이는 정상적으로 해야 인정받는 것처럼, 인정2루타도 그래야 했다. 단지 홈런이 2루타로 바뀌었을 뿐인데 그것 하나에 모두가 큰 흐름을 놓치고 있었다. 어디 쥐구멍이 있다면 찾아도 열 번은 더 찾아야 했다. 잘못된 일들이 숨을 곳이 없는 요즘 세상이지만 이날의 일은 세상에 거의 알려지지 않았다. 그만큼 야구 규칙이 복합적이고 어렵다 보니 누가 이야기해 주지 않으면 잘못된 것을 모르고 지나거나 사후약방문식으로 알게 되는 일이 벌어지고는 한다.

야구의 추월은 소리 없는 죽음이다. 목소리를 높이고 요란을 떨며 어필해야만 인정받을 수 있는 아웃이 아니다. 발견 순간 조용한 자동 아웃이다. 그래서 대부분 인지하지 못하는 상태에서 일어나고, 그 결과로 추월아웃이 인정되면 갑작스러운 상황 변화가 몰고 온 파장에 선수는 물론이고 심판, 기록원까지 갈팡질팡한다. 흘러온 사고사(事故史)가 이를 증명하고 있다. 오판을 야기하는 추월, 과거 사례를 타산지석(他山之石) 삼아 언제나 조심 또 조심할 일이다.

공식기록원,
그 존재의 원초적 이유

몇 년 전 생활체육 관계자로부터 기록원의 실수와 관련된 질문을 받은 적이 있다. 경기가 무승부로 끝난 것으로 알고 대부분 집으로 돌아갔는데, 기록지 통계 작업 중 중간 이닝에서 초 공격을 진행했던 팀의 점수 1점이 누락된 사실이 뒤늦게 발견되었다는 것이었다. 그렇게 되면 무승부가 아니라 초 공격 팀이 1점 차로 이긴 게 되는데, 이 상황을 어떻게 처리하는 것이 좋을지에 대한 문의였다.

'이런 일도 생기는구나'라는 탄식과 함께 그 경기를 담당했던 기록원이 참 난처하겠다 싶은 생각이 동시에 들었다. 더군다나 현장에서는 말 공격에 나섰던 팀의 관계자가 이 사실을 전해 듣고 이미 끝난 일이라며 무승부를 주장하고 있는 모양이었다.

이러한 상황은 득점 상황이 전광판을 통해 실시간으로 표출되는 프로야구나 엘리트 야구라면 상상하기 어려운 일이지만, 득점 상황판이 없거나 설령 있다 하더라도 실수와 제구력 미숙으로 다득점 상황이 일상적으로 벌어지는 사회인야구에서는 충분히 일어날 수 있는 일이다. 취미로 하는 동네 야구 경기에서 수비가 길어지면 도대체 몇 점이나 주고 있는 건지 가

늠도 안 되었던 기억을 떠올려보면 이해가 좀 쉬울지 모르겠다. 아무튼 일은 벌어졌고 어떤 쪽이든 결론은 내야 하는 상황이었다.

답을 내리기에 앞서, 이 질문을 듣고 가장 먼저 떠올린 것은 '야구 경기에 기록원이 왜 필요했을까?'라는 원초적인 생각이었다. 지금이야 야구의 발전과 더불어 기록 분야도 상당히 전문화되어 있지만, 야구가 처음 생기던 시절에는 그렇지 않았을 터. 기록원 판정에 의해서 안타와 실책이 갈리고, 구원 승리 투수를 누구에게 부여할 건지 그 우열을 판단하고, 투수의 평균자책점을 계산하기 위해 이닝을 재구성하는 등의 장황한 설명을 필요로 하는 기록원 고유 업무는 나중에서야 하나둘 생겨난 일이다. 야구기록원이 처음 생기고 가장 먼저 주어진 임무는 경기의 득점수를 세는 일이었다. 누가 이겼는지를 객관적으로 증명하는 것이 주된 임무였다. 서로 집계한 득점수를 놓고 상대 팀과 의견이 달라 이로 인한 분쟁이 자주 일어나자 양쪽이 모두 수긍할 수 있는 중재자의 필요성을 느끼게 되었고, 기록원 선임은 그 해결책이었다. 다시 말해 득점수의 올바른 기록 관리는 아주 오래전부터 기록원 본연의 임무였다. 그런데 지금 그 부분이 흔들렸다는 것이었다.

매년 야구팬들을 대상으로 개최하는 기록강습회에서 '야구기록이란 무엇인가'라는 주제로 이야기를 풀어나갈 때 늘 하는 말이 있다.

"기록원은 야구 경기의 역사를 쓰는 사람이다. 즉 사관(史官)이다. 이 사관은 자신의 주관적인 생각 등을 최대한 멀리하고, 객관적 사실만을 기술한다. 역사에서는 이러한 방식으로 기술된 역사 이야기를 '정사(正史)'라고 부른다. 역사 이면에 담긴 뒷얘기라 할 수 있는 '야사(野史)'의 반대 개념이다."

이상 주저리주저리 나열해 본 것들을 조합하면 기록원 실수에 관한 답을 찾을 수 있을 것도 같다. 야구기록원 태동기 때부터 지속되어 온 기록원 본연의 임무가 무엇이었는지에 관한 것과 기록원은 일어난 객관적 사실을 기술하는 존재라는 것. 이 두 가지 명제는 기록원에게 '거짓'이나 '은폐'는 곧 죽음과도 같다는 의미로 바꿔 말할 수 있다. 기록원의 실수였다고 하지만, 실수로 누락된 역사를 바로잡지 않는다는 것은 거짓을 기록하는 일이고, 거짓된 사실로 남을 것을 알면서도 외면하면 이는 곧 은폐다. 득점 누락은 기록원의 판단 사항이 아니다. 기록원의 생각에 따라 여러 갈래의 길이 나타날 수 있는 내용이 아니다. 실수였다면, 그리고 사관이라면 오기(誤記)는 바로잡아야 한다. 그것이 기록원에게 주어진 본분을 지키고 사명감을 다하는 길이다. 만일 기록원의 단순 실수가 아니라 검은 의도가 담긴 고의적인 누락이었다면 과연 어쩔 것인지, 바로 발견하지 못했다고 해서 잘못된 사실이나 결과를 인정해야 한다면 이는 역사가 아니라 조작과 다름없다.

야구 규칙에 어필이라는 제도가 있다. 이 어필은 시기를 놓치면 억울해도 사태를 되돌릴 수 없다. 혹자는 이러한 규정이 야구에 있기 때문에 기록원의 득점 누락 실수도 상대 팀이 바로잡아 내지 못했다면 억울해도 받아들여야 한다고 말을 한다. 그러나 야구의 어필 시기는 상대의 때늦은 트집으로 경기 자체가 혼란 속으로 빠져 엉망이 되는 것을 막기 위해 마련된 경기 운영 안전장치의 성격이다. 경기 역사의 사실 부분을 시간이 지났다고 해서 수정할 기회를 차단한다면, 이는 어제 잘못 알고 쓴 연도나 날짜 또는 사실을 몇 년 뒤에 발견했다고 해서 고칠 수 없다고 우기는 것과 비슷한 일이다. 역사 기술에 어필 시효는 없다. 그리고 있어서도 안 된다.

프로야구 초창기에 아직은 미비했던 기록 이론과 기록 처리 시스템 그리고 공식기록원 혼자 업무를 담당했던 환경에서 빚어진 기록 통계와 관련한 적지 않은 오류들이 오랜 세월의 준비 기간을 거쳐 2020년 봄 수정되었다. 과거 기록에 관한 전산화 작업 과정 속에서 하나둘 뒤늦게 발견된 오류들로 이후 검증과 검산 과정을 거치면서 찾아낸 부분들을 한꺼번에 바로잡은 것이다. 이와 같은 일을 실행에 옮길 수 있었던 것도 역사의 올바른 기술과 바로 고침에는 어필 시효가 있을 수 없다는 상식에 가까운 신념을 갖고 있었기 때문이다.

기록원의 실수와 관련해 내용은 다소 차이가 있지만 2000년 2군 경기에서 실제로 있었던 노게임 해프닝을 하나 소개해 보도록 한다. LG와 두산의 구리구장 경기에서 일어난 일이다. 4회 말까지 홈팀 LG가 4 : 3 으로 앞서가던 경기는 두산이 5회 초 1점을 뽑아내며 동점이 되었다. 그리고 돌아선 LG의 5회 말 공격 때 LG는 2점을 추가하며 다시 6 : 4로 도망가기 시작했다. 그런데 LG의 5회 말 이닝이 모두 완료되기 전에 비가 내리기 시작했고, 한번 중단된 경기는 비가 그치지 않자 심판원은 기록원과의 협의를 거쳐 노게임을 선언하고 경기를 마무리 지었다.

양 팀에게는 당일 경기가 노게임이 된 관계로 다음 날 오전 11시부터 양팀 간의 경기가 더블헤더로 진행된다는 일정이 통보되었고, 그렇게 알고 다들 집으로 돌아간 상황.

노게임이 되긴 했지만 기록지 자체는 사무국에 보고가 되어야 했기에 팩스로 기록지 전송을 마친 기록원은 잠시 후 커다란 충격에 빠지고 말았다. 경기 규정상 이날 경기는 노게임이 아니라 정식 경기가 성립되어야 한다는 사실을 뒤늦게 알게 된 것이었다. 5회 말이 종료되지 않았지만 홈팀이 앞서 있었기에 경기 규정상 당연히 정식 경기가 성립된 상태였다. 2군 경기인지라 심판진과 기록원 모두 일천한 경험이 낳은 어이없는 합작품이었다. 이후 KBO 사무국은 양 팀 매니저에게 전화를 걸어 이 사실을 알렸고, 다음 날 경기는 더블헤더가 아닌 다시 한 경기만 치르는 것으로 수정 통보가 되었다.

나중에 들려온 얘기로 노게임으로 알았다가 패전 팀으로 결정이 된 두산의 감독은 그런 법이 어디 있냐며 약간 반발심을 보이기도 했다지만, 뚝심으로 버틸 수 있는 상황은 아니었다. 그리고 이 사안 역시 심판 판정에 관한 것이 아니었기에 어필 시효 따위는 하등 영향을 미치지 못했다.

거듭 말하지만 경기의 득점 관련 규정이라는 것은 판정 사항이 아니다. 바로 조치되고 이루어져야 하는 경기의 역사적 사실이다. 이제 답은 나왔다. 누락된 득점을 다시 찾아 적용해야 한다. 득점 누락에 의한 무승부가 아니라 원정 팀이 이긴 것이 맞다. 또한 홈팀이 억울하게 여길 일도 아니다. 없었던 득점이 아니라 실제 일어난 사실이다.

야구 경기 과정에서 페어플레이를 강조하는 것과 마찬가지로 경기의 결과에 관한 역사도 공명정대해야 한다. 역사는 바로 쓰여야 하는 것이다. 야구기록원은 그러라고 있는 것이다.

기록원도
'어필'을 먹고 산다

"딸깍딸깍 딸그락!"

그리고 그 소리가 점점 가깝게 들려온다. 이 소리는 야구화 밑창에 달린 쇠로 된 '징' 부분이 대리석이나 콘크리트와 마찰을 일으킬 때 나는 소리다. 주로 선수들이 야구화를 신은 채로 구장 내 통로 등을 돌아다닐 때 들리는 소리인데, 기록원들은 이 소리에 대한 트라우마(trauma)를 어느 정도 갖고 있다. 기록 판정, 특히 안타와 실책의 갈림길에서 기록원이 내린 선택이 마음에 들지 않을 때 가끔 직접 찾아오는 선수들이 있는데, 그럴 때면 어김없이 선수에 묻어오는 소리이기 때문이다.

'뭐라고 얘길 해야 이해할까 ⋯⋯.' 한창 경기 중이지만 머릿속이 복잡해진다. 스스로 내린 기록 판정에 확신이 없을 경우엔 더더욱 그렇다. 그리고 기록실 문이 열린다. 직접 찾아올 마음까지 먹은 선수들이니 그들의 정신적 무장(?)도 기록원 못지않게 만반의 준비가 되어 있을 터. 그렇게 이뤄진 원치 않는 만남의 순간은 그다지 긴 말이 필요치는 않다.

"왜 에러(실책)예요?"

선수들 대부분의 첫 마디는 대게 이렇게 시작된다. 기록원의 판정 분야는 다수이지만, 선수들이 가장 민감하게 반응하는 분야는 안타와 실책에 관련된 타자 출루 기록 판정이다. 그 후에는 준비된 기록원의 설명이나 해명이 뒤따른다. 이후 판정 번복이 어렵다는 것을 확인한 선수는 이해할 수 없다는 표정을 안고 발길을 돌린다. 이것이 그라운드 이면에서 이루어지는 어필의 기본 공식이다.

안타 하나 타점 하나가 쌓여 자신의 시즌 성적이 되고, 이것이 연봉에 직결되는 것이니만큼 선수들의 기록에 대한 민감도는 상당히 높을 수밖에 없다. 취미로 하는 생활체육 야구에서도 타자가 기록 판정을 두고 기록원과 옥신각신하는 마당에 명색이 직업야구이니 지극히 당연한 풍경이다. 그리고 이런 풍경화는 메이저리그고 다를 것이 없다.

2014년 메이저리그의 데이비드 오르티스(보스턴 레드삭스)는 자신의 기록 판정에 불만을 품고 기록실을 향해 과한 행동을 취하다 사무국으로부터 공식적으로 경고 조치를 받는 일이 있었다. 6월 19일 미네소타와의 경기에서 오르티스는 7회 말 1사 후 1루 쪽으로 강한 땅볼타구를 날렸다. 그런데 이 타구는 1루수 미트를 튕겨 나갔고, 이후 기록원이 고민 끝에 실책으로 판정하자 이에 발끈했던 것. 오르티스는 이닝이 끝나자 기록실 쪽을 향해 소리를 지르며 과격하게 불만을 표출했는데, 이에 대해 사무국이 후속 조치에 나섰던 것이다.

그런데 오르티스의 이날 행동은 큰 그림 안에서 들여다보면 사실 전조가 있었다고 볼 수 있다. 오르티스는 5월 10일 텍사스와의 원정경기에서 상대 선발이던 다르빗슈 유에게 퍼펙트로 끌려가던 7회 초 2사 후, 우익수 쪽으로 플라이 타구를 날렸다. 하지만 이 타구가 외야수 글러브에 닿지 않고 땅에 떨어졌음에도 기록원은 이 타구를 안타가 아닌 우익수 실책으로 판정했다. 이날 기록원은 야수들의 서로 간 콜플레이 미숙을 근거로 실책으로 판단한 것인데, 팀이 '퍼펙트게임 + 노히트노런'으로 끌려가던 절박한 상황이었음을 감안하면 오르티스의 기록원에 대한 불신과 판정 불만은 극에 달했을 것으로 충분히 짐작된다.

한편 이 타구의 실책 판정에 여론이 들끓자 사무국은 약 일주일 후 이 타구를 안타로 변경했고, 다르빗슈의 노히트노런 중단 시점도 9회 초 2사 후에서 7회 초 2사 후로 바뀌게 되었다. 여기에서 재미있는 사실 하나는 9회 2사 후 상황에서 기록 판정 번복이 이루어지기 전 기준으로 단 한 걸음 남았던 다르빗슈의 노히트노런 행진을 저지한 선수도 바로 오르티스였다. 그는 7회 자신의 타구가 실책으로 기록되며 노히트노런으로 계속 끌려가야 했던 상황을 결국 자신의 힘으로 끊어냈었다.

9회에 오르티스가 범타로 물러나며 다르빗슈의 노히트노런 기록이 완성됐다고 가정해 볼 때, 그래도 후일 오르티스의 7회 초 출루 기록이 안타로 바뀌었을지는 장담할 수 없는 일이다. 단순한 기록 변경이 아니라 노히트노런이라는 대기록을 무효로 만들어야 하는 만큼, 기록 번복에 따른 파장을 감당하기에는 판이 너무 커진 느낌이다.

이처럼 타자들의 기록 판정에 대한 어필은 내막을 살펴보면 그럴 만한 갖가지 배경들을 담고 있다. 오르티스처럼 시즌 중 쌓인 기록원과 기록 판정에 대한 불신이 원인이 된 경우도 있고, 한 경기 안에서 비슷한 타구에 대해 자신만이 불이익을 당했다고 생각해 어필에 나서는 경우도 있다. 가령 내야와 외야 중간에 어중간하게 떠오른 타구를 야수들이 우왕좌왕하다 잡지 못하는 경우가 가끔 있는데, 같은 경기에서 어떤 타구는 안타로 판정되고 어떤 타구는 실책으로 판정될 경우, 선수들의 참을성은 힘을 잃는다. 기록원이 보기엔 타구의 성질이나 수비 상황이 다르다고 생각해서 내린 결정이지만, 손해를 먼저 떠올리는 선수들의 눈에는 그렇게 보이지 않는다.

이 외에도 극히 드문 일이지만 선수들의 표적(?) 어필도 존재한다. 특정 기록원이 자신의 타구에 거듭 불리한 판정을 내린다는 일종의 피해의식에서 나타나는 어필이다. 직업윤리상 공식기록원이 저의를 품고 특정 선수에 대해 불리한 쪽으로의 판정을 거듭하는 일은 상상하기 어렵다. 있어서도 안 되고 그런 생각을 품어보는 것 자체가 이미 자격상실이다. 이는 그저 특정 선수와 특정 기록원 사이의 우연한 악연(?) 정도가 적당한 표현일 듯싶다.

프로야구 초창기에는 기록 판정에 불만을 품고 선수나 코치(때로는 감독)가 거친 행동이나 과격한 언사를 사용한 안하무인(眼下無人) 격 어필에 나서는 일도 있었다. 그러나 시대가 변하며 벤치와 선수들의 생각과 태도는 물론이고 환경에도 많은 변화가 있었다. 기록원이 혼자서 모든 판정을 내리던 시기와 달리 1990년대 후반부터 2인 기록 체제로 바뀌면서 잘못된 판정이 내려지는 횟수가 현격히 줄어들었다. 게다가 최근에는 기록전산화에 따른 노트북 사용과 비디오판독 시행으로 화면을 통해 의심되는 장면을 확인할 수 있는 환경이 조성되며 오판 가능성은 더욱 낮아졌다.

기록 이의신청제도가 없었던 과거에는 메이저리그에서 기록 판정이 가끔 번복되는 현상을 보며 많은 팬들이 KBO리그와의 차이를 언급하기도 했는데, 이는 기록 업무 환경이 전혀 다른 현실을 먼저 인지할 필요가 있다. 메이저리그는 공식기록원이 혼자서 판정을 내린다. KBO리그 초창기처럼 사실상 1인제이다. 그리고 현장에서 내려진 판정이 곧 최종 판정은 아니다. 사무국에서 전문위원회를 따로 두어 기록원의 판정에 대해 구단이나 선수의 항의가 접수될 경우, 심의를 거쳐 최종 판단을 내린다.

이런 제도가 마련되지 않았던 과거 시절, 기록 판정으로 문제가 불거지는 일이 자주 발생하자 사무국이 2000년대 후반 보완 장치를 마련한 것인데, 메이저리그가 이처럼 사후 기록 판정 번복이 가능한 전문위원회제도를 만든 배경엔 2008년 9월 1일 밀워키 브루어스의 CC 사바시아의 노히트 노런 무산이 결정적 계기로 자리 잡고 있다. 이는 2014년 메이저리그가 비디오판독을 심판의 아웃, 세이프 판정에까지 그 범위를 넓히는 데 2010년 아만도 갈라라가(디트로이트)의 퍼펙트게임을 무산시킨 1루심의 오심이 결정적 촉매제로 작용한 것과도 맥락을 같이한다.

CC 사바시아는 2008년 피츠버그와의 원정경기에서 5회 말 자신 앞으로 굴러온 타구를 잡다 놓쳐 타자주자를 1루에 살려 내보냈는데, 이 타구가 당시에는 내야안타로 판정이 되었다. 그런데 공교롭게도 이날 경기는 사바시아의 1안타 완봉승으로 끝이 나고 말았다. 그리고 그의 완벽했던 호투는 결국 문제를 불러일으켰다.

누가 봐도 투수의 실책이었는데 사바시아가 기록원 판정 하나로 노히트노런이라는 '꿩'을 놓치고 1안타 완봉승이라는 '닭'을 받아들게 된 현실에 많은 사람들이 분개했다.

경기가 끝나고 난 뒤 밀워키 단장은 사무국에 재심을 요구했다. 아울러 문제가 많은 그때까지의 비정규직 1인제 공식기록원제도를 바꿔야 한다고 목소리를 높였다. 이후 사무국은 그러한 지적을 일정 부분 수용하며 기록 판정 오류와 관련된 보완제도를 고심했고, 결국 이는 오늘날의 재심제도가 자리 잡게 된 역사적 배경이 되어주었다.

그리고 KBO리그도 기록 업무 형태 변화의 배경은 메이저리그와 별반 다르지 않다. 과거 1인제 공식기록원 시절 기록원이 TV 화면을 참조한다거나 라디오 중계를 듣고 판정을 내리는 것은 묵시적 금기였다. 오로지 혼자만의 힘으로 방금 눈으로 지켜본 장면에 대해 생각하고 판단해야 했다. 보지 못했거나 봤어도 판단이 잘 서지 않는 대목을 만나도 누구에게 물어봐서도, 화면을 참조해서도 안 됐다. 그러다 보니 자연히 실수가 잦을 수밖에 없었다. 이러한 구조적 문제점을 보완하기 위해 메이저리그는 사무국에 재심위원회를 설치했던 것이고, KBO리그는 1990년대 후반 2인제 기록원제도 운영을 통해 안전장치를 마련했던 것이다.

그럼에도 완벽이란 없었다. 어차피 재심도, 기록원 2인제도 최종 결정은 사람이 하는 것이라 그런가 보다. 2018년 9월 6일 LA 다저스 류현진의 자책점을 비자책점으로 변경함에서 재심 결정 사유가 된 우익수의 실책은 다시 봐도 우익수의 실책이 아닌 안타에 가까웠다. 뉴욕 메츠 우익수인 알렉스 버두고가 슬라이딩하며 타구를 잡으려다 공이 글러브를 맞고 다시 빠져나온 것인데, 이를 야수의 실책으로 변경한 것은 한국인인 류현진이 득을 본 경우이지만, 아무리 봐도 무리가 있는 결정이었다.

어필은 지금도 계속되고 있다. 비디오판독 시대이지만 그렇다고 어필이 단종된 것은 아니다. 기록 판정도 이와 비슷하다. 어떤 유형의 어필이든 기록원 역시 달가울 리 없다. 그러나 그 어필은 기록원이 한번 더 지나간 일에 대해 생각을 해보는 기회를 준다. 어필의 진정한 가치는 판정 번복이 아니라 오심 재발 방지에서 찾아야 할 필요가 있다. 1990년대 후반 직접 담당했던 경기는 아니었지만, 유지현(LG)의 희생번트 시도를 기습번트로 판단한 기록원의 판정에 대한 논란으로 해명 차 천보성 감독을 직접 찾아간 자리에서 오고 갔던 얘기도 핵심은 그것이었다.

지나고 보니 많은 어필들이 생각이 난다. 30년 이상 경기를 봐왔으니 신중을 기한다고는 했어도 얼마나 많은 어필들이 그간 있어왔겠는가. 그리고 아직도 기억에 뚜렷한 어필의 대부분은 1인제 기록원 시절에 집중 분포되어 있다. '위풍당당' 양준혁(삼성)이 신인이던 1995년 5월, 중견수 방향 직선타구가 실책으로 판정되자 대구구장 2층 기록실까지 올라와 얘기를 끝내고 돌아가다 홧김에 문짝을 발로 차 훼손한 혐의(?)로 엄중 경고를 받았던 일을 비롯, 1998년 7월 이병규(LG)가 자신이 때린 유격수 앞 땅볼이 실책으로 표출되자, 기록실을 향해 손 감자(?) 모션을 취하다 경기운영위원에 발각돼 벌금형에 처해졌던 일, 2017년 KIA로 이적한 최형우가 중견수 뜬공이 실책으로 처리되자 미로처럼 찾기 어렵다는 그 먼 광주 챔피언스필드 기록실을 기어이 찾아내 경기 중임에도 3층까지 직접 왕림했던 일 등등 ……. 직접 경험한 어필들이지만 여타 기록원들이 겪어야 했던 다양한 어필들을 모두 추려보면 책 몇 권은 족히 나올 듯도 싶다.

그러나 지금까지 기억에 생생한, 그리고 앞으로도 가장 오랫동안 기억에 살아 있을 어필은 1990년 2군 경기에서 겪었던 어필이다. 뜨거운 여름, 지금은 없어진 부산 구덕야구장에서 롯데와 해태 간의 더블헤더가 펼쳐진 날이었다. 해태 측 공격에서 타자가 친 땅볼이 3루수 앞으로 굴렀고, 이 타구는 3루수 글러브를 맞고 뒤로 빠져나갔다. 약간 고민하다 실책으로 결론 내리고 전광판에 불을 켰다. 잠시 후 빨간 옷을 입은 무척 더워 보이는 연장자 한 분이 굳은 표정으로 기록실 앞으로 다가왔다. 당시 해태의 김경훈 2군 감독(2014년 작고)이었다.

"수고하십니다."

"네, 안녕하십니까?"

이미 다가온 이유를 알고 있기에 '최선의 방어는 공격'이라고 먼저 간단한 해명을 붙였다. 얘기가 끝나자 김경훈 감독은 입을 열었다.

"우리 애들 안타 하나라도 더 치고, 스트라이크 하나라도 더 던지기 위해 얼마나 많은 땀을 흘리는지 꼭 좀 생각해 주십시오."

이 말만을 남기고 김 감독은 더그아웃으로 홀연히 돌아갔다. 안타와 실책 등 판정에 관한 내용은 한마디도 없었다. 화를 내지도 않았고, 따지지도 묻지도 않았다. 그런데 뭔가로 뒤통수를 한 방 세게 맞은 기분이 들었다. 그리고 그 파장은 시간이 갈수록 강렬해져 갔다.

이제 막 공식기록원이 되고 불과 몇 달이 지나지 않는 시점이었다. 그때까지 김 감독이 던지고 간 말에 담겨진 의미 따위에 대한 생각을 단 한 번도 해본 적이 없었다. 선수들이 거친 숨을 몰아쉬며 그라운드를 돌고, 펑고를 받느라 몸이 나동그라지는 모습을 눈으로 지켜봤지만, 단 한 번도 가슴으로 바라본 적이 없었다.

그날 이후, 야구를 대하는 마음과 바라보는 눈은 완전히 달라져 버렸다. 지금에 와서 돌이켜보면 그렇게 일찍 김 감독의 그 한마디를 들을 수 있었던 것은 내겐 큰 축복이자 은혜였다. 그리 알려주지 않았으면 얼마나 긴 세월을 생각 없이 그저 기록만 열심히 해오면서 살아왔을까를 생각하면 한심하면서도 가슴이 철렁 내려앉는다.

야구에서 자주 인용되는 '혼(魂)'이라는 말이 있다. 혼을 던지는 남자, 혼이 담긴 글러브, 일구일혼(一球一魂) 등등. 결론적으로 김경욱 감독의 그날 어필 아닌 어필은 기록 업무 숙련자에 머물 수도 있었던 내게 정신적인 부분인 혼의 가치를 심어주었고, 지금에 이르기까지 고갈되지 않는 거름이 되어주었다. 기록원도 소화하기 쉽진 않지만 이처럼 어필을 먹고 산다. 다만 그 어필을 어떻게 받아들이고 승화할지는 각자의 몫이다.

'대도' 전준호의
Mr.550

2020년 4월 2일 KBO는 프로야구 38년간(1982~2019년)의 기록 데이터 전산화 작업이 최종 완료되었다는 보도자료를 냈다. 프로야구 기록 역사에 또 하나의 큰 획이 그어지는 순간이었다. 사실 기록 데이터 전산화 작업은 이보다 훨씬 앞선 2010년대 초반 이미 완성되어 있었다. 그럼에도 오랜 시일이 지난 2020년에 가서야 최종 완료 소식을 전하게 된 데는 그 내면에 깊은 이유가 있었다. 바로 프로야구 초창기에 집중된 경기 기록의 오류들을 바로잡아야 하는 숙제가 남아 있었기 때문이다.

알다시피 야구기록의 생명은 정확성이다. 1997년 이후에는 수기와 전산 입력의 병행을 통해 구축된 기록 데이터베이스화 덕분에 정확성을 담보할 수 있었지만, 그 이전인 1982~1996년 사이의 기록은 그렇지 못했다. 지금과 달리 아주 초창기에는 공식기록원 혼자서 수기로 기록지를 작성하고, 개인 통계를 전화기를 통해 일일이 불러주면 그것을 사무국에서 받아 적던 때도 있었다.

문명이 조금 더 진화해 팩시밀리가 나오면서 내용 전송 과정의 오류를 상당 부분 방지할 수 있었지만, 기록 통계 입력은 여전히 사람의 손을 필요로 했기에 완벽을 추구하기엔 그래도 한계가 있었다. 이러한 당시의 시대적 상황을 감안한 KBO가 기록 통계 업체인 '스포츠투아이'와 손잡고 과거 기록의 데이터베이스화 실현을 목표로 방대한 작업에 착수한 것은 2000년대 초반이었다. 그리고 그 첫 작업은 프로 초창기 15년간(1982~1996년)의 공식 기록지를 전산으로 재입력하는 것에서 시작되었고, 그 임무는 고스란히 기록위원회의 몫으로 돌아왔다. 우선 기록지를 해독할 수 있어야 했고, 제대로 된 기록 관리를 위해선 입력 작업 하나하나의 순서가 정확해야 했기에 현직 기록원(특히 많은 작업 분량이 배당된 젊은 기록원들 고생이 많았다)이 아니고서는 수행하기 어려운 미션이었다.

하지만 완벽한 프로야구 기록 데이터베이스 구축이라는 사명감은 차치하고 눈앞에 놓인 그 분량부터가 우선 어마어마했다. 총 6168경기에 달했고, 한 경기는 두 장의 기록지로 이루어지는 양식 특성상 장수로 따지니 1만 2336장이나 되었다. 게다가 양도 양이지만 더 큰 장벽은 초창기 기록지의 완벽하지 않은 내용이 문제였다. 지금처럼 기록지 작성 방식이 체계화되지 못한 시대였던지라 해독이 쉽지 않은 상황이 다수 발견되었다. 이에 더해 엉뚱한 선수에게 기록이 더해지거나 누락되는 것은 다반사고, 일부 기록지엔 출장 선수 실종 상태까지 나타나고 있었다. 그렇다고 완벽하지 않은 그대로를 재입력하는 것은 의미가 없었다. 그나마 쉬운 길이었지만 그 길로 갈 수는 없었다. 그것은 고된 작업의 의미를 퇴색시키는 일이었다.

그렇게 하길 10년 남짓, 그사이 찾아낸 오류 숫자는 무려 1600건이 훨씬 넘어 있었다. 여기에 오류를 찾았다고 해서 끝이 아니었다. 다음은 찾아낸 오류들을 일일이 대조 작업을 통해 확인하고 수정하는 일이 기다리고 있었다. 이 또한 만만치 않은 시간이 소요되었다. 연감이나 신문기사 등의 자료를 통한 내용 보완에 나섰고, 도저히 설명이 안 되는 부분들은 경기 상황을 재구성한 가상 이미지 트레이닝을 통해 틈틈이 메워 나갔다. 또 그렇게 보내길 10년, 이윽고 2020년 완성본을 세상에 내놓을 수 있었다. 이상이 프로야구 기록 데이터베이스화 구축 과정의 요약사이다.

그렇게 최종 일괄 발표를 통해 수정이 확정된 기록들은 그 양만큼이나 내용에서도 다채로웠는데, 그중에서도 투수의 투구 이닝과 자책점 판단 미스로 인한 평균자책점 수정이 가장 많은 분량을 차지했다. 다음은 타자의 출장 경기 수 산출이었는데, 이는 타석에 들어서지 않고 대수비만 나간 경우 당시 규정 미비로 출장 경기 수에 반영되지 않았던 부분이 조정되었다. 그 외에도 기록원의 오기나 입력 오류 또는 통계 과정의 단순 실수 등에 의해 잘못 처리된 부분들이 바로잡혔다.

불행 중 다행히도 선수 개인 기록과 관련해 통산 순위에까지 영향을 미치거나 시즌 타이틀 보유자가 바뀌는 굵직한 오류들은 발견되지 않았는데, 기타 통산 기록 관련 사례 중에서 찾아놓고 KBO가 가장 고심해야 했던 오류는 전준호의 통산 도루 기록이었다. 1996년 9월 20일 광주구장 해태 전에서 기록한 그의 도루 기록 한 개가 교체로 출전한 박종일 선수의 기록인 것으로 확인된 것인데, 그저 단순히 전준호의 도루 숫자 하나가 줄어드는 선에서 끝날 문제가 아니었다. 그 이유는 통산 550도루를 달성해 기념식을 갖고 공식 시상(2010년 7월 17일, 제주도 오라구장 퓨처스 올스타전 식전 행사)까지 마친 선수의 기록 이정표가 통째로 사라지는 일이었기 때문이다.

혹시 모르니 여유 있게 도루 1~2개 정도 더 하고 은퇴하지 하필이면 왜 550개에 맞추어 멈춰 섰는지 원망(?)도 일었고, 아주 잠시지만 차라리 그냥 덮고 가는 것이 어떨까 하는 말도 안 되는 고민도 해봤지만, '소탐대실(小貪大失)'이라고 작은 것을 위해서 큰 것을 희생할 수는 없는 일이었다. 기록위원회가 비난을 받더라도 잘못된 것은 인정하고 바로잡는 것이 정도(正道)였다. 전준호의 통산 기록은 2020년 4월 2일 타임머신을 타고 그렇게 549개로 내려앉았다.

한편 이날 전준호의 도루 기록 정정 소식은 〈미스터 3000(Mr.3000)〉이라

는 야구 관련 영화를 자연스럽게 소환하며 화제의 중심으로 떠올랐는데, 기록 부문은 다르지만 정황은 전준호의 사례와 거의 들어맞고 있다는 점에서 그저 영화 속에서나 일어날 수 있는 얘기로 치부하던 야구팬들에게 새삼 놀라움을 가져다주기도 했다.

잠시 이 영화 〈미스터 3000〉에 대해 언급하자면, 영화 속 주연인 '스탠 로스'라는 인물은 기량은 뛰어났지만 인성은 아주 기준 이하인 선수였다. 잘난 체를 일삼아 선수들 간 관계도 좋지 못했고, 언론에는 적대적이었으며 심지어는 팬들을 함부로 대하는 그런 부류의 선수였다. 그리고 그는 개인통산 3000안타를 채우자마자 곧바로 은퇴를 선택한다.

그러나 얼마간의 세월이 흐른 뒤, '미스터 3000'을 간판으로 사업을 하던 스탠 로스는 자신의 통산 안타 기록이 2997개로 정정되었다는 발표를 접하게 된다. 그가 친 것으로 알았던 안타 기록 중 세 개가 이중으로 중복되어 집계된 것이 밝혀지면서 통산 기록이 변하게 된 것이었다. 3000안타를 무기로 명예의 전당 입성을 내심 노렸던 그는 기록에 대한 미련으로 부족해진 안타 세 개를 채우기 위해 9년이 지난 47세의 나이에 다시 현역으로 등록을 하면서 이야기는 이어진다. 더 이상의 얘기는 영화를 아직 보지 못한 분들을 위해 이쯤에서 궁금증 바구니에 담아두는 것으로 하고, 그 대신 다른 상상을 한번 해보는 것으로 이야기를 마무리 짓도록 한다.

그럴 일은 없겠지만 만일 1969년생으로 나이 50이 넘은 전준호 코치가 영화 속 스탠 로스처럼 550에서 부족해진 한 개의 도루를 위해 다시 현역으로 복귀를 한다면 이후 그의 인생 기록 스토리는 어떻게 전개가 될까?

"대주자 전준호!"

우리나라도 야구영화 소재가 하나 더 생긴 셈이다.

30분이나 걸린
패전 투수 판단

공식기록원이 재량권을 갖고 판단해 결정하는 것들 중, 투수기록과 관련해 가장 어려움을 겪는 것은 아마도 구원승 결정 부분일 것이다. 실제로 경기 중은 물론이고 경기가 끝나고 나서도 구원승 낙점 고민으로 많은 시간을 흘려보내야 하는 일도 있다. 선발투수가 승리 투수의 자격 기준을 갖추지 못한 상태에서 물러나게 되면 이후 나온 투수들을 대상으로 투구 내용과 투구 횟수 등을 종합적으로 참작해 승리 투수를 결정하게 되는데, 특히나 내용상 두드러진 투수가 보이지 않고 고만고만한 투수들이 나열된 경우에는 그들 중에서 팀 승리에 가장 기여도가 높은 투수를 골라내는 일은 생각처럼 쉽지만은 않은 일이다.

자주 있는 일은 아니었지만 과거에는 기록원이 구원승 결정을 빨리 내려주지 못하는 바람에 기사 전송에 필요한 당일 기록표를 완성 못 한 신문사나 경기 결과에 목을 메는 리그 사무국으로부터 독촉 아닌 독촉을 받아야 하는 경우도 있었다.

그러나 이와는 반대로 그날 경기의 패전 투수를 결정하는 일은 기록원에겐 상당히 쉬운 일이다. 좀 더 정확히 표현하자면 패전 투수를 결정한다

기보다는 골라내는 일이라고나 할까? 고민할 것 없이 결정 규칙대로 적용만 하면 자판기처럼 답이 나오도록 되어 있다. 그런데 전혀 어려울 것 없어 보이던 패전 투수 결정을 놓고 기록원이 30분 가까이 고민을 해야 했던 일이 2000년 6월 9일 인천구장 SK와 LG전에서 일어났다.

속사정은 이랬다. 이날 SK의 선발투수였던 강희석은 팀이 5 : 4로 앞서가던 5회 초에 주자 두 명을 남겨두고 물러났다. 만일 이 주자 두 명이 모두 득점으로 연결되고 이후 SK가 경기를 다시 뒤집지 못하면 강희석이 당연히 패전 투수가 되는 것은 상식. 강희석이 물러나고 이어 구원투수로 마운드에 올라온 투수는 좌완 김정수였다. 구원 등판한 김정수는 첫 타자 김재현(LG)에게 안타를 허용해 무사 주자 만루의 대위기에 봉착했지만, 다음 타자 이병규를 투수 앞 땅볼로 유도해 내며 홈으로 향하던 3루 주자와 타자주자를 묶는 '1-2-3' 병살플레이로 가까스로 리드를 지켜낼 수 있었다.

그런데 문제는 무사 만루에 등판해 2사 2, 3루로 상황을 어느 정도 진화해 낸 김정수가 내려가고 또 다른 구원투수 유현승이 올라온 뒤 벌어졌다. 유현승은 아웃카운트 하나만 잡으면 되는 상황에서 첫 타자 쿡슨에게 볼카운트가 2볼로 몰리자 어쩔 수 없이 한가운데로 밀어 넣다 3점 홈런을 얻어맞고 말았다. 경기는 졸지에 5 : 7로 역전되었고, 이후 SK는 이 스코어를 따라잡지 못한 채 LG에 경기를 내주고 말았다.

이제 남은 일은 기록 정리를 해야 하는 기록원들의 몫이었다. 5 : 4로 앞서 있다가 5 : 6으로 역전을 당한 바로 그 순간, LG의 6점째 점수를 허용한 SK 투수가 패전 투수로 기록되는 것은 당연한 귀결이었는데, 그만 이 결정에 실타래가 꼬이고 말았다.

당시 기록 규칙에 의하면 '앞에 던진 투수가 남겨둔 주자'는 구원투수 때 더블아웃이 발생했을 경우, 앞에 던졌던 투수가 남긴 주자부터 책임주자를 소멸시키는 방식을 적용하고 있었다. 따라서 강희석은 주자 두 명을 남겨두고 물러났지만, 후속 구원투수인 김정수 때 더블아웃이 나왔기 때문에 주자 한 명만 자기 책임으로 돌아오게 되어 있었다. 반면 김정수는 더블아웃을 잡았지만 규칙상 올라오자마자 바로 더블아웃을 이끌어낸 게 아니라, 주자 한 명(안타 허용)을 내보낸 뒤에 더블아웃을 잡았기 때문에 한 명의 주자에 대해서는 자신이 책임을 져야 했다. 이러한 책임주자 논리에 따라 강희석은 5 : 5까지만 책임을 지면 그만이었고, 김정수는 5 : 6으로 뒤집힌 바로 그 실점을 책임져야 하는 상황이었다. 따라서 이날의 패전 투수는 김정수가 되는 것이 이론적으로 맞았다.

그런데 이 부분을 구단기록원이 지적하고 나섰다. 김정수는 안타를 하나 맞긴 했지만 더블아웃으로 뒤를 말끔히 처리했기 때문에 자신이 책임을 져야 하는 상황으로 볼 수 없다는 것이었다. 순간 당초 남겨진 주자와 관련한 실점 책임 소재 규칙대로 김정수를 패전 투수로 기록하려던 공식기록원은 구단의 이러한 이의 제기에 흔들리기 시작했다. 왜냐하면 기록원 생각에도 뭔가 당시의 규칙대로 적용하려니 찜찜한 구석이 있던 터인 데다 구단기록원의 주장이 상당히 일리 있는 얘기라고 공감되었기 때문이었다.

진퇴양난에 빠진 현장의 기록원은 최종적인 판단을 위해 타구장 기록원들에게 전화로 이 문제를 어떻게 생각하는지를 물었지만 전례 없던 난제에 돌아온 대답들 역시 견해가 엇갈리고 있었다. 도움을 얻기 위해 자문을 구하려 했던 일이 오히려 일을 더욱 난감한 국면으로 몰고 있었다. 이러지도 저러지도 못하는 상황 속에 패전 투수 기입란만을 공란으로 남겨둔 채 기록지 전송을 위해 기자실까지 내려간 공식기록원은 목이 빠진 취재기자들을 세워두고 마지막 장고를 했다.

그러기를 한동안, 경기가 종료된 지도 벌써 30분 가까이 흘러 있었다. 더 이상 지체할 수 없었던 기록원은 당시 이론에 근거한 규정대로 패전에 해당하는 실점을 김정수의 책임으로 결정짓고, 그의 이름 앞에 패전 투수 이니셜 'L'을 적어 넣으며 지연 사태(?)를 일단 마무리 지었다. 아울러 구단

측에서 제기한 이의는 시즌 종료 뒤 기록원 합동 세미나를 통해 주제로 올려 재론키로 약속했다. 여기까지가 이날 패전 투수 결정을 둘러싼 기록원 장고의 전말이다.

가볍게 생각하면 그다지 중요할 것 같지 않은 일이었지만 기록원의 장고는 이유가 있었다. 첫째는 주자 책임 소재 결정에 따라 패전 투수가 달라질 수도 있는 일이기에 투수의 개인 승률 부문에 영향을 줄 수 있는 문제였다. 그리고 둘째는 기록 규칙을 근거로 한 이론적인 판정이 실제 야구적인 부분을 왜곡시키고 있는 현상에 대한 고민이었다. 선수들이 자신에게 적용된 기록 규칙 결정을 납득하지 못하고, 기록원조차 의심을 품게 되는 상황에 대한 진지한 고민은 공식기록원이라면 당연히 가져야 할 자세였다.

2000년 시즌이 종료된 후, 구단기록원과 공식기록원간의 기록원 합동 세미나에서 이날의 패전 투수 결정 문제는 약속대로 화제로 올려져 집중 거론되었다. 많은 의견들이 오간 끝에 내려진 결론의 방향은 선수가 억울할 수 있는 상황을 방치해서는 안 된다는 것이었다. 규정에 따른 패전 투수였던 김정수는 본인이 만들어낸 더블아웃 완성에 대한 혜택을 완성 시점에 관계없이 온전히 누려야 한다는 것이 구단기록원들의 한결같은 주장이자 골자였다. 그리고 기록위원회는 내부적인 조율을 한 차례 더 거친 이후 구단 측의 이 의견을 받아들여 2001년 시즌부터 적용 기준을 변경했다. 물론 그렇다고 김정수의 패전 투수 기록을 소급해서까지 없애주는 것은 무리였다.

공식기록원이라는 자리가 그렇다. 팬이나 언론은 물론이고, 심지어는 선수들 자신도 별로 신경을 쓰지 않는 부분이라 하더라도 규정 논의부터 결정에 이르기까지 대충 생각하거나 쉽사리 결론을 내리지 못한다. 때에 따라서는 몇 년을 두고 생각하는 문제도 있다. 가만히 보면 공식기록원의 직업적 성향은 급진 개혁보다는 보수 쪽에 더욱 가깝지 않을까 하는 생각이

든다.

　야구가 우리나라에 들어온 지 100년을 훨씬 넘는 긴 세월이 지났지만 지금까지의 기록 규칙을 포함한 야구 규칙의 변화를 살펴봐도 하루아침에 이루어진 변화는 없다. 야구와 관계된 많은 사람들의 작은 생각들이 모여 그것이 커다란 주류를 이루었을 때 비로소 변화의 길을 걸었다. 1880년대, 볼 아홉 개를 골라야 1루에 출루할 수 있었던 것이 단 한 번에 볼넷으로 바뀐 게 아니라 하나하나 줄어서 지금의 볼넷이 된 것처럼 말이다.

기록원 판단 재량권의 기준과 그 흐름

　1989년 7월 19일, 당시 OB 베어스의 2루수였던 김광수는 MBC 청룡과의 잠실 경기에서 그때까지 이어오던 63경기 연속 무실책 행진을 멈춰서야 했다. 1회 초 수비 중, 윤덕규(MBC)가 때린 땅볼타구를 잡는 과정에서 불규칙바운드가 일어나 2루수가 제대로 처리하지 못하는 상황이 벌어졌는데, 이를 공식기록원이 장고 끝에 김광수의 실책으로 최종 결론을 내렸기 때문이다. 경기 전까지 김광수의 무실책 기록 행진에 초점을 맞추고 있던 언론에서는 막상 윤덕규의 안타가 아닌 김광수의 실책으로 기록 판정이 내려지자 모두들 의외라는 듯, 이후 공식기록원의 판정 재량권을 놓고 이에 관한 논평과 비평들을 일제히 쏟아부었다.

　평범한 땅볼타구가 마지막 바운드에서 튀어 2루수의 가슴 부근에 맞고 옆으로 구른 장면을 기록원이 야수의 실책으로 판정을 내린 것까지는 기록원 고유의 권한 행사로 볼 수 있기에 사실 크게 문제가 될 일은 아니었다. 하지만 수비에 관한 선수의 기록 연장 가능 상황이 기록원 뜻에 의해 브레이크가 걸리는 장면과 마주하게 되자 사람들의 관심과 시선은 자연히 기록원에게로 몰릴 수밖에 없었고, 이는 당연한 수순이었다.

야구에 기록원이라는 직업이 있다는 사실조차도 생소하던 시절, 공식기록원이 판정을 내리는 것은 물론이고 일부 기록 규칙에 관한 재량권까지 가지고 있다는 사실은 당시만 해도 작은 놀라움이었다. 설령 기록원이 있음을 알고 있었다 해도 그저 경기 내용을 옮겨 적고 통계를 내는 정도로만 인식하고 있던 기록원이 주관적 판단으로 선수와 관련된 많은 기록 항목들에 대해 판정을 내리고, 그 판정 결과가 사회적 이슈가 되는 현실은 야구팬들로선 상당히 낯선 광경일 수 있었다.

공식기록원의 임무는 형태상 크게 네 가지로 대별된다. 첫 번째는 경기 상황을 약속된 기호와 숫자를 사용해 기록지에 그대로 옮겨 담는 일이다. 눈앞에서 벌어진 경기 전개를 가감 없이 정확하게 적어나가는 것으로, 사관으로서 기록원의 가장 기본이 되는 임무라고 말할 수 있다.

두 번째는 판정을 내리는 일이다. 타자가 타격 후 출루했을 때, 이를 안타로 출루한 것인지 아니면 수비수의 실책으로 출루한 것인지에 대한 최종 결정권을 갖고 있다. 이러한 타구 판정 외에도 주자의 도루 인정, 투수의 와일드피치와 패스트볼 구분, 실책의 책임 소재 판단, 희생번트와 기습번트의 구별, 투수의 자책점 판단 등, 경기 중 벌어지는 각종 플레이에 대한 다수의 기록 판정을 내리는 임무를 맡고 있다. 그중 타자의 타율과 직결된 타구 판정 권한은 공식기록원의 임무 중에서 가장 대표적인 판정 업무라고 말할 수 있겠다.

세 번째는 결과로 나타나지 않은 주자들의 아웃과 세이프 타이밍을 재는 일이다. 흔히 아웃과 세이프에 관한 권한은 심판원에게만 주어지는 권한이라고 생각하는 것이 보통이지만, 실제로 누상에서 심판원에 의한 아웃과 세이프의 판정이 결론지어지지 않는 상황에 대한 타이밍은 공식기록원이 판단을 내린다. 무슨 말인지 선뜻 이해가 잘 가지 않을 수 있는 내용이지만 단적인 하나의 예를 들면 아주 간단해진다.

타구를 야수가 잡다 놓치는 바람에 타자주자가 1루에 출루했을 경우, 야수의 포구와 송구가 정상적으로 이루어졌다고 가정하고 타자주자의 1루 아웃 가능성에 대한 타이밍을 잰다. 여기에서 타자의 기록이 안타와 실책으로 갈라진다. 또한 주자의 도루를 막기 위해 베이스커버로 들어온 야수가 포수의 송구를 놓쳤을 경우, 야수가 잡아주었을 상황을 가정해 도루 시도 주자의 아웃 타이밍을 잰다. 아웃으로 판단했다면 도루 실패로 기록되지만 세이프라고 기록원이 생각했다면 이는 도루가 된다. 희생타 인정 여부의 판단에서도 이 원리는 그대로 적용된다.

끝으로 네 번째는 기록원 재량권에 의한 판단이다. 주의할 점은 재량권이라는 말에 대한 해석이 되겠다. 여기에서 말하는 재량권은 기록원 마음대로가 아닌 정해진 규정을 근간으로 하는 규칙 적용을 의미한다.

야구에서 기록원에게 재량권이 주어지는 대표적인 항목은 자책점 판단과 구원승 결정 부분이다. 우선 자책점 판단의 경우, KBO리그는 1987년부터 이닝 재구성 방식을 채택하고 있다. 프로 원년 이후 1986년까지는 득점 순간 바로 자책점과 비자책점이 결정되는 일본식의 자책점 결정 방식을 따랐지만, 투수가 규칙을 이용해 고의로 실점을 비자책점으로 만들어버릴 수 있는 폐단을 막고자 미국에서 채택 중이던 이닝 재구성 방식을 1987년부터 들여왔다. 이는 득점 순간에 자책, 비자책을 결정하는 것이 아니라 이닝이 끝난 뒤 야수 실책이나 패스트볼에 의한 주자 진루 상황을 제외하고, 정상적인 공격 행위에 의한 주자의 진루 상황만을 가정해 자책점 여부를 결정하는 방식이다.

그리고 이 이닝 재구성 과정에 기록원의 재량권이 들어간다. 정상적인 상황만을 추려내는 이닝 재구성 과정에 기록원이 재량권을 행사한다는 말은 재량에 따라 기록원이 주자의 진루 상황을 인정할 수도, 그렇지 않을 수도 있다는 것을 뜻한다.

예를 들면 이미 투수의 견제 악송구나 포수의 패스트볼로 득점에 성공한 3루 주자(실제는 없는 주자)를 누상에 남아 있는 주자로 가정한 후, 후위타자의 타구 성격이나 방향에 따라 홈으로 들어올 수 있다고 판단하면 자책점, 들어올 수 없는 상황이었다는 판단이 섰을 경우엔 비자책점으로 간주한다. 물론 그러한 판단은 막연한 감이 아니라 내규로 마련된 관련 규정에 의거해 내려진다. 만약 그 판단이 가부간의 경계선상에 자리하면 기록 규칙 정신에 따라 가능한 한 투수에게 유리한 쪽으로 해석이 되고 있다.

한편 재량권에 의해 결정되는 또 하나의 기록 항목은 투수의 구원승 결정에서 나타난다. 선발투수의 승리 투수 조건은 5회(5회로 종료된 경기는 4회 이상 투구) 이상 투구로 이미 규칙에 그 자격이 못이 박혀 있기에 이론의 여지가 끼어들 틈이 전혀 없다. 그러나 상황이 각양각색으로 전개되는 구원승 결정에서는 얘기가 달라진다. 물론 구원승 결정에도 정해진 규칙은 따로 존재한다. 그리고 그 대원칙은 리드 시점을 갖고 있는 구원투수를 승리 투수로 기록하라는 것이다. 예외의 경우가 있긴 하지만 실제 대부분의 경우, 리드 시점을 보유한 구원투수가 승리 투수로 기록되고 있는 것이 현실이다.

그러나 구원승 결정 관련 규칙에는 다음과 같은 내용이 들어 있다.

구원투수가 잠시 동안 비효과적인 투구를 하고 그 뒤에 나온 구원투수가 리드를 유지하는 데 효과적인 투구를 했을 경우, 나중의 구원투수에게 승리 투수를 기록한다.

이 내용은 리드 시점을 갖고 있는 구원투수라 하더라도 때에 따라선 승리 투수로 기록되지 않을 수도 있음을 함축한 부분이다. 즉 대원칙에서 벗어난 예외 규정이 적용될 수도 있음을 알려준다. 다만 예외규정인 만큼 특별한 상황이 아니라면 가급적 적용하지 않으려고 하는 것이 또한 기록원의 일반적 정서라 할 수 있는데, 이 예외규정을 적용하기 위해서는 기록원의 경기 전개 상황에 대한 확신이 먼저 전제되어야 한다. 즉 리드 시점을 갖고 있는 구원투수의 구원승을 빼앗는 일은 그 투수에게 현격한 결격사유가 있다고 기록원이 확신하는 경우로 한정해야 한다는 것이다.

그렇다면 이 규칙에서 말하는 비효과적이라는 말은 무슨 의미일까? 이는 투구 이닝, 투구 내용, 경기 상황 등이 종합적으로 반영된 말이다. 부연하자면 리드 시점을 갖고 있는 특정 투수가 팀 승리에 전혀 도움이 되지 않는 방향으로의 투구 과정과 결과를 초래한 것을 의미한다. 이에 대한 판단과 확신은 투구 이닝과 실점 등의 수치를 우선적으로 참고하지만 가장 비중을 두는 것은 현장감이라고 할 수 있다. 경기 흐름, 등판 시점 상황, 아웃카운트와 볼카운트, 점수 차이, 등판과 강판 시점의 주자 상황, 상대 타순, 남아 있는 등판 가능한 투수 등등을 종합적으로 고려한 판단을 말한다.

지난 2012년 6월 28일 넥센과 두산전(목동구장) 9회 말, 4 : 2의 리드 상황에서 등판한 구원투수 스캇 프록터(두산)가 1이닝 동안 2실점 하며 경기를 동점으로 만든 것을 빌미로 연장전에 들어 리드 시점을 갖게 된 그를 구원승 결정에서 제외한 일은 다소 이의가 있긴 했지만 현장의 기록원이 앞서 말한 여러 상황을 종합적으로 고려, 비효과적 투구로 판단해 내린 결정이었다. 가정이지만 이날 프록터의 구원승이 기록되기 위해서는 결론적으로 주자가 있는 위기 상황에서 등판했거나, 연장 10회 초에 대량 득점으로 나중에 프록터의 뒤를 이어 등판한 구원투수 임태훈의 승리기여 비중이 현격히 낮아져야 했는데 상황이 그렇질 못했다. 일부에서 제기된 프록터가 블론세이브를 기록했기 때문이라던가 1이닝 2실점이라는 수치적 기록 자체가 문제가 되어 구원승 결정에서 배제된 것만으로 좁게 해석할 일은 아니었다.

이보다 한 달 전쯤인 5월 25일과 26일, 한화의 바티스타와 KIA의 박지훈은 각각 넥센과 LG전에서 2이닝 2실점과 1이닝 1실점의 블론세이브를 기록하고도 타선과 후속 구원투수의 도움으로 승리 투수로 기록된 사례가 있는데, 경기 흐름상 바티스타는 비교적 많은 투구 이닝, 박지훈은 적은 실점 등의 이유가 리드 지점 보유라는 절대적인 유리함을 지켜낸 경우라고 할 수 있겠다.

지난 2000년 그간 타자의 번트 자세만을 가지고 기습번트와 희생번트를 판단해 오던 기록위원회는 선수와 코치, 구단 기록원들의 목소리에 귀를 기울여 타자의 자세뿐만 아니라 이닝이나 점수 차, 아웃카운트 등의 경기 상황을 종합적으로 반영해 희생번트 여부를 결정하는 방식으로 변화를 꾀한 적이 있다. 날로 변화하는 선수들의 기량이나 작전 등을 기록에서도 규칙 허용치 안에서 감안을 해야 한다는 시대적 요구를 외면할 수 없었기 때문이다.

마찬가지로 애매할 수 있는 구원승 결정 기준 역시도 언제부턴가 틀에 박혔던 과거와 달리 공식기록원들에게 사고의 점진적 변화를 요구하고 있다. 규칙이 허용하는 범위 안에서 결과적으로 경기를 망친 구원투수들의 기득권을 지켜주기보다 문제 해결 구실을 한 투수들을 좀 더 생각해 달라는 쪽으로 말이다. 바꿔 말하면 구단에서 평가하는 선수들의 내부 고과와 공식적으로 매겨지는 선수들 기록의 괴리감이 너무 크지 않았으면 하는 생각들이 표출되고 있는 것이다.

이를 전폭적으로 한꺼번에 수용할 수는 없는 일이지만, 법적인 테두리 안에서 허용된다면 고정관념에 안주하는 기록, 기록을 위한 기록, 생명력 잃은 기록보다는 야구를 위한 기록, 살아 숨 쉬는 기록을 지향하는 것이 궁극적인 기록 발전을 위해선 좀 더 바람직한 접근 태도라고 보인다. 그리고 이러한 조심스러운 접근 작업은 현재진행형이기도 하다.

30년 이상 세월이 흐른 1989년 김광수의 실책 얘기로 다시 돌아와, 후배 선수들의 기량을 끌어올려야 하는 코치 신분으로 어느 날 야구장에서 만났던 김광수 코치는 당시 이런 말을 남겼다.

"그때 앞으로 한 발 들어와 바운드를 하나 줄였어야 했는데, 공을 기다리는 바람에 처리하지 못하게 된 거였지. 내 실수지 뭐."

　기록 판정에 대한 원망보다 스스로의 안일한 대처를 자책했던 김광수 코치의 이 말은, 지금은 타구 판정 재량권에 관한 또 하나의 참고 기준으로 기록원의 뇌리에 살아 숨 쉬고 있다.

사이클링히트는 대기록?
그 이면의 세계

2020년 5월 30일 키움의 김혜성은 고척 스카이돔에서 열린 KT전서 KBO 리그 역대 26번째 사이클링히트를 작성하며 기록 수립자 명단에 당당히 이름을 올렸다. 이날 김혜성은 홈런·단타·2루타에 이어 8회 말 마지막 타석에서 우중간 깊숙한 곳으로 타구를 보내며 3루를 점령, 비교적 여유 있게 사이클링히트를 완성할 수 있었다. 코로나로 인해 무관중 경기로 치러지지 않았다면 팬들의 엄청난 환호가 뒤따랐을 어려운 기록이 또 한 번 탄생하는 순간이었다.

그러나 TV중계로만 이 장면을 지켜볼 수밖에 없었던 팬들은 잠시 김혜성의 사이클링히트 기록 수립에 대해 반신반의해야 했다. 중계방송을 담당했던 캐스터와 해설위원이 김혜성이 3루에 도달한 직후 별다른 격정적 반응 없이 이제 단타만 하나 추가하면 김혜성이 사이클링히트를 달성하게 되는 것으로 상황에 맞지 않는 멘트를 내보냈기 때문이었다. 선수로서 평생 한번 달성하기도 어렵다는 사이클링히트 기록이 수립되었음에도 단박에 이를 알아차리지 못한 중계진의 미스는 어디에서 기인된 것이었을까?

아마도 이는 기록적으로 앞서 김혜성이 5회에 때려낸 단타를 중계진이

2루타로 착각했던 것에서 비롯된 것이 아니었을까 미루어 짐작된다. 김혜성은 5회 말 1사 1, 2루에서 좌익수 앞으로 굴러가는 땅볼안타로 2루 주자를 불러들인 후, 좌익수 김민혁(KT)이 홈으로 던진 송구가 악송구가 된 틈을 이용해 2루까지 추가 진루했는데, 이를 2루타로 인지하고 있었을 공산이 가장 컸다. 따라서 8회 말 3루타가 극적으로 터진 상황에서도 여전히 사이클링히트 완성에 단타 하나가 부족한 것으로 알고 있었던 것으로 보인다. 야구적으로 시선이 공이 향하는 곳만을 좇다 보면 생길 수 있는 기록적 착각이다.

이후 며칠 뒤 키움 구단은 김혜성에 대한 사이클링히트 달성 시상식에서 기록 수립 장면 사진과 공식 기록지가 들어간 대형 기념 액자를 만들어 전달했는데, 공교롭게도 그의 기록 수립과 시상식 장면을 모두 지켜보게 된 과정에서 슬며시 떠오르는 생각 하나가 있었다. '타자 쪽의 사이클링히트와 투수 쪽의 노히트노런 중에서 어떤 기록이 더 이루어내기 어려운 기록일까?'

그간의 순전히 개인적인 경험에서 볼 때 사이클링히트는 몇 차례 직접 눈으로 경험해서인지 기록에 대한 감흥이 예전 같지는 않은 편이다. 반면 노히트노런은 예나 지금이나 여전히 쉽게 만나보기 어려운 기록이다. 40년 역사에 근접한 KBO리그에서 그간 노히트노런은 총 14번만 달성된 반면, 사이클링히트는 그에 비해 두 배가 넘는 총 30차례의 기록 탄생 순간을 우리에게 보여주었다. 느낌상은 물론이고 통계적으로도 노히트노런이 더 어려운 기록이라는 것을 말해준다.

그래서일까? 노히트노런은 대기록이라는 것에 이의를 다는 사람은 거의 없다. 하지만 사이클링히트에 관해선 대기록과 진기록 등으로의 표현이 나뉘는 모습들이 눈에 띈다. 노히트노런과 사이클링히트에 관한 기록 비중 비교를 두고 제3자가 느끼는 관점도 비슷한 모양이다.

기록 수립 과정상으로도 노히트노런이나 사이클링히트는 모두 하루 동안 만들어낼 수 있는 기록인 것은 같다. 연속경기 기록 등과 같이 기록 완성에 여러 날이 필요치 않다. 그러나 노히트노런은 수비적인 경기 운(運)도 물론 작용하지만 투수의 제구나 구위(球威) 등에 기반한 개인의 투구 능력을 절대적으로 필요로 한다.

반면 사이클링히트는 장타력과 주력을 겸비한 타자라면 언제든지 근접할 수는 있는 기록이다. 다만 사이클링히트가 요구하는 네 가지 종류의 누타수가 각각 다른 안타를 하루에 집중시켜야 한다는 것은 커다란 제약이다. 다시 말해 안타 자체를 만들어내는 것이 아니라 구색을 맞추어야 한다는 사실이 더 큰 걸림돌인 것이다. 실제로 2루타, 3루타, 홈런 등, 2루타 이상의 장타를 네 개 이상 때려내고도 정작 단타 조건이 충족되지 못해 사이클링히트라는 기록 수립에 실패하는 사례를 종종 목격할 수 있다. 무조건 최다, 최고의 결과가 정작 기록 수립에는 최선이 아닐 수 있다는 반증이다. 그래서 사이클링히트는 대기록이라는 말보다 진귀한 기록이라는 뜻으로의 '진기록(珍記錄)'이라고 표현하는 것이 좀 더 합리적인 방법의 기록 표현이자 대우일 것이라고 생각해 왔다.

앞서 봤듯이 KBO리그의 사이클링히트와 노히트노런 기록 수립 횟수는 2023년 시즌 기준으로 30 대 14다. 따라서 메이저리그와 일본 NPB리그의 기록 수립 횟수 대비도 우리와 별반 차이가 없을 거라고 생각했다.

그러나 들여다본 현실은 그렇지 않았다. 사이클링히트와 노히트노런 기록 대비에 있어 메이저리그는 두 기록 모두 300회 초반(퍼펙트게임 24)으로 기록 수립 비율이 거의 같았다. 여기에 일본 NPB리그는 이보다 한술 더 떠 76 대 99(퍼펙트게임 16)로 오히려 노히트노런 기록 수립 횟수가 훨씬 더 많았다. 프로야구 역사가 우리보다 오래된 미국과 일본에서는 사이클링히트가 노히트노런 못지않게 만나보기 어려운 기록임을 통계가 증명하고 있었다. 이 정도면 앞으로 사이클링히트도 기록 탄생 순간마다 당당히 '대기록'이라는 이름을 붙여주어도 크게 과장되거나 이상할 것이 전혀 없을 것 같다는 생각이 든다.

그러면 KBO리그에서 그간 수립된 30차례의 사이클링히트 '대기록'의 성분은 어떻게 이루어져 있는지 그 안을 파헤쳐 보도록 하자. 사이클링히트라는 용어가 일본식 표현인 것은 이미 잘 알려져 있다. 정확한 표현은 '히트 포 더 사이클(Hit for the Cycle)'이지만 어감상 좀 더 친밀한 탓에 사람들의 입에서 입으로 굳어진 사이클링히트라는 용어를 그대로 따르기로 한다.

우선 같은 사이클링히트라 하더라도 기록 순서를 단타-2루타-3루타-홈런의 순으로 뽑아낸 기록에는 자연스럽다는 의미로 '내추럴 사이클링히트'라는 별칭을 붙여주기도 한다. KBO리그 30회 기록 중 이 순서에 따라 기록이 작성된 경우는 1996년 롯데의 김응국이 기록한 제7호 사이클링히트가 유일하다. 거꾸로 홈런부터 단타로 내려오는 역순 기록은 '리버스 내추럴 사이클링히트'라고 칭하는데 2023년 두산의 강승호가 KBO리그 역대 최초로 이 기록을 만들어냈다. 2008년 주니어 로하스(KT)는 대구 삼성전에서 상대적으로 어렵다는 홈런과 3루타를 먼저 때려냈지만 이후 2루타에 앞서 단타부터 기록하는 바람에 순서가 뒤틀려 버렸다.

형식이 아닌 내용적으로 사이클링히트 완성의 가장 큰 걸림돌은 충분히 짐작하겠지만 홈런이 아닌 3루타다. 실제 야구 경기의 홈런 대비 3루타 기록 빈도를 따져보면 그 차이가 매우 크다. 홈런이 100개가 터졌다면 비율상 3루타는 15개 정도가 나온다고 보면 된다. KBO리그에서 나온 30회의 사이클링히트 중 김혜성처럼 3루타를 마지막에 터뜨려 기록이 완성된 경우는 총 13차례다. 좀처럼 만들어내기 어려운 기록이 3루타인 만큼 기록 탄생 수립 순간도 가장 극적일 수밖에 없다. 여기에 더해 3루타 기록 순간이 마지막 타석인 9회였다면 그 효과는 더욱 극적일 터. 제2호 이강돈(1987년, 빙그레)과 제17호 에릭 테임즈(2015년, NC), 제20호 박건우(2016년, 두산)의 사이클링히트가 그랬다.

3루타를 마지막에 기록하기는 했지만 시기적으로 경기 중반에 벌써 기록을 달성한 성질 급한 사례도 보인다. 27번째 기록 수립자인 오윤석(롯데)은 2020년 한화전(사직구장) 5회 말에 3루타를 기록하며 사이클링히트를 완성해 냈다. 1회 2루타를 시작으로 2회 안타, 3회 만루홈런에 이은 초스피드 기록이었다.

한편 2001년 5월 20일 롯데의 박정태는 마지막 타석에서 충분히 3루타가 될 만큼 넉넉한 타구를 쳐내고도 자신의 착각으로 대기록을 날려보내야 했다. 박정태 스스로 사이클링히트 기록을 인식하지 못하고 2루에 멈춰 서려다 뒤늦게 3루로 뛰어 태그아웃 되는 바람에 제9호에 해당하는 사이클링히트 기록 수립자 명단에 이름을 올리지 못한 일이 있었다. 아무리 생각해 봐도 두고두고 아쉬운 장면이다. 약간 경우는 다르지만 LG의 박용택도 2003년 5월 15일 마지막 순간 3루까지 도달하고도 기록상 3루타가 아닌 좌중간 2루타로 인정되는 바람에 사이클링히트 기록 수립에 실패한 사례도 있었다. 공식기록원이 박용택의 2, 3루 간 진루를 온전한 3루타가 아닌 2루타 + 좌익수의 실책에 의한 추가 진루로 판정한 때문이었다.

이에 반해 첫 안타를 그 어렵다는 3루타로 시작한 경우는 제1호 사이클링히트인 오대석(1982년, 삼성) 외에 총 여섯 차례. 그중에서도 특별한 경우는 2021년 포수 양의지(NC)의 사이클링히트 완성이다. 발이 빠르지 않은 그는 첫 타석에서 그 어렵다는 3루타를 먼저 때려낸 뒤 이 기록을 작성해 냈는데, 40년 역사의 KBO리그에서 포수가 사이클링히트 기록 수립자 명단에 이름을 올린 것은 양의지가 최초다.

반면 2루타 이상의 장타를 차례로 먼저 때려내고 마지막 순간에 상대적으로 가장 쉬운 단타를 기록하며 사이클링히트를 완성한 경우는 딱 한 차례가 있었다. 제5호 임형석(1992년, OB)이 주인공으로 3루타-홈런-2루타 이후 단타를 추가했다. 이와는 반대로 어려운 장타 미션을 다 이루고도 가장 수월한 단타가 부족해서 사이클링히트를 놓친 안타까운 경우도 보인다.

2003년 8월 15일 현대의 박종호는 수원구장 삼성전서 단타 하나가 부족한 상태에서 6 : 7, 1점 뒤진 9회 말 무사 2루 상황에서 타석에 들어섰지만 희생번트 작전 지시가 내려지는 바람에 제대로 된 타격 기회를 갖지 못해 사이클링히트가 무산된 사례다. 또한 1982년 6월 20일 삼성의 김한근 역시 단타 하나만 추가하면 되는 절호의 기회가 찾아왔지만 네 번째 타석이 돌아오기 전, 경기가 7회 강우 콜드게임으로 끝나버리는 바람에 대기록 도전 기회 자체를 접하지 못한 허망한 경우도 있었다.

가장 최근의 단타 부족 대기록 무산 사례는 2018년 LG의 김현수도 있다. 김현수는 4월 27일 잠실 삼성전에서 홈런-3루타-2루타를 역순으로 때려낸 뒤, 단타를 더하지 못해 사이클링히트를 완성해 내지 못했다. 김현수는 이날 마지막 타석에서 기록 수립에 필요한 단타성이 아닌 장타성 안타가 나왔으면 어떻게 했을까 하는 물음에 단타보다는 그래도 홈런이 더 좋다고 답을 했는데, 만일 타자가 충분히 2루타나 3루타가 가능한 장타성 안타를 치고 사이클링히트 구색을 목적으로 1루에서 멈춰버렸다면 이러한 경우도 사이클링히트로 인정받을 수 있을까?

답은 두 가지로 나뉜다. 일단 기록상은 구색을 갖추었기에 사이클링히트로 남을 수는 있다. 하지만 일종의 인위적인 기록 조작에 해당되어 팬들로부터 찬사가 아닌 비난을 받을 각오를 해야 할 것으로 예상된다. 공식적인 입장은 아니지만 과거 이러한 경우를 예상해 사석에서 의견을 나눈 얘기의 결과는 기록에 대한 시상은 곤란하지 않겠느냐는 것이었다. 일종의 별표(*)를 달아서 정상적인 기록들과 차별화를 두어야 마땅하다는 분위기였다.

우리나라는 아니지만 사이클링히트 기록과 관련된 주루플레이에 얽힌 뒷얘기들도 존재한다. 2001년 요미우리의 마쓰이 히데키는 단타 하나가 부족한 상황에서 마지막 타석에서 좌익선상을 타고 흐르는 안타가 나오자 고민 없이 1루를 돌아 2루까지 뛰어 세이프 된 일이 있었다. 경기 후 마쓰이는 인터뷰에서 "사이클링히트 기록 가능 상황이라는 것은 알고 있었지만, 개인 기록보다는 팀이 우선"이라는 멘트를 남겼다. 반대로 2015년 텍사스의 에이드리언 벨트레는 1회 첫 타석에서 3루타를 기록한 후, 2회 또 다시 3루타가 가능한 타구를 날렸지만 2루에서 멈춘 일이 있다. 이후 벨트레는 3회 단타, 5회 홈런을 추가하며 사이클링히트를 기록할 수 있었는데, 2회에 3루까지 뛰지 않고 2루에서 멈춘 것은 "혹시 사이클링히트를 염두에 둔 것이 아니었는가?"라는 질문에 이러한 대답을 남겼다.

"아마도!"

프로야구 얘기는 아니지만 1988년 실업야구에서 강기웅(한국화장품)은 3루타가 부족한 상황에 마지막 타석에서 때린 타구가 담장을 넘어가 버리자 기록 욕심에 홈런을 치고 들어오다 일부러 홈을 밟지 않고 지나쳐 3루타로 기록되기를 바라는 주루플레이를 펼쳤다고 한다. 그러나 공과 아웃은 상대방의 어필이 반드시 있어야 가능했기에 강기웅의 의도는 수포로 돌아가 버렸다는 일화가 전해지고 있다. 홈런이 취소되면 홈런은 물론 타점과 득점이 하나씩 줄어들게 되는데, 이러한 손해를 감수하고도 사이클링히트를 원했다는 사실과 역으로 상대 팀은 주자의 공과 상황을 알고서도 점수를 주더라도 사이클링히트 기록까지 챙겨가는 꼴은 못 보겠다는 심리가 얽혀 있는 내용이라, 듣고 나니 웃기지만 슬픈 얘기였다.

혹자는 사이클링히트 기록은 그저 한 경기에서 안타를 네 개 친 것뿐이라고 평가절하(?)하기도 하지만, 기록과 관련된 뒷얘기들을 파고 보니 기록이 더 값져 보이는 느낌이다. 수치적으로도 확률상 1년에 한 번 접해보기도 힘든 기록이며, 타자 개인으로서도 선수로 뛰는 동안 평생 한 번 이뤄내기도 어려운 기록이기 때문이다.

그런데 이 어려운 기록을 한 번도 아니고 두 번이나 만들어낸 선수도 역사 속에 있다. KBO리그에서 사이클링히트를 두 번이나 기록한 선수는 양준혁과 에릭 테임즈다. 삼성 소속의 양준혁은 1996년(제8호)과 2003년(제11호) 두 번에 걸쳐 사이클링히트를 기록해 냈다. 또한 NC의 외국인 선수

에릭 테임즈 역시 2015년 개인적으로 4월과 8월 두 차례 걸쳐 사이클링히트(제17~18호)를 만들어냈다. 이는 KBO리그 유일무이의 한 시즌 두 차례 사이클링히트 기록이다.

한편 테임즈는 같은 해 9월 3일, 마산구장 두산전에서 미국과 일본에도 없는 전대미문의 단일 시즌 세 번째 사이클링히트 기록 도전 기회를 맞기도 했지만 3루타 부족으로 뜻을 이루지는 못했다.

KBO리그에는 없지만 평생 세 번이나 사이클링히트를 때려낸 선수가 일본 NPB리그에는 한 명, 미국 메이저리그에는 네 명이나 존재한다. 일본 요코하마 베이스타스의 로버트 로즈(1999년) 그리고 미국 뉴욕 양키스의 밥 뮤젤(1928년), 브루클린 시카고의 베이브 허만(1933년), 신시내티 레즈의 존 라일리(1890년), 텍사스 레인저스의 에이드리언 벨트레(2015년)가 그 어마어마한 기록의 주인공들이다.

가외로 정규리그 외에 포스트시즌과 관련된 사이클링히트 얘기를 더 하자면 사이클링히트의 값어치는 더욱 올라간다. KBO리그를 비롯해 메이저리그와 NPB리그를 통틀어 포스트시즌에서 사이클링히트 기록이 탄생한 것은 딱 한 차례뿐이다. 메이저리그 보스턴 레드삭스의 브록 홀트가 2018년 아메리칸리그 디비전시리즈 3차전에서 뉴욕 양키스를 상대로 기록한 것이 한·미·일 프로야구의 유일한 포스트시즌 사이클링히트 기록이다.

이에 더해 아쉬운 기억 하나는 2005년 일본 지바 롯데 소속이던 이승엽이 그해 일본시리즈 우승을 결정짓던 4차전에서 홈런-2루타-3루 태그아웃(2루타)-단타순으로 연결되는 무차별 맹타를 터뜨린 일이 있는데, 세 번째 타석에서 좌중간 담장을 맞고 떨어진 타구에 3루를 노린 것이 살았더라면 일본프로야구 포스트시즌 사상 첫 사이클링히트의 주인공으로 남을 뻔했다.

장외홈런과 비거리에 관한 불편한 진실

까마득히 날아가는 타구에 기록원의 마음도 까맣게 타들어 간다. '도대체 어디까지 날아가는 거야?' 조바심으로 외야석 어느 지점인지 떨어지는 순간을 놓치지 않으려 눈을 부릅떠 보지만, 낙구 지점을 확인할 길 없이 야구장 밖으로 아예 사라지는 타구에 기록원의 머릿속은 하얘지고 만다. 멘털이 무너진 기록원이 그다음으로 해야 할 일은 비거리 추산. 보이지도, 보지도 못한 낙구 지점을 타구의 포물선만을 근거로 해서 공이 몇 미터나 날아갔는지 짐작으로 적어내야 하는 일이 기다리고 있다.

사실 공식기록원들에게 이 대목은 늘 보이지 않는 부담이었다. 경기장 크기가 작기라도 하면 덜하지만, 잠실이나 사직구장처럼 야구장 외야석 끝까지의 거리가 비교적 긴 구장에서 터진 장외홈런은 KBO리그의 최장 거리 홈런 기록 가능성과도 연계된 까닭에 기록원의 추정 거리는 늘 언론의 주된 관심사로 떠오를 수밖에 없었기 때문이다. 여기에 기록원에 의해 공식적으로 발표된 추정 거리가 비공식적 계측 추산 거리와 괴리감이 크기라도 한 경우, 기록원은 질책성 십자포화를 온몸으로 받아내야 했다.

이러한 이유들로 기록위원회는 2020년 시즌을 앞두고 한 가지 묘안(?)을 냈다. 규모가 큰 구장의 장외홈런은 목측에 의한 추정 비거리가 아닌 장외로 일단 적고, 공이 떨어진 지점이 확인되면 그곳까지의 거리를 측정해 추후 비거리를 기입하는 방식을 채택하기로 했던 것이다. 눈대중으로 재야 하는 불확실한 거리 측정의 폐단을 막고, 보다 사실적으로 비거리 추산에 접근하려는 고육지책성 시도였다.

그리고 2020년 6월 9일 그 첫 적용 사례가 잠실구장에서 나왔다. SK의 외국인 선수 제이미 로맥은 이날 LG전에서 2회 초 선두타자로 나와 상대 선발 켈리의 직구를 받아쳐 좌익수 쪽 파울 폴대 옆을 지나 장외로 날아가는 대형 홈런을 때려냈다. 역대 네 번째의 '잠실구장 장외홈런'이라는 타이틀을 달고 날아간 홈런이었다. 타구가 지나간 자리가 폴대 부근이었던 지라 LG에서 비디오판독을 요청해 홈런에 관한 진위 여부를 가려보려 했지만, 아뿔싸, 로맥의 타구 궤적은 야구장 고정 카메라와 방송용 카메라 그 어느 곳에서도 확인할 길이 없었다. 따라서 최종 판정은 원심이 그대로 유지되었고 로맥의 홈런 기록은 유효였다. 이후 공식기록원은 새로운 판단 메뉴얼에 따라 로맥의 홈런을 목측 측정 불가한 비거리 없는 장외홈런으로 발표했다. 그러고 나서 정확한 낙구 지점을 확인하기 위해 막후에서 물밑 작업(?)을 진행해 보려 했지만 도저히 목격자를 찾을 수 없었다. 코로나 바이러스로 인한 무관중 시대를 겪고 있던 터라 야구장 밖에도 사람이 있을 리 만무했다.

하지만 아무리 상황이 그렇다 하더라도 이 부분에서 의문이 들 수 있다. 분명 야구장에는 타구를 좇는 '트랙맨'이라는 레이더 측정 기계가 설치되어 있을 텐데, 이 기계가 측정한 추정 비거리를 적용하면 될 것이 아니냐고. 그러나 트랙맨이라는 기계에 의해 측정된 자료는 KBO리그에선 아직 공식적으로 인용하지 않고 있다. 자료 이용에 관한 행정적인 절차 문제도 있겠지만, 가장 큰 이유는 아직 기계가 추출해 내는 자료의 신뢰도에 대한 확신이 들지 않기 때문이다. 단적인 예로 2017년 10월 3일 이승엽 선수가

대구 삼성라이온즈파크 구장 은퇴 경기에서 때려낸 첫 번째 홈런을 트랙맨은 150m가 넘는 타구로 읽었다. 우측 외야 관중석 중간쯤에 떨어진 타구로 어느 구장보다도 펜스까지의 거리가 짧은 라이온즈파크 구장의 특성을 감안하면 150m가 넘었다는 것은 납득하기 어려운 수치였다. 심지어는 그해 이 타구가 트랙맨에 의한 홈런타구 비거리 중 가장 멀리 날아간 타구로 인식되었다고 하는데, 기계적 산출 과정에 오류가 있었을 것으로 짐작된다. 참고로 이날 이 홈런타구에 관한 공식적인 비거리 기록은 125m로 그 차이가 현격했다.

기록원이 홈런 비거리를 추정하는 방식은 공이 떨어진 지점을 기준으로 결정한다. 관중석 어느 부분에 공이 떨어졌는가를 보고 미리 여러 지점을 계측해 둔 거리지표를 근거로 비거리를 추정해 내고 있다. 만약 파울 폴대 등에 맞고 떨어진 경우는 그 타구가 관중석에 떨어졌을 것을 가정해 비거리를 계산한다. 그렇기 때문에 타구가 폴대에 닿은 위치가 어느 곳이냐에 따라 비거리는 일정 부분 달라질 수 있다. 하지만 타구가 아예 경기장 밖으로 날아간 완벽한 장외홈런이라면 이러한 비거리 측정 방식은 바로 한계에 부딪힐 수밖에 없다. 따라서 사람에 의한 더듬이식 목측보다는 기계적 장치인 트랙맨의 측정 수치를 따르는 편이 차라리 낫다고 볼 수는 있다.

다시 2020년 로맥의 홈런타구 얘기로 돌아와 트랙맨은 이 잠실구장 장외홈런을 몇 미터로 추정했을까? 결론은 트랙맨도 측정 불가였다. 오후 6시 30분에 시작된 경기에서 홈런이 터진 시점이 2회 초라면 대충 해가 넘어가는 시간대다. 타구가 까마득히 하늘로 올라가면 선수들도 종종 타구를 시야에서 잃는 시간대다. 그래서일까? 아니면 포물선이 워낙 높아서였을까? 트랙맨은 로맥의 장외로 날아간 타구를 완전히 놓치고 말았다. 이또한 걱정했던 기계적 오류 현상이다. 2020년 7월 10일 NC의 애런 알테어가 잠실구장 LG전서 친 고작(?) 비거리 110m짜리 홈런에 대해 트랙맨이 먹통이 된 것도 타구의 발사각도가 너무 높아 측정 범위를 벗어났기 때문이었다. 결국 2020년 로맥의 장외홈런은 최종적으로 최초의 측정 불가 장외홈런으로 역사에 남았다.

아울러 로맥은 2018년 10월 10일에도 잠실구장 두산전에서 장민익 투수를 상대로 장외홈런을 기록한 적이 있는데, 당시 트랙맨의 예상 비거리는 146m로 공식기록원에 의한 추정 비거리 140m와 약간의 차이를 보였었다.

한편 이날 로맥과 함께 팀 동료 김동엽 역시 잠실구장 장외홈런을 때려내 한 경기에서 두 개의 장외홈런이 터진 것으로 알려져 있는데, 보다 정확히 상황을 기술하자면 김동엽의 홈런은 진정한 장외홈런은 아니었다. 타구의 궤적이 크게 날아간 것은 맞지만 최종적으로 좌익수 방향 외야석 천장 덮개 위에 떨어진 다음 튕겨져 구장 밖으로 나간 홈런이었다. 따라서 홈런 공식 비거리는 공이 구조물에 맞은 지점이 되는 관계로 완벽히 구장 밖으로 나간 로맥의 홈런보다는 클 수가 없었다. 따라서 잠실구장에서 터진 KBO리그 역대 장외홈런은 2000년 두산의 김동주를 필두로 2018년과 2020년 제이미 로맥(SK)이 때려낸 두 번의 홈런이 정규리그 장외홈런의 전부다. 가외로 2001년 10월 28일 두산의 외국인 선수 타이론 우즈가 그해 한국시리즈 6차전에서 잠실구장 장외홈런을 기록한 것으로 역사에 남아 있는데, 포스트시즌으로는 유일한 잠실구장 장외홈런이다.

이왕 대형 홈런에 관한 말이 나온 김에 KBO리그의 최장 거리 홈런에 관한 뒷얘기들을 좀 더 풀어보도록 한다. 현재 KBO리그 최장 거리 홈런 기록은 150m다. 1982년 백인천(MBC, 동대문구장)을 시작으로 1997년 양준혁(삼성, 부산 사직구장), 2000년 김동주(두산, 잠실구장), 2007년 이대호(롯데, 부산 사직구장)가 각각 기록한 것으로 자료집에 올라 있다. 이 중 김동주와 이대호의 홈런을 제외한 백인천과 양준혁의 홈런은 현대화된 기록원의 비거리 추정 방식에 의하면 사실 150m에는 못 미치는 홈런이었다. 둘 다 장외홈런도 아니었다. 이에 관한 얘기는 2012년판 『윤병웅의 야구기록과 기록 사이』에서 살짝 다룬 바 있어 다시 재론하지는 않겠다.

어쨌든 현재 150m라는 비거리 최고 기록으로 올라 있는 네 개의 홈런은 모두 기계적으로 비거리 측정을 실시하기 이전인 과거의 기록들이다. 대략적으로 첨단 기기인 트랙맨 등이 야구 경기에 접목되어 각종 수치를 토해내기 시작한 것은 2010년대 중반 이후부터다. 이 시점을 기준으로 대형 홈런의 비거리 논란사를 들여다보면 2015년 박병호(넥센)가 그 중심에 있다. 박병호는 8월 26일 목동구장 KT전서 좌중간 쪽으로 장외홈런을 기록했는데, 공식 비거리는 135m였다. 타구의 포물선이 비교적 높이 올라갔다 떨어지는 궤적을 감안한 결정이었다. 그러나 트랙맨이 표출한 비거리는 무려 159m였다. 이 기록을 그대로 인정한다면 사실상 역대 최장 거리 홈런이 되는 셈이다. 이후 박병호의 이날 홈런에 관한 트랙맨의 수치를 넘어선 타구는 아직 보이지 않고 있다.

그러나 30년 이상의 기록원 생활에 있어 심정적으로 가장 크게 날아갔을 것으로 생각되는 타구는 정작 따로 기억 속에 자리 잡고 있다. 물론 트랙맨이 존재하지 않던 시절이다. 주인공은 두산의 타이론 우즈다. 정확한 날짜는 기억이 나지 않지만 우즈는 잠실구장 전광판 옆을 지나는 장외홈런을 기록할 뻔했었다. 정규리그 역사상 단 세 차례만 존재하는 잠실구장 장외홈런이 모두 좌익수 방향이었던 것과는 차원이 다른 타구였다. 일단 잠실구장 그라운드 거리가 좌익수 쪽은 100m로 짧지만 중견수 방향은 KBO리그 구장 중 가장 먼 거리인 125m다. 게다가 우즈가 날린 타구의 포물선 역시 하늘로 높이 떴다 떨어지는 곡사포 형태가 아니라 힘이 실려 살아 나가는 형태의 타구였다. 현대 트랙맨의 기계적 힘을 빌리면 비거리가 과연 몇 미터나 나왔을지 아직도 궁금한 타구다.

그런데 장외로 나간다 싶었던 우즈의 타구는 하필이면 외야 담장 바깥쪽 위에 깃발을 게양하고자 설치해 놓은 사각형 돌출 콘크리트 부분에 맞고 그만 안으로 떨어지고 말았다. 따라서 기록실 거리 자료표에 의해

145m 정도의 비거리만이 인정된 것으로 기억한다. 만일 장외로 나갔더라면 대략 160m 정도로 추정 거리를 기록해 발표할 심산이었다.

어떤 홈런을 최장 거리로 인정하느냐 마느냐 하는 문제는 엄밀히 말해 화제성 이슈가 되는 것 말고는 큰 의미는 없다. 기록적으로 대형 홈런이라 해서 점수를 더 주는 것도 아니다. 그렇지만 프로리그만이 줄 수 있는 기록에 대한 흥미와 각종 기록 형성 과정에 대한 관심은 놓칠 수 없는 부분이기도 하다. 미국과 일본에서 공식적으로는 측정해 발표하지 않는 홈런 비거리에 관한 판단을 KBO리그 기록원들만이 공식적으로 하도록 유도하는 이유도 여기에 있다. 그 때문에 비거리 판단에 따른 번뇌와 결과에 따른 때로의 비판을 감수하면서까지 비거리 추정 작업을 오늘날도 계속 이어나가고 있지만, 다만 그 방식에 관한 고민은 반드시 필요해 보인다.

세상을 살아가는 방식이 온통 기술화·과학화의 빠른 소용돌이 안으로 빨려 들어가고 있는 요즘, 공식기록원의 눈짐작에 의한 5m 단위 홈런 비거리 측정 방식은 더 이상 설 자리가 없어 보인다. 현재의 상황과 위치에서 가장 근접한 방법은 목측과 기계적 수치의 병행이다. 이미 퓨처스리그에서 시험대에 오른 로봇 심판 역시 기계적 도움을 받지만 최종 판단은 심판원이 내려야 하는 방식이다. 아울러 비거리 판단 또한 인간의 눈으로는 한계가 있기 마련이다. 기존 구장 내 좌표를 활용하되 난해한 타구에 관해서는 기계적으로 제공되는 수치를 참고할 필요가 있다. 그리고 그것이 장외홈런이라면 더더욱 그렇다. 만일 이승엽 은퇴 경기 홈런에서 볼 수 있듯 기계적 수치가 납득이 어려운 결과물이라면 최종 조율과 판단은 사람이 내리면 된다.

이제는 시기적으로 야구기록집을 뒤적일 때마다 최장 비거리 기록표를 보면 늘 생기곤 하는 찜찜함을 한 방에 날려줄, 누군가의 시원한 '문샷(moon shot)'이 KBO리그에도 절실히 필요할 때가 온 것 같다.

또 하나의 기록 정신,
'가정 아닌 결과'

　야구기록원이 경험이 쌓이면 쌓일수록 가장 조심해야 할 부분은 생각의 선을 넘는 일이다. 이 말은 기록원이 기록원의 시각으로 경기를 보려하지 않고 선수의 플레이를 평가하려는 코치의 시각으로 야구를 보게 되는 현상을 조심해야 한다는 말이다. 보이는 야구, 볼 수 있는 야구의 폭이 넓어지면 선수가 벌이는 플레이의 잘못된 부분이 유독 도드라지게 보이기 마련인데, 그럴수록 기록원의 평정심 유지는 더욱 필요한 직업적 덕목이 된다.

　이해를 돕기 위해 아주 단편적인 예를 하나 들어보도록 하자. 가끔 외야수가 플라이 타구의 성격을 잘못 판단해 빗맞거나 그다지 힘이 실리지 않은 타구로 판단, 앞으로 달려나오다 타구를 자신의 머리 위로 훌쩍 넘기는 경우를 보게 된다. 이는 벤치의 시각으로 보면 무조건 선수의 실수다. 또한 팬들의 관점에서도 이는 명백한 외야수의 실책으로 보이기에 여기저기서 아쉬움 섞인 한탄이 터져 나온다. 하지만 기록원은 타구 성격 파악에 오류를 일으킨 야수의 어이없는 플레이가 나오기까지의 두뇌적 판단 과정에 대해선 잘잘못을 재단할 권한이 없다. 그저 최종적으로 판단 착오를 일으킨 해당 타구와 야수가 만나는 접점에서 야수의 정상적인 포구가 가능했는지에 대해 판단을 내릴 뿐이다. 이는 기록원의 자의적 해석으로 판정의 갈래가 사방팔방 갈라지는 것을 막기 위한 것으로, 기록 규칙 9조 12항에서도 기록원은 야수의 심리적·두뇌적 판단 착오에 대해서는 실책으로 기록하지 말도록 뚜렷하게 명시하고 있다.

이는 각종 역사를 서술하는 공식 사관이 역사를 기술할 때 자신의 주관적 생각이나 판단을 최대한 멀리 배제한 채 벌어진 사실만을 객관적으로 써야 하는 것처럼, 야구 경기 역사를 기록하는 사관이라 할 수 있는 공식 기록원 역시 같은 마음 자세로 직분에 임하게 하기 위한 하나의 제도적 유도장치라 할 수 있다. 따라서 선수들의 플레이 과정에 대한 가정이 아닌, 실제 일어난 현상만을 가지고 기록적 판단을 내려야 함에도 그간 몇몇 상황하에서는 관례적으로 결과가 아닌 가정에 근거해서 최종 결과를 유추해 기록하는 일이 있어왔는데, 2019년 기록위원회는 이러한 부분에 대한 규칙 정비 작업에 또 한 번 손을 가하는 시도를 통해 기록 정신의 중심인 '결과'라는 의미를 새로이 되새겨 보는 시간을 가질 수 있었다.

그리고 그러한 시도 중 첫 번째 변화는 타자의 병살타 판정 부분이었다. 그간 고의적으로 수비 측 플레이를 방해해 아웃된 앞선 주자의 잘못으로 타자주자에게까지 일명 '쌍벌죄' 아웃 판정이 내려진 경우, 플레이가 중도에 끊겼음에도 불구하고 타자에게는 병살타 기록을 부여해 오고 있었다. 따라서 수비 방해가 일어나기 전 다른 주자가 비록 득점에 성공했다 하더라도 기록 규칙에 따라 이 득점은 당연히 타자의 타점으로 인정받을 수 없었다. 가령 무사 주자 1, 3루라고 하자. 타자가 친 땅볼을 2루수가 잡아 유격수에게 송구해 1루 주자를 2루에서 포스아웃 시킨 후, 유격수가 1루에 던지려는 시도 중 이미 아웃이 선언된 1루 주자가 유격수의 송구 동작을 방해하는 바람에 타자주자에게도 아웃 선언이 내려졌다고 했을 때, 과거에는 타자의 기록은 병살타였다. 지난 2013년 4월 18일, 롯데와 넥센전(사직구장) 5회 초 1사 만루 상황에서는 2루 주자였던 이택근(넥센)이 유격수 앞 땅볼타구에 고의로 발을 갖다 댄 죄목으로 주자 자신은 물론, 타자주자였던 이성열에게까지 더블아웃 판정이 내려진 적이 있었다. 이때에도 이성열의 공식기록은 병살타였다. 비록 송구가 1루까지 전달되지도 않았지만 타구의 성격상 충분히 병살타가 가능한 타구라고 판단될 경우, 이를 병살타로 추측해 기록을 부여하는 방식이었다.

실제 펼쳐지지 않았던 플레이를 정상적인 상황으로 가정해 그림을 그리고, 그에 대한 페널티를 타자에게 부여하는 것이 기록적으로 문제가 없는가에 대한 고민은 사실 크게 하지 않고 있었다. 오히려 그러한 기록이 부여되는 것이 일견 당연하다고 생각해 오던 터였다. 하지만 2019년 그러한 생각에 변화를 주게 되었고 규칙 본문 안에 이를 명문화했다. 규칙 9조 2항에 추가된 그 내용은 다음과 같다.

타자주자가 선행주자의 방해행위로 인해 아웃당한 경우, 기록원은 타자에게 땅볼을 쳐서 병살을 당한 것에 대한 책임을 부여해서는 안 된다.

오랜 기간 화석처럼 굳어 있던 관습의 틀을 깨고 이와 같은 변화를 주게 된 생각의 궁극적 출발점은 "야구기록은 가정이 아닌 결과로 말을 해야 한다"라는 것이었다. 야구의 모든 기록이 실제로 그렇다. 아무리 안타성 타구라도 잡히면 안타로 인정받지 못한다. 실책을 저질렀어도 주자를 포스아웃 시키면 그 실수는 없던 일처럼 묻힌다. 기록적으로는 과정에 대한 가정이 아니라 결과가 중요한 것이다.

유사한 경우가 되겠지만 병살타 외에 주자의 도루 실패 기록에 관해서도 가정에 의해 부여되던 기존 기록 방식에 수정을 가했다. 주자가 도루를 시도하는 과정에서 삼진을 당한 타자가 포수의 송구를 방해했을 경우, 주자에게도 타자의 수비 방해에 의한 아웃이 선언되는데, 이때 지금까지의 주자 기록은 도루 실패였다. 즉 타자의 방해가 없었더라면 해당 주자가 아웃되었을 것이라는 가정에 의한 기록 부여 방식이었다. 그러나 이 또한 주자에 대해 도루 실패 기록을 부여하지 않는 쪽으로 결정을 내렸다. 그저 수비 방해에 의한 주루사로만 남는다. 이는 실제 일어나지 않았던 플레이에 대한 결과를 기록에 반영하지 않겠다는 뜻이다.

이러한 일련의 기록 적용 방식 변화가 뜻하는 것은 철저한 사실과 결과 위주의 기록 추구다. 눈앞에서 실제로는 발생하지 않았던 상황에 대한 기록적 판단은 과감히 접고, 있는 사실과 일어난 사실만을 가지고 재단하겠다는 뜻이다. 기록원이 많은 경기를 관전하고 기록한 경험은 야구를 분석하는 데 있어 분명 득이 되는 요소다. 그러나 아는 것이 많아질수록 생각적으로 간섭하고 싶어지는 부분도 많아질 수밖에 없는데, 그것은 자칫 독이 된다. 기록원이 지켜줘야 할 생각의 선을 넘어 그 이상의 영역에 대한 잘잘못까지 따지려 들 수 있기 때문이다. 상황이 이렇게 전개가 되었을 것이라는 짐작이 아닌, 실제 그렇게 전개가 된 사실만을 기록 통계에 반영하겠다는 또 하나의 기록 정신에 대한 2019년의 진지한 고민은 어찌 생각하면 기록위원회의 다짐이기도 했다.

기록법으로 설명되지 않았던 NC 박민우의 주루 센스

    2018년 인도네시아 자카르타-팔렘방 조별 예선 1차전 대만과의 경기에서는 대표 팀의 내야수로 뽑혀 참가한 박민우(NC)가 1루 주루코치로 나선 적이 있었다. 박민우는 한국 대표 팀 타자가 볼넷을 얻어 1루에 출루하자 직접 장비를 받아 챙겨주는 모습을 보여 눈길을 끌기도 했는데, 이는 당시 대회 규정상 각 팀당 감독과 코치 등록 인원 수가 총 세 명으로 제한되는 바람에 1루 주루코치를 맡아줄 사람이 마땅치 않자 선수 신분인 박민우가 그 자리를 대신했던 것으로 보였다.

    친선경기도 아닌 정식 대회에서 선수가 주루코치로 나서는 이러한 생경한 광경이 다소 낯설기도 했지만, 그 해당자가 박민우라는 점은 적어도 대한민국 야구팬이라면 그의 역할에 대해 의심하거나 이의를 달 수 없었을 것으로 짐작이 된다. 왜냐하면 주루플레이에 관해서 박민우는 KBO리그 최고 난도의 플레이를 보여줄 정도의 능력을 소유하고 있음을 모두가 알고 있기 때문이다.

    사실 박민우의 주루 센스에 관한 일화는 일일이 열거하기에도 벅찰 정도로 많다. 1루 주자로 나가 있다가 보내기번트로 한꺼번에 3루까지 진루한다든지, 2루 주자 신분으로 서 있다가 타자가 친 큼지막한 외야플라이 때 3루를 돌아 단숨에 홈까지 달려 득점한다든지 하는 상상 가능한 범주를 벗어난 주루플레이로 상대 팀을 자주 곤경으로 몰아넣기 일쑤였다.

하지만 이러한 그의 주루플레이는 상대 팀은 물론 승부와 무관한 공식 기록원들까지도 간혹 깊은 고민에 빠지게 만들기도 했는데, 그중 대표적인 장면은 도루 인정 여부에 관한 해석 문제였다.

장면을 돌이켜보면, 2016년 8월 고척 스카이돔에서 열린 넥센과의 경기에서 1루 주자였던 박민우는 테임즈 타석 볼카운트 3B-2S에서 넥센 투수 박주현이 6구째를 던지자마자 2루 쪽으로 스타트를 끊었다. 이후 6구는 볼로 판정이 되었고 이에 따라서 박민우에겐 기록적으로 도루가 아닌 밀어내기에 의한 2루 점유가 자동으로 인정되는 상황이었다.

그런데 박민우가 2루에 다다를 무렵 속도를 줄였던 그는 갑자기 속도를 올려 지키는 사람이 아무도 없는 3루를 향해 재차 내달리기 시작했다. 앞서 테임즈 타석 때 넥센이 극단적인 수비 시프트를 가져가자 박민우가 이 허점을 파고든 것이었다. 넥센의 내야수들이 3루 부근을 비워두고 3루수 김민성이 유격수 자리로, 유격수였던 김하성은 2루수 자리로 이동하는 바람에 벌어진 일이었다. 박민우는 결과적으로 아무런 저항도 받지 않고 3루에 안착할 수 있었고 넥센은 망연자실할 수밖에 없었다.

물론 박민우에 속칭 당했다고 할 수 있는 넥센 측은 그저 툭툭 털고 다음 플레이에 집중하면 그만이었지만, 이처럼 예기치 못한 상황 앞에 이때부터 정작 머리가 아파지기 시작한 것은 기록원이었다. 2루까지 안전진루권을 얻어 진루한 박민우가 3루를 점유한 과정을 어떻게 해석하고 기록할 것인가가 문제였다.

1루 주자가 연속적인 주루플레이로 한꺼번에 3루까지 진루한 터라 통상적으로 생각하는 주자의 도루 시도와도 주루 형태가 많이 달랐고, 타자의 공격 행위에 의한 도움으로 진루했다고 보기에도 모양새가 부합하지 않았다. 그렇다고 수비 시프트 이행 사유로 3루를 비워둔 수비 측에 책임을 물어 3루수의 실책으로 진루했다고 해석하기에도 또한 무리가 있었다. 그저 확실한 것이 있다면 그것은 박민우의 순간적인 판단과 번뜩이는 기지에 의한 주루, 그것 하나뿐이었다. 도루도 아닌, 그러면서 타자의 도움도 아니고 수비수의 실책도 아닌, 기록법 적용과 해석이 꽤나 난감한 상황이었다.

물론 박민우가 3루를 파고든 상황을 경기적으로 분석하면 원인은 찾을수 있다. 넥센 측이 아무리 수비 시프트를 극단적으로 가져갔다 하더라도테임즈가 볼넷으로 출루 확정되는 순간, 자리를 떠났던 수비수들은 재빨리 자신들의 원래 자리로 신속히 되돌아와야 하는 것이 정석이었다. 더욱이 1루 주자가 박민우라는 것을 감안하면 더욱더 그래야 했다. 그러나 넥센의 수비는 그렇게 움직이지 못했다. 결국 수비 집중력이 순간 흐트러진것이 원인이었다라고 볼 수 있다.

그렇지만 수비 측의 다소 안이한 대처와 같은 현상은 기존 실책 관련 규칙 조문으로는 기록적 대처가 어려웠다. 뚜렷한 규칙적 실책 사유가 아닌수비수들의 긴장감 잃은 플레이들은 통상적으로 '기록되지 않는 실책'이나'미스플레이' 정도로 표현되고 있는데, 문제는 이러한 상황에 관한 기록적부호나 기록법이 별도로 만들어져 있지 않다는 것에 그 한계가 있었다.

가끔 생각하지만 KBO리그의 야구기록 방식은 미국이나 일본에 비해 상당히 세밀하고 구체적이다. 투수의 투구 하나하나를 비롯해 주자들의 누간 자세한 진루 상황들이 작디작은 기록 양식 칸에 빼곡히 적힌다. 원인을찾아 책임을 묻고 전개된 플레이에 관한 근거를 남긴다. 이 모든 작업이규칙적 근거에 따르고 있음은 당연지사다. 그래서 그간 국내 야구기록법만큼은 거의 완벽하지 않나라고 조용히 자부해 온 터였다. 그럼에도 빈틈은 있었고 박민우는 기록원들의 자만(?)을 비웃듯 그 기록적 치부를 여지없이 파고들었다.

이날 현장 기록원은 고민 끝에 박민우의 기록을 수비 시프트를 이용한 진루로 결론 내리고 기록지에 부연 설명을 다는 것으로 생각과 상황을 정리했다. 뭔가 만족스럽지 않았고 미심쩍음은 완전 해소가 되지 않았지만, 일찍이 경험하지 못한 상황과 주루플레이 앞에 당시 기록원으로선 그것이 최선이었다.

이후 시즌이 끝나고 난 뒤 기록원들은 자체 회의를 통해 이 문제를 다시 점검했고, 그렇게 해서 내려진 결론은 '도루'였다. 박민우의 이날 주루가 일반적인 도루 형태와는 많은 차이가 있지만 주자 스스로의 능력으로 얻어낸 결과인 만큼, 수비 측의 책임을 규칙적으로 물을 수 없다면 주자의 도루 인정 쪽으로 보는 것이 더 합리적이라는 결론을 내리게 되었던 것이다.

한편 주루플레이가 벌어진 상황 자체는 약간 다르지만 이와 상당히 유사한 박민우의 3루 진루 성공은 2015년에도 한 차례 있었다. 4월 광주 챔피언스필드에서 열린 KIA전, 팀이 5 : 3으로 앞서가던 9회 초 2루 주자였던 박민우는 투수 홍건희가 다음 투구를 위해 허리를 숙여 로진 백을 만지는 사이 무저항 속에 3루를 훔친 적이 있다. 이날도 고민에 빠진 기록원은 사방 자문을 구한 끝에 박민우의 기록을 야수 선택에 의한 진루로 기록했었다.

경기 종료 후 NC의 주루코치였던 전준호 코치는 박민우의 3루 진루가 왜 도루로 인정받지 못하는지에 대한 설명을 요구하기도 했는데, 판정 이유를 듣고 나서도 기록원의 설명이 성에 차지 않는 눈치였다. 이에 기록위원회는 이날의 박민우 진루 역시 시즌이 끝난 뒤 따로 논의를 거쳐 투수의 투구 동작과 관련된 도루 인정 범위를 좀 더 폭넓게 확대 해석하는 쪽으로 가닥을 잡고, 향후 이와 같은 주루는 도루를 인정하는 것으로 결론을 내린 바 있다.

이것 말고도 연구해 볼 만한 여지를 남긴 박민우의 재치 가득한 주루는 더 있었지만, 때마다 기록원들에게 현장에서의 가슴 내려앉는 '심쿵(?)'과

추후 재논의 과정에서의 공부 부족이라는 자책성 상심을 안긴 대표적 선수로 기록원들의 마음에 박민우는 늘 각인되어 있다.

당시 박민우는 3루를 훔쳤을 뿐이고 상대 팀은 3루를 강탈당했을 뿐이지만 기록원에겐 사고의 틀을 넓히고 익숙함에서 오는 안이함을 벗어던질 수 있게 해준 값진 주루였다는 점에서, 박민우가 KBO리그의 기록 판정 분야에 끼친 영향력은 실로 컸다고 할 수 있겠다.

시대가 요구하는
'야구만의 고정관념 탈피'

2008년 메이저리그에서 홈런타구에 대한 비디오판독을 실시하기로 결정했을 당시만 해도 야구 경기 중 내려진 판정에 대해 리플레이 화면을 참고하겠다는 발상 자체는 야구팬들에게 대단한 충격이자 큰 변화였다. 그리고 그러한 시도는 홈런 판독에만 국한되지 않고 장차 여타의 다른 판정에도 확대 도입될 것이라는 것을 의심하는 사람은 거의 없었다.

그리고 2010년 아웃카운트 한 개를 남겨둔 시점에서 갈라라가의 퍼펙트게임 완성이 1루심의 오심으로 처참히 무산되는 광경에 사람들은 분노했고, 이 사건은 결국 비디오판독 대상이 심판 판정 불가침의 성역으로 인정되던 아웃과 세이프 판정에까지 대폭 확대되는 단초가 되어주었다.

과거 의도했건, 의도하지 않았건 심판의 한 번 내려진 판정은 최종적인 것이었고, 오심으로 판명 났을지라도 이는 어쩔 수 없는, 단지 경기 운이 나쁜 것으로 치부하는 것이 당연시되던 시대에 우리는 살았었다. "오심도 경기의 일부"라는 말은 마치 격언처럼 단단한 존재감을 갖고 있던 그런 시대였다.

그러나 미디어의 발달에 따라 중요 장면들이 육안으로 확인 가능해지게 된 경우가 대폭 늘어나고, 외부로 드러난 양만큼이나 오심의 빈도도 비례해 증가하자 야구팬들의 참을성도 임계점에 다다르는 상황으로 치달고 말았다. 그리고 얼마 가지 않아, 오심에 대한 고정관념은 와르르 무너졌다. 잘못된 것을 알았다 해도 바로잡을 수는 없다고 생각해 온 것들이 바로잡을 수 있는 대상으로, 아니, 바로잡아야만 하는 대상으로 바뀌게 된 것이다.

야구의 아웃과 세이프 판정에 대한 판독 시작보다 사실 더 벽이 높았던 것은 스트라이크와 볼을 구분 짓는 주심의 볼 판정 권한이다. 엄청난 스피드에 궤적이 변화무쌍한 볼의 움직임을 가상의 공간 속에서 타자의 신체 조건에 맞추어 타자가 반응했어야 할 공과 그렇지 않은 공을 가려내는 일은 결코 쉽지 않은 일이다. 더군다나 그 판정 빈도수는 한 경기에 아무리 적게 잡아도 200번이 넘고, 경기가 길어지는 날에는 양 팀 합해 400개를 훌쩍 넘어가는 경우도 종종 생긴다. 따라서 이러한 성격의 볼 판정에 대해 기계적으로 시비를 가리는 것은 무모하다고 생각했고 불가능하다고 여겼다. 여기에 규칙으로도 볼 판정에 관해 선수가 이의를 제기하는 것 또한 원천적으로 차단되어 있었다.

하지만 2020년대 들어 가속화된 볼 판정에 대한 기계적 분석 기술의 발달은 이 분야에도 변화의 바람을 몰고 왔다. KBO 퓨처스리그는 2020년 8월 4일 LG 이천구장 LG-한화전에서 국내 프로야구 사상 처음으로 인공지능 기술을 이용해 스트라이크와 볼을 판정하는 이른바 '인공지능 로봇 심판' 기능을 경기에 접목시키며 최초의 시도에 나섰다. 그간의 볼 판정에 대한 고정관념을 벗어던지기 위한 첫 발걸음이었다.

볼 판정에 대한 시비를 줄이고 경기 수준을 끌어올리기 위해 완벽할 수 없는 사람의 기능적 한계를 기계적 시스템을 통해 보완하겠다는 것으로, 마이너리그를 통해 선제적 시험에 나섰던 메이저리그 역시 빠르면 2024년 시즌부터 인공지능 시스템을 이용한 볼 판정 기술을 경기에 도입하겠다고 공표하기에 이를 만큼 과학을 기반으로 한 기술개발의 속도는 무척 빠르다.

한편 야구계에 깔려 있던 고정관념을 넘어선 과감한 시도는 판정 방식의 변화에만 있지는 않았다. 그간 야구는 9이닝이 기본이라는 경기 규정의 오랜 전통이자 대명제에도 도전장을 내밀었다.

2019년 세계야구소프트볼연맹(WBSC)은 새로운 국제대회 규정을 언급하며 7이닝제를 도입할 계획이라고 전격 발표했다. 즉 WBSC에서 주관하는 대회를 앞으로는 7이닝 경기로 치르겠다는 발상이었다.

그리고 이러한 파격적인 생각의 대전환은 아마야구에만 국한된 시도에서 멈추지 않았다. 야구 경기 관련규정을 사실상 선도하고 있는 미국 메이저리그는 2020~2021년에 걸쳐 더블헤더를 7이닝제로 축소해 경기를 치러냈다. 물론 '코로나19'라는 경기 외적 변수에 유연하게 대처하기 위한 고육지책이었지만 야구는 9이닝제가 아니면 안 된다는 기존의 군건한 관념들을 일순간에 무너뜨리는 조치였다.

여기에 KBO리그 역시 퓨처스리그 경기에 한정 시행하긴 했지만, 2022년 더블헤더를 치를 경우, 두 경기 모두를 7이닝으로 축소해 치르도록 하는 새로운 경기 규정을 도입하기도 했다.

경기 규정 변화와 관련해 고정관념을 깨뜨린 또 하나의 변화는 프로야구에서의 승부치기 도입과 시행이다. 프로가 아닌 아마추어리그나 단발국제대회 등에서 경기시간이나 대회 기간의 시간적 제약을 극복하고자 하는 필요성으로 시행되고 있던 승부치기제도가 프로리그에서도 그 모습을 드러낸 것이다. 메이저리그에서는 7이닝제와 마찬가지로 코로나19 대처 차원에서 경기가 연장전으로 접어들 경우, 전 이닝의 마지막 타자를 2루에 세워놓고 공격을 이어가는 방식의 연장승부치기제도를 채택한 바 있는데, 정규리그에서는 시행하지 않고 있던 KBO리그도 이 추세를 따라 2022년 6월 퓨처스리그에 이 제도를 도입, 경기에 접목하기에 이르렀다.

시야를 바꿔 규칙적인 측면에서 야구의 고정관념을 무너뜨렸다고 볼 수 있는 변화에는 또 어떤 것들이 있을까?

그간 규칙적으로 크고 작은 여러 변화가 있었지만, 가장 먼저 떠오르는 것은 자동 고의4구 시행이 아닐까 싶다. 이는 경기시간을 조금이나마 줄여보려는 목적하에 투수가 공을 던져 타자를 상대하려 하지 않고 손짓 한 번에 1루에 공짜(?)로 내보내는 이른바 타자 기피 작전을 말한다. 이 규정은 2017년 시행 검토 시기부터 야구의 본질을 훼손할 우려가 크다는 논리로 국내 보수층의 반발이 컸던 사안이다. 투수가 타자를 고의로 거르는 과정에서 발생하는 돌발 상황들 또한 야구가 주는 잔재미이자 즐거움인데, 이러한 선수들의 플레이를 볼 수 없게 만드는 것은 야구의 매력을 반감시킬 수 있으며, 경기의 스피드 업에도 실상 큰 도움이 되지 못한다는 것이 그들의 주장이었다.

물론 기록법적으로도 투구 수 없이 타자가 출루하는 상황을 새로 준비해야 하는 번거로움이 따랐지만, 경기 중 쓸데없이 소비되는 시간을 요소요소 줄여보고자 하는 시대적 요구를 거스를 수는 없었고, 결국 KBO리그는 메이저리그보다 1년 늦은 2018년 이 규정을 받아들였다.

이제 세월을 거슬러 아주 오래전으로 올라가 야구가 갖는 고정관념을 깨뜨린 대표적 사례를 찾아본다면 그것은 아마도 수비 시프트의 변화였을 것이다. 통상적으로 있어야 할 자리에 수비수들이 서 있지 않고, 특정 타자를 대상으로 수비위치에 대폭적인 변화를 주는 비정상적 수비 시프트 이동은 첫선을 보이던 그 시기에는 대단히 충격적인 장면으로 야구팬들에게 다가왔을 것이다.

거꾸로 지금 시대에 살고 있는 야구팬들에게 수비 시프트 이동은 그저 대수롭지 않은 일이며 흔한 광경으로 받아들여지고 있다. 약간 정도가 아닌 외야수를 내야 지역에 갖다놓거나 1, 2루 간에 내야수를 네 명이나 줄세우는 극단적인 수비 시프트 이동을 시도하더라도 이젠 특별한 일이 아니라는 듯 그러려니 생각한다. 오래전 고정관념이라는 알을 깨고 나온 수비 시프트 이동은 세월이 지남에 따라 새로운 고정관념으로 굳어져 버린 것이다.

그런데 최근 수비 시프트 이동과 관련해 다시 한번 고정관념에 일대 변혁을 가하려는 새로운 움직임이 일고 있는 모양새다. 메이저리그는 경기 중 수비 시프트가 일상화되면서 과학적으로 분석당한 타자들의 안타 생산 수치가 내려앉자 리그 흥행을 위해서는 공격적인 야구를 되살려야 한다는 명분이 힘을 얻으며 극단적인 수비 시프트 이동을 아예 규칙적으로 금지하는 방안을 모색하고 있다. 여기에 잦은 수비 시프트 이동 준비에 따른 경기 소요시간 증가 역시 수비 시프트 이동 금지 법제화 목소리에 힘을 보태고 있는 형국이다.

아주 오래전부터 사석에서 자리의 분위기를 부드럽게 만들 목적으로 반농담 삼아 해오던 말이 있다.

"타자가 투 스트라이크 이후 파울 타구 다섯 개를 기록했을 때 더 이상 공격할 수 없게 만들면 경기시간을 많이 단축할 수 있지 않을까요?"

가령 3B-2S 풀카운트 상황에서 파울 타구만 다섯 개가 내리 나왔다면 타자를 아웃으로 인정하자는 것이었다. 돌려 말해 투수가 타자 한 명당 던질 수 있는 투구 수를 최대 10구까지로 제한하자는 취지였다. 그렇게 되면 타자가 파울 타구를 거듭 쳐내며 투수를 괴롭히는 일명 '거머리형' 긴 승부 상황을 없앨 수 있고, 이는 경기시간의 단축은 물론 투수의 투구 수를 아껴줌으로써 좀 더 긴 이닝을 소화해 내게 하는 동시에 투수의 어깨도 상당 부분 보호가 가능하지 않을까 하는 생각에서 상상해 온 내용이었다.

"이러한 상황에 대비해 이름도 지었어요. '파진'이라고 ……."

그럼 이러한 식은 밥 같은 얘기에 반응은 어땠을까? 듣고 난 사람들의 반응은 한마디로 어이없다는 표정이었다.

일명 '파진' 말고도 상상 속 규정은 또 있다. 2사 1루에서 병살타까지도 가능해 보이는 내야땅볼이 나왔을 때, 2사 후이기 때문에 선행주자만 포스아웃 시키고 이닝이 끝나버리는 상황이 너무 아까워 보였다. 그래서 제3아웃만 시키는 것으로 끝나지 말고 할 수 있다면 네 번째 아웃도 완성을 시켰다면 인정을 하고, 그 대신 다음 이닝에 그 팀 공격에서는 아웃카운트의 여유를 제2아웃까지만 사용할 수 있는 것으로 제한하자는 내용이었다. 굳이 지어 말하자면 '아웃카운트 적립제' 정도라고 할 수 있겠다.

이 내용 역시 듣는 사람들의 반응은 차가웠고, 뜬금없는 이야기를 꺼낸 사람도 무슨 결과나 반향을 기대하고 꺼낸 말은 아니었기에 준비된 작은 호소는 소음과 시간 속에 묻혀 그렇게 잊혔다.

하지만 턱도 없는 소리로 잊혔던 내용 중 하나가 현실에서 싹을 틔우려 한다는 반가운(?) 소식이 들려왔다. 사석에서 따가운 눈총을 받아가며 줄곧 주창했던 바로 '견제구 총량제'였다. 투수가 한 이닝에서 주자를 향해 던질 수 있는 견제구 수를 일정 부분 제한하면 늘어지는 경기 진행 속도를 어느 정도 막을 수 있을 것이라는 생각에서 꺼내본 이야기였다.

상상 속 내용과 완벽히 일치하지는 않았지만 2023년 루키리그에서 투수의 주자에 대한 견제구를 상대하는 타자 한 명당 두 개까지만으로 제한하는 규정을 시행해 보겠다는 뉴스가 들려온 것이다. 만일 제한된 횟수를 초과해 세 번째 견제구를 던지면 주자를 잡아내지 않는 한, 보크를 선언하겠다는 것이 골자였다.

아직 메이저리그에까지 접목하겠다는 단계는 아니지만 벌써부터 이에 대한 찬반양론이 들끓고 있다. 투수들에게 너무 불리한 규정으로 투수와 주자 간의 치열한 신경전도 볼거리인데 너무 인위적으로 제한하는 것은 야구의 근간을 흔드는 것이라는 주장이 있는 반면, 발야구를 위주로 하는 다이내믹한 경기 장면이 많이 만들어지면 더욱 재미있는 야구가 전개되는 데 도움이 될 것이라는 주장도 나온다.

다시 본론으로 돌아와 지금껏 열거한 새로운 제도나 규정들 중 어느 것이 옳고 그른 지를 따지자는 것이 아니다. 과거에 한 번도 생각하거나 떠올려보지 않았던 파격적인 제도나 규정들이 근래에 이르러서는 시대의 요구에 불쑥불쑥 그 모습을 드러내는 일이 부쩍 잦아졌다는 사실을 말하기 위해서다.

과거와 달리 현재를 사는 우리는 따라가기에도 벅찬 문명의 발달 속도를 생활 속에서 체감하며 살고 있다. 그런 가운데에서도 야구만큼은 커다란 초식 공룡의 움직임처럼 천천히 그리고 완만한 변화의 길을 걷지 않을까 싶었는데, 현실은 전혀 그렇지 않다. 어느새 야구의 움직임도 날쌘 육식 공룡처럼 변화에 적응할 겨를도 없이, 또 다른 변화를 밀린 숙제처럼 우리 앞에 연신 물어다 놓고 있다.

어느덧 시대는 바뀌었고 시대가 요구하는 목소리도 달라졌다. 그 목소리의 끝자락에는 또 어떤 모습과 장면들이 야구팬들을 기다리고 있을지. 이젠 상상하고 예상해 보는 것조차도 만만치 않음을 절감하게 되는 오늘이다.

프로야구와 승부치기,
그 궁합은?

　KBO리그에 승부치기가 첫선을 보인 것은 2009년 봄이었다. 비록 정규리그가 아닌 시범경기와 올스타전에 국한해서 시행하기로 결정된 것이었지만 프로야구에 승부치기가 접목된다는 사실 자체만으로도 야구기록을 다루는 사람들의 입장에서는 머리가 아파올 대목이 한두 군데가 아닌 중대사이면서도 풀 것이 산적한 난제였다.

　익히 알다시피 승부치기는 경기가 연장전으로 접어들 경우, 지나치게 경기시간이 길어지는 폐단을 막는 한편 승부를 내지 못하고 싱겁게 무승부로 끝을 맺는 허탈함을 해결해 줄 수 있는 장점을 품은 경기 운영 방식의 한 종류다. 그럼에도 이처럼 좋은 점을 내포한 승부치기가 기록적으로 풀어야 할 난제를 가져다준다는 말은 어떤 뜻일까? 바꿔 말하면 경기 운영 면에서 승부치기를 통한 빠른 승부는 답답하고 막힌 부분을 해결해 줄 수 있는 제도지만, 승부치기로 인해 발생되는 기록들의 면면은 정상적인 경기에서 추출되는 기록들과 서로 상충하면서 섞이지 않는 부분들이 많아 이에 대한 개념 정리와 기록 처리가 어렵다는 뜻 정도로 이해하면 좋을 듯싶다.

그러면 승부치기 시행에서 발생되는 기록상 불합리한 부분들은 구체적으로 어떤 것들이 있는지 그 내막을 들여다보도록 한다. 우선 승부치기 관련 기록들 중 가장 문제가 되는 것은 투수의 실점과 자책점 판단 부분이다. 이는 승부치기라는 경기 운영 방식이 이닝 시작부터 주자들을 아예 누상에 세워놓고 경기를 진행하기 때문에 나타나는 현상으로 승부치기 이닝에 나서는 투수에게 그 주자들에 대한 책임을 묻는다는 것 자체가 말이 되지 않는다. 물론 출루 근거 없이 누상에 나가 있는 주자들이 득점을 한다 해도 투수의 책임을 묻는 자책점 부문에서는 제외를 시켜주고 있지만, 실점에 관한 부분은 어쩔 수 없는 해당 투수의 실점으로 계산된다.

투수의 경우 주자가 있을 때와 없을 때의 투구 형태와 구위에 아무래도 차이가 나게 마련인데 이닝 시작 초부터 무사 1, 2루의 세트포지션 상황에서 타자를 상대해야 하는 상황적인 악조건은 기록적인 부분은 아니니 논외로 밀어놓겠다.

아울러 승부치기와 관련된 투수 기록에서는 블론세이브 역시 원정 팀 투수에게 유리할 것이 하나도 없다. 초 공격에서 원정 팀이 얻어낸 점수가 많지 않을 경우, 홈팀의 말 공격을 따낸 점수 아래로 막아내야 하는 원정 팀 투수 입장에선 리드를 지켜내지 못한 데 따른 블론세이브 기록을 뒤집어쓸 가능성이 매우 높다. 여기에다 홈팀 투수는 리드 상황에서의 등판이 이루어지지 않는 관계로 불명예스러운 블론세이브를 기록할 환경 자체가 아예 주어지지도 않는다.

2009년 KBO리그 시범경기에 승부치기가 도입될 당시 이러한 승부치기 이닝 구원투수들의 여러 상황을 감안해 블론세이브 기록을 원천적으로 적용하지 않는 것으로 내규를 정했지만, 2022년 KBO 퓨처스리그에선 승부치기 이닝의 블론세이브 기록이 그대로 적용된 상태다.

다음으로는 타자의 타점이다. 승부치기 이닝에 타석에 들어서는 타자들은 인위적으로 만들어진 득점 기회 앞에 타점을 추가할 수 있는 확률이 정

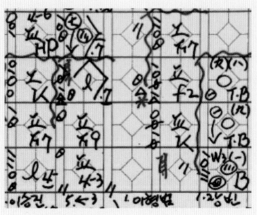

퓨처스리그의 승부치기 기록 표기

상적인 이닝보다 높아진다. 모든 팀이 시즌 동안 균등한 횟수의 승부치기 이닝을 가져간다면 문제될 것이 없다 하겠지만, 연장전에 들어가야 승부치기가 시행되는 만큼 팀마다 승부치기 시행 횟수는 천차만별일 수 있다. 따라서 타점이라는 개인 기록에 있어 정상 이닝에서 따낸 타점과 합산해 기록을 그대로 인정한다면 기록 환경의 형평성 문제에서 온전히 자유로울 수 없게 된다.

이러한 맥락으로 볼 때 일명 '타이브레이크 런너'(T.R 또는 T.B)로 표기되는 승부치기 세팅 주자의 득점에 관한 기록 처리도 문제가 된다. 코로나 시국 메이저리그에서 시행된 승부치기에서는 무사 2루, KBO 퓨처스리그에서는 무사 1, 2루 상황하에서 공격이 진행되도록 했는데, 이 주자들의 득점 상황 역시 반쯤은 불로소득성 득점에 해당한다고 볼 수 있다. 일반적으로 승부치기 이닝 첫 타석에 등장하는 타자에게는 팀의 중심타선이 아닌 이상, 주자들을 다음 누로 진루시키기 위한 보내기번트 작전이 하달되는 경우가 많다. 따라서 세팅 주자들은 어렵지 않게 2루와 3루의 득점권 안으로 들어갈 수 있게 된다. 이 역시 정상적인 이닝에서 갖은 노력 끝에 출루한 주자들의 득점과 똑같이 취급하는 것에 쉽사리 동의하기 어려운 이유가 된다.

한편 이러한 통계 기록적인 측면 외에 승부치기가 기록법적으로 대처하기 쉽지 않은 이유가 또 한 가지 있는데, 그것은 바로 세팅 주자들에 대한 전산 입력 처리 부분이다. 출루에 대한 근거가 없는 주자들을 누상에 내보내야 하는데, 손으로 적는 수기(手記)에서는 문제가 되지 않지만, 원인과 근거가 분명해야 하는 전산을 통한 기록 입력 프로그램 처리에서는 아직 연구할 부분이 많은 상태다.

이 외에도 승부치기로 인해 발생되는 기록에 관한 지엽적인 충돌이 몇 가지 더 있긴 하지만 살펴본 내용 정도만 가지고도 프로야구와 승부치기는 물과 기름처럼 서로 부드럽게 섞이지 않는 성질들을 포함하고 있다는 것을 어렵지 않게 알 수 있다.

그런 이유로 2009년 KBO리그는 팀의 승패 결과를 제외하고 승부치기 이닝에서 발생하는 모든 기록을 정규이닝에서 만들어지는 기록들과는 완전히 분리, 별개로 집계해서 관리한다는 규정을 만들어놓은 상태다. 프로야구와 승부치기는 공존할 수 없다고, 평행선처럼 영원히 가까워질 수 없는 사이이며 존재라고 답을 내린 것으로 얘기가 끝난 것 같았는데 ……, 아니었다.

2022년 6월 KBO 퓨처스리그는 9회까지 승부가 가려지지 않을 경우, 종전 무승부로 처리하던 경기 방식을 10회부터는 승부치기를 실시해 승패를 가리는 쪽으로 방향을 급선회했다. 시범경기 같은 번외 경기가 아닌 비록 2군 리그에 국한된 조치였지만 정규리그에 승부치기를 도입한다는 파격적인 결정이었다.

이 조치로 정작 발등에 불이 떨어진 것은 사무국도 심판위원회도 아닌 기록위원회였다. 정규리그에서 발생되는 승부치기 기록들을 어떻게 관리해야 할지가 숙제였다. 몇 년 전까지만 해도 프로야구 정규리그에는 승부치기가 어울리지 않는 경기제도라는 생각을 하고 살았는데 이제는 상황이 달라져 있었다.

이미 메이저리그는 코로나 시대 대처법의 일환으로 정규리그에 연장 승부치기를 도입한 상태였고, 국내 아마추어 야구에서는 승부치기 제도가 널리 보편화되어 있는 상황이었다. 여기에 승부치기 시행에서 나오는 모든 기록을 정규의 기록으로 인정하고 있는 상황이기도 했다. 상황이 이럴진대 KBO리그만 독불장군으로 옛 기준을 고집할 순 없었다. 다시 말해 승부치기 기록에 관한 생각의 전환이 요구되고 있었다.

사실 야구 경기의 규칙이나 규정 변천사를 돌아보면 그 변화로 인해 파생된 기록들은 변화를 겪기 이전과 이후의 결과물에서 많은 차이를 보여준다. 같은 장면에서 규칙 변경 이전에는 홈런으로 인정받던 상황이 변경 이후에는 타자 아웃으로 처리되는 일도 있었고, 종전에는 타자의 타점으로 인정되던 장면이 규칙 변경으로 제외되는 일도 있었다. 또한 세이브 획득규정의 변경에 따라 과거에는 세이브 기록이 주어지던 상황이 세이브를 인정하지 않는 상황으로 바뀌기도 했고, 구원 승리 투수 판단 기준의 변화에 따라 과거 고민 없이 도식적으로 구원승을 몰아주던 상황들이 이젠 기록원의 냉정한 잣대로 옥석을 가리는 상황으로 바뀌어 있기도 하다.

하지만 이러한 기록에 관련된 크고 작은 변화에도 돌아보면 기준이 달라졌다고 해서 이전 집계 기록들과 이후 기록들을 따로 떼어내 별도 관리하거나 다루지는 않았다. 그 시대가 요구하고 그 시대의 흐름에 맞는 길을 걸어오면서 기록 역시 그 궤를 따로 하지 않아왔던 것이다. 이러한 생각 안에서 비추어볼 때 현시대의 승부치기 역시 변모된 시대가 요구한 제도이며 따라서 기록 관리 역시 같은 틀 안에서 녹여내야 하는 것이 마땅하다는 논리로 귀결될 수밖에 없었다.

누누이 느끼지만 야구는 죽은 화석이 아니라 생물이다. 살아남는 데 걸림돌이 있다면 그것을 극복하는 방향으로 알게 모르게 진화를 거듭해 간다. 때론 진화의 정도가 작을 때도 있고 때론 충격적일 만큼 보폭이 클 때도 있다. 그리고 지금 프로야구 앞에 다가온 승부치기의 발걸음은 진화라기보다 변신에 가까운 큰 보폭이다.

군이 억지 비유하자면 '성격적으로 잘 안 맞기는 하지만 어찌 되었든 부부이니 한 집에서 사는 것은 당연하다'는 논리라고나 할까. 결론적으로 프로야구와 승부치기 기록의 궁합은 찰떡궁합은 아니지만 서로를 이해하고 받아들이며 살아가야 하는 어쩔 수 없는(?) 부부 같은 관계라고 할 수 있겠다.

대문 활짝 열린
'기록이의신청제도'의 앞날

"어떻게 안 됩니까?"

공식기록원이 내린 타구 판정을 납득할 수 없어 기록실을 찾은 타격코치나 해당 선수가 기록원의 설명을 다 듣고 나서 발걸음을 돌리기 전이면 미련이 남는지 꼭 하는 말이다.

경기장에서 내린 판정에 대해 기록원이 어필을 받는 경우, 대부분은 안타성 타구라고 생각했던 타구가 수비수의 실책으로 기록되었을 때다. 간혹 투수가 기록실을 찾아오기도 하는데 타자들과 다른 점은 기록원의 판정에 대한 이의 제기나 반응이 즉각적이지 않다는 차이점이 있다. 왜냐하면 투수는 타구가 안타냐 실책이냐의 타율이 걸린 1차원적 문제보다는 누상에 출루시킨 주자가 득점으로 연결되었을 경우, 그 주자의 득점이 자신의 책임으로 돌아오느냐 아니냐 하는 평균자책점에 관한 2차원적 문제에 초점이 걸려 있기 때문이다. 따라서 타구 판정이 마음에 들지 않았더라도 결과적으로 그 주자가 득점으로 연결만 되지 않으면 된다는 것이 기록 판정을 대하는 투수의 심리다.

선수가 기록원을 직접 찾아오는 상황은 돌이켜보면 기록원의 판정 실수가 상당 지분을 차지한다. 물론 기록원의 판정이 더 설득력이 있고 합리적임에도 해당 규칙을 잘 몰라서 오는 경우도 있고, 상황을 객관적으로 보지 못하고 자신 위주로 해석하다 보니 피해의식을 갖고 찾아오는 일도 있다. 하지만 어떤 경우이든 선수는 자신에게 불리하게 내려진 판정이 바뀌길 바라는 일말의 기대를 가지고 기록실을 찾게 된다. 그러나 기록원으로부터 들을 수 있는 답은 늘 하나였다.

"번복은 어렵습니다."

설령 기록원의 판정 실수가 명백해 보인다 하더라도 그 판정이 기록 규칙에 위배되지 않는 이상, 공식기록원으로부터 내려진 판정이 번복되는 일은 상상하기 힘들었다. 그럴 때마다 소득 없이 돌아서야 하는 선수의 마음이 좋을 리 없는 것은 당연하겠지만, 판정 미스 성격이 짙은 판정을 내려놓고도 이를 밀어붙여야 하는 기록원의 마음도 편치 않은 것은 매한가지였다.

그렇다면 기록원은 왜 자신의 판정이 문제가 있었음을 속으로 인정하고 있으면서도 번복이라는 카드를 속 시원히 사용할 수 없었던 것일까? 판정번복제도가 없어서였을까?

아니다. 기록원에게는 자신이 내린 결정에 관해 24시간 안에 그 결정을 수정하거나 번복할 수 있는 규칙적인 권한이 보장되어 있다. 그러나 실제 기록원이 이 규정의 힘을 빌려 기록 판정을 번복하는 일은 거의 이루어지지 않았다. 기록원 개인이 자신의 실수를 인정하고 판정을 번복을 하는 일은 어려운 일도 그렇다고 규정을 벗어난 일도 아니었지만, 그 단 한 번의 번복이 불러올 파장을 생각하면 쉽사리 선택할 수 있는 길이 아니었다. 힘들었지만 기록원 개인이 혼자서 감당하고 짊어지고 가야 하는 짐이었다.

2009년 KBO리그에 홈런타구에 대한 비디오판독제도가 도입되고 이로부터 5년 후인 2014년 판독 대상이 대폭 확대되는 현상을 보면서 기록위원회의 고민은 시작되었다. 잘못 내려진 심판 판정에 대해 리플레이 영상을 통한 번복이 가능해진 상황 아래에서 유독 기록 판정만 불가침의 영역이라고 계속 주창하기란 애당초 어불성설이었다.

이러한 내부와 외부환경 인식 변화의 흐름을 감지한 기록위원회는 기록이의신청제도의 문호를 어떤 방식으로 개방하는 것이 바람직한지에 대한 내부 논의에 들어갔고, 그 시기를 함께 저울질하고 있었다.

그러던 2022년 시즌 개막을 앞둔 봄, 다소 급한 감이 있었지만 마침내 기록위원회는 공식적으로 기록 판정에 대해 선수가 이의 제기에 나설 수 있는 일명 '기록이의신청제도'를 도입하기로 전격 결정을 내렸다.

다만 이러한 결정이 내려진 때만 해도 기록 판정에 관한 모든 부문에서 이의신청을 받는 것을 고려했지만, 제도 시행 초기라는 점과 이의신청 대부분이 타구 판정에 몰린다는 것을 감안, 이의신청 가능 대상을 타구 판정에 대해서만 한정하기로 세부 방침이 정해졌다.

그리고 2022년 6월 21일 잠실구장 LG-한화전에서 KBO리그 처음으로 기록이의신청제도를 통한 최초의 기록 판정 번복 사례가 역사에 새겨졌다. 번복 내용은 처음 안타로 판정된 타자의 타구가 심의 후 수비수의 실책으로 정정된 사례다. 최초라는 것에 의미를 두어 잠깐 그 내용을 살펴보면, 7회 초 한화 공격에서 정은원이 친 타구가 1, 2루 간을 향했고 안타가 될 듯했던 이 타구는 다이빙한 1루수를 비켜 LG 2루수 손호영의 글러브에 걸려들었다. 연습 때처럼 LG 투수 김대유는 베이스커버를 위해 1루로 달렸고 타구를 잡은 손호영은 중심을 완전히 잡지 못한 상태에서 1루 쪽으로 공을 던졌다. 하지만 이 송구는 베이스커버를 들어온 투수 김대유에게 정확히 전달되지 못하면서 타자주자 정은원은 1루에서 세이프된 상황이었다.

그리고 이때 내려진 기록원의 판정은 안타였다. 1, 2루 간 깊은 곳에 위치한 2루수가 타구를 잘 잡아내긴 했지만 송구 동작도 평이하지 않아 보였고, 투수가 베이스커버를 들어오는 스피드에 맞추어 정확한 송구 타이밍을 가져가는 것이 쉽지 않은 플레이였다고 기록원이 판단한 것이었다.

느린 화면상으로는 송구가 제대로 갔으면 1루에서 타자주자가 충분히 아웃되는 타이밍이었다. 그러나 실제 잠실구장 1층에 자리한 기록실에서 타자주자와 베이스커버를 들어가는 투수가 겹쳐 보이는 각도가 주는 시야적 한계는 그 타이밍의 확연한 차이를 가려버렸을 것으로 추측된다. 이는 비슷한 경험치를 공유하고 있는 기록원만이 댈 수 있는 핑계 아닌 핑계일 수 있겠지만, 어찌 되었든 간에 수비 측인 LG는 이 판정에 동의하지 않았고 이의신청 제도를 통해 심의를 요청, 결국 안타가 아닌 2루수 손호영의 송구 실책으로 상황을 반전시키는 데 성공할 수 있었다.

지난 얘기지만 만일 이의신청 제도가 없었다면 LG가 굳이 이날 판정에 대해 이의를 제기하지는 않았을 것으로 보인다. LG 팀의 타자도 아닌 상대 팀의 안타 판정 타구에 대해 수비 측이 어필에 나서는 일이 흔한 일도 아니거니와 김대유의 이의신청 뒷얘기를 들어보면 더더욱 그렇다.

"경기 마치고 손호영이 자신이 잘못한 것이라며 이의신청해 보라고 권유를 했다. 실책 수가 늘어나게 된 호영이에게 미안하면서도 고마웠다."

안타로 출루한 정은원이 후속 타자의 도움으로 득점에까지 이르자 결과적으로 투수 김대유의 자책점으로 돌아온 상황을 바꿔보고자 2루수 손호영이 앞장을 섰고, 이러한 LG 손호영의 바람대로 김대유는 판정 번복으로 자책점 하나를 줄여 당시 3점대를 나타내고 있던 평균자책점을 2점대로 낮출 수 있었다. 물론 한화의 정은원은 안타 하나를 삼켰다가 도로 뱉어내는 쓰라림을 감수해야 했지만 …….

다시 본론으로 돌아와 2022 시즌 기록 이의신청 횟수는 총 86회였다. 그중 판정이 번복된 것은 8번이었으니 기록 번복률은 채 10퍼센트가 되지 않았다. 생각보다 낮은 번복률이다. 구단별로는 롯데가 14회로 가장 많은 이의신청을 냈고, 다음으로는 NC(13회)와 한화(12회) 순서였으며, 가장 적은 신청 수를 기록했던 구단은 LG의 4회였다. 물론 이 수치만으로 기록 판정의 신뢰도를 평가할 수는 없다. 이의신청 내용을 들여다보면 이의신청 자체가 무리일 정도로 터무니없는 상황도 상당수 들어 있다. 못 먹는 감 찔러나 본다고 '아니면 말고'식의 이의 제기도 끼어 있었다는 말이다.

처음 이의신청 제도 도입을 검토하던 시기에 그 문은 사실 반쪽만 열고 지켜보고 싶은 생각이었다. 가령 연속경기 안타나 노히트노런 등의 중요한 기록이 걸린 장면에서 모호한 상황이 나왔을 경우, 기록원의 판정으로 이러한 기록들이 상처를 입으면 안 되었기에 이러한 장면들에 국한해서 기록 이의신청을 받고 재심 절차를 밟게 하면 선수의 기록적 피해도 막을 수 있고 기록원의 부담도 줄일 수 있어 좋을 것 같다는 생각이었다.

하지만 이의신청 제도를 실은 물살의 유속은 생각보다 훨씬 빨리 흘러갔고 타구 판정에 한해 이의신청을 받게 된 것을 그나마 다행(?)으로 여길만큼 제도를 이용하고 받아들이는 쪽의 열의는 상상외로 뜨거웠다.

이제 닻을 올린 이의신청 제도가 가야 할 길은 명확해졌다. 시행 첫해인 2022년의 결과물을 분석하고 수정 보완할 점은 무엇인지를 찾아 좀 더 매끄럽게 다듬어나가야 한다. 남발하는 이의신청이 문제였다면 이의신청 플레이들을 심의 대상에 올리기 전, 번복 여부를 심의할 만한 내용인지를 우선적으로 판별해 내는 1차적 거름장치를 마련하는 것도 하나의 문제 해결 방법일 수 있다. 아울러 장기적인 관점에서는 타구 판정으로 제한되어 있는 지금의 기록 이의신청 대상을 기록과 관련된 전 부문으로 차츰 확대해 가는 방안도 강구되어야 한다.

어느 분야가 되었든 새로운 제도의 도입과 시행은 처음에는 그 문을 열기가 어렵지만, 한번 문을 열면 그 열린 문을 다시 닫기란 문을 여는 것보다 배로 어렵기 마련이다. 한 번 활짝 열린 이의신청 제도의 문은 이젠 돌이킬 수도, 다시 문을 닫아걸 수도 없다.

야구가 있는 한, 그리고 기록원이 야구 경기의 역사를 써 내려가는 작업을 멈추지 않는 이상, 기록이의신청제도는 항구적인 제도로서 경기 현장에서 야구 경기의 일부가 되어 기록원과 함께 영원히 살아 숨 쉴 것으로 보인다.

비인간적(?) 규정에 무산된
폰트의 '퍼펙트게임'

프로야구가 출범한 지 만 40년이 흐른 2022년 봄. 창원NC파크에서 열린 NC와 SSG의 2022 시즌 개막전(4월 2일)에서는 KBO리그 역사상 단 한 번도 기록된 적이 없었던 '퍼펙트게임'이 그 귀한 모습을 드디어 야구팬들 앞에 드러내려 하고 있었다.

이날 SSG의 선발투수인 윌머 폰트는 9이닝 동안 NC 타선을 꽁꽁 틀어막으며 단 한 명의 타자에게도 1루를 허용하지 않는 놀라운 투구를 선보였다. 말 그대로 9이닝 퍼펙트였다. 9회 말 27번째 타자인 정진기를 헛스윙 세 번에 삼진으로 돌려세운 순간, 폰트의 대기록은 충분조건을 완성하는 순간이기도 했다. 상황이 이쯤 되면 모두가 마운드로 달려 나와 포효하는 폰트를 끌어안고 역사적인 대기록 탄생의 기쁨을 만끽해야 당연했건만, 폰트는 여느 이닝처럼 묵묵히 더그아웃으로 걸어 들어와야만 했다. 경기가 아직 끝나지 않았기 때문이다. 정규이닝 공방전은 모두 끝났지만 전광판에 나타난 양 팀의 스코어는 여전히 0 : 0이었다.

경기장에 있던 팬들을 포함해 TV 중계를 통해서라도 폰트의 9회 말을 지켜본 야구팬이라면 그 어느 팀 팬이었건 탄식할 수밖에 없었다.

'아, 1점 ······.'

물론 폰트의 퍼펙트게임 완성 가능성이 완전히 사라진 것은 아니었다. SSG가 연장전에서 점수를 뽑아내고 승리한다는 것을 전제로 폰트의 대기록 달성이 아직 무산된 것은 아니었다. 그러나 9회 말을 마친 폰트에게 김원형 감독은 다가가 짧은 메시지를 전했다. '오늘은 여기까지'라고.

폰트가 9이닝 동안 던진 투구 수의 합계는 총 104개였다. 선발투수라는 것을 감안하면 많다면 많고, 혹자는 더 던질 수 있는 숫자라고 생각할 수도 있는 딱 경계선 부근 수치였다. 그러나 폰트는 감독의 생각에 동의를 했다. 경기가 끝난 뒤 폰트는 10회에 마운드에 오르지 않아 퍼펙트게임을 놓친 것이 아쉽지 않느냐는 기자들의 질문에 이렇게 답을 했다.

"마음은 10회 말에도 던지고 싶었다. 그러나 시즌 첫 경기에 기록에 연연했다가 무리가 되어 부상을 입으면 더 큰 손해라 참았다."

감독이나 선수 모두 역사적인 순간이 될 수 있음을 알고 있었지만 냉정한 판단을 내린 것이었다. 사실 폰트가 기록한 104개라는 투구 수도 당초 팀이 계획했던 것보다는 약간 늘어난 숫자였다. 폰트의 퍼펙트 행진이 계속되면서 조금 더 지켜볼 이유가 생겼고 그 결과 100개를 상회하는 투구 수로 이어진 것이었다.

정규이닝 9회를 끝으로 더 이상 투구를 하지 않아도 되는 폰트는 미련 없이 유니폼을 갈아입었고, 불펜에는 다음에 등판할 투수 김택형이 몸을 풀고 있었다.

그리고 들어선 연장 10회 초. 답답하던 SSG 타선은 거짓말처럼 힘을 냈고 대거 4점을 뽑아내며 경기를 안정권으로 몰고 갔다. 한 이닝만 더 막아내면 SSG의 승리가 확실한 쪽으로 경기 상황이 돌변하자 중계 카메라는 다시 폰트를 주목하기 시작했다. '혹시나 ······.'

'감독의 생각이나 폰트의 마음이 바뀌어 다시 마운드에 오를 수도 있지 않을까?' 하는 일말의 기대감이었다. 아니, 더 정확히 표현하자면 폰트가

10회 말에도 마운드에 올라와 주길 바랐다.

그러나 많은 사람들이 기대했던 그림은 끝내 그려지지 않았다. 마운드에는 계획했던 대로 투수 김택형이 올랐고, 그는 NC 손아섭에 볼넷을 허용하긴 했지만 10회 말을 잘 막아내며 팀의 4 : 0 승리를 지켜냈다. 그리고 경기에서 승리한 SSG에게는 대신 KBO리그 역대 2호 팀 노히트노런이라는 급을 낮춘 훈장이 주어졌다.

만 40년 역사 KBO리그 최초로 9이닝 퍼펙트게임을 일궈낸 폰트의 이날 기록 공식 명칭은 '비공인 9이닝 퍼펙트'였다. 즉 퍼펙트게임은 맞는데 공인해 줄 수는 없다는 뜻을 담고 있다.

투수가 노히트노런이나 퍼펙트게임 기록을 완성하기 위해선 몇 이닝을 던졌느냐는 충분조건일 뿐 필요충분조건은 될 수가 없다. 대기록이 필요로 하는 조건을 완벽히 구비하기 위해서는 해당 경기를 끝까지 책임져야 하는 것을 전제로 한다. 이것이 필요충분조건이다.

이와 같은 대기록 인정 기준이 납득이 안 가는 것은 아니지만, 생각해 보면 참으로 차갑기 이를 데 없는 규정인 듯하다. 정규이닝이야 그렇다 치고 투수 한 명이 연장전까지 오롯이 책임져야 한다는 것인데, 기계가 아닌 사람인 이상 투수에게 너무 가혹한 잣대가 아닐까 싶다.

메이저리그 퍼펙트게임에 관한 과거의 야구 일화들을 들추어보면 폰트처럼 정규이닝에서 대기록을 달성해 내고도 경기가 연장전으로 접어드는 바람에 결국 퍼펙트게임을 완성 짓지 못한 사례가 두어 차례 더 존재한다.

1995년 6월 3일 페드로 마르티네스(몬트리올)는 샌디에이고 파드리스와의 원정경기에서 폰트처럼 9이닝 동안 퍼펙트 피칭을 이어갔지만, 연장 10회 말 선두타자에게 2루타를 내주며 대기록이 무산된 사례가 있다. 마르티네스는 팀이 연장 10회 초 고대하던 1점을 뽑아 10회 말만 틀어막으면 연장 퍼펙트게임이라는 엄청난 대기록의 주인공이 될 수 있었지만, 하늘은 끝내 마르티네스를 외면하고 말았다. 폰트와 다른 점은 연장전에도 마운드에 올랐느냐 아니냐의 차이로, 마르티네스는 타의에 의해, 폰트는 자의로 대기록이 무산된 경우라고 하겠다.

한편 마르티네스나 폰트보다도 연장근무를 훨씬 더 하고도 끝내 퍼펙트게임과 인연을 맺지 못한 사례도 있다. 1959년 5월 26일 하비 해딕스(피츠버그)는 밀워키 브레이브스 전에서 무려 연장 12회까지 36명의 타자를 상대로 퍼펙트를 이어갔지만, 0 : 0이던 13회 말 37번째 상대였던 선두타자가 3루수의 실책으로 살아나가며 대기록이 일순간에 무너져 내린 아픈 역사의 주인공으로 기록되어 있다.

남의 나라 얘기를 접고 우리 얘기로 다시 돌아와 개막전만 아니었다면 가능했을 수도 있었을 2022년 폰트의 무산된 KBO리그 1호 퍼펙트게임은 곱씹을수록 아쉬울 수밖에 없다. 2023 시즌 말 기준 24차례의 미국이나 16차례나 경험한 일본에 비해 프로야구의 역사가 상대적으로 짧다고 하지만 그래도 햇수로 40년이 넘었는데 퍼펙트게임 기록은 아직도 이방인의 모습을 하고 있기에 더욱 그렇다.

공식기록원으로 활동하는 동안 직관의 행운까진 몰라도 적어도 한번은 나오지 않겠나 싶었는데, 여전히 오리무중이다. 34년째 …….

'살아생전엔 만나볼 수 있으련지 …….'

선수를 기리는
또 하나의 방법 '고별 투어'

　2016 시즌을 앞둔 겨울 '라이온 킹' 이승엽은 소속 팀 삼성과 2년간 FA 계약을 체결한 후, 계약기간 동안 남은 힘을 모두 쏟아 현역선수 생활을 잘 마무리하고 싶다는 말로 2년 뒤 그의 은퇴를 시사했다. 그리고 그렇게 스스로의 은퇴에 대한 다짐과 각오를 세상에 처음 꺼냈던 이승엽에 약속된 2년이라는 시간은 빠르게 흘렀고, 2017년 뜨겁던 여름 그 이별의 종착역은 어느덧 그의 곁에 바짝 다가와 있었다.

　그런 가운데 전해진 소식 하나. KBO는 리그 역사상 최초로 삼성이라는 개별 소속구단이 아닌 리그 차원에서 이승엽의 은퇴를 기념하기 위한 '은퇴 투어' 행사를 갖기로 했다는 뉴스였다. 이는 프로리그에서 그가 이룩한 기념비적인 기록은 물론 현역 생활 동안 보여준 성실성과 귀감이 될 만한 품성, 여기에 국가대표로서 각종 국제대회에서의 공헌도 등을 감안했을 때 한국야구 역사에 큰 발자취를 남긴 선수라는 데 KBO와 10개 구단 모두 이견이 없었기에 성사된 통 큰 결정이었다.

　사실 2017년 이승엽의 마지막 시즌이 시작되면서 고별 은퇴 투어에 관한 얘기는 여러 곳에서 흘러나오고 있었다. 국민타자라는 이름에 어울리는 마무리와 그에 대한 적절한 예우에 대한 고민들이었다. 알다시피 이승엽은 현역임에도 일개 선수가 아닌 '전설'과 '레전드'로 불렸을 만큼 그 존재감이 어마어마했던 선수였다. 팬들 역시 그를 대강 떠나보내고 싶지 않았기에 이러한 생각들과 제안은 큰 호응을 얻을 수 있었고, 은퇴가 가까워질 즈음 이는 현실이 될 수 있었다.

현역 생활을 마무리하는 선수에게 더 없는 영광이라 할 수 있는 은퇴 투어는 100년이 훨씬 넘는 깊은 연륜을 갖고 있는 메이저리그에서도 쉽게 만나볼 수 있는 일은 아니다. 메이저리그에 지금과 같은 의미의 은퇴 투어라는 행사가 처음 선을 보인 것은 그리 오래전이 아닌 2001년이다. 타고난 성실성과 갖춰진 인성으로 팬들의 사랑을 한 몸에 받으며 2632경기 연속 출장이라는 전대미문의 기록을 세운 칼 립켄 주니어(볼티모어 오리올스)가 은퇴하던 시즌으로, 시즌 중반이던 6월 은퇴를 공식화한 그는 이 행사를 통해 전국 각 지역의 팬들과 공식적으로 작별 인사를 나눌 수 있었다.

한편 고별 투어에서 은퇴하는 선수에게 상대 팀들이 선물을 마련해 전달하기 시작한 것은 2012년 치퍼 존스(애틀랜타 브레이브스)가 사실상 처음이라 할 수 있다. 치퍼 존스는 20년간 메이저리그를 대표하는 스위치히터로 활약하며 3할대의 통산 타율을 기록한 선수로 2012년 고별 투어에서 각 구장의 홈팀들은 그가 지켜온 자리인 3루 쪽 베이스를 뽑아 선물하는 등의 방법으로 그의 마지막 방문 경기들을 기념했다.

이후 2013년 7월에는 메이저리그 통산 최다 기록인 652세이브에 빛나는 뉴욕 양키스의 전설적인 마무리 투수 마리아노 리베라가 전국을 돌며 고별 투어에 나섰다.

리베라의 고별 투어 중 오래도록 기억에 남는 장면은 미네소타 홈구장에서 열린 기념식이었는데, 미네소타가 타자들이 치다가 부러진 배트들을 모아 흔들의자를 만들어 리베라에게 선물한 일이다. 그리고 그 의자의 명명된 이름은 '부서진 꿈들'이었다. 리베라의 주 무기는 '전기톱'이라는 닉네임

을 갖고 '컷 패스트볼', 일명 '커터'라 불리던 구종이었다. 그만큼 위력적인 공을 던졌던 터라 타자들이 타석에서 리베라의 공을 공략하다 배트가 부러지는 일은 흔한 광경이었고, 미네소타는 이러한 사연을 담아 부러진 배트로 의자를 만들어 그에게 선물했던 것이다. 센스 있는 선물에 환한 웃음을 지었던 리베라는 은퇴 투어를 모두 마치고 가장 인상적인 선물이 무엇이었는지에 대한 물음에 주저 없이 흔들의자를 골랐다.

그리고 2014년에는 리그 최고의 유격수이자 영원한 캡틴으로 불렸던 데릭 지터(뉴욕 양키스)도 고별 투어를 치렀다. 데릭 지터는 1995 시즌 이후 20년간 한 팀에만 머물며 모두 다섯 차례의 월드시리즈 우승을 뉴욕 양키스에 안긴 선수이자 기량 외적으로도 많은 사람들에게 존경받는 선수였다. 특히 그의 은퇴 시즌에 맞춰 나이키가 그를 기리는 뜻으로 'RE2PECT'라는 창의적 단어를 만들어 광고에 내보내며 그에 대한 존경심을 표현해 화제가 되기도 했는데, 이는 '존경'이라는 영어 단어 'RESPECT'의 'S'와 데릭 지터의 등번호 '2'의 모양이 좌우 대칭인 점에 착안한 기획이었다.

메이저리그에선 이들 외에도 몇몇 선수가 더 고별 투어를 갖기도 했는

데, '페어웰 투어(Farewell Tour)'라고 표현하는 것에서 보듯, 리그에서 활약하며 큰 업적을 남긴 선수가 마지막 방문이 될 여러 원정 팀을 찾아 팬들을 만나고 서로 작별을 한다는 의미를 담는 행사가 고별 투어다. 그리고 2017년 KBO리그는 이승엽이 그 첫 장을 열었다. 은퇴를 앞둔 선수가 홈구장만이 아닌 리그의 모든 원정 팀 구장에서도 소속을 떠나 상대 팀 선수단과 그곳 팬들에게 진심 어린 존경과 박수를 받는다는 것은 결코 쉽지 않은 일이나, 이승엽에게는 그런 예우가 필요하다고 모두가 인정했기에 추진이 가능했던 행사였다.

야구는 기록의 경기라고 말한다. 1995년 이승엽이 데뷔한 이후 기록원들은 그의 일거수일투족을 경기장에서 바라보며 기록지에 옮겨왔다. 그가 한국을 떠나 좀 더 원대한 꿈을 품고 일본으로 건너갔던 2004~2011년 사이의 8년간을 제외한 앞뒤 15년 동안 KBO리그의 기록원들 손끝에서 이승엽의 플레이는 역사로 남겨져 왔다. 그가 중요한 대목마다 터뜨렸던 수많은 홈런을 비롯한 환희에 찬 기록들은 야구 경기의 사관인 기록원들에게도 역사적 현장에 대한 직관의 행운임과 동시에 성취감이었고 뿌듯함이었다.

그래서 고민했다. 기록위원회 차원에서 그를 기릴 수 있는 방법을. 그리고 그것은 팬심이 아니었다. 리그의 공정성을 목숨으로 아는 공식기록원과 그들의 집단인 기록위원회가 특정 선수를 팬심으로 다가가는 일은 있어서는 안 되기에 방법을 고민할 수밖에 없었다. 만일 팀의 승패를 결정지을 수 있는 권한이 주어진 심판위원회였다면 아예 생각해서도 안 될 일이지만, 기록위원회라면 생각의 문을 넓혀볼 수도 있지 않을까라는 접근이었다.

얼마간의 고민 후 생각해낸 것은 공식 기록지를 활용하는 방안이었다. 이승엽의 은퇴 경기 기록지를 동판으로 제작해 그에게 직접 선물하는 것이었다. 과거 통산 기록에 있어 이정표가 되는 대기록을 세웠다거나 사이클링히트 같은 기록을 작성했을 때 기념식에서 기록 달성 당일 공식 기록지를 액자로 만들어 선수에게 전달하는 모습이 떠올랐다. 그리고 이러한 기록위원회의 구상을 KBO 사무국에 전달하고 긍정적인 답변을 얻어내기는 냈지만 아직 관문은 하나 더 남아 있었다. 바로 이승엽이 속한 삼성라이온즈 구단의 반응이었다.

"은퇴 경기 기록지를 동판으로 만들어 선수 본인에게 전달했으면 하는 생각을 기록위원회가 갖고 있는데 어떻게 생각하시는지 ……?"

조심스레 건넨 이야기에 삼성의 반응은 쿨했다.

"좋습니다. 그런데 한 가지, 은퇴 경기에서 이승엽이 삼진만 주루룩 당하는 날엔 주는 입장에서 기록지 모양이 좀 그렇지 않겠습니까?"

그런 걱정 아닌 걱정이 무리는 아니었다. 선수 이승엽이 적지 않은 나이였고 전성기의 기량과는 분명 차이가 있을 터인지라 가능성이 없는 얘기도 아니었다. 그렇다고 올스타전 홈런 레이스 때처럼 상대 팀이 치기 좋은 볼을 구미에 맞게 던져줄 리도 만무했고.

"모양새가 그렇긴 하지만 은퇴 경기의 내용과는 무관하게 그 경기 자체로서 의미가 있는 것이니 기록위원회는 괜찮습니다만 …… 그래도 안타

은퇴 경기 기록지를 건네는 김제원 기록위원장

한 개 정도는 치겠지요."

그리고 10월 3일 드디어 대구 삼성라이온즈파크에서는 이승엽의 은퇴 경기가 열렸다. 2017년 은퇴 투어의 대미가 장식되는 날이었다. 야구장 안은 발 디딜 곳이 없을 만큼 2만 4000명의 야구팬들로 가득 차 있었다. 삼성 라이온즈파크 시즌 최종전에서의 시즌 첫 매진이었다. 모두 다 아는 얘기니만큼 이날 이승엽의 활약상에 대해선 굳이 설명하지 않겠다.

시즌이 모두 종료된 겨울, 2017 골든글러브 시상식 만찬장에서 만난 이승엽에게 제작된 은퇴 경기 기록지를 기록위원장의 손으로 전달했다. 동판으로 제작되었기에 당연히 묵직한 느낌이 들었겠지만 그보다 더 체감적으로 무게감이 있었던 것은 아마도 그날의 이승엽 기록 때문이 아니었을지······.

KBO리그에서 이승엽에 이어 두 번째로 고별 투어를 가진 선수는 롯데의 이대호다. 2001년 데뷔한 그는 KBO리그에서 17시즌을 치르는 동안 9경기 연속 홈런과 전무후무한 타격 7관왕(2010년), 그리고 은퇴 시즌인 2022년 지명타자 부문 골든글러브 수상이라는 화려한 발자취를 남김과 동시에 총 22년간 한·미·일 프로야구를 모두 경험하며 개인통산 486홈런과 2895안타를 때려냈다.

2008 베이징올림픽 금메달 등 수많은 대회에서 인상적인 활약을 펼치며 '조선의 4번 타자'로도 불렸던 그는 2022년 10월 8일 부산 사직구장 LG전을 끝으로 현역 생활을 마무리했다. 그의 등번호 '10번'은 이날 최동원(11번)에 이어 롯데의 두 번째 영구결번으로 지정되었다.

한편 2017년 10월 3일 삼성라이온즈는 이승엽의 36번을 영구결번으로 지정했다. 이만수(22번), 양준혁(10번)에 이은 구단 통산 세 번째의 영구결번이었다. 당연한 결정이었고 모두가 예상했던 결과였다. 하지만 그럼에도 이승엽의 36번만큼은 삼성만이 아닌 KBO리그 전 구단의 영구결번으로 지정했으면 KBO리그가 또 다른 얼굴의 역사를 지닐 수 있었을 텐데 하는 아쉬움과 풍성한 리그 스토리텔링에 대한 미련은 세월이 지나도 여전히 남는다.

메이저리그에서는 매년 4월 15일이면 리그의 모든 선수들이 42번을 달고 그라운드에 나온다. 1997년 메이저리그 사무국이 최초의 흑인 선수였던 재키 로빈슨이 데뷔한 1947년 4월 15일을 기념하기 위해 그가 데뷔한 지 50년이 되던 1997년, 그의 등번호 42번을 리그 최초로 영구결번으로 지정한 데 따른 풍경이다.

한편 2019년 3월 일본 도쿄돔에서 열린 오클랜드와의 메이저리그 개막 2연전(20~21일)을 끝으로 은퇴를 선언했던 스즈키 이치로(시애틀 매리너스)가 미국으로 출국하던 22일, 일본 ANA 항공사는 그가 이용해야 하는 시애틀행 게이트는 원래 58번이었지만 이날은 이치로만을 위해 그의 등번호와 같은 숫자인 51번 게이트로 변경하는 방법을 통해 이치로에 대한 존경심을 표한 일이 있다. 참고로 그가 메이저리그에서 19년 동안 때려낸 통산 안타 수는 3089개(미·일 통산 개인 안타 수는 4367안타)다.

PART 2
야구 경기의 블랙홀, '룰(Rule)'

1년 중 가장 슬픈 날은 야구 시즌이 끝나는 날이다

토미 라소다

미수에 그친
이범호의 반전 수비 시프트

야구에서의 수비 시프트(Defensive shift) 이동은 타자의 타격 성향이나 경기 상황에 따라 수비수들을 적재적소에 배치해 타자가 친 타구가 안타가 되는 것을 막고자 사용하는 작전이다. 그런데 이러한 수비 시프트 변화의 통상적 형태에 부합하지 않는 아주 특이한 장면이 KBO리그에서 연출된 적이 있다. 그리고 그 장면을 기록원으로서 현장에서 지켜볼 수 있었다는 건 사고로 이어지지 않았음을 전제로, 돌아보면 또 하나의 복(福)이자 행운(?)이었다.

2015년 5월 13일 KIA의 김기태 감독은 광주 KIA 챔피언스필드에서 열린 KT전 9회 초 2사 2, 3루 때 갑자기 더그아웃 앞으로 나와 3루수 이범호에게 손짓으로 포수 이홍구 뒤로 가라는 지시를 내렸다. 이는 다음 타자 김상현에 대한 고의4구 시도 중, 만에 하나 일어날지도 모르는 투수 심동섭의 폭투 상황에 미리 대비하기 위한 사전 조치였다. 오랫동안 야구 경기를 봐왔지만 이와 같은 묘수(?)를 꺼내 든 감독은 김기태 감독이 처음이었다.

'내야수를 포수 뒤로 이동시켜 수비를 한다.'

이와 같은 아무나 떠올리기 어려운 기상천외의 작전을 야구퀴즈집에서 읽어본 적은 있다. 하지만 우리보다 오랜 역사를 가진 미국이나 일본 그 어디에서도 이러한 수비 형태를 실제로 가져갔다는 얘기를 들어보지는 못했다. 그만큼 상상 이상의 시도이며 상식을 파괴하는 작전이었다. 아무튼 김기태 감독의 추상(?)같은 지시를 받은 이범호는 쭈뼛쭈뼛 머쓱한 표정을 지으며 포수 뒤로 걸어갔고, 일찍이 듣지도 보지도 못했던 장면에 장내는 술렁거리고 있었다.

그리고 처음 접하는 상황에 당황하기는 심판원도 마찬가지였다. 이날 심판원의 고백을 빌리자면 그런 작전을 그냥 놔둬도 되는지 순간 헷갈렸다고 한다. 이는 기록실에서도 마찬가지였다. '저거 괜찮은 건가?' 하는 의문과 '아, 저렇게 서는 건 규칙에 위배되는 것 같은데 ……'라는 생각이 뒤섞이고 있었다. 자주 느끼는 일이지만 규칙을 눈으로 읽어가며 공부할 당시에는 다 알 것 같던 일들이 막상 현장에서 벌어지면 확신은 어느새 의문으로 바뀐다. 이는 야구 규칙이 갖는 속성이자 본성이다.

예전 광주 무등경기장처럼 기록실 위치가 주심 바로 뒤에 있었다면 바로 불러 쉽게 확인할 수 있었겠지만, 새로운 구장들이 들어서면서 기록실은 까마득한 2~3층 이상의 먼 위치로 내몰린 터라 순발력을 발휘하기도 어려운 상황이었다. 방법은 마이크를 잡고 방송을 통해 주심을 불러 경기를 제지시키는 것이 유일한 해결책이었는데 시끄러운 장내 환경상 바로 통할지에 대한 확신도 없었다.

하지만 다행스럽게도 현장 경험이 풍부했던 문승훈 3루심이 베테랑답게 이를 제지하고 나섰고, 이범호에게 원래 위치로 돌아올 것을 지시했다. 김기태 감독이 다시 나와 왜 안 되는지 잠시 의아함을 표했지만, 3루심은 손짓으로 라인을 그어 보이며 페어 안쪽으로 들어와 있어야 함을 거듭 강조했다.

그러면 이 상황에서 김기태 감독이 놓치고 있던 것은 무엇이었을까? 그리고 3루심이 이범호의 위치를 시정 조치한 근거는 어디에 있었을까? 야구 규

칙 5조 2항 수비위치에 관한 내용을 살펴보면 다음과 같이 명시되어 있다.

경기 시작 때 또는 경기 중 볼 인플레이가 될 때, 포수를 제외한 모든 야
수는 페어지역 안에 있어야 한다.

따라서 이범호는 포수가 아니었기에 포수 뒤쪽 파울지역에 미리 가 있어
서는 안 되는 일이었다. 만일 이범호를 페어지역 내로 돌아오게 하지 못한
상태에서 경기가 그대로 진행되었더라면 어떤 일이 벌어질 수 있었을까?
규칙상으로는 이범호가 파울지역에 위치한 채 경기가 진행되었다고 해도
특별한 벌칙이나 페널티는 없다. 경기가 진행되고 선수들에 의해 후속 플
레이가 이루어졌다면 모두 유효하다. 단 한 가지 상황만 빼고.
이범호처럼 수비 포지션 관련 규칙을 위반한 행위로 수비 팀이 이익을
얻었다고 인정되었을 경우에는 이루어진 플레이를 무효로 하도록 규정한
다. 예를 들면 이범호가 포수 뒤에 있는 상태로 진행된 경기에서 실제로
투수 심동섭이 폭투를 범했고, 이 공을 잡아 이범호가 포수에게 던져 홈으
로 들어오는 3루 주자를 태그아웃시켰다면 이 플레이는 무효가 된다. 또
는 타자가 포수 뒤쪽으로 파울플라이 타구를 날렸는데 이 타구를 미리 가
있던 이범호가 잡았다면 역시 무효로 처리된다. 이 모두 수비 측이 부당

이익을 얻은 것으로 간주되기 때문이다.

결과적으로 불발로 끝난 이날 김기태 감독이 꺼내든 기상천외의 수비 시프트는 감독이 룰도 모르고 야구한다는 일부 팬들의 비아냥도 들어야 했지만, 규칙상 허용이 되고 안 되고를 떠나 그처럼 기발한 발상을 현장에 접목하려는 김기태 감독의 의도는 지켜보던 사람들에겐 오히려 신선한 충격이었다.

한편 이날의 해프닝은 메이저리그에도 소개되며 그 영향력(?)을 과시했는데, 메이저리그에서도 LA 다저스의 미친 내야수비 시프트(1, 2루 간에 네 명의 내야수를 일렬로 서게 한 시프트)에 놀란 적이 있지만, KBO리그에서 나온 이날의 시프트는 정말로 혁신적인 수비 시프트였다는 논평을 내기도 했다.

'심판 야구교실' 해프닝의
규칙적 배경

2015년 KIA 이범호의 포수 후방 시프트 해프닝 외에 플레이 시작 전 수비위치를 두고 야수가 심판원에게 제지를 당한 또 다른 일화가 있는데, 이는 이범호의 사례와는 성격이 많이 다른 경우였다. 2013년 NC와 삼성전이 열렸던 마산구장에서 일어난 일로 다음 날 뉴스에 일명 '심판의 야구교실'이라는 부제가 따라붙었던 사건이었다.

때는 2 : 0으로 앞서가던 NC의 8회 초 1사 주자 2, 3루 위기 국면. 그때까지 호투하던 NC 선발 찰리는 삼성 우동균을 상대로 제구가 안 된 건지 아니면 1루가 비어 있어서였는지 연거푸 볼 세 개를 던졌고 볼카운트 3B-0S로 몰린 상황이었다.

이 순간 김경문 NC 감독은 손짓으로 1루를 가리키며 정면 승부가 아닌 1루를 채우라는 작전을 지시했고, NC의 포수였던 이태원은 일어서서 찰리의 투구 방향을 유도하기 위해 캐처스 박스를 벗어나고 있었다. 문제는 여기서부터 출발되었다. 주심이 타임을 걸어 캐처스 박스 밖으로 나간 포수 이태원을 안으로 잡아들였다.

이로 인해 경기가 잠시 끊어졌고 이태원은 박스 안으로 돌아왔다. 그리고 이어진 플레이에서 이태원은 또다시 캐처스 박스를 벗어나 공을 받으려 했고 주심은 다시 한번 이를 제지하고 나섰다. 이러한 어수선한 상황 속에서 포수와 주심의 신경전 같은 실랑이(?)는 수습되었고, 삼성 우동균은 그제야 고의4구로 출루할 수 있었다. 그러면 이 상황에서 주심이 포수 이태원의 수비위치 이동을 제지한 이유는 어디에 있었을까?

이와 관련된 야구 규칙 조항 역시 5조 2항 수비위치 항목에 자세히 나와 있는데, 그 내용은 다음과 같다. "포수는 홈플레이트 바로 뒤에 서 있어야 한다. 타자를 고의4구로 처리할 때는 공이 투수의 손에서 떠날 때까지 포수는 양발이 캐처스 박스 안에 있어야 한다. 이를 위반하면 보크가 된다."

이날 주심은 포수 이태원이 캐처스 박스를 벗어나는 행동이 규칙 위반에 해당된다는 것을 직감했다. 주자 2, 3루 상황이었기에 규칙에 나와 있는 대로 융통성 없이 법을 적용하면 주자들을 한 개 루씩 진루시켜야 했는데, 주심으로서는 이 부분에 대한 부담감을 갖지 않을 수 없었다. 아울러 고의4구 때 포수위치 제한에 관한 내용은 투수 보크 관련 규칙 6조 2항에 또 한 번 설명되어 있다.

고의4구를 진행 중인 투수가 포수석 밖에 나가 있는 포수에게 투구하였을 경우 보크가 선언된다. 포수석 밖에 있는 포수라 함은 포수가 포수석 안에 두 발을 모두 두지 않은 것을 말한다. 따라서 고의4구가 진행되고 있을 때 공이 투수의 손을 떠나기 전에 포수가 한쪽 발이라도 포수석 밖으로 내놓으면 본 항이 적용된다.

이 상황에서 주심이 규칙에 나와 있는 대로 법 집행을 하지 않고 포수 이태원을 붙들고 정상적인 경기 상황을 유도한 배경에는, 특정 팀의 편을 들려는 목적보다 그간 비슷한 상황에서 본 규칙을 냉정하게 적용하지 않고 포수의 순간적인 자리 이탈을 묵시적으로 넘겨왔던 관례가 자리한다. 쉽게 말해 야구적인 플레이로 간주해 포수의 자리이탈 행동을 어느 정도 눈 감아줘 왔는데, 갑자기 이것을 문제 삼아 일을 크게 만들 수 없었던 것이다. 오랜 기록원 생활 동안 이와 같은 상황에서 규칙대로 포수 때문에 보크가 적용된 것은 한 번도 보지 못했다. 해당 규칙은 존재하지만 실제 경기에서는 적용이 거의 되지 않는 사실상 생명력이 없는 규칙이라고 할 수 있는 것이다.

이러한 상황에 대해 자문을 구해본 메이저리그의 규칙적 답변도 예상에서 크게 벗어나지 않았다. 고의4구가 결정된 이후 삼성 김재걸 주루코치가 이 상황에 대해 잠시 스치듯 어필을 하기도 했지만, 그간 관례가 그래 왔기에 민감하게 반응하지 않았고, 삼성 류중일 감독으로서도 득점과 연결될 수 있는 민감한 대목임에도 크게 문제시하지 않고 상황을 받아 넘겼던 것도 그러한 야구계의 정서 때문이었다.

아무튼 신인급 포수인 이태원의 박스 이탈 행동이 다른 포수들의 동일한 플레이 대비 좀 과해 보이긴 했지만, 이날도 주심이 포수의 이탈을 제지하지 않고 그냥 놔둔 상태에서 경기를 진행시켰다고 해도 별 문제가 되지는 않았을 일이다. 그럼에도 결국 주심이 고민했던 부분은 원칙적인 법 적용과 원활한 경기 운영을 앞에 둔 선택이었는데, 이날의 주심은 원만한 경기 운영에 치중한 나머지 경기 개입에 해당하는 필요 이상의 과잉 친절(?)을 베풀고 만 것이었다.

이날 경기 후 주심은 언론과의 인터뷰를 통해 이태원을 캐처스 박스 안으로 들어오도록 유도한 이유에 대해 "원활한 경기 진행을 위해 타임을 부르고 규칙적인 부분을 설명해 줬다"라고 밝혔다. 말에서 보듯 주심의 의도는 순수했다.

그렇지만 경기 중 공정함을 유지해야 하는 심판원 자격임을 감안한다면 어린 선수의 플레이가 아무리 어설퍼 보이고 갈피를 못 잡고 있다 하더라도 이에 대한 조언이나 가르침은 해서는 안 될 일이었다. 심판원의 경기

개입은 의도의 순수함과 상관없이 도움을 받는 쪽이 있다면 반대급부로 상대 팀은 손해를 입게 되기 때문이다.

규칙을 다룰 때 흔히 심판원은 돌과 같은 존재라고 얘기하고는 한다. 특별한 상황이 아니라면 송구나 타구에 심판원이 맞아도 그대로 경기가 진행된다. 늘 경기장에 서 있지만 없는 존재로 간주하고 경기를 벌이는 것이다. 야구 규칙에 부정위타자라는 조항이 있다. 타순대로 공격하지 않고 고의든 실수든 타순을 바꿔 남의 차례에 공격에 나선 타자를 일컫는 말이다. 이때에도 심판원이나 기록원은 양 팀 선수단 그 누구에게도 이 사실을 주지시키지 못하도록 한다. 그저 본인만 알고 있다가 상황이 종료된 후 규칙에 따라 그에 합당한 조치만 하면 그걸로 끝이다. 주자가 누를 밟지 않고 지나갔어도 심판원은 그저 혼자만 알고 있어야 한다. 이처럼 야구 규칙 곳곳에 심판원의 경기 중 존재감에 관한 얘기들이 들어 있다.

논란의 중심에 섰던 이날 주심은 평소 그라운드 밖에서는 선수들의 이런 저런 질문에 비교적 친절하고 자상히 대답해 주는 형님 스타일의 심판원이었는데, 이러한 평소 성향이 경기 중 여과 없이 선수에게 그대로 전달된 것은 직업윤리상 다소 아쉬운 대목이었다라고 생각된다.

'차라리 마음에 담아두고 있다가 경기가 끝나고 난 뒤나 다음 날 이태원에게 조언을 해주었더라면 훨씬 좋았을 것을 ……'

흥하느냐 망하느냐,
양날의 검 '고의4구'

간절하고도 절박한 선택이었다. 2019년 4월 27일 고척 스카이돔 키움과의 경기에서 9연패의 늪에 빠져 있던 KIA는 4 : 4 동점이던 8회 말 2사 후, 키움의 4번 타자 박병호가 타석에 들어서자 고의4구를 선택했다. 앞 타석에서 홈런을 때려낸 박병호였기에 그럴 수 있겠다 싶었지만 특이한 것은 고의4구를 선택한 상황이었다. 누상에 주자가 아무도 없는 상황이었다. 정면 승부하다 큰 것 한 방을 맞느니 차라리 잔 펀치를 허용하는 편이 덜 위험하다고 판단해 내려진 결정이었다. 이후 키움은 대타 송성문을 기용했지만 삼진으로 물러났고, 이날 경기는 KIA가 9회 초에 터진 안치홍의 결승타로 6 : 4로 승리하며 연패탈출에 성공할 수 있었다. 다음 날 KIA 김기태 감독의 이 선택은 작은 화제가 되었는데, 메이저리그라면 몰라도 국내 KBO리그에서는 좀처럼 보기 어려운 선택이었기 때문이다.

그러면 메이저리그에서는 이런 상황이 자주 있었을까? 메이저리그 선수들의 기록을 정리해 놓은 스탯 사이트 '베이스볼레퍼런스(Baseball-Reference)'의 자료를 참고하면 주자 없는 상황에서 고의4구를 선택한 경우는 역대 통산 약 200회에 이를 정도로 생각보다 많았다. 근래에 들어선 그 기록의 중심에 예상대로 배리 본즈가 자리하고 있었는데 그는 2004년에 주자 없는 상황에서 무려 아홉 번이나 고의4구로 출루한 기록을 갖고 있었다. 대부분 2사 후에 얻어낸 기록이지만, 같은 해 5월 10일 대(對)신시내티전에서는 이채롭게도 선두타자로 등장한 상황에서 고의4구로 출루한 일도 있었다. 하지만 더 파고들면 이 정도는 약과다.

배리 본즈의 고의4구에 얽힌 더 유명한 일화는 따로 있다. 1998년 5월 29일 배리 본즈(샌프란시스코)는 애리조나 다이아몬드백스전에서 6 : 8로 뒤지던 9회 말 2사 만루 상황에 상대 팀으로부터 고의4구를 얻어 1루로 걸어 나간 일이 있다. 이는 장타 허용에 대한 우려로 애리조나의 벅 쇼월터 감독이 1실점을 감수하면서까지 배리 본즈와의 정면 대결을 회피한 일로 지금껏 회자되고 있는 아주 유명한 일화다. 이후 결과는 어떠했을까? 애리조나는 다음 타자를 우익수 플라이로 잡아내며 8 : 7로 승리했다.

고의4구는 이처럼 부담스러운 상대를 피하고 좀 더 쉬운 상대를 골라 승부를 걸 수 있는 작전이다. 그러나 이러한 선택이 늘 성공으로만 이어지는 것은 아니다. 때론 주자 수만 늘린 꼴이 되어 대량실점이라는 회복 불능의 치명타로 연결되기도 한다. 2019년 8월 24일 류현진(LA 다저스)은 다저스 스타디움 뉴욕 양키스전 5회 초 1사 2, 3루에서 4번 타자 게리 산체스를 고의4구로 거르고 5번 디디 그레고리우스를 선택했지만 초구에 만루홈런을 얻어맞고 말았다. 고의4구가 사약(死藥)이 되어 돌아온 것이다.

역사 속에서 한때 '경원사구(敬遠四球)'로도 불렸던 고의4구는 그 기원을 1901년에서 찾는다. 기록 역사에 따르면 시카고 화이트삭스가 냅 라조이(필라델피아)를 상대로 11 : 7로 리드하던 9회 무사 만루 상황에서 고의적으로 볼 네 개를 던져 내보낸 작전이 시초인 것으로 알려져 있다. 지금은 고의4구가 팬들에게 별 거부감 없이 받아들여지는 작전이지만 초창기 반응은 비겁한 작전으로 인식해 상당히 부정적이었다. 투수와 타자간의 정면 대결이 기대되는 승부처 상황이 갑자기 투·포수 간의 공받기 놀이로 전락하는 것을 지켜봐야 했으니 당연한 반응이었을 것이다. 그런 이유로 한때 메이저리그에서는 고의4구를 금지시켜야 한다는 주장도 일었지만, 현실적으로 고의4구인지 제구가 안 된 것인지에 대한 판단이 쉽지 않은 관계로 법 제정까지로는 이어지지 못했다.

한편 고의4구 기록에 관한 기억들 중 지금 들여다봐도 눈살이 찌푸려지는 기록이 하나 눈에 띄는데, 1984년 9월 22~23일(부산 구덕경기장) 양일간에 걸친 홍문종(롯데)의 '9연타석 고의4구'와 '한 경기 최다 고의4구'(다섯개) 기록이 바로 그것이다. 당시 수위타자를 놓고 개인 타이틀 경쟁이 붙었던 이만수가 속한 삼성(김영덕 감독)이 그의 타격 3관왕 타이틀을 지켜주기 위해 홍문종을 연거푸 걸러 내보낸 것으로, 당시에도 많은 질타가 뒤따랐던 사건이다. 고의4구를 이와 비슷한 목적으로 사용한 사례는 메이저리그에서도 발견되는데 1929년 필라델피아가 소속 선수인 척 클라인의 홈런 1위 자리를 지켜주기 위해 경쟁 상대였던 멜 오트(뉴욕 자이언츠)에게 다섯 번의 고의4구를 내준 것으로, 이 중 하나는 만루 상황이었다니 기가 찰 일이다. 결국 척 클라인은 동료들의 눈물겨운(?) 노력으로 그해 한 개 차이로 멜 오트를 누르고 홈런왕(43개)에 오를 수 있었다.

아울러 고의4구에 관한 개인통산 기록을 살펴보면 역시 메이저리그 배리 본즈의 기록이 압권이다. 통산 645개의 고의4구를 얻어냈는데 2위 그룹과는 격차가 하늘과 땅이다. KBO리그의 통산 최다 고의4구 기록은 150개로 양준혁이 보유한다. 단일 시즌으로는 1997년 이종범의 30개가 최다 기록.

팀으로 범위를 넓히면 또 다른 이채로운 기록이 보인다. 2019년 휴스턴은 162경기를 치르면서 상대를 고의4구로 단 한 번도 걸러 내보내지 않았다. 일반적인 4구와 고의4구를 확실히 구분 짓기 시작한 1955년 이후 시즌 팀 고의4구 제로(0)는 메이저리그 역사상 최초의 기록이다. 앤드루

힌치 감독의 작품으로, 그는 고의4구 제로 현상에 대해 다음과 같은 말로 답했다.

"여러 가지가 복합적으로 작용한 결과다. 상대에게 공짜로 베이스를 주면서 배운 것도 있고 선택할 만한 상황 자체가 적기도 했다. 기록에 대한 고집이나 유지에 대한 생각은 없다. 작전이 옳은 상황이라고 판단되면 고의4구를 선택할 것이다."

이와 같은 시즌 팀 고의4구 제로는 KBO리그에서도 있었다. 현대 유니콘스(김재박 감독)는 2004년과 2006년 고의4구 작전을 단 한 차례도 사용하지 않았다.

그러면 기록원이 일반적인 4구와 고의4구를 구별해 내는 기준은 뭘까? 판단이 가장 쉬운 장면은 포수가 일어난 상태에서 완전히 옆으로 빠지며 투수로부터 공 네 개를 받는 것이다. 2018년 자동 고의4구 제도 도입으로 그러한 풍경이 대부분 사라지긴 했지만. 만일 포수가 일어나지 않고 옆으로 빠져 앉은 상태에서 볼을 유인했다면 아무리 타자와의 승부를 기피하려는 목적이 확실해 보인다 하더라도 이는 고의4구로 기록되지 않는다. 그렇다면 공 네 개를 모두 일어서서 받아야만 고의4구가 된다는 뜻일까? 그렇지는 않다. 포수가 세 번째 볼까지 일어나서 받았지만 마지막 네 번째 공을 포수가 앉은 상태에서 받았다면 고의4구가 아니다. 반대로 세 번째 공까지 정상적으로 받고 마지막 네 번째 공만을 포수가 밖으로 유도해 일어서서 받았다면 이때는 고의4구가 기록된다. 결론지어 말하면 과정보다 마지막으로 4구를 결정짓는 네 번째 공이 어떤 모양새로 투구되었느냐가 고의4구 판단의 핵심인 것을 알 수 있다.

2009년 4월 29일 김성근(당시 SK) 감독도 두산 전에서 6 : 6으로 팽팽히 맞서던 연장 11회 말, 2사 주자 없는 상황에서 일발 장타력을 지닌 두산의 최준석을 고의4구로 거르고 다음 타자였던 만만한 투수 금민철을 골라 삼진으로 돌려세운 일이 있다. 고의4구란 이럴 때 쓰는 거라고 가르치기라도 하듯. 이처럼 고의4구는 잘 쓰면 약이 되지만 잘못 쓰면 독이 되어 돌아오는 양날의 검과 같다. 그리고 독이 될지 약이 될지는 오로지 그 결과만이 답을 알고 있다.

'자동 고의4구' 도입으로
얻은 것과 잃은 것

2016년 5월 메이저리그 경기촉진위원회(Pace of Game Committee)에서 '자동 고의4구' 도입에 관한 얘기가 처음 나왔을 때, 반사적으로 야구의 본질을 훼손하는 발상이라는 생각부터 들었다. 경기의 스피드 업 차원에서 나온 얘기였지만 야구를 야구답게 만드는 데 전혀 도움이 안 되는 아이디어라고 생각했다. 왜냐하면 고의4구까지 가는 과정 역시 선수들의 플레이로 이루어지는데, 이를 필름 자르듯 삭둑 끊어내겠다는 것은 야구의 일부분을 잘라내는 것으로 느껴졌기 때문이다.

따라서 KBO리그도 처음 이 얘기가 나왔을 때는 그다지 우호적이지 않았다. 그러나 경기시간 단축을 위한 경기 스피드 업이라는 지상명령을 등에 업은 거대한 물살에 한국은 물론 일본프로야구도 저항다운 저항 한 번 못한 채 자리를 비켜주어야 했고, 그렇게 2018년 봄, 자동 고의4구는 KBO 리그 야구 경기에 무혈입성(메이저리그는 2017년 채택)할 수 있었다.

자동 고의4구 제도의 내면은 사실 그다지 복잡할 것은 없다. 수비 팀 감독이 주심에게 타자에 대한 고의4구 허용 의사를 전달하면 투구 절차 없이 곧바로 1루로 출루시키면 그걸로 끝이다. 예전 같으면 투수가 공 네 개를 모두 던질 때까지 타자가 타석에 서 있어야 했지만 이젠 그럴 필요가 없다. 이에 따라 시간적으로도 간결해진 것은 분명하다. 하지만 시간 절약에 관한 체감지수는 사실 그렇게 높아 보이지 않는다. 한 경기에 고의4구가 나오는 횟수는 그다지 많지 않다. 대개는 한두 번이고 많아야 두세 번이다. 단 한 차례도 나오지 않는 경우도 비일비재하다. 어떤 경우는 처음부터 고의4구 신청을 하지 않고 타자와 일정 부분 상대를 하다가 볼 한두 개를 남겨놓고 그제야 자동 고의4구를 신청하는 경우도 있다. 그렇다 보니 실제로 경기시간 단축에 미치는 영향은 미미한 편이다.

경험상 이 제도가 경기 스피드 업에 많은 도움이 된다고 느꼈던 상황은 딱 한 가지뿐이다. 경기 막판 무사나 1사 주자 3루 때 수비 측이 한 점도 내주지 않기 위해 비어 있는 누를 주자로 채우고자 연속적인 자동 고의4구를 신청했을 때다. 과거 방식으로 주자 두 명을 연속해서 고의4구로 거르려면 최소 공 8개를 주고받아야 해서 시간이 많이 걸렸는데 그 과정이 생략되다 보니 경기 진행이 빠르긴 빨랐다. 물론 긴장감은 싹 사라져 버리고 없었지만.

'변수'. 야구가 재미있는 것은 예상할 수 없는 경기 전개가 이어지기 때문이다. 둥근 공과 둥근 표면의 배트가 만들어내는 수많은 돌발 변수에 팬들은 매료된다. 야구 경기의 일부인 고의4구도 마찬가지였다. 고의4구 과정에서 나타나는 예상치 못한 상황은 팬들을 웃게도 만들고 한숨짓게도 만들었다. 그중 가장 잊지 못할 장면으로 남아 있는 것은 2013년 두산 홍상삼의 연이은 폭투가 아닐까 싶다.

2013년 10월 9일 목동구장 넥센과 두산의 준플레이오프 2차전, 두산이 1 : 0으로 앞서던 8회 말 2사 2루에서 박병호(넥센)를 상대로 두산은 고의4구 작전을 선택했다. 포수 양의지는 일어섰고 마운드에 있던 투수 홍상삼은 박병호에게서 가급적 먼 쪽으로 포수를 향해 공을 던졌다. 그런데 아뿔싸. 이 공은 양의지의 키를 넘기고 말았다. 힘을 빼고 던진 것이 각도

조절이 안 되어 그만 폭투가 되고 만 것이었다. 이사이 2루 주자 서건창은 3루로 진루. 이어진 2사 3루에서 양의지는 다시 자리에 앉은 채 홍상삼의 투구를 기다렸지만, 이미 심리적으로 크게 흔들린 홍상삼은 두 번째 투구마저 땅에 꽂는 폭투를 저지르며 결국 1 : 1 동점을 허용하고 말았다.

이처럼 어이없는 일은 홍상삼 혼자만 겪은 것은 아니다. 2003년 한화의 좌완 박정진도 고의4구 상황에서 그만 폭투를 저질러 앞섰던 경기를 동점으로 만든 일이 있다. 5월 8일 잠실구장 LG전, 한화가 2 : 1로 리드하던 7회 말 2사 2, 3루에서 박정진은 포수 조경택의 고의4구 유도에 따라 공을 뺀다는 것이 그만 뒤로 빠져 동점을 허용하고 말았던 것이다.

이와 같이 전력투구 상황이 아님에도 벌어지는 투수들의 어이없는 폭투는 사실 심리적인 요인이 크게 작용한다. 투구거리에 맞게 적당한 힘으로 알맞은 높이의 공을 던져야 한다는 부담이 앞선 나머지 몸의 움직임이 그에 따라주지 못해 생기는 현상이다. 이를 야구에선 '입스(Yips)'라는 말로 불린다. 투수들이 투구나 송구 때 잘못 던질 것에 대한 두려움으로 불안 증세를 보여, 손목이나 어깨 등의 근육을 정상적으로 활용하지 못해 생기는 현상을 일컫는 말이다.

시간을 한참 거슬러 올라가면 고의4구 작전을 시도하다 폭투가 아니라 타자에게 끝내기 안타를 허용한 경우도 있었다. 1983년 6월 1일 삼미 슈퍼스타스는 잠실구장 MBC 청룡과의 경기에서 1 : 1 동점이던 9회 말 1사 2루 때, 고의4구를 선택했었음에도 불의의 끝내기 안타를 맞고 경기를 내줘야 했다. 이날 선발투수 임호균은 9회 말 4번 타자 이종도(MBC)를 상대로 고의4구를 내기 위해 일어선 포수 김진우(삼미)가 요구한 대로 초구를 바깥쪽으로 높게 던졌는데, 이종도가 이 공에 몸을 쭉 내밀며 밀어 쳐 우익수쪽 2루타를 만들어냈던 일이다.

아울러 2015년 KIA 3루수 이범호가 고의4구 상황에서 홍상삼이나 박정진의 경우와 같은 돌발 폭투를 걱정한 나머지 포수 뒤로 가서 서 있으려

했던 해프닝도 이제는 자동 고의4구 채택으로 인해 다시는 일어날 수 없는 역사 속의 화석 같은 장면으로 모두 남게 되었다.

KBO리그의 제1호 자동 고의4구 출루자는 넥센의 고종욱이다. 고종욱은 2018년 3월 27일 고척 스카이돔 LG전 6회 말 1사 2, 3루 상황에서 LG 류중일 감독이 투구 없이 자동 고의4구를 주심에게 통보해 1루로 걸어 나가며 이 규칙의 첫 수혜자로 역사에 이름을 올렸다.

신본기 헤딩 토스의
규칙적 의미

 현대 유니콘스가 수원구장을 홈구장으로 사용하던 2000년대 초반, 경기를 마치고 야구장을 떠나려는 순간, 차 안이 뭔가 이상한 느낌이 들어 살펴보니 자동차 안 천장의 부속품이 온통 망가져 있었다. 차 문이 잠겨 있던 상태였기 때문에 외부적인 영향은 분명 아니라는 생각에 문을 열고 나와 외부 천장을 확인해 보니 움푹 파인 흔적이 하나 보였다. 순간 스치는 생각 하나. 경기 중 파울 타구 하나가 3루 방향 경기장 밖으로 날아간 장면이 떠올랐다. 그 타구가 차 지붕으로 떨어진 것이었다. 얼마나 충격이 컸으면 차 안까지 이렇게 ……. 그날 높이 떠올랐다 떨어진 타구의 파괴력을 눈으로 실감할 수 있었다.

 2019년 6월 5일 울산 문수구장에서 발생한 신본기의 머리를 맞는 타구를 본 순간, 가장 먼저 지나간 생각은 오래전 부서진 차 안이었다. '괜찮을까?' 순간 신본기의 부상이 가장 염려됐다. 다행히도 당사자는 부끄러운 듯 멋쩍은 표정을 짓긴 했지만 별다른 이상은 없어 보였다. 신본기는 이날 한화전 3 : 3이던 8회 초 1사 주자 없는 상황에서 한화 외국인 선수 호잉의 타구가 좌중간 쪽 내야와 외야 중간 사이에 어중간하게 떠오르자 뒷걸음질치며 타구를 잡으려 했던 것인데, 낙구 지점에 맞춘 글러브의 방향이 맞지 않으며 공이 그의 머리 위로 직접 떨어진 것이었다.

순간 신본기는 그라운드에 쓰러졌고 이 타구를 향해 함께 달려온 롯데의 좌익수 전준우는 신본기의 머리를 맞고 방향이 자신 쪽으로 꺾이며 튀어 오른 공을 얼떨결에 잡아 호잉을 아웃시켰다. 큰 부상이 걱정되는 상황이었지만 이내 신본기는 일어섰고 부근까지 달려왔던 전준우와 중견수 민병헌은 걱정을 내려놓고 터져 나오는 웃음을 참지 못하고 있었다.

이날 TV 중계를 맡았던 방송사 해설위원은 "큰 부상이 아닌 것 같아 다행이긴 한데 민망하겠다"라며 메이저리그 공식 홈페이지인 MLB닷컴(MLB.com)에 올라갈 수도 있음을 예상했는데, 그 예상은 그대로 적중했다. 다음 날 MLB닷컴엔 "높이 뜬 공이 야수 머리를 맞고 다른 야수의 글러브로 들어가는 역대급 황당한 실수(A popup bounced off a player's head and into another's glove and this is an all-time great blooper)"라는 제목으로 영상이 올려졌다.

세계적인 화제로 떠오른 신본기의 타구 헤딩 토스 해프닝은 기록원으로서도 처음 접하는 장면이었을 터, 이런 상황을 가정해서 기록에 관한 규칙을 정해놓긴 했지만 실제로 볼 수 있을 거라곤 상상하지 못했다. 이 상황에서 기록원이 고민해야 할 부분은 아웃 성립에 신본기의 헤딩이 과연 도움을 주었느냐 하는 것이다.

즉 수비 기록 중 어시스트 부여에 관한 문제로, 결과부터 말하자면 신본기의 헤딩 토스는 기록상 아무것도 가져가지 못한다. 플라이 타구의 방향을 바꾸게 했을 때 그 디플렉트(타구가 야수의 몸이나 장비에 닿아 방향이나 속도 등, 타구 성질이 변하는 것을 뜻함)에 관해 해당 야수에게 어시스트가 부여되는 경우도 있지만, 그것은 쉽게 잡아내기 어려운 타구였을 때로 국한된다. 신본기는 만약 이 타구를 전준우가 쫓아와 잡아주지 못했다면 그의 실책으로 기록될 수 있었다(물론 쉽게 잡기 어려운 타구라고 기록원이 판단했다면 호잉의 안타로 기록될 수도 있다). 따라서 현장에선 유격수에 맞고 좌익수가 잡았다는 사실만 기록(6-7F)하고 유격수 신본기의 어시스트는 인정하지 않았다.

보기 어려운 진기명기를 만난 김에 이 상황을 근거로 좀 더 내부를 파헤쳐 보도록 하자. 만일 신본기가 외야수였고 담장 부근에서 잡으려다 이번처럼 머리를 맞고 타구가 담장을 넘어갔다면 어떻게 될까? 메이저리그엔 이러한 장면이 실제로 존재한다. 1993년 5월 23일, 텍사스 레인저스와 클리블랜드 인디언스의 경기에서 텍사스의 외야수 호세 칸세코는 클리블랜드의 카를로스 마르티네즈가 친 외야플라이 타구를 쫓아 담장 부근까지 열심히 달려갔다. 그런데 막판 중심을 잃은 호세 칸세코의 머리에 맞은 타구는 이후 외야 담장을 넘어가 버렸고, 이 바람에 텍사스는 홈런을 헌납하고 마는 황당한 경험을 해야 했다.

이럴 경우 야구 규칙 5조 5항은 타자에게 본루(홈플레이트)까지 4개 루의 안전진루권을 부여하고 있다.

> 페어 플라이 볼이 야수에게 닿으며 굴절되어 페어지역의 관중석에 들어가거나, 페어지역의 펜스를 넘어갔을 경우 타자에게 홈런이 주어진다.

그런데 이 내용 안에서 한 가지 주의해야 할 점이 있다. "타자에게 홈런이 주어진다"라고 명시하고 있는데, 여기에서 말하는 홈런은 우리가 흔히 아는 타자의 기록상 홈런과 그 뜻이 일치하지는 않는다. 이 규칙에서 말하는 홈런은 네 개의 누(베이스)를 뜻한다. 풀어서 말하자면 타자에게 아웃될 염려 없이 한 바퀴를 돌아 홈까지 들어올 수 있는 권리를 주지만, 기록상 이를 무조건 홈런으로 인정하지는 않는다는 것이다. 역으로 표현하자면 때로 타자의 홈런이 아닌 야수의 실책으로 기록될 수도 있다는 말이다.

앞에 예를 들었던 외야수 호세 칸세코가 충분하고도 쉽게 잡을 수 있는 타구를 담장 앞에서 기다리다 글러브를 잘못 갖다 대는 바람에 플라이 타구가 머리를 맞고 외야 담장을 넘어갔다면, 이는 기록원의 판단에 따라 외

야수 실책에 의한 득점으로 기록된다. 타자주자의 득점은 인정되지만 기록은 1타수 무안타가 되는 것이다.

한편 타구를 잡아 신본기의 실수를 상쇄시켜 준 전준우는 이 상황이 메이저리그에 소개되는 바람에 본의 아니게 또 한 번 월드 스타의 길을 걸어야 했다. 2013년 5월 15일 마산구장 NC전에서 좌익수 쪽으로 큰 타구를 날린 후, 홈런임을 직감하고 배트를 집어 던진 전준우는 손을 하늘로 뻗어 보란듯 홈런 세리머니를 펼쳤지만, 이후 이 타구가 담장 앞에서 NC 좌익수 박정준에게 잡히자 황당한 표정을 지어 보였었다. 이 장면은 메이저리그 홈페이지에 게재됐고 이후 전준우에게는 '월드 스타'라는 칭호가 따라 붙은 바 있다. 당시 MLB 홈페이지는 다음과 같은 멘트로 전준우의 영상을 소개했다.

확실한 홈런이 아니면 기뻐해선 안 된다는 것을 한국 선수의 실패에서 배워라(Don't celebrate a homer if it's not definitely going out. Learn from this Korean League player's fail).

3피트 논란의 핵심,
'경기를 위한 규칙'
vs '규칙을 위한 경기'

    KBO리그는 2019년 타자주자의 3피트 주로 이탈에 수비 방해 명목으로 자동 아웃을 인정하는 규칙을 시행하며 한바탕 홍역을 치러야 했다. 사실 이 규정은 그간 없었던 규칙을 새로 만들어 적용한 것은 아니었다. 야구 규칙 5조 9항에 따르면 타자주자가 본루에서 1루 사이의 후반부를 달리는 동안 3피트 라인의 바깥쪽(후반부에 그려져 있는 주루 공간을 벗어난 오른쪽) 또는 파울라인의 안쪽(페어지역 방향인 왼쪽)으로 달려 1루 송구를 처리하려는 야수를 방해했다고 심판원이 판단했을 경우, 타자에게 아웃을 선언할 수 있도록 규정하고 있다.

    2019년 10월 30일 워싱턴 내셔널스와 휴스턴 애스트로스가 맞붙은 메이저리그 월드시리즈 6차전에서는 워싱턴이 3 : 2로 리드하고 있던 7회 초 무사 1루 상황에서 트레이 터너(워싱턴 내셔널스)가 투수 앞 땅볼을 치고 1루로 뛰어나가는 도중 투수 브래드 피콕의 송구가 타자주자 터너의 다리를 맞고 뒤로 빠졌고, 워싱턴은 무사 1, 3루의 좋은 추가득점 기회를 잡는 것처럼 보였다. 하지만 곧이어 타자주자 터너가 파울라인 안쪽으로 달려 수비에 방해가 되었다는 심판원의 판단으로 터너에겐 아웃 선언이 내려지고 말았다. 이 판정으로 상황이 무사 1, 3루에서 1사 1루로 급변하자 워싱턴 벤치는 크게 반발했고, 비디오판독까지 거쳤지만 판정은 변하지 않았다. 이는 메이저리그에서 일어난 일이지만 KBO리그도 규칙적 환경은 같다. 주로를 벗어난 타자주자의 주루플레이가 수비를 방해했다고 심판원이 판단하면 해당 주자에게 아웃을 선언할 수 있다.

그러면 규칙에 떡 하니 명시되어 있는 이 규칙 적용이 현장에서는 왜 문제를 일으켰던 것일까? 그 답은 말미에서 거론하기로 한다. 과거에서부터 쭉 존재해 왔던 이 규칙은 그간에도 논란을 자주 불러일으켜 왔던 항목이다. 타자주자가 뛰어나가는 과정에서 수비에 방해가 되었다고 아웃을 선언했을 때는 물론, 반대로 수비에 방해가 된 것 같은데 심판원이 수비 방해를 인정하지 않았을 때도 경기장은 시끄러웠다. 1986년 6월 30일 청보와 롯데(인천구장)전 6회 초 롯데 공격 무사 만루 상황에서는 포수 김진우(청보)가 자기 앞에 떨어진 타구를 잡아 1루로 던진 것이 타자주자의 등에 맞는 바람에 모두 세이프가 된 일이 있다. 이에 청보의 허구연 감독이 득달같이 달려 나와 왜 타자주자의 수비 방해 조항을 적용하지 않느냐며 격렬히 항의한 끝에 심판진이 제소를 받아준 후에서야 비로소 경기가 속개된 일이다.

이처럼 이 규칙은 그동안 적용해도 시끄러웠고 적용하지 않아도 시끄러웠다. 즉 심판원에게 이 조항은 판단과 적용에 있어 어느 정도 심리적인 부담감을 주는 존재였다. 따라서 타자주자의 주로 이탈이 분명하게 수비 방해를 일으켰다고 확신되지 않는 이상, 웬만해선 칼을 빼들지 않아왔다.

그러던 중, 2015년 10월 11일 넥센과 두산의 준플레이오프 2차전서 8회 초 무사 주자 1, 2루 때 넥센 서건창이 번트를 대고 1루로 뛰어가다 1루 베이스커버를 들어온 두산 2루수 오재원과의 충돌 위기로 인한 신경전이 급기야 벤치 클리어링으로 번지자 타자주자의 올바른 주루플레이를 유도하고, 타자주자와 야수의 충돌로 빚어지는 부상을 막기 위한 방안의 필요성이 내부적으로 대두되기 시작했다.

이날의 상황이 벤치 클리어링으로까지 번질 수밖에 없었던 근본적 이유는 몇 달 전으로 거슬러 올라간다. 같은 해 4월 9일, 서건창은 잠실 두산전에서 1루수 앞 땅볼을 치고 달려가다 두산 1루수 고영민과 부딪치며 우측 무릎 십자인대 파열로 장기간 부상자 명단에 올라야 했는데, 이 사건이 도화선이었다. 그런데 부상에서 복귀한 지 얼마 지나지 않은 시점에 또다시 비슷한 위기를 겪자 민감할 수밖에 없었던 서건창이 발끈했던 것이다.

이후 이러한 상황이 재연되지 않도록 규제를 가하자는 분위기가 무르익어 2018년 겨울, 타자주자가 1루로 달리면서 페어지역 쪽에 해당하는 파울라인 안쪽을 침범하면 1루에서 살더라도 수비 방해를 적용해 자동 아웃으로 선언한다는 보완 규정이 마련되었고, 2019년 이를 현장에 접목하기로 했던 것이다.

그러나 사고의 원인이 되어왔던 부분을 근본적으로 없애겠다는 도입 취지와는 달리, 이 보완 규정은 현장에 접목되자마자 오히려 또 다른 사고의 원인으로 작용했다. 좀 더 과장되게 표현하자면 시즌 내내 '3피트 자동 아웃' 규정으로 야구계가 어수선했다. 보완된 주루플레이 규정에 익숙하지 않은 선수들은 갈팡질팡했고, 규정이 세밀하게 준비되지 않은 상태에서 수비 방해 적용 상황 선택에 어려움을 겪기는 심판도 매한가지였다.

시즌 초이던 2019년 4월 4일, 잠실구장 두산과 KT전에서는 KT 김민혁이 4 : 5로 따라붙은 9회 초 1사 만루 상황에서 2루수 앞 땅볼을 친 뒤, 파울라인 안쪽인 페어지역 쪽으로 달리다 3피트 자동 아웃 판정을 받아 경기가 종료되는 사상 첫 '끝내기 3피트 수비 방해'가 기록되는 일이 벌어졌다. 당시 타구를 잡은 두산 2루수 오재원이 홈으로 던져 일단 2사를 만들고, 계속해서 포수 박세혁이 1루로 송구했지만 타자주자 김민혁은 이미 여유 있게 1루에서 세이프 된 상황. 게다가 김민혁의 주루 동작은 외관상 수비 측에 전혀 방해가 되지 않은 그림이었다.

하지만 포수의 송구가 일어나는 시점에 김민혁의 몸이 파울라인 안쪽인 페어지역에 있었다는 것이 지적되어 3피트 수비 방해로 아웃이 선언되었고, 이것이 제3아웃에 해당되어 졸지에 경기가 끝나버렸던 것이다. 역전까지 바라봤던 기회가 졸지에 더블아웃으로 처리되며 경기를 내주고만 KT로서는 강화된 3피트 수비 방해 규정이 그저 원망스러울 수밖에 없었다.

이후 시즌 내내 크고 작은 분란의 불씨가 되었던 이 규정은 비슷해 보이는 상황에서 어떤 경우는 수비 방해가 인정되고 어떤 경우는 인정되지 않자, 규칙의 당위성은 둘째치고 급기야는 규칙 적용의 일관성 문제까지 논란거리로 대두되었다. 이에 3피트 라인 시작점의 선을 긋고 야수의 수비 반경 범위를 지정하는 등, 규정의 부족한 부분을 조금씩 다듬어나가며 보완 규칙의 연착륙을 도모했지만, 현장의 불만을 완전히 해소하기에는 역부족이었다.

그리고 같은 해 2019 두산과 키움의 한국시리즈에서 이 3피트 자동 아웃 규정은 급기야 대형 화재로 연결되었다.

10월 22일 잠실구장 1차전, 두산은 6 : 6으로 팽팽히 맞서던 9회 말 무사 1, 2루 상황에서 호세 페르난데스의 투수 앞 땅볼로 주자들을 2, 3루에 진루시키며 결승점을 뽑을 절호의 기회를 맞이하고 있었다. 그러나 키움의 판독 요청으로 페르난데스에게 3피트 수비 방해로 인한 자동 아웃이 적용되어 주자들이 원위치 되는 상황으로 몰리자, 판독 결과에 승복하지 않고 항의를 이어간 김태형 감독이 퇴장(2009년 SK 김성근 감독에 이어 역대 2호)을 당하는 일이 일어나고 말았다. 물론 격한 행동이나 험한 말이 아닌, 판독 결과에 대한 어필로 인한 규정상의 퇴장 조치였지만 이 사건은 3피트 자동 아웃 규정이 더 이상 설 자리를 잃게 만드는 계기가 되어버렸다.

이쯤에서 다시 처음 던졌던 질문에 대한 답을 찾기로 한다. 이 자동 아웃 규정이 현장에 제대로 뿌리를 내릴 수 없었던 이유는 크게 세 가지다. 우선 실제로 수비에 방해가 전혀 되지 않았음에도 야수의 송구 시점에 단지 파울라인 안쪽인 페어지역을 뛰고 있었다는 사실만으로 아웃이 선언되

는 것에 대한 억울함이었다.

두 번째는 타자들의 몸에 밴 주루 습관이다. 왼손타자는 그나마 덜하지만 오른손 타자는 타격 후 1루로 뛰어가는 과정에서 직선 주로상 파울라인 안쪽으로 들어가는 플레이가 일어나기 마련인데, 의도치 않게 자동 아웃될 우려로 인해 안쪽으로 달리던 타자주자가 1루 주루코치의 지시를 받거나 아니면 스스로 깜짝 놀라 주로를 갑자기 파울라인 바깥쪽으로 급차선 변경(?)을 하는 일들이 발생했다.

그리고 세 번째는 이 규칙이 선수들의 전력질주를 막고 있었다. 무사나 1사 때 주자가 있는 상황에서 번트를 대거나 땅볼타구를 날린 타자가 처음에는 열심히 뛰다가 자동 아웃 조항이 적용되지 않는 안전지대를 통해 속도를 줄여 천천히 1루로 달려가는 장면이 자주 목격되었다. 이는 타자주자가 깜빡하고 안쪽으로 뛰다 본인이 3피트 자동 아웃이 되면 누상의 주자들이 모두 되돌아와야 하기에 벌어진 현상들로 규칙이 선수들의 최선의 플레이를 저해하는 요소로 작용하고 있었던 것이다.

아주 오래전, 라디오를 통해 어느 여자 수험생의 딱한 사연이 소개된 적이 있었다. 수능시험을 보러 시험장에 가다 길에 떨어진 휴대폰을 발견하고 시험이 끝난 뒤 주인을 찾아주고자 가방에 넣어두었는데, 시험 도중 이

휴대폰이 울리면서 부정행위자로 간주되어 시험 도중 퇴장을 당하고 만 사연이었다. 본인의 휴대폰은 시험 시작 전에 제출했지만 가방에 넣어둔 습득 휴대폰 생각을 미처 하지 못해 벌어진 일이었다. 이후 휴대폰 주인을 통해 여학생의 말이 사실인 것이 확인되었지만 규정상 이 여학생은 구제받을 길이 없었다.

그 당시 이 사연을 듣고 많은 생각이 들었다. 시험감독 규정상 휴대폰 소지자는 부정행위로 간주해 퇴장 조치할 수 있도록 규정되어 있었을 것이다. 그래서 그 규정에 따라 감독관은 시험장에서 이 여학생을 퇴장 조치했을 것이다. 그렇지만 그 규정의 취지는 부정행위자에 대한 징벌 차원에서 마련된 규정이었다. 부정행위 의도가 전혀 없는 사람에게까지 똑같은 페널티를 가한다는 것은 '사람'이 아닌 '법' 위주의 조치라는 생각이 들었다. '시험을 일단 다 치르게 하고 난 뒤, 사실 확인을 통해 거짓임이 판명되면 그때 가서 시험을 무효로 처리해도 되지 않았을까.'

사람이 사는 사회에 법과 규정이 필요한 것은 결국 사람을 위해서고 사람을 보호하기 위해서다. 그러나 라디오 속에서 흘러 나온 사연은 법을 위해서였고 법을 보호하기 위해서 사람을 다치게 한 것과 다름없다고 느껴졌다.

매듭짓자면 2019년의 '3피트 수비 방해 자동 아웃' 규정의 연착륙 실패는 이 규정이 선수 중심의 '경기를 위한 규칙'이어야 했는데, 반대로 선수를 억울하게 하는 '규칙을 위한 경기'의 얼굴을 하고 나타났기 때문일 것이다.

그리고 KBO 사무국은 2020년 시즌 전, 논란거리였던 3피트 자동 아웃 규정을 다음과 같은 단서를 달고 1년 만에 다시 접어 주머니에 넣었다.

타자주자가 3피트 라인을 벗어남으로써 수비수와의 충돌이나 실제 수비 방해로 볼 수 있는 행위가 발생했을 경우, 심판이 수비 방해 여부를 판단한다. 만일 이 부분에 대한 심판의 판정에 이의가 있을 경우엔 비디오판독을 신청할 수 있다.

야구의 화석 기록
역도루를 아시나요?

2010년 제65회 청룡기 고교야구대회 청주고와 부산고의 8강전에서는 보내기번트로 2루에 진루했던 1루 주자가 상대 수비진의 거짓말에 속아 다시 1루로 돌아오는 희귀한 장면이 펼쳐졌다. 5회 말 부산고의 공격에서 번트안타로 1루에 출루했던 박종규가 후속 타자의 희생번트로 2루에 무사히 안착하고도 "파울볼"이라는 적군의 말만 믿고 본래 있던 1루로 태연히 걸어 돌아와 많은 사람들을 황당하게 만든 사건이었다. 이러한 주자의 기막힌 상황을 미처 알아차리지 못한 청주고의 무관심 덕분에 박종규는 1루로 돌아오는 과정에서 태그가 이루어지지 않아 무사할 수 있었지만, 기록 처리를 놓고는 잠시 설왕설래해야 했다.

당시 현장에서는 타자의 희생번트 기록이 속절없이 날아가는 선으로 사건이 무마되었지만, 2루로 진루했다가 다시 1루로 돌아간 주자의 기록은 어떻게 처리되는 것인지를 놓고 궁금해하는 사람이 상당히 많았다. 이들 문의 중에는 과거 1900년대 초반 정식 기록으로 인정받았던 역방향 도루, 일명 '역(逆)도루' 적용 가능성에 관한 이야기도 들어 있었는데, 정확히 얘기하자면 주자가 거꾸로 돌아가 산 것은 맞지만 개별 플레이가 아닌 이어진 상황 속의 연속선상 플레이라는 점에서 설령 역도루 규정이 있었다고 해도 이를 도루로 보기에는 무리가 있는 장면이었다.

야구의 주루는 육상 트랙 종목과 마찬가지로 시계반대방향으로 뛰도록 규정되어 있다. 그러나 피치 못할 사정이 있는 경우 주자가 진행 반대 방향인 시계방향으로 뛰는 것을 가끔 허락하는데 야구용어상으론 이를 '역주(逆走)'라 부른다. 아울러 규칙은 주자의 역주가 가능한 상황을 따로 정리해 놓고 있는데 그 내용을 요약해 보면 다음과 같다.

우선 플라이 타구 때 다음 누로 진루하려던 주자가 포구에 의해 리터치(기점이 되는 누를 다시 밟는 행위)하기 위해 서 있던 누로 되돌아가는 경우다. 다음은 누를 밟지 않고 지나간 주자가 공과한 그 누를 밟으려 다시 되돌아가는 경우를 들 수 있다. 그리고 자기보다 앞에 있는 주자를 앞지를 우려가 있어 되돌아가는 경우도 이에 포함된다. 아마도 이 정도를 현대 야구의 역주 가능 상황으로 볼 수 있는데, 과거 1900년대 초반에는 역주에 관한 규정이 미비했던 관계로 기타 상황에서도 주자가 역주하는 모습이 펼쳐졌다고 한다.

그중 지금까지 전해 내려오는 역주에 관한 압도적인 일화는 일명 '역도루'에 관한 전설(?)이 아닐까 싶다. 1908년 9월 4일 디트로이트 타이거즈의 저머니 섀퍼라는 선수는 클리블랜드전에서 역방향으로 뛰는 일명 '역도루' 플레이를 선보였다고 한다. 전해져 오는 그의 플레이는 이러했다.

주자 1, 3루 상황에서 1루 주자로 나가 있던 저머니 섀퍼는 3루 주자와 더블스틸 사인을 주고받은 뒤, 투수가 초구를 던지는 순간 냅다 2루로 뛰어 살았지만 포수가 자신에게 송구를 하지 않아 3루 주자가 3루에 그대로 머무르게 되자 투수의 2구째에 다시 1루로 역주해 복귀하는 역도루 장면을 연출했다. 이어 3구째를 던지는 순간 저머니 섀퍼는 또다시 2루로 도루를 시도했고, 이번에는 클리블랜드의 포수 닉 클라크가 2루로 공을 던졌지만 악송구가 되는 바람에 3루 주자가 유유히 득점에 성공했다고 한다. 이

때의 상황에 대한 당시 3루 주자였던 데이비 존슨의 목격담도 남아 존재하는데, 그의 말을 빌리면 다음과 같다.

저머니 섀퍼가 1루 스틸을 하는 걸 본 게 아마 1908년쯤이었을 거외다. 1루를 스틸했다니깐. 남들은 말도 안 되는 소리라고 하겠지만 난 그가 1루 스틸을 하는 걸 똑똑히 봤어. 사실 나는 그때 3루 주자로 나가 있었는데 그걸 보는 순간 눈이 튀어나올 것 같더군. 클리블랜드와 게임을 할 때였는데 게임 후반에 들어가 스코어는 동점이었소. 난 3루에, 섀퍼는 1루에 나가 있고 타자는 크로포드였소. 피처가 와인드업을 하기 전에 섀퍼는 더블스틸을 하자고 내게 신호를 보냅디다. 다음 투구에 자기가 2루로 뛸 테니 포수가 볼을 2루로 던지면 난 홈으로 뛰라는 거였지. 투수가 와인드업에 들어가 볼을 던지는 순간 섀퍼는 여지없이 2루 스틸을 합디다. 그러나 난 그냥 3루에 머물러 있을 수밖에 없었어. 포수 닉 클라크가 볼을 던지지 않았거든. 내가 홈으로 더블스틸할 줄 미리 알고 있었던 모양이야. 우리는 주자가 2, 3루가 됐지. 다음 투구가 시작될 때 섀퍼는 다시 하자고 소릴 지릅디다. 그러더니 인디언처럼 괴성을 지르면서 1루로 냅다 달려 다이빙해 들어가는 게 아니겠어? 그는 자기가 그렇게 하면 포수가 1루로 송구를 할 거고 그 틈을 타 내가 홈스틸 할 수 있을 거라고 생각했던 모양이야.

그러나 이번에도 역시 아무 일도 일어나지 않았어. 섀퍼가 무슨 짓을 하는지 영문을 모르고 모두들 입을 쩍 벌린 채 구경만 했거든. 나 역시 마찬가지였지. 만약 포수가 1루로 송구했다 하더라도 난 하도 어이가 없어 그 자리에 그냥 서 있었을 거요. 어쨌든 포수도 던지질 못했지. 하긴 클리블랜드 1루수도 섀퍼가 역주할 것이라고 꿈에도 생각지 못하고 베이스를 커버하러 들어오지도 않았으니까. 1루수도 이 미친놈이 무슨 짓을 하는지 영문을 몰라 어찌할 줄을 모르고 있었거든. 심판들도 이 해괴한

짓을 어떻게 처리해야 좋을지 모르고 있었소. 그 당시에는 역주를 금지하는 법이 없었기 때문에 선수가 그렇게 하려고 마음만 먹으면 말릴 방법이 없었지.

그런데 투수가 3구째를 던질 때 섀퍼는 다시 2루로 냅다 달렸지. 이번에는 포수도 더 이상 참을 수 없었던지 2루로 송구를 하고 말았는데 나도 그 순간에 더블스틸해서 둘 다 살았지."

이처럼 역도루 금지 규정이 마련되어 있지 않았던 관계로 당시 이 경기의 공식기록원은 어쩔 수 없이 저머니 섀퍼에게 도루 세 개를 모두 인정했다고 하는데, 현재 알려진 섀퍼의 도루 기록은 한 개로 되어 있다.

여기에 1900년대 초반(1905~1928) 메이저리그의 전설적 선수로 이름을 남긴 타이 콥에 관한 일화도 숨은 역도루 비화에 한몫을 차지한다. 타이 콥은 데뷔 첫해인 1905년을 제외(0.240)하면 1928년 은퇴하기까지 세 차례의 4할대 타율을 포함, 장장 23년간 연속 3할대 타율과 3할 6푼대의 통산 타율을 기록한 강타자로 널리 알려져 있지만, 통산 897도루에 홈스틸만도 54번이나 성공시킨 당대 호타준족의 대명사급 선수였다. 이처럼 빠른 발을 가졌던 타이 콥은 2루 진루 후 상대가 심기를 건드리자 3루가 아닌 1루 쪽으로 역도루를 감행, 1루수의 정강이를 차고 들어가 부상을 입혔고, 이 사건을 계기로 경기 중 역도루를 인정하지 않는 쪽으로 규칙 개정이 이루어졌다는 뒷얘기가 전해져 내려온다.

주자가 이처럼 역도루를 시도하는 이유는 크게 두 가지로 나누어 추측해 볼 수 있다. 첫 번째는 개인 기록을 늘리기 위한 통계적 목적이 되겠고, 두 번째는 다른 주자의 진루를 용이하게 만들기 위해 수비 혼란을 목적으로 하는 시도가 되겠다. 이를 감안하면 타이 콥이 저질렀다는 비신사적인 의도를 담은 역도루는 무척 동기가 특이한 경우다. 역도루가 없어진 배경은 그렇다 치고 규칙적으로는 어떻게 역도루를 막아놓았을까?

야구에 있어 규칙 변화 흐름의 대세는 야구 경기를 경기답게 만드는 쪽으로의 진화다. 가령 스트라이크아웃 낫아웃 상황에서 타자주자가 주루를 포기하고 타석 주위를 벗어나면 바로 아웃을 선언(과거에는 더그아웃까지 들어간 뒤라야 아웃)하고, 낫아웃 상황의 타자주자가 고의는 아니지만 방망이나 발로 포수가 아직 잡지 못한 공을 건드려 수비를 곤란하게 만들었을 때, 이를 수비 방해로 간주해 아웃을 선고하는 등의 규칙도 경기가 비정상적인 상황으로 인해 엉망이 되는 것을 사전에 예방하기 위함이다. 주자가 정규로 누를 점유하고 투수가 다음 타자를 상대하기 위해 투구 자세에 들어가면 이전에 있었던 누로 다시는 되돌아가지 못하도록 못을 박아놓은 주자의 역주 금지도 이와 같은 맥락에서 마련된 일종의 경기 안전장치로 해석할 수 있다.

규칙 5조 6항에는 "주자가 정규로 다음 루로 진루할 권리를 얻고, 투수가 다음 투구 자세에 들어가면 주자는 앞서 차지했던 루로 돌아갈 수 없다"라고 규정되어 있다.

만일 이 규정을 어겨 주자가 역도루를 시도해 원래 있던 누로 돌아가면 그 주자는 규칙 5조 9항에 의해 수비 방해로 아웃이 된다. 그 이유는 정규로 누를 점유한 주자가 수비를 혼란시키고 경기를 희롱할 목적으로 역주한 것이라 해석하기 때문이다. 주자가 다음 누로 진루한 뒤 원래 있던 누로 돌아갔음에도 아웃이 되지 않는 경우는 주자 착각에 의한 돌발 사태만을 예외로 인정해 준다. 예를 들면 주자가 타자의 타구를 야수가 직접 잡은 것으로 착각한다거나, 앞서 박종규(부산고)의 경우처럼 수비수들의 행동이나 말에 유인당해 원래의 누로 돌아갔을 때뿐이다. 물론 돌아가는 도중에 태그 되면 아웃이지만 말이다.

2005년 8월 23일, SK와 한화의 경기(문학구장)에서 한화의 김태균은 2루 도루에 성공하고도 상황을 오판, 1루 쪽으로 돌아서다 태그아웃 되고 만 일이 있다. 1루 주자였던 김태균은 도루를 시도하는 과정에서 포수로부터 송구가 날아오지 않자, 순간적으로 타석에서 파울볼이 발생한 것으로 착각, 1루로 되돌아가려다 SK 2루수 정경배에게 걸려 아웃된 기억이다. 김태균의 당시 기록은 2루 도루 인정 후 오버런에 의한 주루사로 처리되었는데, 이후 어떠한 이유로든 원래 있던 누 방향으로 떨어지면 그 권리를 보장받지 못한다는 주자 관련 규칙 정신에 의거, 향후 비슷한 상황에서는 주자의 도루를 인정하지 않는 쪽으로 매듭이 지어졌다.

1886년 최초로 도루에 관한 규칙이 공식화된 이후, 1889년 기록지 양식에 도루 기록 체크 항목이 추가된 것을 시작으로 여러 번 손질을 거쳐 지금의 무관심 진루와 도루를 가려 판단하는 경지에 이르기까지, 오랜 규칙적 진화의 길을 걸어온 도루 규칙 역사의 이면에는 이처럼 '역도루'라는 과도기적 괴물 기록(?) 흔적이 화석처럼 남아 있다.

포수 마스크의 용도 변경은
유죄일까 무죄일까?

2014년 4월 5일 SK의 박경완은 인천 문학구장에서 거행된 은퇴식에서 포수 마스크를 쓰고 2루로 송구하는 시구와 홈플레이트에 놓인 마스크에 엎드려 키스하는 장면을 연출하며 23년간에 걸친 프로선수 생활을 마감하는 작별 인사를 팬들에게 보냈다. 포수에게 마스크는 상징과도 같은 물건이다. 포수 자리를 지키다 경기 중 다른 선수와 교체될 때의 방송 멘트도 "포수 마스크를 물려주고 ……"라는 식의 표현이 자주 사용된다. 이처럼 포수라는 포지션과 떼려야 뗄 수 없는 절대 존재인 마스크는 사실 규칙적으로는 경기 장비가 아니다. 공이나 배트, 글러브에 관해선 각각의 항목으로 그 크기라든가 무게나 모양 등을 규정하고 있지만 포수의 마스크에 관해서는 설명하고 있지 않다. 그저 선수의 얼굴 부상을 막기 위한 안전 장비일 뿐이다.

2011년 9월 14일 메이저리그 시카고 화이트삭스와 디트로이트 타이거즈전서는 8회 말 타자의 배트에 스친 타구가 디트로이트 포수인 알렉스 아빌라의 마스크를 때리며 순간 불꽃이 튀는 장면이 TV 중계를 통해 전파되며 경기를 시청하던 야구팬들을 놀라게 만든 일이 있다. 파괴력이 이처럼 엄청난 파울 타구를 상대하는 포수가 마스크 없이 플레이를 해야 한다고 상상해 보면 그야말로 끔찍함 그 자체다. 아주 어릴 적 동네 골목 야구 놀이에서 마스크 없이 포수 자리에 앉아 공을 받다 한 번쯤 야구공에 맞아본 사람은 잘 알 것이다.

야구 경기에서의 마스크는 비록 규칙서에선 찬밥이지만 실제 경기 안에서의 영향력은 그렇지 않다. 경기 중 마스크를 통해 간혹 벌어지는 예기치 못한 해프닝들은 경기에 미치는 영향이 결코 작다 말할 수 없다. 야구에 관해서라면 밤을 새워 이야기해도 모자랄 만큼, 폭넓은 야구 상식으로 무장한 야구팬들이 한자리에 모이는 기록강습회와 전문기록원 과정에선 팬들로부터 나오는 질문들의 수위도 여간 높은 것이 아니다.

어느 해인가 생활체육 야구에서 오랫동안 기록원과 심판원 생활로 잔뼈가 굵었다는 한 분이 이런 질문을 던졌다.

"투수가 던진 공이 포수를 맞고 옆으로 구르자, 주자의 진루를 막으려고 포수가 급한 마음에 손이나 미트가 아닌 마스크를 벗어 공을 덮어씌웠는데 이럴 때는 어떤 조치를 내려야 하나요?"

상상해 만든 가상의 질문이 아닐까 되물었더니 돌아온 대답은 실제 상황이란다. 그것도 두어 번이나(일정 틀이 잡혀 있는 프로야구보다 이래서 사회인 야구 심판이나 기록이 더 어려운 법이다). 언뜻 간단한 내용의 질문 같지만, 현실은 그렇게 호락호락하지 않다. 질문에 부합하는 딱 부러진 규정이 규칙서 안에는 없기 때문이다. 야구 규칙에 나와 있는 포수 마스크에 얽힌 주자들의 안전진루권 상황을 들추어보면 대충 이렇다.

포수(야수)가 모자나 마스크, 기타 옷 등을 원래 있던 곳으로부터 떼어 고의로 공에 닿게 했을 때에는 일반적으로 건드린 공이 타구였다면 3개 루를, 기타 송구였다면 2개 루의 안전진루권을 각각 주자들에게 부여한다.

그러나 질문의 내용처럼 건드린 공이 투구였을 경우에 관해서는 명시한 부분이 따로 없다. 포수나 심판원의 마스크에 투구가 끼이는 상황에 대해서는 주자에게 1개 누의 안전진루권을 부여한다는 내용이 있긴 하지만, 이 규칙을 적용하기에는 상황이 많이 다르다.

의도하지 않은 불가항력적인 상황과 야수가 고의로 상황을 변형시킨 것은 엄연히 차이가 있기 때문이다. 따라서 문제 해결의 키도 여기에 들어 있다고 봐야 한다. 투구가 포수를 맞고 옆이나 뒤로 튀어나가는 1차적 현상은 투구의 성질을 간직한 것으로 해석하는 것이 타당하지만, 그 공을 야수가 건드린 순간 이후부터는 투구가 아니라 송구의 성질로 간주해야 좀 더 합리적인 조치가 가능하다.

이러한 유권해석에 도움이 될 만한 규칙 문구가 하나 더 존재하는데 끌어오면 다음과 같다.

투구가 포수나 야수를 통과한 다음 아직 경기장 안에 있을 때 발에 차이거나, 방향이 바뀌어 볼데드가 되는 지역으로 들어간 때에는 투구 때의 주자 위치를 기준으로 각 주자에게 2개 루의 안전진루권을 부여한다.

이 내용은 투수의 투구나 견제구가 바로 볼데드 지역으로 들어갔을 때 주자에게 1개 누의 안전진루권을 부여한다는 조항의 후반부에 붙어 있는 예외 조항이다. 이 문구의 힘을 빌리면 포수가 마스크를 벗어 규칙에서 인정하지 않는 불법적 용도로 사용했을 경우, 이를 야수에 닿아 방향이 바뀐 다음 볼데드가 된 것과 같은 경우로 포괄적 재해석이 가능할 수 있다. 따라서 주자에게 1개 누가 아닌 반칙 행위에 대한 페널티를 부여해 2개 누의 안전진루권을 부여하는 쪽이 좀 더 설득력 있는 조치가 아닐까 생각된다.

한편 포수 마스크가 경기에 개입되었음에도 유죄가 아닌 무죄로 간주된 일이 실제로 있었다. 2016년 6월 7일 잠실구장 LG와 삼성전에선 타구가 포수가 던져놓은 마스크에 닿아 방향이 바뀌었지만 그대로 유효 처리가 되었다. LG가 2 : 0으로 앞서가던 7회 초 삼성 공격 무사 1, 2루 상황에서 삼성의 이상훈이 보내기번트를 시도했는데, 이 타구를 쫓아가던 포수 정상호(LG)가 급히 던져버린 마스크에 번트 타구가 파울지역에서 닿은 후, 굴절되어 페어지역 안으로 들어갔던 것.

이사이 주자들은 모두 진루에 성공했고, 이 공을 정상호가 일단 주워 1루에 던져 타자주자를 잡긴 했지만, 이후 LG 야수들은 주심에게 파울볼이 아니냐며 어필을 이어간 적이 있다. 결론적으로 이 상황은 파울볼이 맞다. 파울볼에 관한 용어 정의 중에는 다음과 같은 내용이 들어 있다.

> 파울지역에 있는 타구가 지면 이외의 것, 즉 백스톱이나 펜스, 타자가 버린 배트, 포수가 벗어놓은 마스크, 땅에 떨어진 심판원의 솔 등에 닿은 뒤, 페어지역으로 굴러 들어가더라도 이때는 파울볼이다.

이날 주심은 워낙 파울라인 가까이에서 벌어진 상황인 데다, 포수에 가려 타구가 마스크에 닿은 지점의 식별이 어려웠던 까닭에 아마도 페어지역에서 닿은 뒤 들어간 것으로 판단했던 모양이다.

상황은 약간 다르지만 2020년 1월엔 베네수엘라에서 열린 아길라스 델 술리아(홈팀)와 카리베스 안소아테기(원정 팀)전에서는 8회 초 보복성 짙은 빈볼을 맞은 원정팀 타자가 포수를 향해 배트를 휘두르자, 이에 같이 흥분한 포수가 마스크를 벗어 타자의 머리 쪽으로 집어던져 경기장이 아수라장이 되어버린 일이 있다. 야구 용구를 흉기로 사용한 타자와 포수를 포함해 모두 여섯 명이 무더기 퇴장을 당해야 했는데, 이것이야말로 포수 마스크를 완전 불법 용도 변경(?)한 사례라고 하겠다. 아무튼 안전 장비인 포수 마스크의 경기 중 용도 변경 사용은 야구에선 엄연한 불법이며 유죄다.

이왕 말이 나온 김에 포수나 심판원의 마스크와 관련된 규칙 하나를 덧붙여본다. 만약 투수가 던진 공이 포수의 마스크에 박히면 어떤 조치가 이루어질까? 2011년 9월 4일 메이저리그 오클랜드 어슬렉티스와 시애틀 매리너스 전에선 6회 말 타자의 배트에 닿은 타구가 포수 조시 바드의 마스크에 박히는 보기 드문 장면이 있었다. 이 상황이야 어차피 파울볼로 처리되기에 규칙적으로는 따질 이유가 없지만, 파울볼이 아닌 타자가 치지 않은 투구라면 얘기가 달라진다. 이 경우 누상의 모든 주자들은 다음 누(1개 누)로 안전하게 진루할 수 있다. 얼굴 높이 마스크에 끼었을 정도의 투구라면 이는 투수보다 잡아주지 못한 포수의 과실이 더 크기에 기록상은 포수 패스트볼에 의한 진루가 될 것이다.

한 뼘 더 들어가 포수 마스크에 박힌 투구가 타자의 볼넷에 해당하는 4구째 또는 낫아웃 삼진에 해당하는 3스트라이크째의 공이었을 경우라면 누상의 주자는 물론 타자에게도 1루가 주어진다. 간혹 3스트라이크째의 공이 빠져 일어나는 낫아웃 상황에서 포수가 마스크에 박힌 공으로 타자를 태그하면 되지 않느냐고 해결책을 제시하는 경우도 있는데, 공이 마스크에 박힌 현상 자체가 포구로 인정받지 못하는 볼데드에 해당되므로 이후 행해지는 플레이는 아무런 소용이 없다. 포수의 마스크는 선수 보호 장비일 뿐, 경기에 사용할 수 있는 도구가 아니다. 따라서 규칙이 이를 막고 있다.

아울러 포수와 같이 경기 중 마스크를 쓰고 있는 또 한 사람이 있는데, 짐작했겠지만 바로 포수 뒤에 자리한 주심이다. 오래전인 1980년대 중반 사직구장 롯데와 해태의 경기에서 주심 마스크에 투구가 박혔다는 정말로 보기 드문 일화가 현재에 전해진다. 해태의 6회 초 공격 1사 1루, 볼카운트는 2B-1S 였다고 한다. 롯데의 포수 한문연은 1루 주자(김일권)가 도루를 시도할 것이 확실해 보이자 투수 윤학길에게 볼을 밖으로 빼라는 사인을 냈다. 이후 윤학길의 투구가 시작되는 순간 일어서서 밖으로 나가며 볼을 유도했는데 사인이 맞질 않았던지 윤학길이 던진 공은 타자 몸 쪽 스트라이크 존으로 들어왔고, 벌떡 일어서 있던 한문연은 이 공을 잡을 수 없었다. 그리고 바로 그 순간 이 공이 자리를 지키고 서 있던 주심의 마스크에 그대로 박혀버렸다는 것이다. 그리고 1루 주자는 이사이 3루까지 진루했다는데, 그러면 이때의 조치는 어떻게 가져가야 할까?

야구 규칙 5조 6항에 따라 1루 주자는 2루로 돌아가야 한다. 이때 주심 마스크에 박힌 공은 스트라이크 존을 통과했다고 주심이 판단했다면 볼카운트는 2B-2S가 된다. 관련 규칙 내용은 이렇다.

> 투구가 포수나 심판원의 마스크 또는 용구에 끼어 멈추었을 때에는 볼데드가 되고 모든 주자는 1개 루씩 진루한다.

야구 규칙에 심판원은 돌[石]과 같은 존재로 봐야 한다고 하지만, 장비는 다르다. 주심의 마스크 역시 경기규칙과 관련해서의 용도 변경은 유죄다.

BACK UP

지금은 국민감독 칭호를 듣는 김인식 감독이 OB 베어스를 맡고 있을 당시, 경기 전 포수 김태형에게 "써도 돼?"라고 물었다. 잔부상을 안고 있었던 김태형에게 오늘은 마스크를 쓸 수 있겠느냐고 물었던 것이다. 김인식 감독의 이 짧은 질문 한마디에 김태형은 적잖이 당황스러워하며 "저 …… 제가 중학교 이후로 써드는 해본 적이 없습니다"라고 대답했다. 이에 김인식 감독은 답답하다는 듯, 재차 물었다고 한다. "아니, 포수 마스크 쓸 수 있겠느냐고?" "……."

야구의 '포구', 그 알쏭달쏭한 원리

    선수와 일반인을 막론하고 대부분의 사람들이 처음 야구를 접할 때, 그 첫 경험은 흔히 캐치볼이라 불리는 공 주고받기로부터 시작된다. 야구용어로 설명하자면 일명 '포구(捕球)'다. 그런데 야구에서 기본 중의 기본이라 할 수 있는 이 포구의 인정 여부를 놓고 야구를 직업으로 삼는 프로야구에서조차 종종 옥신각신하는 상황이 일어나는 것을 보면, 기본이라고 포구를 쉽게만 볼 일은 아닌 듯싶다.

    2013년 8월 11일 잠실구장 두산과 LG 전에선 당시 두산의 포수였던 양의지의 포구 인정 여부를 놓고 두산 김진욱 감독이 직접 어필을 나온 장면이 있었다. 양 팀이 0 : 0으로 맞서던 7회 초 LG공격 1사 1, 3루 때, LG의 1루주자 김용의가 도루를 시도하다 런다운에 걸린 사이 3루 주자 이대형이 홈으로 돌진했고, 포수 양의지는 1루수의 송구를 받아 이대형을 태그한 뒤 공이 쥐어진 손을 높이 들어 보였지만 주심의 판정은 포구 불인정에 의한 주자 세이프였다. 타이밍상 아웃 가능성이 짙었던 장면에서 세이프 판정이 내려지자 김진욱 감독은 그라운드로 달려 나왔고, 포수 양의지도 분명한 태그였다며 주심에게 강력히 어필해 봤지만 판정은 달라지지 않았다.

어찌 된 일이었을까?

화면을 통해 확인된 상황을 보면 포수 양의지가 송구를 잡아 태그하는 과정에서 분명히 공은 미트 안에 있었지만, 고정되지 못하고 미트 밖으로 솟아오르며 완전한 포구가 이뤄지지 않았던 것이 보였다. 주심의 눈은 이를 정확히 꿰고 있었던 것이다.

야구 규칙상 포구(catch)의 정의는 비교적 간단하다. '타구나 송구를 손 또는 글러브로 확실하게 잡는 행위'로 묘사되어 있다. 메이저리그 규칙서 원문 표현에는 "in getting secure possession"이라고 명시되어 있다. 짐작되겠지만 이 규칙이 말하고자 하는 포구에 관한 핵심적 의미는 공의 소지가 아니라 '확실한 소지' 여부다. 이에 비추면 양의지의 태그 당시 포구는 공이 미트 안에서 놀고 있던 상태로서 확실한 소지가 아니었던 것이다. 야수가 슬라이딩 캐치를 시도할 때, 캐치 후 땅이나 펜스 또는 다른 야수와 충돌하는 바람에 공이 글러브 밖으로 빠져나왔을 경우, 이를 정당한 포구로 인정하지 않는 이유도 야수가 확실히 소지한 상태로 보지 않기 때문이다.

『윤병웅의 야구기록과 기록 사이』에서 이미 언급한 바 있지만 2010년 7월 롯데의 2루수 조성환이 파울플라이 타구를 열심히 쫓아가 슬라이딩하며 글러브 안에 집어넣는 데까지는 성공했지만, 슬라이딩의 여세로 글러브가 땅에 닿으며 공이 튕겨져 나오는 바람에 정규의 포구로 인정받지 못한 것도 확실한 소지 상태로 인정받지 못했기 때문이다.

한편 같은 해 롯데의 투수 송승준은 1루 땅볼 때 1루 베이스커버를 들어가는 과정에서 1루수였던 박종윤의 토스 송구를 한 번에 잡지 못하고 저글링 한 뒤, 오른쪽 팔꿈치와 옆구리 사이에 공이 들어가 끼이자 포구했다고 손을 들어 1루심에게 의사 표시를 한 적이 있다. 하지만 이 또한 정규의 포구로 인정받지 못했는데 이는 손이나 글러브를 이용한 포구가 아니라는 점 때문이었다. 포구 인정 상황에 관한 규칙에 따르면 포구는 손이나 글러브를 사용해 확실하게 잡아야 하고, 모자나 프로텍터, 주머니나 기타 유니폼의 다른 부분으로 공을 잡는 것은 정규의 포구가 아닌 것으로 규정한다.

다음은 일반 포구 형태보다 규칙이 조금 더 복잡한 파울 팁 포구에 관한 사례를 살펴본다. 2013년 8월 14일 문학구장 SK와 KIA의 경기, 이번에는 파울 팁 상황을 두고 KIA 선동렬 감독의 어필이 있었다. SK가 4 : 0으로 앞서던 4회 말, SK 정상호가 타석에 들어섰고 볼카운트 2B-2S에서 5구째에 그의 방망이가 돌았다. 방망이에 닿은 공은 KIA 포수 이홍구의 미트를 스쳐 지난 후, 다리 안쪽으로 사라져 버렸다. 화면상으로 공이 아직 땅에 떨어지지는 않은 상황이었다. 잠시 후 이홍구는 공을 꺼내 들고 타자의 삼진임을 주장했지만, 주심은 공에 흙이 묻은 상태인지를 잠깐 확인한 뒤 냉정하게(?) 파울볼로 선언했다. 땅에 공이 닿았다면 당연히 파울이지만 그렇지 않다면 규칙상 파울 팁 포구가 인정되는 상황이었다.

야구 규칙의 파울 팁에 관한 규정에는 "타구가 최초에 포수의 미트나 손에 닿은 뒤 튀어나가더라도 땅에 닿기 전에 잡으면 파울 팁이 된다"라고 명시하고 있다. 따라서 미트를 먼저 맞고 아직 땅에 떨어지지 않았다면 타자는 삼진으로 물러나야 하는 상황이었다. 그러나 파울 팁에 관한 판단은 시각적으로나 감각적으로 워낙 어려운 사안이고, 더욱이 포수에 가려 빗맞은 타구가 땅에 떨어졌는지 아닌지를 가려내기가 무척 어렵다는 점을 감안하면 KIA로서도 어쩔 수 없는 노릇이었다.

앞서 얘기한 대로 파울 팁 역시 범주상 포구에 속한다. 포수가 땅에 떨어지기 전에 잡은 공이 정당한 포구인지를 가려내는 일에 속하기 때문이다. 이 파울 팁 규정에서 우리가 가장 주목해야 할 부분은 최초에 포수의 손이나 미트에 공이 닿았는지 여부다. 방망이에 스친 파울 타구를 포수가 땅에 떨어지지 전에 직접 잡았다고 하더라도, 손이나 미트에 닿지 않고 프로텍터나 마스크 등에 먼저 맞아 튀어나온 공을 잡은 것이라면, 이때는 정규의 파울 팁이 되지 않는다. 즉 포구로 인정받을 수 없다.

그렇다면 처음에 포수의 손 혹은 미트와 닿고 안 닿고의 문제가 왜 이렇게 중요한 것일까? 이는 가능성에 관한 인정 문제다. 처음 파울 타구가 포수의 손이나 미트에 닿았다면 포수가 잡을 수 있는 기회와 가능성이 어느 정도 있었다고 간주해 주는 것이다. 아예 닿지 않은 경우를 포구 인정에서 제외하는 이유는 그 반대의 논리다.

2009년 준플레이오프 두산과 롯데의 잠실 경기에서 볼카운트 1B-2S 때 장성우(롯데)의 파울 팁 타구가 두산 포수 용덕한의 옆구리에 끼이며 아웃으로 인정된 바가 있는데, 당시 주심은 타구가 용덕한의 미트에 스친 뒤 옆구리에 끼인 것으로 간주, 타자의 아웃을 인정했었다. 만일 그때 파울 팁 타구가 처음 포수의 미트에 스치지 않았다면 장성우는 규정상 아웃이 아니다. 물론 파울 팁 타구가 직선으로 포수에게 가지 않고, 포수 머리 위쪽으로 솟으면 이때는 파울 팁이 아닌 파울플라이가 되어 일반 타구로 성격이 변질된다.

아주 단순할 것 같은 야구의 포구에는 이처럼 알쏭달쏭한 원리들이 숨어 있다. 간혹 포구 성공 여부를 놓고 벌어지는 논란의 해결책도 결국은 이 원리 안에서 찾아야 한다.

한 달 천하로 끝난
'뉴 트랜스퍼' 규정

2014년 메이저리그는 야구의 포구 인정과 관련된 논란을 줄이겠다는 명분을 담아 일명 '트랜스퍼(Transfer)' 규정을 마련하고 경기에 접목하려는 시도를 한 적이 있다. 새로 생긴 이 용어의 의미는 "글러브로 잡은 공을 다른 손으로 옮기는 동작까지의 일련의 과정"을 의미한다. 다시 말해 야수가 타자가 친 플라이 타구나 다른 야수로부터의 송구를 글러브로 잡고 난 이후, 다른 곳으로 송구하기 위해 공을 글러브에서 꺼내 던지기 직전까지의 연속된 과정이 트랜스퍼에 해당되는 것이다.

이와 관련된 규정은 이미 있었기에 트랜스퍼 규정 자체가 새로운 것은 아니었지만 문제는 그 내용이었다. 야수의 포구와 다음 송구 동작을 구분하지 않고 이를 통으로 묶어 하나의 플레이로 보겠다는 것이었다. 하지만 사무국이 야심 차게(?) 마련했던 이 새로운 트랜스퍼 규정은 불과 시행 한 달 만에 원천 무효라는 사형선고를 받고 역사 속으로 사라져야 했다. 앞서 말한 의미 설명에서 이미 짐작했겠지만, 이 규정은 현장의 정서와는 너무나도 동떨어져 있었다.

2014 시즌이 개막되고(3월 22일) 얼마 지나지 않은 시점인 4월 15일, 텍사

스 레인저스와 시애틀 매리너스의 경기에서 텍사스 론 워싱턴 감독은 심판의 트랜스퍼 규정에 근거한 판정 번복에 항의하다 퇴장을 당해야 했다. 시점은 텍사스가 0 : 5로 리드당하던 6회 초 수비였다. 1사 만루 위기에서 텍사스는 투수 페드로 피게로아가 땅볼을 잡고 홈에 던져 3루 주자를 먼저 포스아웃 시켰다. 이어 공을 받아든 포수 조너선 아렌시비아가 몸을 틀어 곧바로 1루 쪽으로 송구 동작을 취하려는 순간, 그만 공을 떨어뜨렸고 병살플레이 완성은 무산된 상황이었다.

그런데 이때 공격 측인 시애틀 감독이 나와 비디오판독을 요구했다. 트랜스퍼 규정이 적용될 수도 있는 가능성을 봤던 것이다. 잠시 후 판독 결과가 발표되었고, 그 내용은 3루 주자의 포스아웃 무효로 인한 시애틀의 득점 인정이었다. 아무리 비디오판독 결과라지만 이를 받아들일 수 없었던 텍사스 감독은 더욱 거칠게 항의했고, 결국 퇴장까지 가게 되었던 것이다. 결과적으로 새 규정의 첫 피해자가 된 론 워싱턴 감독은 경기 후 인터뷰에서 다음과 같이 말했다.

> 분명히 미트로 공을 잡은 상태였기에 홈에서 포스아웃이 맞다. 심판 판정은 존중하지만 포수가 1루 송구를 위해 볼을 미트에서 빼내려 하다가 공을 떨어뜨렸다고 해서 홈에서의 아웃 판정까지 뒤집힌 것은 참으로 이해할 수 없다.

이 규정에 관한 전체적인 이야기의 흐름을 알기 위해선 우선 이 트랜스퍼 규정의 주된 내용부터 살펴보는 것이 순서일 듯싶다. 메이저리그 사무국은 2014 시즌 개막을 앞두고 선수들의 포구와 이에 연계된 송구 동작과 관련해서 새로운 가이드라인을 공표했다. 우선 타구인 경우, 공을 잡은 야수가 바로 움직임을 가져가다 공을 손에서 떨어뜨리면 아웃으로 인정하지 않기로 규정했다. 예를 들면 외야수가 움직이는 과정에서 타구를 잡고 한

두 발 움직이는 사이 공을 떨어뜨리면, 완전한 트랜스퍼에 실패했다고 판단해 아웃을 인정하지 않는다는 것이다. 이전까지는 포구 후 다음 동작을 가져가기 위해 손으로 공을 빼내다 떨어뜨린 경우, '넥스트 플레이'로 간주되어 아웃 판정에는 영향이 없었다.

또한 야수가 글러브로 공을 잡은 뒤, 다음 송구를 시도하는 과정에서 공을 떨어뜨리면 이 역시 트랜스퍼에 실패한 것으로 간주, 완전한 포구로 인정하지 않기로 명시했다. 가령 병살플레이 시도 과정에서 일명 '피벗맨'이라 불리는 중간 연결수비 담당 야수가 송구를 받아 2루를 밟고 병살 완성을 위해 다음 송구 시도 동작을 하다 공을 떨어뜨리면, 이조차도 최초의 아웃을 인정하지 않는다는 것이 트랜스퍼 규정의 주요 골자였다.

하지만 그간 포구 후에 공을 떨어뜨렸더라도 그 낙구 상황이 포구와 연관성이 없는 제2의 플레이였을 경우엔 이를 포구로 인정하는 정서 속에서 야구를 해왔던 선수들로선 너무나 낯설고 어색한 규정이었다. 트랜스퍼 규정이 도입된다는 뉴스만으로도 거부감이 있던 터인데 실제 경기에서 마침내 이 규정이 적용되자 선수와 코칭스태프의 반발은 더욱 심하게 일었다. 이 규정에 대한 걱정은 기우가 아니라 현실임이 곧바로 눈으로 확인된 것이다.

그리고 4월 20일 또 한 번 풍파가 일었다. 보스턴 레드삭스와 볼티모어 오리올스전에서 트랜스퍼 규정이 승패를 가르는 사실상의 분수령이 된 사건이었다. 볼티모어가 5 : 3으로 앞서던 7회 말 수비 때 1사 1루 상황이었다. 땅볼을 잡은 볼티모어의 투수 잭 브리튼은 병살을 노리고 2루로 공을 던졌다. 베이스커버를 들어온 피벗맨 유격수 라이언은 글러브로 이 공을 잡았고, 이후 1루 송구를 위해 글러브에서 손으로 공을 빼내는 순간 공을 떨어뜨리고 말았다. 예전 같았다면 1루 주자의 포스아웃은 인정을 받았겠지만, 이날은 그렇지 못했다. 트랜스퍼 규정이 적용되었고 심판은 2루에서 세이프를 선언했다. 이후 볼티모어는 연속 안타를 내주며 동점을 허용했고, 9회 말 끝내기 희생플라이를 맞아 결국 5 : 6으로 경기를 보스턴에 내주고 말았다.

논란 속에 종료된 이날 경기는 트랜스퍼 규정에 문제가 많다는 여론을 증폭시키는 계기가 되었고, 언론은 선수들 편에 서서 힘을 실었다. 상황이 이쯤 되자 문제의 심각성을 느낀 사무국은 약 1주일 쯤 흐른 4월 26일, 새로운 트랜스퍼 규정을 무효로 하고 예전의 트랜스퍼 규정으로 환원한다는 결정을 어쩔 수 없이 내렸다. 새롭게 도입된 규정이 채택 한 달 만에 전격 폐지의 길을 걸은 것이다.

그러면 이 새로운 트랜스퍼 규정이 왜 위험한 결정이었는지를 들여다보는 것으로 이야기를 마무리 짓도록 한다. 새로운 트랜스퍼 규정 도입이 발표된 순간부터 반발은 이미 예상되었던 일이다. 플레이에 대한 선수들의 익숙함 여부는 차치하고, 규정이 내포한 허점을 역이용하는 비신사적 플레이가 발생할 수 있기 때문이다. 야수가 공을 잡고 나서 이동 간에 글러브에서 공을 빼내다 놓치는 장면을 불완전한 포구로 간주하면 이로 인한 복잡한 상황들이 연쇄적으로 일어날 수 있다. 이해를 돕기 위해 무사나 1사 때 주자 1, 2루 상황을 놓고 가정해 보자. 외야수가 플라이 타구를 잡고 나서 앞으로 걸어 나오며 공을 빼내다 떨어뜨린 상황을 완전 포구로 인정을 하지 않게 되면, 누상의 주자들은 다음 누를 향해 반드시 이동해야 한다. 타구가 땅볼로 성격이 변했기 때문이다. 플라이 타구로 판단해 스타트를 끊을 수 없었던 주자들은 뒤늦게 진루를 시도할 수밖에 없게 되고, 외야수는 이러한 상황을 역이용해 공을 일부러 떨어뜨리는 방법으로 묶여 있던 누상의 주자들을 포스아웃 시키며 더블플레이를 만들어낼 수도 있게 되는 것이다.

야구 규칙은 선수들의 페어플레이를 권장하고 보호하는 방향으로 진화를 거듭해 왔다. 수비수들이 비신사적인 꼼수를 부려 공격 측 주자를 두 명 이상 잡아내는 것을 방지하기 위해 그간 스트라이크아웃 낫아웃 규정을 비롯한 인필드 플라이와 고의낙구 규정 등, 정정당당한 플레이를 유도하기 위한 장치들을 지속적으로 마련해 왔다. 그러한 정서는 큰 흐름이었다. 이에 비추면 2014년에 잠시 얼굴을 내밀었다 사라진 뉴 트랜스퍼 규정은 야구 경기의 본질을 심하게 흔들 수도 있었던 위험천만한 발상이자 규정이었다고 하겠다.

이러쿵저러쿵,
채태인의 주루 포기

야구에서 종종 일어나는 규칙에 얽힌 해프닝들은 나름대로 공식들이 있다. 아웃카운트를 착각했다든지, 주자 상황을 엉뚱하게 파악했다든지, 볼카운트를 잘못 알고 있었다든지, 야수의 포구 상황을 제대로 보지 못했다든지 하는 식이다. 그리고 그러한 상황들에 대한 후속 조치는 누 공과나 추월 등, 그에 맞은 규칙을 찾아 착착 옷을 입히면 깔끔하게 정리되는 것이 일반적이다. 그러나 2018년 6월 3일, 사직구장 롯데와 한화전에서 나온 롯데 채태인의 주루 포기 아웃을 둘러싼 복잡한 상황들은 분분한 해석을 남기고 나서야 가라앉을 수 있었다.

상황 속으로 먼저 들어가 보도록 한다. 0 : 0 이던 2회 말 롯데 공격이었다. 주자 상황은 무사 1루였고 주자는 채태인이었다(엉뚱하고도 재미진 플레이가 잦은 편인 채태인인지라 이름만으로도 벌써 기대가 된다). 이때 타석에 들어선 롯데의 외국인 선수 앤디 번즈가 때린 빗맞은 플라이 타구는 어정쩡하게 2루수 정은원(한화)을 향해 날아갔다. 이 상황에서 정은원은 타구를 곧바로 잡을 수 있었지만 기다렸다. 1루 주자가 스타트를 끊기 어려운 타구였기에 일부러 땅에 떨어지기를 기다렸던 것이다. 속내는 타자주자와 1루 주자를 한꺼번에 잡아내려는 심산이었다. 의도대로 정은원은 원 바운드, 일명 '따닥' 포구를 시도했다. 그리고 글러브에 들어온 공을 꺼내 짐짓 2루 쪽으로 송구를 할까 하다 그렇게 하면 타자주자를 1루에서 잡기 어렵다는 판단에 얼른 1루 쪽으로 방향을 바꿔 송구를 했다. 그러나 죽어라 열심히 뛰어온 번즈는 이미 1루를 통과한 뒤였다. 1루심의 판정도 세이프, 문제는 여기서부터 꼬이기 시작했다.

1루 주자 채태인이 무슨 이유에선지 1루를 떠나 더그아웃 쪽으로 걸어가기 시작했다. 추측하건대 자신이 1루로 돌아가고 있던 상황이라 번즈가 친 공이 2루수에게 곧바로 잡힌 것으로 판단, 송구가 1루로 날아오자 자신도 리터치 위반으로 함께 아웃된 것으로 상황을 인식한 모양이었다(이것 말고는 누 이탈은 해석이 불가능한 장면이다). 더그아웃을 향해 무심히 걸어가던 채태인은 이상한 기류를 느꼈는지 힐끗 뒤를 돌아보았지만 그걸로 끝이었고 1루로 복귀하려 들진 않았다.

한편 채태인의 이러한 동선에 어찌할 바를 모르고 당황한 사람들은 또 있었으니, 한화의 야수들과 심판들 역시 심상치 않게 꼬여가는 상황에 눈치를 보며 머리를 열심히 굴려야 했다. 그러던 찰나 덩달아 평정심을 잃어서였을까? 한화의 1루수가 투수에게 얌전히 건넨 공이 그만 뒤로 빠지자 번즈는 이사이 비어 있는 2루를 파고들었다. 한화의 야수들은 타임을 외쳤고 심판들은 한자리에 모일 수밖에 없었다. 그림은 여기까지다.

먼저 채태인의 1루 무단이탈 건부터 정리해 보자. 번즈의 타구가 땅에 떨어진 순간부터 채태인의 주자 신분은 포스 상태의 주자였다. 다시 말해 1루를 비워주고 무조건 2루로 뛰어가야 하는 주자였다(그러나 직접 잡은 것으로 오판한 채태인은 2루로 뛰지 않았다). 2루수로부터 1루수에게 공이 전달되고 타자주자 번즈가 1루에서 세이프 판정을 받은 순간, 채태인은 늦었더라도 2루로 다시 뛰었어야 했다. 1루의 주인은 자기가 아니라 이젠 번즈가 되었기 때문이다. 그러나 2루로 뛰는 대신 채태인은 더그아웃 방향으로 걸어갔다. 이것은 이유가 뭐였든 주루 포기에 해당된다. 수비를 방해할 목적으로도 간주될 수 있기에 주자 아웃이다.

다음은 한화 야수들의 대응이다. 결과적으로 공을 받아 든 1루수 이성열이 채태인을 태그라도 했으면 그 자리에서 바로 아웃이 되어 상황이 깔끔하게 정리될 수 있었지만, 1루수도 그렇게 하지 않아 상황이 더욱 꼬였다고 볼 수 있다. 또한 심판진 역시 보기 드문 상황하에 채태인에 아웃 선언을 빨리 내려주지 못한 부분도 한화 야수들의 엉거주춤 플레이를 부른 측면이 있다.

그러면 번즈의 2루 진루 과정에는 문제가 없었을까? 채태인에게 주루 포기로 아웃이 선언됐든 안 됐든 상황 자체는 볼데드가 아니라 볼 인플레이 상황이다. 선수는 물론 심판 그 누구도 타임을 요청하거나 선언한 적이 없다. 그라운드엔 그저 눈치 싸움만 흘렀다. 따라서 채태인의 행동과 관계없이 야수들은 정상적인 플레이를 가져갔어야 했다. 영문을 몰라 우왕좌왕하다 공을 놓친 사이에 비어 있던 2루를 파고든 번즈의 플레이는 합법적이다.

그런데 이날 번즈의 1루에서의 주루플레이를 놓고 전혀 생각지도 않았던 이의 제기가 한 가지 날아들었다. 추월로 간주해 번즈도 아웃으로 볼 수 있지 않겠느냐는 질문이었다. 채태인이 1루를 버리고 더그아웃으로 향한 순간, 그의 동선이 타자주자 번즈와 교차되는 그림으로 보인 데서 나온 의혹이었다. 그러나 주루규칙 정서상 추월은 성립이 어려웠다. 1루 주자 채태인은 1루를 떠나 홈 쪽이든 더그아웃 쪽이든 법적으로 갈 수가 없는 주자였다. 추월은 주자플레이가 가능한 지역 안에서 주자들 서로 간의 위치가 바뀌었을 경우에 적용된다. 또한 번즈의 1루로의 전력 질주 역시 앞 주자에 대한 추월이 성립될 수 없다. 2루나 3루와 달리 1루는 타자주자가 바로 되돌아오는 것을 전제로 오버런이나 오버슬라이딩이 허용되는 곳이다. 이는 플레이 특성상 타자주자가 전력으로 뛰어가다 정확히 1루에서 딱 멈출 수 없기 때문에 묵인해 주고 있는 부분이다.

만일 번즈에게 추월아웃이 성립되려면 그림이 약간 달라야 한다. 채태인이 주루 포기 없이 1루에 그대로 서 있고, 1루를 지나쳤던 번즈가 연이어 2루를 향해 진루하려는 시도나 몸짓을 보였다면 추월 적용이 가능할 수 있다. 그렇게 된다면 번즈는 추월아웃이고 1루에 서 있는 채태인은 아웃이 아니다. 뒷 주자 번즈가 아웃되어 채태인이 1루를 비워주지 않아도 되기 때문이다(단 추월아웃과 더불어 채태인이 1루를 밟지 않고 떨어져 있다가 야수에게 태그까지 당했다면 이때는 채태인도 아웃이다). 반면 채태인에게 주루 포기로 아웃이 먼저 인정된 상황이라면 설령 번즈가 1루를 지나 2루로 진루하려는 의도를 보였다 하더라도 앞 주자 채태인이 이미 아웃되고 없기에 추월은 성립이 되지 않는다.

이날 채태인의 돌발성 플레이를 둘러싼 규칙적 논쟁은 이 정도로 정리해 볼 수 있겠다. 단지 아웃된 것 같아 몇 걸음 걸었을 뿐인데, 파장은 이처럼 복잡하고 어수선하다. 야구 규칙은 단순한 직선이 아니라 복잡한 그물형 구조를 가지고 있다. 상황은 한 가지인데 규칙적으로 걸리는 부분은 이곳저곳 여러 곳이다. 선수들의 본헤드 플레이나 심판, 기록원들의 엉뚱한 판정 역시 처음에는 이해가 안 되지만, 파고들면 이러한 구조에 기인하는 경우가 많다. 야구는 파고 또 파도 난제가 계속 나온다. 바닥이 없다. 그래서 어렵다.

또 하나의 굴레 규정,
세모표

메이저리그에도 일본프로야구에도 없는 KBO리그만의 독특한 선수 출장 규제 규정이 하나 있다. 바로 세모(△)표다. 이는 2004년 각 팀의 1군 현역 등록선수 26명 중 두 명에 한 해 당일 경기에 출장할 수 없도록 제한하면서, 매 경기 해당 선수 두 명의 이름 옆에 그려 넣도록 만든 표식이다. 따라서 팀은 경기 전 반드시 세모표에 해당하는 선수를 오더지에 체크한 후 제출해야 했는데, 세월이 흘렀어도 여전히 적응이 안 되는 것인지, 이 세모표 규정은 아직도 이런저런 해프닝들을 일으키며 기록원들을 자주 긴장 속으로 몰아넣곤 한다.

이 규정을 채택한 궁극적인 이유는 경기의 스피드 업을 위해서였다. 팀이 경기에 출장시킬 수 있는 선수에 일부 제한을 두어 잦은 선수 교대로 인한 경기 늘어짐 현상을 막아보려는 취지로 마련된 규정인 것이다. 과거 일부 감독들이 잦은 투수 교체를 전술로 사용하면서 그로 인한 경기 지연 시간이 늘어나자, 이에 대해 브레이크를 걸 필요성이 대두되었고, 그래서 고안해 낸 것이 일부 등록선수의 강제 결장이었다. 이를 직역하자면 스스로 절제하지 못하니 법을 통해 강제로라도 막겠다는 취지였다.

그런데 이 세모표 규정은 오더 제출 단계에서부터 삐걱대는 일이 잦다. 이는 규정에 대한 취지 이해 부족과 세부 내용에 대한 숙지 미숙이 원인으로, 세모표의 숫자를 칠 인원수부터 헷갈려들 한다. 2020년 기준으로 팀당 현역 등록선수 숫자는 28명까지 늘어나 있는 상태다. 하지만 몇 명까지 늘었든 그 숫자가 모두 채워진 상태라면 세모표를 그려 넣어야 하는 선수는 기본적으로 팀당 두 명이다. 특정 팀의 현역 등록선수 숫자 자체가 최대치에서 한 명이 부족한 상태(28명까지 가능할 경우, 27명만 등록된 상태)라면 세모표 역시 한 명만 정하면 된다.

만일 특정 팀의 현역 등록선수 숫자가 최대치에서 두 명 이상 부족한 상태라면 그 경기에서 그 팀은 세모표 없이 오더를 제출할 수 있다. 역으로 생각하면 쉽다. 세모표 숫자 자체는 중요하지 않다. 세모표에 구애받지 않고 그날 경기에 뛸 수 있는 선수 숫자는 '등록선수 최대치 -2'다. 하지만 이런 규정에 익숙하지 않은 팀들은 현역 등록선수 숫자가 최대치를 채우지 않은 상태임에도 불구하고 세모표는 두 개를 꼬박꼬박 체크해서 제출하기도 한다. 이런 경우엔 경기가 연장전으로 가는 등의 이유로 종반에 기용 선수수가 급격히 많아질 경우, 불필요했던 세모표가 족쇄가 되어 해당 팀의 선수 운용상 불리함으로 작용할 수도 있다. 따라서 팀 기록원에게 규정에 대한 조언을 해주기도 하는데, 그럼에도 현장의 혼선은 여전히 남아 있다.

하지만 경기 시작 전에 발견되는 이러한 혼선들은 기록원들의 출전 선수 명단 대조 작업을 통해 조기에 발견되기에 큰 문제를 일으키지는 않는다. 2004년 5월 11일 한화와 삼성전(대전구장)에서는 한화의 더그아웃 기록원이 선발투수로 예고한 송진우 선수에게 덜컥 세모표를 해가지고 오더를 제출한 적이 있다. 공식기록원이 대조 작업 중 이를 발견하고 삼성에 양해를 구하는 절차를 통해 이를 정정하느라 기록원과 심판진이 양 팀 더그아웃을 분주하게 오가야 했는데, 역시 경기 시작 전이라 사고로까지 이어지지는 않았다. 이날 예정대로 선발 등판한 송진우는 7이닝을 던지며 승리 투수가 되었다.

　반면 정작 문제는 경기 시작 후가 된다. 세모표 선수는 출장할 수 없는 신분의 선수지만 경기가 과열되거나 팀의 경기 운용이 급박해질 경우, 사고가 날 수 있는 여지를 얼마든지 품고 있다. 그리고 그러한 조짐은 규정 채택 첫해부터 기어이 사고를 일으키고 말았다.

　2004년 5월 22일 한화와 KIA의 대전구장 경기였다. 3 : 3 동점이던 12회 말 2사 1, 2루 상황에서 2번 대타 외국인 선수 엔젤 페냐(한화)가 볼넷을 얻어 나가며 만루가 되자, 한화의 유승안 감독은 발이 느린 엔젤을 대신해 1루에 대주자를 기용하면서 투수로 등록되어 있던 김해님을 내보냈다. 연장전까지 경기가 이어지며 이미 야수들을 모두 쓴 상태라 가용 자원이 더 이상 남아 있지 않았던 한화로선 어쩔 수 없는 선택이었다. 그런데 이 선택이 사고로 이어진 것은 김해님의 신분 때문이었다. 김해님은 이날 26명의 현역 등록선수 명단에는 들어 있었지만 당일 출장할 수 없는 세모표 신분의 선수였음이 뒤늦게 발견되었던 것이다. 이로 인해 한화의 유승안 감독은 물론이고 이를 제지하지 못한 당일 심판진과 공식기록원에까지 징계가 이어졌고, 공식적인 징계 대상으로 거론되지는 않았지만 더그아웃 내에서 이 부분을 체크하지 못한 한화의 팀 내 기록원 역시 한동안 고개를 숙이고 다녀야 했다.

　한편 2013년 6월 26일 역시 한화와 삼성전(대전구장)에선 또 한 번 세모표 규정으로 심판과 기록원들이 놀란 가슴을 쓸어내려야 했던 해프닝이 있었다. 이날 8회 초 한화의 좌완 윤근영은 구원투수로 마운드에 올랐다가 세모표에 해당되는 선수임이 발각되어 공을 한 개도 던지지 못하고 도로 마운드를 내려가야 했다. 만일 윤근영이 등판 직후, 심판이나 기록원의 제지 없이 투구를 시작했다면 또 한 번 많은 사람들이 단두대에 서야 했을 아찔한 장면이었다. 그런데 재미있는(?) 것은 세모표 관련 해프닝 이야기를 잇고 보니 한결같이 한화가 연루되어 있고 모두 대전구장에서 생겨난 일이라는 점이 특이하다. 공식기록원에게 대전구장의 한화 오더지는 일종의 지뢰밭이었던 셈이다.

이처럼 일련의 해프닝들을 겪으며 예방주사를 제대로 맞은 세모표 규정은 이후 기록원들에 면역력 증대 효과를 불러왔고, 그 덕분에 더는 큰 사고로 이어지지는 않았지만 가슴 뜨끔한 순간들마저 아예 사라진 것은 아니다. 2019년에는 경기 중 갑자기 현재 경기에서 던지고 있는 투수가 세모표 신분의 선수라는 청천벽력 같은 지적을 관계자가 전달해 와 기록원의 머리털이 있는 대로 곤두선 일이 있었다. 포항구장에서 있었던 일로, 내막은 전날 경기에서 세모표로 되어 있던 오더 용지가 폐기되지 않고 테이블에 그대로 놓여 있던 것을 관계자가 날짜 확인 없이 오늘자 오더지로 믿고 급히 알려온 것이었는데, 지금 생각해도 아찔한 순간이었다. 만일 실제 현실이었다면 등판 중인 투수는 바로 경기에서 물러나야 한다. 신분상 일종의 부정선수이기 때문이다.

돌아보면 처음 이 세모표 규정을 도입할 당시에 비해 이제는 세월도 상당히 흘렀고, 야구를 운용하는 감독들의 성향이나 면면에도 많은 변화가 있었다. 아울러 경기마다 세모표를 그려오긴 하지만 그 대상자는 대부분 전날과 다음 날의 선발투수들 일색이다. 굳이 세모를 그려 넣지 않더라도 당일 경기에 뛸 가능성이 제로에 가까운 선수들로, 출전선수에 제약을 두려는 규정 목적상 실효성도 거의 없는 것이 현실이다. 더욱이 규칙적으로 메이저리그는 2020년 구원 투수가 마운드에 오를 경우, 세 명 이상을 상대해야 투수를 교체할 수 있다는, 이른바 '원포인트 릴리프 금지규정'을 들고 나오기까지 했다. 이러한 시대의 흐름에 비추어 생각해 볼 때, 우리만의 세모표 규정은 그 취지와 명분에 있어 이젠 힘이 상당 부분 떨어진 상태다.

이런 배경을 감안한 때문인지 KBO리그는 2010년대 후반부터 이 세모표 규정을 포스트시즌 경기 규정에서 제외하기 시작했다. 어쩌면 머지않은

出 場 選 手 名 單

위치	성명	번호	출장	위치	성명	번호	출장	위치	성명	번호	출장	위치	성명	번호
수석	김태한	82	○	투수	윤성환	1		"	이수민	61		내야	성의준	3
코치	김상진	80	○	"	우규민	2	△	"	김시현	67	12	"	김성훈	
'	신동주	70		"	정인욱	11		"	임대한	93	13	"	조동찬	
	김 호	81	○	"	장원삼	13	2	"	이재익	102		"	김상수	
	김재걸	73	○	"	신용운	15		"	백종헌	109		"	강한울	
	이윤호	72		"	심창민	18	3	"	김 찬	111		"	차화준	
	리자와	83	○	"	김대우	19		"	류현동	117		"	김정	
	현욱	99		"	김현우	20		"	문용익	119		"	이원	
	사카	71		"	최지광	21	△	"	김성한	123		"	최영	
	원	90		"	레나도	23		"	윤대경	124			이	
	준	84		"	장필준	26								

미래엔 정규리그에서도 세모표 규정은 딱딱히 굳은 우리만의 화석 규정이 되어 사라질 수도 있는 일이다. 그리고 이는 심판이나 기록원 모두 원하는 바이기도 하다. 안 그래도 도처에 야구 규정이 파놓은 덫과 함정들이 널려 있는 마당에 우리나라에만 존재하는 덫이나 함정은 더더욱 달가울 리 없다. 아무튼 KBO리그만의 세모표 규정이 크레바스처럼 입을 벌리고 살아 있는 한, 기록원들에게 가슴 뜨끔한 순간들은 여전히 현재진행형이다.

'헤드샷' 자동 퇴장 규정의 웃픈 자화상

규칙에 열거된 투수의 반칙 행위 중 가장 위험한 것은 '빈볼(Beanball)'로 불리는, 타자를 고의로 맞히려는 투구 행위다. 이러한 행위가 경기 중 발생되면 심판은 해당 투수는 물론이고, 상황이 심각할 경우엔 해당 팀 감독도 퇴장시킬 수 있도록 명문화하고 있다. 아울러 그 부분이 타자의 머리 쪽일 경우에는 관련 조항을 더욱 엄격히 적용해야 함을 강조한다. 그런데 이 규칙에 덧붙여 KBO리그에서는 투수의 투구가 타자의 머리에 맞게 될 경우, 고의 여부와 관계없이 투수를 자동으로 퇴장시키는 일명 '헤드샷 (Headshot)' 규정을 2004년 처음 채택한 바 있다. 이 규정은 지금도 미국은 물론이고 일본리그에서도 채택하고 있지 않은 KBO리그만의 독특한 규정 중 하나다.

헤드샷 자동 퇴장 규정이 없었던 시절에는 주심이 주관적으로 판단해 고의가 아닐 경우 우선 1차 경고를 준 뒤, 반복될 경우 퇴장을 선언하는 것이 관례였다. 물론 전적으로 고의일 경우에는 경고 없이 곧바로 퇴장을 선언했다. 그러나 주심이 빈볼로 간주해 투수를 퇴장 조치할 때마다 감독의 거센 항의로 경기가 중단되고, 때론 감독이나 코치의 추가 퇴장 사태로까지 번지는 등, 빈볼 퇴장 선언에 따른 후유증은 상당히 큰 편이었다. 따라서 선수 보호 측면 외에 이러한 부작용과 분쟁의 싹을 자르고자 KBO리그에서는 아주 간단명료하게 타자 머리에 투구가 닿으면 이유를 불문하고 투수를 자동 퇴장시킬 수 있도록 법제화했던 것이다. 그런데 이러한 규정이 마련되면서 퇴장을 둘러싼 분쟁은 확연히 줄어들었지만, 반대급부로 야구팬들은 그동안 볼 수 없었던 낯선 장면을 줄지어 만나야 했다.

2004년에 제정된 이 헤드샷 자동 퇴장 규정이 적용되며 만들어낸 갖가지 풍경 중 가장 인상적인 장면은 같은 해 8월 31일 KIA의 외국인 투수였던 훌리오 마뇽의 퇴장이었다. 그는 사직구장 롯데전에서 선발로 나왔다가 1회 말 1번 타자 김주찬(롯데)을 상대하던 중, 불과 3구만에 타자의 헬멧에 맞는 투구로 퇴장을 당해야 했다. 갑작스러운 선발투수의 예상치 못한 돌발 사태에 KIA는 허둥지둥 다음 투수 김진우를 급히 마운드에 올려야 했고, 준비가 전혀 안 되었던 김진우는 불펜에서 한참을 몸을 풀고 나서야 마운드에 오를 수 있었다.

이 외에도 타자의 목덜미에 맞은 것을 머리 부분에 맞은 것으로 간주해 투수를 자동 퇴장시킨 주심의 판단에 과연 어디까지를 사람의 머리 부위로 볼 수 있는지에 대한 의학적(?)인 논란이 일었는가 하면, 투구를 피하려다 공이 배트에 스친 뒤 헬멧에 닿은 타자(파울볼임)를 순간적인 판단이 어려워 사구로 오인, 그대로 투수를 자동 퇴장 시키는 등, 사구 자동 퇴장과 관련한 많은 해프닝들이 시행 첫해부터 잇달아 속출했다. 특히 이 기간 LG의 서승화는 무려 세 번이나 자동 퇴장을 당하며 빈볼 퇴장 투수의 대명사로 이름을 날리기도 했다.

한편 현장 상황이 이렇게 돌아가자 KBO는 이듬해인 2005년 헤드샷 자동 퇴장 규정의 시행을 전격 폐지하기로 했지만, 이 규정이 남긴 후유증은 다소 얼마간 더 이어지기도 했는데, 2005년 3월 시범경기에서 LG 서승화는 또 한 번 자동 퇴장을 당할 뻔한 일을 겪었다. 그는 대구구장 삼성전에서 변화구를 던지려다 공이 손에서 빠지며 양준혁(삼성)의 머리를 맞히는 투구로 또 한 번 퇴장을 선언당해 마운드를 내려왔지만, 이후 이순철 감독(LG)의 항의로 퇴장 선언이 무효 처리되며 다시 마운드로 돌아온 일이었다. 이는 헤드샷 자동 퇴장 규정이 폐지된 것을 깜박한 주심의 순간 착각이 빚은 풍경이었다.

이후 2013년까지 KBO리그에서 자취를 감춘 채 완전히 사라졌다고 생각됐던 이 자동 퇴장 규정은 2014년 시즌을 앞두고 전격 부활의 길을 걸었다. 2013년 9월 8일 LG와 삼성 전(잠실구장)에서 6회 초 LG 외국인 투수인 레다메스 리즈가 던진 강속구에 삼성 배영섭이 머리를 맞고 큰 충격을 입는 사건이 벌어지면서 선수 보호 필요성의 명목 아래 헤드샷 자동 퇴장 규정이 다시 수면 위로 떠오르게 되었던 것이다. 이는 속칭 '리즈 룰'이었다. 다만 2004년 채택했던 규정과 다른 점이 하나 있다면 타자의 머리를 맞춘 투구의 구종에 제한을 둔 것이었다. 과거 규정은 투수가 던진 구종을 가리지 않고 자동 퇴장을 적용했지만, 2014년판 규정엔 이를 투수의 직구로 제한을 두었다. 과거 상대적으로 데미지가 적은 변화구를 구사하다 공이 손에서 빠지며 어이없는 퇴장으로 이어졌던 일들은 막겠다는 의지였다. 그러나 직구로 제한을 건 2014년판 규정 역시 웃픈 장면들을 막기에는 한계가 뚜렷했다.

2019년 5월 18일 SK의 박종훈은 두산전(문학구장) 1회 초에 4번 타자 김재환(두산)을 상대하던 중, 15구만에 헤드샷 퇴장을 당하며 역대 최초 1회 초 선발투수 자동 퇴장이라는 새로운 역사를 썼다. 갑작스러운 돌발 상황을 만나 2사 1, 2루에서 마운드를 이어받은 이승진은 올라오자마자 곧바로 오재일에게 3점 홈런을 얻어맞았다.

또한 2018년 8월 4일 두산의 세스 후랭코프는 광주 KIA전에서 1회 말 1번 타자 로저 버나디나(KIA)를 맞아 2구째 만에 머리를 맞춰 역시 조기에 마운드를 내려와야 했다. 이들 외에 조기 자동 강판 역사의 백미(?)는 삼성의 서동환에 의해 쓰였다. 비록 선발투수는 아니었지만 삼성의 서동환은 2014년 4월 13일 한화전(대전구장)에서 22 : 1로 앞서던 7회 말 구원투수로 등판했다가 초구가 장운호(한화)의 머리에 맞는 바람에 역대 최소 투구 수 자동 퇴장이라는 진기록을 새겨야 했다.

하지만 어느 정도 선수 운용에 여유를 부릴 수 있는 정규리그와 달리 포스트시즌에서의 자동 퇴장은 더욱 큰 파장을 불러왔다. 2014년 10월 19일 NC와 LG의 준플레이오프 1차전(마산구장)에서 LG 선발 류제국은 5회 초까지 8 : 1의 리드를 등에 업고 4이닝 동안 4피안타 1실점의 호투(투구 수 61개)를 펼치고 있었다. 그러나 5회 말 NC 선두타자 모창민을 향해 던진 공이 그만 타자의 헬멧 앞쪽 챙 부분을 살짝 스치면서 허탈한 웃음 속에 자동으로 마운드를 내려와야 했다. LG 양상문 감독은 그라운드로 나와 이 상황에 대해 주심에게 아쉬움을 표했지만, 결과는 돌이킬 수 없었다.

이러한 헤드샷 자동 퇴장 규정은 처음 시행을 앞두었던 2004년과 재차 채택이 되었던 2014년 두 번 모두 현장 지도자들의 발의로 현장에 접목된 것이지만, 시행 확정 당시부터 이미 여러 문제점이 제기되었던 사안이다. 정규리그야 그렇다 치더라도 만일 한국시리즈와 같은 비중이 높은 경기에서 제1선발인 에이스가 시작하자마자 불운하게도 헤드샷으로 자동 퇴장을 당했다고 가정해 보자. 해당 팀은 시리즈에 대비한 투수 운용 계획의 전면 수정이 불가피할 뿐만 아니라, 그동안 준비해 온 최상의 전력을 제대로 가동해 보지도 못하고 패권을 허무하게 넘겨줄 수도 있는 일이다.

이 규정에 담겨 있는 의미를 모르는 것은 아니다. 하지만 어차피 야구는 투수가 타자를 향해 딱딱한 공을 던져야 플레이가 시작되는 경기다. 선수 보호라는 명분을 지닌 헤드샷 규정이 있다손 치더라도 투구에 타자가 맞는 상황을 원천적으로 막을 수는 없는 경기 구조인 것이다. 또한 자동 퇴장 규정은 선수들의 최선의 플레이에 일정 부분 제약을 가한다. 투수가 퇴장을 의식한 나머지 과감한 몸 쪽 승부를 주저하는 현상이 나타나고 있다. 규정이 경기에 도움을 주는 것이 아니라 방해 요소로 작용하고 있는 것이다.

　그리고 무엇보다 이 규정이 지닌 문제의 본질을 꼽자면 퇴장 조치가 내려졌을 때 이를 받아들이는 선수와 팬들의 반응이다. 고의가 아니었기에 선수들 스스로 당황하는 모습들이 역력하다. 일반적인 빈볼 상황과는 차원이 다른 문제다. 아울러 팬들 역시 납득하기 어려운 상황에 황당한 표정을 숨기지 못한다. 순수한 경기력으로 승부가 판가름 나는 모습을 보기 위해 찾아왔는데, 외적인 규정에 의해 전혀 엉뚱한 방향으로 승부의 추가 기울다 보니 선수들 못지않게 팬들 또한 당황스럽기는 매한가지다.

　아무튼 이 규정 덕분에 심판원은 고의성이 있었는지 없었는지를 가리기 위해 애를 쓰지 않아도 되었고, 빈볼 시비에 휘말릴 가능성도 현저히 낮아졌다. 그러나 그러한 일 처리의 편리함이 선수의 황당함 섞인 불이익 위에서 얻어지는 것이라면 한 번쯤 다시 돌아볼 볼 필요가 있다고 여겨진다. 또한 선수 보호를 명분으로 자동 퇴장을 요구하는 현장의 목소리를 반영한 결과가 또 다른 측면으로의 억울한 선수를 낳는 원인이 되고 있다면 이 역시 가벼이 볼 일은 아니다.

　스포츠는 정정당당한 대결을 모토로 하고, 팬들은 그것을 원한다. 그리고 심판들은 그러한 대결이 가능한 환경을 만들기 위해 노력한다. 그러나 몇 번을 생각해 봐도 헤드샷 자동 퇴장 규정은 이러한 요구에 역행하는 구조를 가졌다. 더욱이 프로스포츠라면 새로운 규정을 채택할 때 제일 먼저 고민해야 할 것은 그 규정이 스포츠의 본질을 더욱 잘 살릴 수 있는 것인지를 따져보는 일이다. 도입을 원하는 코칭스태프든, 운영을 담당하는 심판이든 선수가 아닌 일하는 사람들의 편리성이 제1 옵션이 되어서는 곤란하지 않을까 싶다.

야구의 미운 오리새끼, 희생플라이

야구기록에서 통칭 희생타로 불리는 항목에는 두 가지가 있다. 하나는 희생번트이고 하나는 희생플라이다. 이 두 가지 기록의 공통점은 무엇보다 주자의 안전한 진루를 전제로 한다. 익히 알다시피 희생번트는 타구가 멀리 구르지 않도록 힘을 죽여서 보낸 타구를 말한다. 타자로서는 제대로 된 타격 기회를 포기하고 주자를 안전하게 다음 누에 보내기 위해 스스로를 희생했다고 해서 희생타라는 기록이 주어진다. 그러나 희생번트와 달리 희생플라이, 줄여서 희비(犧飛)에 대해선 사람들은 언제나 의구심을 가지고 있는 듯하다. 있는 힘껏 쳐서 멀리 날려 보낸 타구를 과연 어떤 측면에서 타자가 희생했다고 볼 수 있는 지에 대한 궁금증이다.

희생번트는 아무 주자나 위치에 관계없이 다음 누로 진루를 시키면 희생타의 기록이 주어진다. 반면 희생플라이는 기록 인정 환경이 매우 제한적이다. 타자의 플라이 타구를 이용해 주자가 득점에 성공했을 때에만 희생타로 인정을 받는다. 특별한 경우도 있지만 대개는 무사나 1사 상황에서 주자가 3루에 있을 때 가장 많이 나타난다. 그러면 희생플라이라는 항목은 처음 생겨났을 때부터 이러한 조건을 전제로 하는 기록이었을까? 이쯤에서 우리는 희생플라이 규정의 이력을 잠깐 들여다볼 필요가 있다. 그래야 왜 희생타의 범주에 희생플라이가 들어갈 수 있었는지에 대한 궁금증도 어느 정도 풀릴 수 있기 때문이다.

희생플라이가 야구 경기 역사에 처음 등장한 것은 1889년경이다. 당시에는 주자를 진루시킨 모든 타구에 대해 희생타로 인정하기로 하면서 처음 모습을 드러냈다. 일반적인 타구와 똑같이 타수로 계산해 취급했지만, 주자를 진루시킨 타구에 대한 구분이 시작됐던 것이다. 그리고 1894년에 이르러서는 번트로 주자를 진루시킨 행위를 희생번트라는 이름을 붙여 구분 짓고, 주자를 진루시킨 모든 타구를 희생타로 분류하면서 타수에서 제외했다. 이후 1908~1925년 사이에는 플라이 타구를 이용해 주자가 득점한 경우에만 희생플라이를 인정하도록 규칙이 개정되었는데, 수비수가 공을 잡다 놓쳤더라도 희생플라이가 가능해 보이는 넉넉한 타구였을 경우에는 희생플라이 기록을 인정하는 데까지 그 범위를 확장했다.

그러나 1926년 희생플라이는 이전의 개념으로 환원 과정을 겪게 된다. 득점과 연결되는 상황은 물론 플라이 타구를 이용해 주자가 진루한 모든 상황을 희생플라이로 인정하기로 했는데, 이로 인해 희생타 숫자가 급증하는 현상으로 이어졌다. 이는 당연히 희생타 기록의 남발 논란을 불러일으켰고, 그 후유증으로 1931년 희생타 기록은 기록 항목에서 아예 사라지는 신세가 되고 말았다. 이후 세월이 어느 정도 흘러 1939년 득점 상황에 한해 희생플라이 기록을 인정하는 것으로 합의가 되었지만, 희생타 기록 증가 현상에 대한 시대적 반감에 의해 이듬해인 1940년 다시 수면 아래로 가라앉으며 한동안 희생플라이는 자취를 감춰야 했다.

이후 제2차 세계대전이 끝나고 난 뒤인 1954년경, 야구계는 번트보다도 만들어내기 어려운 플라이 타구에 대한 고민을 다시 하기 시작했다. 희생번트는 희생타로 인정하면서 기술적으로 더 어려운 희생플라이 기록을 인정하지 않는 것에 장타력을 보유한 선수들의 불만이 터져 나왔고, 이로 인한 기록적 역차별 문제가 대두되었다. 이에 득점을 성공시킨 플라이 타구에 대해 희생플라이로 다시 인정하기로 공감대가 형성되었고, 이 결정은 큰 변화 없이 현재에 이른다.

이처럼 희생플라이 규정이 지나온 길을 돌아보면 일종의 도전과 응전(應戰)의 역사였다는 느낌을 받을 수 있다. 타자가 멀리 날려 보낸 타구에 대한 가치판단의 싸움이 치열하게 반복되어 왔던 것이다. 지금도 희생플라이를 희생번트와 똑같이 취급해 희생타의 범주로 넣고 타자의 타수에서 제외시켜 주는 것에 대한 거부감이 있는 것은 사실이다. 그런 까닭에 1974년에는 희생플라이에 대해 어떤 방법으로든 불이익을 주고 싶어하는 생각들이 반영이 되어, 희생번트와 달리 희생플라이를 연속경기 안타 기록의 중단 요소로 간주하도록 하는 규정 보완이 이루어지기도 했다. 그리고 그 정도 갖곤 성에 차지 않았던지 1986년에는 희생플라이를 출루율 계산 공식에서 분모자리에 집어넣어, 타자의 출루율을 떨어뜨리는 부정적 요소로 만들어버렸다. 희생플라이라는 기록이 일종의 미운 오리새끼가 되어버린 것이다.

그렇다면 이러한 세상 사람들의 희생플라이에 대한 생각에 변화를 줄 수 있는 방법은 없는 것일까? 여기에서 우리는 희생플라이를 바라보는 시각을 타자 위주에서 주자 위주로 전환해 볼 필요가 있다. 그래야 이야기가 풀린다. 타자의 관점에서만 희생플라이를 생각하려 한다면 아무리 생각해도 희생이라는 단어가 거슬릴 수밖에 없다. 그러나 주자, 특히 3루 주자의 관점에서 본다면 희생플라이는 달리 보일 수 있다. 서두에도 얘기했지만 희생타의 전제 조건은 주자의 안전한 진루다. 타구의 성격이 어떻든 타자 자신은 아웃되더라도 주자를 안전하게 진루시켰다면 그 타자는 팀을 위해 공헌한 것으로 간주될 수 있다. 현대 야구에서 주자를 안전하게 진루시킨 타구를 '진루타'라는 항목으로 개인고과에서 플러스 요인으로 계산해 주는 것도 같은 이치다.

이런 논리를 근거로 보았을 때, 외야로 뻗는 커다란 플라이는 안전함이 일정 부분 확보된 타구다. 3루 주자는 리터치 순간을 기다렸다가 홈으로 달려가면 된다. 번트나 땅볼 때처럼 주자가 득점을 위해 타구 성질도 확실히 파악이 안된 상태에서 스타트를 끊어야 하는 위험성을 줄여준다는 측면에서 외야플라이 타구는 번트보다 안전한 방법일 수 있다. 따라서 힘을 바탕으로 하는 팀의 중심타자들은 번트와 같은 잔기술 대신 장타력을 통해 얼마든지 주자를 홈으로 불러들일 수 있는 능력을 기록적으로 나타내줄 지표를 원했다. 장타력이 상대적으로 부족한 타자들이 짧은 타구를 이용한 작전 수행 성과를 희생번트로 보상받는 것처럼, 타구를 멀리 보낼 수 있는 능력으로 팀에 도움을 주고 있는 부분 역시 보상받아야 한다는 논리였다.

그러나 이러한 장타자들의 플레이 특성과 공헌도 인정 여부를 놓고 야구 초창기 시대에 살았던 사람들의 생각은 마치 바람에 흔들리는 갈대와도 같았다. 타수에 넣었다 뺐다를 반복하고, 희생타로 인정했다가도 논란이 시끄러워지면 아예 희생타 항목에서 삭제하기도 했다. 때론 '스몰볼'의 시대를, 때론 '빅볼'의 시대를 살아야 했던 야구 논객들의 싸움은 그렇게 시대를 따라 흘러왔다. 희생플라이의 역사는 곧 논쟁의 역사였던 것이다. 희생플라이라는 기록이 왜 희생타로 간주되어 왔는지, 그리고 그 결정이 과연 합리적인 것이었는지에 대한 궁금증은 이러한 배경들을 감안하고 접근해야 좀 더 시대적 진실에 가까이 다가설 수 있다. 하지만 현시대를 사는 우리는 그 내막을 일일이 알 수 없기에 아직까지도 희생플라이라는 기록을 곱지 않은 시선으로 바라보고 있는 것인지도 모른다.

희생플라이,
그 변종의 세계 속으로

무사 또는 1사 때, 타자가 친 플라이 타구나 직선타구를 외야수 또는 외야 쪽으로 나간 내야수가 포구(떨어뜨리는 경우도 포함)한 뒤 주자가 득점하였을 경우 희생플라이로 기록한다.

이는 야구 규칙 9조 8항에 들어 있는 희생플라이 기록에 관한 내용이다. 그냥 그러려니 하고 읽어선 다가오는 뭔가가 없다. 그러나 이 규칙을 가만히 음미해 보면 그 안에서 과거 희생플라이를 고안해 낸 기록 제정자들의 생각을 발견할 수 있다. 그 부분은 바로 "외야수 또는 외야 쪽으로 나간 내야수"라는 표현이다. 희생플라이가 적용 가능한 포구 상황과 포구자를 상당히 제한적으로 가둬놓고 있다. 다시 말해 희생플라이는 투수나 포수 그리고 내·외야수를 비롯한 그 누가 잡아도 인정되는 그런 기록이 아닌 것으로 규정한다. 그러한 규칙 표현의 배경에는 희생플라이는 '외야 쪽으로 나가는 큼지막한 타구'여야 한다는 사실이 전제된다. 과거 희생플라이를 따로 떼어 기록 지표의 하나로 인정하고 싶어 했던 사람들이 만든 규칙으로, 그 안에는 그들의 생각과 정신이 오롯이 담겨 있다.

그런데 그간 KBO리그에서 일어났던 아주 특이한 희생플라이 기록 사례들을 들춰보고 있자면 이러한 규칙 정신에 부합하지 않는 사례들이 들어 있음을 볼 수 있다. 즉 일종의 희생플라이 변종들이다.

2011년 3월 18일 두산과 한화의 시범경기(잠실구장)에서는 좀처럼 접하기 힘든 그림의 희생플라이 하나가 기록지에 오른 일이 있다. 두산의 김동주가 5회 말 1사 1, 3루 때 기록한 희생플라이다. 이날 김동주가 친 타구가 내야에 높이 솟아오르자 한화 2루수 전현태는 제자리에서 낙구 지점을 고르며 공이 떨어지기를 기다리고 있었다. 그러나 생각보다 타구가 머리 뒤쪽으로 밀려났고, 전현태는 뒷걸음치며 이를 잡아낸 뒤 그 여파로 중심을 잃고 그라운드에 넘어지고 말았다. 이때 두산의 3루 주자는 준족을 자랑하는 이종욱. 그가 가만히 보고 있을 리 없었다. 전현태가 쓰러지는 순간 이종욱은 홈을 향해 스타트를 끊었다. 전현태도 재빨리 일어나 홈 쪽으로 공을 던졌지만 이미 3루 주자는 홈을 밟고 난 다음이었다. 공식기록은 김동주의 내야 희생플라이였다. 타구 처리 후 야수가 중심을 잃고 넘어진 것을 실책으로 기록할 수는 없었기에 당시 공식기록원은 고민 끝에 희생플라이를 인정하는 것으로 결론지었지만, 엄밀히 따지자면 타자의 능력보다는 주자의 능력이 만든 희생플라이였다.

이처럼 거리 짧은 내야플라이가 주자의 능력을 통해 희생플라이로 환생한 사례는 몇 차례 더 있었다. 2015년 5월 17일 KIA의 이범호도 이와 비슷한 사례를 통해 희생플라이를 하나 챙긴 일이 있다. 광주구장 두산전 1회 말 3루에 주자를 두고 친 공이 2루수 쪽으로 높이 떠올랐는데 3루 주자 김호령의 재치 있는 주루플레이 덕분에 득점으로 연결되며 희생플라이 기록을 가져간 사례다. 김호령은 이날 말고도 같은 해 7월 7일 목동구장 넥센전에서 5회 초 3루 주자로 나가 있다가 김민우(KIA)의 2루수 쪽 짧은 플라이 타구에 홈으로 들어와 또 한 번의 내야 희생플라이 기록을 창조해 내기도 했다. 또한 2018년 5월 18일에는 두산의 3루 주자 허경민이, 19일에는 롯데 3루 주자 전준우가 각각 2루수 부근 내야플라이 타구에 홈을 파고들어 양의지(두산)와 이대호(롯데)에게 각각 희생플라이라는 기록을 선물하기도 했다.

이러한 상황들 외에 외야로 나간 플라이 타구가 아님에도 희생플라이로 기록될 수 있는 경우는 또 한 가지가 있다. 야수가 파울플라이 타구를 잡고 난 뒤 볼데드 지역으로 들어갔을 경우다. 이렇게 되면 누상의 모든 주자에게 1개 누의 안전진루권이 주어지는데, 3루에 주자가 있었다면 득점이 인정되는 순간, 타자의 기록은 희생플라이가 된다. 2019년 퓨처스리그 경기에서는 파울플라이 타구를 잡은 포수가 포구 뒤 볼데드 지역으로 들어가는 바람에 3루 주자가 홈에 들어와 타자의 희생플라이로 기록된 적이 있다.

아직 실제로 나타난 적은 없지만, 타자가 시도한 희생번트가 희생플라이로 둔갑하는 상황을 그려볼 수도 있다. 가령 무사 주자 3루 때, 타자가 스퀴즈번트를 시도하는 과정에서 번트 타구가 그만 포수 뒤쪽 파울 공간으로 높이 떠올랐다고 가정해 보자. 포수가 전력으로 쫓아가 다이빙 끝에 공을 잡았지만 그 여파로 몸이 그라운드를 몇 바퀴 구르는 동안 3루 주자가 리터치 후 홈을 파고들었다면 타자의 기록은 희생번트 실패가 아니라 희생플라이로 돌변한다.

가정 상황을 포함해 지금까지 열거한 사례들을 종합해 보면 희생플라이는 외야로 나간 커다란 타구가 아니더라도 얼마든지 기록되어 왔음을 알 수 있다. 그러나 이는 현행 규칙에 나와 있는 액면 그대로를 엄격히 적용한다면 희생플라이로 기록될 수 없는 상황들이다. 분명 외야수 또는 외야로 나간 내야수로 포구자 및 포구 상황을 한정하고 있기 때문이다. 그러나 KBO리그는 그간 전례에 따라 아주 광범위하게 희생플라이 조건을 풀어둔 상태다. 하지만 이젠 지금까지 그렇게 해왔으니까 어쩔 수 없다는 접근 방식보다, 현행 희생플라이 적용 방식이 희생플라이가 생겨난 규칙적 취지와 그것을 담고자 했던 규칙 제정자들의 정신을 제대로 반영하고 있는지에 대해 다시 한번 고민해 볼 때가 되었다고 생각된다.

한편 타자의 타구가 아닌 주자의 관점에서 희생플라이 세계를 들여다보면 이 기록은 주자의 능력이 상당 부분 영향을 미치고 있음을 알 수 있다. 주자의 위치 얘기로 반드시 3루 주자가 플라이 타구로 득점했을 때에만 이 기록이 인정되는 것은 아니다. 드물지만 3루가 아닌 2루 주자가 플라이 타구로 득점한 경우에도 희생플라이 기록이 가능할 수 있다. 타자가 친 공이 외야의 아주 깊숙한 곳까지 날아갔을 경우, 준족의 2루 주자가 3루에서 멈추지 않고 그대로 홈까지 내달려 실책 없이 살았다면 타자의 기록은 희생플라이가 된다. 물론 상세히 파고들면 수비 측이 중계 플레이 과정에서 다소 방심이 깃든 느슨한 볼 전달 과정 덕분에 주자가 홈까지 노릴 수 있었던 것이지만, 딱히 실책이나 다른 곳으로 공을 던지는 장면을 확인한 뒤 이 틈을 노려 홈으로 들어온 것이 아니라면 타자의 기록은 희생플라이로 인정된다.

그리고 이런 상황에서 주자가 2, 3루에 복수로 있었다면 기록상 2타점짜리 희생플라이도 나타날 수 있다. 실제로 KBO리그 야구기록사에 2타점 희생플라이로 기록된 사례가 몇 차례 존재하는데, 1990년 7월 21일 해태의 정회열이 광주구장 삼성전에서 기록한 2타점 희생플라이를 비롯, 2023년 기준으로 총 8차례 기록된 전례가 있다.

이번에는 수비하는 야수와 관련된 내용으로 희생플라이를 들여다보자. 야구용어상 누상의 주자가 플라이 타구가 나왔을 때, 본래 밟고 있던 누로 돌아가는 행위를 '리터치(Retouch)'라고 부른다. 플라이 타구를 이용해 득점을 노리는 주자는 타구가 잡히는 것을 확인한 후 리터치 행위를 통해 누를 떠나 홈으로 달려갈 수 있다. 그런데 이 부분에는 정확히 알아두어야 할 것이 하나 있다. 바로 주자의 출발 시점이다. 희생플라이 상황을 예로 들면, 3루 주자가 3루를 떠나 홈으로 달려도 규칙적으로 아무 문제가 없는 시점은 수비수가 플라이 타구를 잡은 순간이 아니다. 즉 야수의 포구 후가 아니다. 정확히 표현하면 타구가 야수의 글러브에 처음 닿은 순간부터 점유하고 있던 누를 떠날 수 있다. 포구 시점이 아니라 '촉구(觸球)' 시점이 기준이라는 말이다.

그렇게 못을 박아놓은 이유는 다음과 같다. 극단적으로 외야수가 플라이 타구를 한 번에 잡지 않고 글러브로 토스가 이루어지는 상황을 가정해 보자. 포구 시점으로 기준을 잡으면 주자는 누를 떠날 수가 없다. 또한 야수가 한 번에 포구하지 않고 일부러 공을 퍼 올리는 행위를 통해 주자를 누에 묶어놓는 것도 이론상 가능해진다. 즉 공격 측 주자들은 정상적인 주루플레이를 가져가지 못하는 상황으로 몰리게 되는 것이다. 주자가 누를 떠나도 좋은 시점을 야수의 최초 촉구 시점으로 명시해 둔 까닭은 바로 여기에 있다.

규칙과 관련해 팁을 하나 더하자면, 주자에게도 지켜야 할 룰이 하나 있다. 3루 주자가 스피드를 극대화하기 위해 누에 붙어 있지 않고 외야 쪽으로 나가 있다가, 타구가 야수에 닿는 순간 출발하는 일명 '플라잉 스타트' 역시 허용되지 않는다. 반드시 누에 닿아 있는 상태에서 출발이 이루어져야 한다.

끝으로 야수의 포구와 관련해 또 하나 알아둘 것은, 플라이 타구를 잡으려던 외야수가 공을 놓쳤다 하더라도 타자의 희생플라이 기록은 야수의 실책과 상관없이 살아남을 수 있다는 것이다. 이는 외야수가 타구를 제대로 잡았다 하더라도 3루 주자가 홈에 들어오는 데 전혀 지장이 없는 타구였다고 기록원이 확신했을 경우로, 희생플라이 기록은 흔들리지 않는다.

이러한 규칙에 의해 1이닝에서 기록될 수 있는 희생플라이의 최대치는 이론상 무한대가 된다. 스트라이크아웃 낫아웃 상황이 기록상 삼진으로 간주되어 1이닝에 투수가 잡아낼 수 있는 삼진의 최대치가 무한대가 되는 것과 같은 원리다. 1이닝 희생플라이 세 개가 이론상으로만 가능하다 생각되겠지만 메이저리그에선 실제로 이런 상황이 그려진 일이 몇 차례 있다. 1962년 시카고 화이트삭스가 처음 기록한 이후, 2000년 뉴욕 양키스가 두 차례, 2005년 뉴욕 메츠가 각각 1이닝 3희생플라이라는 진기록을 작성한 바 있는데, 그 내용을 보면 하나같이 외야수의 포구 실책 한두 개가 동반으로 곁들여져 있다.

KBO리그 2타점 희생플라이 리스트

선수명	소속 팀	날짜	상대 팀	구장
정회열	해태	1990.7.21	삼성	광주
최해명	삼성	1990.7.28	롯데	사직
임성주	태평양	1994.4.30	롯데	인천
이영우	한화	1998.5.31	롯데	사직
조동찬	삼성	2005.6.24	SK	문학
최희섭	KIA	2007.7.14	LG	잠실
송광민	한화	2019.9.26	NC	창원
노수광	한화	2023.4.19	두산	대전

규칙마저 무력화한
MLB '챌린지'의 양면성

　야구에 비디오판독 제도가 처음 도입된 것은 2008년 8월이다. 메이저리그에서 처음 채택했을 당시 홈런성 타구의 페어, 파울 판정에 한해서만 신청할 수 있었는데, 비록 홈런 여부만을 가려내는 것이었지만, 영상을 활용한 판독이 야구에 접목된다는 사실은 가히 문화적 충격 그 자체였다. 물론 여타 스포츠 일부 종목에서는 지나간 화면을 참고로 삼는 리플레이 판정이 이미 활용되고 있었지만, 전통적으로 보수적 색채가 짙은 종목인 야구에서는 선뜻 받아들이기 어려울 것이라는 생각이 지배적이었기 때문이다. 그리고 이러한 보수적 사고 울타리의 이면에는 규칙으로 재량권을 보호받으며 권위를 무엇보다 중요시해 온 심판이라는 직업이 자리하고 있었다.

　그러나 철옹성 같아 보이던 야구 보수 진영의 울타리에 금이 가기 시작한 것은 홈런 판정을 둘러싼 반복된 오심이 나타나면서부터였다. 홈런성 타구의 파울, 페어 판정에 대한 오심들이 승부를 엉뚱한 방향으로 몰고 가는 일이 반복되자 분노한 팬들은 더 이상 참으려 하지 않았다. 리플레이 화면을 통해 오심을 바로잡아야 한다는 요구가 거세졌고, 메이저리그 사무국도 이를 더 이상 외면할 수는 없었다. 그렇게 비디오판독은 야구에 첫 발을 내디뎠다.

천신만고 끝에 도입된 비디오판독으로 홈런을 둘러싼 분쟁은 어느 정도 해결되었지만, 그럼에도 불구하고 나머지 분야에서의 오심은 여전히 논란거리로 남았다. 리플레이 화면을 통해 홈런에 관한 오심이 바로잡히는 현상을 경험한 팬들은 판독 분야를 확대해 줄 것을 다시 요구하기 시작했다. 특히 아웃, 세이프와 관련된 결정적 오심이 승부를 좌우하거나 기록적으로 상처를 준 날에는 그러한 목소리는 더욱 커졌다. 그리고 2014 시즌을 앞두고 메이저리그는 마침내 큰 결단을 내렸다. 기존 홈런에 관한 판독은 기본이고 아웃, 세이프 판정을 비롯한 기록 판정에 이르기까지 총 13개 부문에 걸쳐 비디오판독을 확대 실시하기로 결정을 내린 것이다. 주심의 볼, 스트라이크 판정을 빼곤 사실상 거의 모든 부문에 비디오판독을 적용하겠다는 전면적 확대 선언이었다. 커미셔너가 직접 나서서 "역사적인 결정이었다"라고까지 언급한 이 새로운 비디오판독 제도의 명칭은 '챌린지 시스템'이었다.

이상 메이저리그의 비디오판독 제도인 '챌린지'가 리그에 자리 잡기까지의 과정을 간략하게 되짚어 봤다. 내용에서도 수차례 언급했지만 챌린지 시행의 목적은 리플레이 영상 확인을 통한 심판 판정의 옳고 그름을 확실하게 가려내자는 것이었다. 눈으로 확인된 영상은 진실을 말해줄 것을 사람들은 확신했다. 그런데 첨단 시대의 챌린지 영상은 심판의 판정은 쉽게 뒤집을 수 있었지만, 때론 선수의 플레이가 규칙에 위배되었음을 알면서도 그 장면을 영상 확인만으로 뒤집지 못하는 양면성을 보여준 일도 있다. 2017년 10월 18일 뉴욕 양키스와 휴스턴 애스트로스 간의 아메리칸리그 챔피언십 시리즈 4차전에선 챌린지 과정이 규칙의 발목을 잡아챈 순간이 있었다. 그때의 상황 속으로 들어가 보도록 하자.

4회 말 뉴욕 양키스 공격. 1사 1루 상황에서 4번 타자 산체스의 우중간 쪽 애매한 플라이 타구가 달려 나온 우익수의 글러브에 걸려들자, 1루 주자로 나가 있던 에런 저지(뉴욕 양키스)는 2루를 지나 3루로 가던 발길을 다시 1루 쪽으로 되돌려야 했다. 문제는 여기서 발생했다. 급히 유턴하는 과정에서 에런 저지가 2루를 밟지 못하고 1루로 달려온 것이었다. 주자가 귀루할 때도 역순으로 누를 제대로 밟고 와야 한다는 것은 야구의 기본이다.

그러나 이 공과 장면은 바로 앞에서 유심히 지켜보지 않은 사람은 일단 알 수가 없는 일, 화면상으로도 휴스턴의 내야수들 시야는 에런 저지의 발을 바라보고 있지 않았다. 그러나 단 한 사람 2루심만은 에런 저지의 발을 주목하고 있었다. 어찌 됐건 에런 저지가 황급히 1루로 귀루하기 위해 달리자 공을 잡은 휴스턴의 우익수는 1루로 곧바로 송구했고, 1루수는 바운드로 정확하게 전달된 공을 잡고 슬라이딩해 들어오는 에런 저지를 태그해 아웃을 이끌어냈다. 하지만 이 순간 에런 저지는 태그가 되지 않았다며 챌린지를 요청했고, 판독 결과 사실로 인정되어 판정은 세이프로 번복이 되고 말았다.

이후 1루 챌린지 과정에서 에런 저지가 2루를 밟지 않고 1루로 되돌아오는 장면이 영상을 통해 확인되자 휴스턴 벤치는 플레이를 재개하기 전, 투수에게 2루 쪽으로 공을 던져 에런 저지의 역주 중 공과 사실에 대한 어필에 나서도록 지시했다. 휴스턴 투수가 다음 타자를 향해 투구를 했다거나 주자에게 견제구를 던지는 등, 새로운 플레이를 시작하지 않은 상태였기에 어필 시기를 놓치지 않았다고 생각해 내린 지시였다. 이 경기의 TV 중계를 담당했던 관계자들도 챌린지 덕분에 1루에 살아남은 에런 저지가 결국은 2루 공과로 아웃을 당하게 되었다는 멘트를 앞서서 내보내던 상황이기도 했다.

그러나 심판진은 어찌 된 일인지, 휴스턴의 어필에도 불구하고 역주 중 2루 공과가 만천하에 눈으로 확인된 에런 저지의 아웃을 인정하지 않았다. 이에 휴스턴 야수들은 황당한 표정을 감추지 못했지만, 한 번 정해진 결과는 불변이었다. 시청자 입장에서도 화면을 통해 공과가 확인된 에런 저지가 왜 세이프인지 얼른 감이 오지 않았을 것이다.

그러면 휴스턴은 무엇을 잘못했기에 공과가 만천하에 드러난 주자의 아웃을 끌어내지 못한 것일까? 휴스턴이 공과 아웃을 이끌어내려면 우익수가 2루로 송구해 주자의 역주 중 공과에 대해 먼저 따져 물었어야 했다. 하지만 휴스턴 내야수가 이를 모두 놓치고 있던 상황이라 그렇게 하지 못했다. 2루 부근 내야수들의 집중력 부족이 낳은 결과적 실수였다. 2루심은 알고 있었겠지만 이를 알려줄 수는 없는 일. 물리적으로 우익수는 에런 저지의 2루 공과를 확인할 수 없는 위치였기에 상황을 알 리 없는 우익수는 1루로 공을 던져 되돌아오는 주자를 아웃시키기 위한 시도에 나섰고, 이는 자연스러운 플레이였다. 게다가 1루로 정확히 전달된 공에 의해 돌아오는 1루 주자를 잡아냈으니 수비 측으로선 성공적으로 상황을 마무리 지은 셈이었다.

그러나 1차적으로 아웃을 선언당한 뉴욕 양키스의 에런 저지가 아웃된 사실을 인정하지 않고 요청한 챌린지는 상황을 전혀 예상치 못했던 방향으로 몰고 갔다. 우선 1루서 아웃된 최초 판정을 세이프로 뒤집는 데는 성공했지만, 문제는 에런 저지가 되돌아오는 과정에서 2루를 밟지 않고 온 것이 영상을 통해 확인되고 있었다. 챌린지를 통해 일단 기사회생했지만 그보다 더 확실한 아웃 물증을 휴스턴이 손에 쥐게 된 형국이었다.

야구 규칙 5조 9항에 의하면 이런 상황에서 수비측이 공을 갖고 공과를 저지른 주자를 태그하거나 공과한 2루에 대고 어필하면 아웃을 인정받을 수 있었다. 그러나 최종적으로 물증까지 확보한 휴스턴의 2루 공과 어필은 끝내 인정받지 못했다. 그 이유는 어디에 있었을까?

문제는 아이러니하게도 챌린지 당시 표출된 영상이었다. 휴스턴은 까맣게 몰랐던 에런 저지의 2루 공과를 사실상 화면을 통해 비로소 확인한 꼴이었고, 이후 관련 규칙과 영상 자료를 증거로 내세워 아웃을 주장했지만 심판진은 이를 받아들이지 않았다. 일종의 불법적으로 수집한 증거이기에 채택할 수 없다는 논리였다고나 할까? 늘 만능키 같던 챌린지를 통한 판독 자료가 규칙적 어필 가능 상황에서 전혀 힘을 쓰지 못한 것이다.

결과적으로 이날 일은 챌린지라는 시대의 요구에 의해 등장한 강력한 물증이 있었지만, 정당하게 확보된 것이 아닌 경우엔 결과에 있어 전혀 영향을 주지 못하거나 때로는 규칙마저도 무력화할 수도 있는 양면성을 지니고 있음을 확인시켜 준 순간이자 사건이라 하겠다.

그런데 이날 공과 어필 사건 이후 또 한 번 보는 사람들의 탄식을 끌어낸 장면은 소득이 없었던 휴스턴이 아닌, 뉴욕 양키스의 선택에서 나왔다. 챌린지 화면에 에런 저지의 2루 공과 장면이 여실히 드러나자 뉴욕 양키스 감독이 2루로 뛰도록 에런 저지에게 은근한 지시를 내렸던 것. 에런 저지는 이를 이행하는 과정에서 그만 휴스턴에 발각되었고 결국 태그아웃 되고 말았다. 돌아보면 분명함을 위해 들여온 챌린지 제도가 규칙과 얽히는 바람에 만나볼 수 있었던 혼돈의 한 장면이었다.

메이저리그 챌린지 시스템의 판정 결과는 크게 세 가지로 나뉜다. 심판의 최초 판정이 맞았을 경우에는 판정인정(Call confirmed), 심판의 판정이 잘못되어 번복되는 경우에는 판정번복(Call overturned) 그리고 화면상으로 옳고 그름에 대한 판독이 불가할 경우에는 원심유지(Call stands)가 된다.

한편 KBO리그의 비디오판독 제도는 메이저리그 시행 1년 뒤인 2009년, 홈런 타구에 대한 판독을 시작으로 처음 채택되었다. 이후 2014년 7월 '심판합의 판정제도'로 명칭을 바꾸며 아웃, 세이프 판정을 비롯한 5개 부문으로 범위를 확대했고, 2016년에는 좀 더 판독 범위를 넓혀 7개 부문으로까지 확대 시행했다. 그리고 2017년 KBO는 메이저리그의 챌린지와 비슷한 시행 환경을 마련하면서 '비디오판독'으로 제도의 공식적인 명칭을 다시 한번 변경했다.

반면 일본프로야구(NPB리그)의 비디오판독 제도는 미국이나 한국보다는 늦게 시작되기도 했지만 판독 범위도 상당히 좁은 편이다. 2009년 홈런에 관한 판독을 시작으로 약간씩 범위를 넓혀가는 중이며, 판독 제도에 대한 공식적인 명칭은 2018년부터 사용하고 있는 '리퀘스트(Request)'다.

부정위타자,
때론 침묵이 능사는 아니다

경기 시작 1시간 전에 교환되는 타순표는 양 팀은 물론이고 경기를 운영하는 심판, 기록원과의 약속이자 계획표다. 그러나 갖가지 이유로 특정 팀이 타순표에 적어 제출한 대로 공격하지 않고 그 순서를 바꿔 공격에 나서는 경우(이를 규칙에서는 '부정위타자'라고 부른다)가 간혹 있는데, 심판이나 기록원은 이를 알아챘어도 알려주지 못하도록 규칙에 명시하고 있다. 그 이유는 특정 팀의 잘못을 바로잡아 주는 것은 거꾸로 얘기하면 상대 팀이 얻을 수 있는 반사이익을 막는 길이 될 수 있기 때문이다. 공정한 경기 운영을 책임지고 있는 심판과 기록원은 원칙상 방관자는 될 수 있어도 팀 사이의 중재자는 될 수 없다. 일어나는 현상을 가지고 조절이 아닌 판단을 내릴 뿐이다.

그러나 2018년 5월 10일 메이저리그 뉴욕 메츠와 신시내티 레즈의 경기에서 발생했던 부정위타자를 둘러싼 소동은 심판이나 기록원이 규칙에 얽매여 손 놓고 구경만 하는 것이 능사는 아니겠구나 하는 생각을 가져다주었다.

이날 뉴욕 메츠는 1회 초 공격에서 2사 후, 3번 타자로 나온 아스드루발 카브레라가 2루타를 때려내며 득점 기회를 일거에 만드는가 싶었지만, 신시내티 짐 리글맨 감독(대행)의 어필로 타자의 2루타가 무효 처리되며 이닝을 끝내야 했다. 이유는 카브레라가 부정위타자라는 것. 그는 3번 타자의 자격으로 타격을 한 것이었지만, 실제 제출된 타순표에는 2번 타자로 올라 있었다.

그러면 카브레라에 앞서 2번 타자 자격으로 타격을 마친 선수는 누구였을까? 그 자리에는 제출된 타순표에 3번으로 올라 있던 윌머 플로레스가 등장했고, 삼진으로 물러난 상황이었다. 따지자면 삼진으로 물러난 플로레스부터가 이미 부정위타자였던 셈. 그러나 잘못 나온 플로레스가 삼진으로 물러나자 신시내티는 유리한 국면이기에 어필 없이 상황을 지켜봤다. 그렇게 되면 신분상의 3번 타자 플로레스가 아웃된 것이기에 다음 타자는 4번 브루스가 공격에 나서야 한다.

하지만 브루스 대신 뉴욕 메츠는 실제는 2번 타자임에도 자신이 3번으로 알고 있던 카브레라를 당연히 타석에 내보냈고, 그가 2루타로 출루하자 신시내티는 기다렸다는 듯 어필에 나서 부정위타자 사유로 아웃을 만들어냈던 것이다. 이때 아웃은 2루타를 치고 나간 카브레라가 아니라, 자신의 순서를 빠뜨린 4번 타자 브루스에게 선언된다.

이를 다시 한번 부연 설명하자면 메츠는 타순표를 제출할 때 '1번 니모-2번 카브레라-3번 플로레스-4번 브루스-5번 곤잘레스' 순서로 적어 냈지만, 1회 초 실제 공격에 나선 순서는 '1번 니모(삼진)-3번 플로레스(삼진)-2번 카브레라(2루타)' 순서로 타석에 등장했던 것이다. 뉴욕 메츠의 미키 캘러웨이 감독이 타순표를 적어 내는 과정에서 착오를 일으키는 바람에 발생된 상황이었다.

일단 여기까지는 일상적인 부정위타자 상황이고, 그에 따른 조치도 적절하게 이루어졌기에 문제가 없었다. 그러나 뉴욕 메츠가 2회 초 공격을 시작하면서 5번 곤잘레스가 선두타자로 타석에 등장하자 신시내티 감독

2018 MLB의 부정위타자 해프닝 상황 정리표

타순	메츠 의도 타순	공식 타순 타석 결과	제출된 공식 타순	상황 정리
1	니모	(1번) 삼진	니모	-
2	**플로레스**	(3번) 먼저 나와 삼진	**카브레라**	3번 타자 플로레스 **부정위**
3	**카브레라**	(2번) 2루타 후 신시내티 어필(1차)	**플로레스**	4번 등장 필요, 2번이 타격, 어필로 정위 **4번이 아웃**
4	브루스	(4번)	브루스	2초, 5번 등장에 신시내티 어필(2차)
5	곤잘레스	(5번)	곤잘레스	**5번이 2회초 선두타자**

은 다시 그라운드 나와 재차 이의를 제기했다. 1회 초 공격을 마칠 때 타순상 1-2-3번 단 세 명으로 공격이 끝났기 때문에 2회 초에는 4번인 브루스부터 타석에 나와야 하는 것이 아니냐는 어필이었다.

그러나 이번에는 어필이 받아들여지지 않았다. 앞서 말했지만 1회 초 마지막 아웃카운트는 2루타를 치고 나갔던 선수가 아니라, 규칙상 자기 순서가 돌아왔음에도 타석에 등장하지 않았던 4번 브루스에게 선언된 것이었기 때문이다. 따라서 메츠의 2회 초 공격은 5번 타자 곤잘레스부터 시작되는 것이 맞았다. 결과적으로 4번 브루스는 타석에 한 번도 들어서지 않았지만, 규칙적으로 빠진 타자는 빠진 대로 두고 타선이 이어져야 했다.

이러한 일련의 상황 속에서 심판진은 부정위타자에 관한 규칙을 정확하게 적용했음을 알 수 있다. 그러나 한 가지 아쉬운 것은 '신시내티 감독이 2회 초에 재차 어필에 나선 상황은 일어나지 않도록 했어야 하는 것이 아닌가' 하는 점이다. 달리 말하자면 1회 초 부정위타자 사유로 제3아웃이 선언된 순간에 그 제3아웃으로 인정되는 타자가 누구인지를 신시내티는 물론 양 팀에 정확히 고지했어야 했다는 것이다. 이는 심판이 부정위타자 상황을 알려주면 안 된다는 규칙상 내용과는 별개의 성격이다. 적법한 절차에 따라 판정을 내리는 과정에서 그 판정이 누구에게 해당되는지를 정확히 알려주는 것은 기본이다. 알려줬음에도 불구하고 계속 부정위타자 상황이 이어진다면 이는 규칙에 따라 조치하면 될 일이다.

하지만 감독, 코치를 비롯한 선수단은 심판이나 기록원에 비해 규칙에 그다지 밝지 않다. 더욱이 부정위타자와 같은 대단히 복합적이고 복잡한 구조를 갖고 있는 규칙이라면 더더욱 혼란스러워 할 수밖에 없다. 따라서 이닝 도중이라면 해서는 안 되는 일이지만, 이닝이 끝난 상황이라면 그에 대한 조치 사항을 정확히 전달하는 것이 이후 경기 운영이 혼란 속으로 빠져들 위험을 미리 막을 수 있는 방법이기도 한 것이다. 심판이나 기록원의 사심 없는 냉철한 법 집행은 업무상 기본이지만, 그것은 판정 내용에 관한 정확한 고지를 전제로 한다. 공정하고 원활한 경기 운영을 위해선 규칙에 상대적으로 밝은 심판이나 기록원 혼자서만 알고 있는 것으로 끝나선 안 될 일이다. 2018년 메이저리그에서 벌어졌던 부정위타자를 둘러싼 신시내티의 거듭된 어필은 심판이나 기록원의 규칙에 따른 침묵이 어느 선까지 필요할 것인지를 한번 더 생각하게 만드는 사례였다 할 수 있겠다.

한편 KBO리그에도 부정위타자와 관련해 다양한 해석을 낳았던 사건이 한 차례 존재하는데, 그 내용을 들여다보면 메이저리그 사례와는 비교가 안 될 정도로 복잡한 구조를 지닌다. 좀 더 양심적으로 고백하자면 글로 옮기는 과정에서도 여전히 이해되지 않는 부분을 갖고 있는 고난도 해프닝이었다.

때는 1986년 7월 4일, OB와 MBC의 잠실 경기에서 벌어진 사건이었다. 이날 OB는 1 대 1 동점인 상황에서 9회 초에 박노준을 구원투수로 등판시켰다. 그리고 돌아선 9회 말 1사 주자 1, 2루의 좋은 득점 기회를 잡자 OB는 투수 박노준을 8번 타자 김경문 대신 타석에 서도록 내보냈는데, 문제는 여기서부터 시작되었다. 규칙상 등판 중인 투수가 공격에도 나설 경우, 지명타자 외에 다른 선수의 대타나 대주자가 될 수 없도록 규정하고 있다. 지명타자를 허용하는 근본적 이유는 투수 대신 타격할 선수를 타순에 올린다는 뜻이다. 따라서 등판 중인 투수를 지명타자 외의 다른 타순에 들어가 공격을 하게 하면 타순상 지명타자와 투수가 동시에 올라가는 타순표가 만들어진다. 이는 규칙 정신에 정면으로 위배되는 일이다.

그러나 현장의 심판과 기록원은 이를 부정위타자 상황으로 간주하고, OB의 투수 박노준의 8번 타순 기용을 제지하지 않았다. 이날 OB의 지명타자는 4번 타순으로 윤동균이 올라간 상황이었다. 어쨌든 규칙적 1차 저지선이 뚫린 박노준은 공격을 진행했지만 진루타에 그쳤고, OB는 박노준에 이어 대타 이승희까지 연거푸 기용해 봤지만 무위에 그치며 9회 말을 무득점으로 끝냈다.

경기 운영진이 이미 이 상황을 부정위타자로 간주한 이상, 만일 MBC 측이 4번 타순에 들어섰어야 할 투수 박노준의 공격이 끝난 뒤 바로 어필에 나섰다면, 정위의 타자인 기존 8번 타자 김경문이 아웃되고 9번 타순이 이어받아 타격에 나서면 문제는 간단했을 수 있다. 그러나 여기까지도 상대 팀인 MBC의 어필은 없었고, 당연히 박노준은 정위의 타자로 인정되었다. 결과적으로 4번 타자로 나왔어야 할 박노준이 7번 타자 다음에 나와 타격을 한 것으로, 8-9-1-2-3번 타순을 건너 뛰어 공격한 셈이었다.

따라서 4번에 자리해야 하는 박노준이 정위의 타자로 인정되었다면 다음 타순은 당연히 5번 타자(김형석)로 이어져야 맞는 일. 이 상황에서 OB는 김형석 대신 이승희를 대타로 기용했다. 즉 5번 타자에 대타를 기용한 것이다. 그러나 10회 초 수비에 나선 OB는 또 한 번 상황을 뒤섞어 놓고 말았다. OB는 10회 초 수비에 나서면서 김형석을 우익수로 그대로 내보냈고, 대타이던 이승희를 3루수로 기용하며 기존 3루수이자 9번 타자였던 구천서를 경기에서 아웃시켰다. 그렇다면 이승희는 방금 전 9회 말 공격 때 5번 타자가 아니라 9번 타자의 대타 자격으로 타격을 한 꼴이 되어 또

한 번 부정위타자 상황이 발생하게 된 것이었다. 즉 이번에는 5번으로 나왔어야 하는 타자가 8번 다음인 9번 자리에 들어선 것으로, 5-6-7-8번 타순을 또 다시 건너뛰어 공격에 나선 것과 다름없었다.

그러나 이번에도 MBC는 어필을 하지 않았다. 아니, 정확히 말하면 못했다. 경기 자체가 상황이 맞게 돌아가는 것인지 이미 파악하기 힘든 지경에까지 빠진 상태였기 때문이다. 어쨌든 9번 타자 자격으로 타격에 임한 이승희는 다시 한번 정위의 타자로 인정받은 셈이 되었고, OB는 10회 말 1번 타자부터 공격에 나서면 정상이 되는 상황이었다.

이후 어필 시기를 여러 차례 놓친 MBC의 김동엽 감독은 10회 초 공격이 끝나고, OB의 10회 말 공격이 시작되기 전 그라운드로 나와 9회 말 박노준의 공격 상황은 부정선수에 해당한다고 때늦은 어필에 나서며 경기가 21분간 중단되어야 했다.

허나 부정선수라는 것은 미계약 선수나 계약된 선수지만 당일 엔트리에 들어 있지 않은 선수 또는 경기에서 이미 물러난 선수 등을 말하는 것이기에, 엄연히 타순에 올라갈 자격을 갖고 있는 투수 박노준을 부정선수 범주로 볼 수는 없는 일이었다.

경기는 다시 속개되었고 10회 말 OB는 1번 타자부터 공격에 나섰다. 9회 말 공격에서 이승희가 9번 타자 자격으로 정위의 타자가 되었기 때문에 다음 타순은 1번부터가 맞았다. OB는 1-2-3번이 범타로 물러나며 10회 말 공격을 마친 후, 11회 말 선두타자로 4번 박노준이 선두타자로 타석에 다시 등장하자 MBC 김동엽 감독은 또 한 번 어필을 위해 그라운드에 나섰다. 어필 내용은 역시 부정선수라는 것이 골자였다(만일 윤동균이 선두타자로 나섰다면 이것이야말로 부정선수에 해당된다. 투수 박노준이 타순에 올라가는 순간, 지명타자 윤동균은 경기에서 물러나야 하는 선수가 된 까닭이다). 경기는 7분간 다시 한번 중단되었고, 결국 밤 10시 30분 이후에는 새로운 이닝에 들어갈 수 없다는 대회 규정에 의거, 경기는 1 대 1 무승부로 끝이

나고 말았다.

한마디로 이 사건은 투수가 지명타자 타순에만 들어가 공격에 나설 수 있다는 규칙을 제대로 몰랐던 OB와 매번 어필 시기를 놓친 MBC의 뒤늦은 대응이 만들어낸 희대의 해프닝으로, 부정위타자와 관련된 머리 아픈 역사로 기록되어 있는데, 이 사건에서도 생각해 볼 여지가 있어 보인다.

9회 말 투수인 박노준이 처음 공격에 들어섰을 때, 타순이 지명타자 자리가 아니었다면 규칙상 부정위타자가 아닌 허용해서는 안 되는 타순으로 해석이 가능할 수도 있었다. 부정위타자는 말 그대로 어느 타순이든 규칙에 구속받지 않고 아무 곳이나 들어설 수 있는 환경일 때 가능한 상황이다. 그러나 투수는 지명타자 외 다른 타순을 대신해서 공격에 나설 수 없도록 규칙적으로 자리가 못 박힌 상황에서도 부정위타자로 해석할 수 있을지는 다시 생각해 볼 일이다. 지난 얘기지만 당시 이를 부정위타자로 받아들이지 않고, 규칙에 위배되는 상황으로 판단했다면, 그래서 투수 박노준이 지명타자가 아닌 다른 타순에 들어서는 상황을 원천적으로 봉쇄했더라면, 앞서 말한 희대의 연쇄적 해프닝은 일어나지 않을 수 있었기 때문이다.

부정위타자 상황이 발생할 경우, 주의를 환기해서는 안 된다고 하지만, 2018년 메이저리그 상황과 1986년 KBO리그에서 벌어진 해프닝들을 돌아보면 원활한 경기 운영과 관련해 심판과 기록원의 부정위타자에 관한 침묵의 선을 어디까지 유지해야 할 것인지에 대한 진지한 고민이 한번 더 필요하다 말할 수 있겠다.

BACK UP

1986년 KBO리그 부정위타자 해프닝 상황에서 강한 불만을 표출했던 MBC 김동
엽 감독은 이 일을 잊지 않고 있다가 같은 해 7월 23일 잠실 롯데전에서 1 : 8로
크게 뒤지던 7회 말, 고의 부정위타자를 의도적으로 내보내 KBO로부터 50만 원
의 벌금이 부과되는 징계로 이어지는 사건을 일으켰다.

바로 2사 후 9번 타자 포수 박철영의 타석에 투수이던 김태원을 고의로 내보냈던
것(김태원은 삼진으로 물러났고 바로 롯데 강병철 감독의 어필로 정위타자인 박철영이 아웃
으로 처리되었다). 김동엽 감독은 이러한 시도를 한 것에 대해 "롯데에서 어필이 없
을 경우, 김태원은 지명타자인 3번에 대한 정위의 타자로 인정받는다. 따라
서 8회 말 공격에선 4번 타자부터 공격을 시작할 수 있기에 이를 노리고 김태원
을 일부러 내보낸 것"이라고 당당히 설명했다.

MLB의 난장판 더블스위치, 핵심은 부정선수

메이저리그의 내셔널리그처럼 지명타자 제도를 채택하고 있지 않던 리그에서는 경기 종반 효율적인 공격을 위해 투수를 포함한 복수의 선수교체 방법을 이용해 투수의 타순을 바꾸는 전술을 자주 펼치는데, 이른바 더블스위치로 불리는 전술이 이것이다. 대개 다음 이닝에서 투수가 자리한 타순부터 공격이 시작되거나 할 때 이를 피하고자 사용하곤 하는데, 방법은 비교적 간단하다. 투수를 다른 야수와 함께 복수로 교체하면서 새로운 투수의 타순을 기존 투수의 타순이 아닌, 함께 교체되는 야수의 자리로 보내고, 새로운 야수를 기존 투수의 타순으로 보내는 방법을 통해 타격 순서를 선수 간에 맞바꾼다.

그런데 크게 복잡해 보이지 않는 이 더블스위치 전술을 구사하는 과정에서도 간혹 혼선이 생겨 이에 따른 해프닝들이 일어나기도 하는데, 2017년 7월 26일 LA 다저스와 미네소타 트윈스 간의 경기에서 발생한 더블스위치 관련 해프닝은 차원이 다른 복잡함으로 인해 무성한 뒷말을 남겼던 사건이라 할 수 있다.

이날 LA 다저스의 데이브 로버츠 감독은 6회 말 1사 2루, 야시엘 푸이그

(LA) 타석 때 그라운드로 나와 앞서 행해진 미네소타의 더블스위치 교체에 관해 이의를 제기하기 시작했다. 어필 내용은 상대가 더블스위치를 하면서 교체로 경기에서 물러나야 하는 선수가 아직도 경기장에 남아 있으니 이를 확인해 달라는 것이었다.

이 지적이 단순한 이의 제기로 끝나지 않고 이후 경기가 18분간이나 중단되는 중대 해프닝으로 번진 사연은 다음과 같다.

미네소타의 폴 몰리터 감독은 6회 말 수비에 나서기 전, 새로운 투수 라이언 프레슬리를 7번 타순인 유격수 호르헤 폴랑코와 교체하는 동시에, 새로운 유격수 에어 아드리안자를 기존 투수 타순인 9번에 배치하는 더블스위치 전술을 사용하려던 의도를 갖고 있었다. 하지만 주심에게 이러한 내용의 교체를 통보하는 과정에서 미네소타 감독은 본의 아니게 새로운 투수 프레슬리를 7번 유격수 타순이 아닌, 5번 좌익수 로사리오 타순에 배치하겠다고 말한 것이 화근이 되고 말았다. 즉 타순을 잘못 짚어 전달했던 것이다. 무의식적인 말실수였다.

어찌 되었든 통보는 그렇게 해놓고 미네소타 선수들은 감독이 의도했던 대로 7번 타순과 9번 타순의 더블스위치 형태로 수비에 나섰다. 미네소타 감독의 입에서 생각 없이 교체 선수로 전해진 5번 좌익수 로사리오는 경기에서 물러나지 않고 그대로 좌익수로 나갔다. 주심 역시 미네소타 감독의 통보 내용(5번 타순과 9번 타순 간의 더블스위치)을 들었지만 통보대로 선수들이 수비에 나섰는지를 눈으로 일일이 확인하지는 않았다. 당연히 통보대로 바꾸었을 거라는 무심한 믿음으로 경기를 진행시켰다. 그러던 와중에 LA 감독이 이를 지적하러 나선 것이었고, 그제야 통보된 내용대로 선수들이 수비에 나가지 않았음을 확인한 주심은 부랴부랴 이 상황을 정리해야만 했던 것이다.

그런데 주심이 전달받은 내용대로 선수들을 재정리하자니 걸림돌이 하나 있었다. 그것은 어필 시기였다. 선수들이 통보된 내용과 어긋나게 수비에 나섰지만 이미 6회 말이 시작되어 진행 중에 있었다. 통상적으로 부정선수가 아닌 한, 선수들이 수비위치에 서고 경기가 시작되면 별도의 통보가 비록 없었더라도 그 선수의 출장은 정상적인 것으로 간주된다. 따라서 이미 수비에 나선 상태의 미네소타 수비수들을 넣고 빼고 재정리한다는 것은 결코 쉬운 일이 아니었다.

그렇게 하자면 5번 타순의 좌익수로 나가 있는 로사리오를 경기에서 제외시키고, 새로 나온 유격수 아드리안자(9번 타순)는 다시 경기에서 물러나게 해야 했다. 또한 이미 물러난 기존 유격수 폴랑코(7번 타순)는 다시 그라운드로 불러내야 했다. 7번과 9번의 더블스위치가 아니고 5번과 9번의 더블스위치로 감독이 통보를 했기 때문이다.

게다가 6회 말을 시작하기 전이면 조치가 간단한 문제였지만, 이미 6회 말 공격이 한창 진행 중에 있었기 때문에 더더욱 풀어내기 어려운 상황이었다. 그렇다고 어느 정도 진행된 6회 말을 없던 것으로 돌리고 처음부터 다시 시작할 수도 없는 노릇이었다.

진퇴양난에 빠진 현장의 심판진은 이 상황에 적용할 만한 규정을 찾았지만 답은 쉽게 찾아지지 않았고, 자연스레 논의는 길어질 수밖에 없었다. 최종적으로 뉴욕 리플레이 센터에까지 연락해 자문을 구하는 등, 심판진은 깊은 고민을 거듭했다. 그리고 18분이 지난 뒤, 심판진은 미네소타 감독이 처음 통보한 내용(5번과 9번의 더블스위치)에 맞춰 선수들을 재정비하고 경기를 재개시켰다. 이날 상황을 아수라장 속으로 몰고 들어가는 데 있어 혁혁한 공(?)을 세운 LA의 로버츠 감독은 이 상황에 대해 다음과 같이 회고했다.

투수가 5번 타순에 들어간다고 분명히 들었는데, 미네소타의 5번 타자인 로사리오가 여전히 좌익수로 나가 있는 것을 보고 의아하게 생각되어 이의를 제기했다. 상황을 바로잡는 과정에서 이미 물러난 유격수 폴랑코가 다시 경기에 들어올 수 있는지를 확인했고, 그렇게 할 수 있다고 들었다.

2017 MLB의 더블스위치 혼선 상황 정리표

타순	원래 타순	더블스위치 시도	실제 통보 타순	정정된 타순
5	좌익수, 로사리오	-	투수, 프레슬리	로사리오 아웃 프레슬리 투입
6	-	7번/9번 DS	5번/9번 DS	5번/9번 DS
7	유격수, 폴랑코	투수, 프레슬리		유격수, 폴랑코 복귀
8	-	✖		어필 시기 상실? 부정선수?
9	투수, 힐덴버거	유격수, 아드리안자		새로운 좌익수 타순 배치

* 새로운 투수 프레슬리 투구 시작된 이후 정정 시도로, 경기가 18분 중단되었다.

　그러면 이날 현장에서는 어떤 근거로 잘못 나간 수비수들을 다시 재정리하는 쪽으로의 결론 내리게 된 것이었을까? 처음 이 해프닝 소식을 접했을 때, 통보 내용과 다르게 수비로 나갔다 하더라도 이미 6회 말이 시작되어 플레이가 이루어졌기 때문에 그것을 바로잡는 것은 불가능하다는 생각이 우선했다. 규칙적으로 이미 물러난 선수를 다시 불러들이는 일은 야구에서는 상상하기 어려운 일이었고, 상대 팀인 LA가 일찍 알아차리지 못한 것에 대한 책임 부분도 일정 부분 고려가 되었다. 따라서 LA로서는 전개된 상황 그대로를 어쩔 수 없이 받아들이고 경기를 속개해야 한다고 생각했다.

　그러나 메이저리그 현장의 판단과 결정은 달랐다. 의아했다. 그들은 어떤 근거로 물러났던 선수를 다시 불러들이면서까지 선수 위치를 다시 재정비하려 했는지가 궁금했다. 곰곰이 생각해 보니 답은 한 가지밖에 없었다. 그것은 물러나지 않고 계속 좌익수로 뛰고 있는 로사리오를 부정선수로 간주하는 방법이었다. 부정선수는 발견 즉시 경기에서 제외시킬 수 있다. 따라서 미네소타 감독이 처음 통보했던 대로 로사리오를 경기에서 빼내고 그 자리에 새로운 투수를 올리는 한편, 기존 투수 자리에는 새로운 좌익수를 넣어 더블스위치를 한 것으로 처리하는 방법으로의 선택이 가능하게 된 것이었다.

　이에 따라 경기에서 물러날 이유가 사라진 유격수 폴랑코는 더블스위치가 유격수 타순에 걸리지 않았으므로 다시 경기에 나올 수 있는 것으로 역시 해석되었다. 결국 이날 꼬이고 꼬였던 더블스위치를 둘러싼 혼돈을 어떻게 풀어야 할지 난감했던 상황에서 제출된 모범 답안의 핵심 키워드는 '부정선수'였다.

한편 이러한 난리 통은 결과적으로 LA 다저스에 유리하게 작용했다. 경기가 오랫동안 지체되면서 정상적인 투구 시작이 지연되었던 새로운 미네소타의 구원투수 프레슬리는 연타를 맞으며 실점했고, 여기에 미네소타 공격의 중심타자였던 5번 로사리오가 쫓겨나듯 경기에서 제외된 것도 LA 로선 이득이었다.

세이브 규칙
'효과적 투구'의 삭제 의미

1982년 KBO리그 출범 이후 2018년까지 37년간 단 한 차례도 적용된 경우가 없었으면서도 늘 기록원의 마음속에 알게 모르게 작은 부담감으로 작용해 온 기록 규정이 하나 있었다. 그 부담감은 다름 아닌 기록원이 알아서 판단하라는 내용 때문이었다. 적용 가능 상황에 대한 구체적 예시나 표도 없이 그저 막연하게 "효과적 투구"라는 표현 하나만이 규정이 가진 내용의 전부였다. 이는 통계 관련 항목을 제외하고 실제 경기에 적용되는 기록 규칙의 마지막 부분이라 할 수 있는 세이브 항목 9조 19항 '구원투수의 세이브 결정'에 들어 있는 문구다.

그 안을 살펴보면 주자가 없다는 것을 전제로 4점 차 이상의 여유 있는 리드를 가진 상태에서 "구원투수가 최저 3이닝 이상 효과적으로 투구하였을 경우, 세이브 기록을 부여한다"라는 조항이 보이는데 바로 이 부분이다. 이는 바꿔 표현하자면 구원투수가 비록 3이닝 이상 던졌더라도 효과적으로 투구하지 못했다면 세이브 기록을 부여하지 않을 수도 있다는 것으로 해석된다. 그리고 그러한 내용의 핵심은 '효과적 투구' 인정 여부에 관한 것으로서 판단은 전적으로 기록원의 몫이었다.

2012년 출판한 『윤병웅의 야구기록과 기록 사이』에서 이미 다룬 내용이지만, 2006년 메이저리그에서 활약 중이던 서재응(당시 LA 다저스)이 팀이 7 : 0으로 크게 앞선 상황에서 6~9회까지 4이닝을 4실점으로 틀어막았음에도 비효과적 투구로 간주한 공식기록원의 판단으로 세이브 기록이 주어지지 않았던 일은 아주 대표적인 사례라 할 수 있다. 아울러 당시 서재응 세이브 기록 박탈(?)에 관한 기록원의 판단이 옳았는지가 다음 날 논란거리로 대두된 것은 어찌 보면 당연한 현상이었는데, 이는 효과적 투구에 대한 기준이 생각하는 사람마다 제각각 다를 수 있기 때문이다.

사실 기록원의 규칙 적용에 관한 내용은 그 기준이 명확하면 명확할수록 좋다. 기준의 명확함은 적용이 맞는지를 놓고 논란이나 이론(異論)이 끼어들 여지를 주지 않는다. 서두에서 말한 효과적 투구에 관한 내용만 뺀다면, 규칙 중 복잡하게 느껴지는 세이브 가능 환경도 적용 판별 표를 만들수 있을 만큼 그 적용 기준은 매우 투명한 편이다. 구원투수의 등판 당시 점수 차와 주자, 아웃카운트 상황에 따라 되면 되고, 안 되면 안 되는 기준선이 매우 선명하다.

그러나 세이브 마지막 조항의 효과적 투구에 관한 부분은 그다음 설명이 없었다. 구원투수가 몇 이닝을 던져야 하고 몇 실점 이상을 허용해야 비효과적으로 판단할 수 있는지에 대한 구체적 기준이나 가이드라인 제시가 전혀 없었다.

그나마 생각의 차이를 조금이라도 줄여보고자 기록원들끼리의 내부적 회의를 통해 나름대로 마련한 기준선은 1이닝 2실점 정도. 따라서 비록 공표되지는 않았지만 3이닝 기준으로 6실점 이상이면 세이브 기록을 주지 않아도 되겠다는 공감대를 형성하고, 그것도 경기 흐름과 내용을 참고해 매우 제한적으로 적용하자는 내부적 지침 정도만을 갖고 있었다. 그리고 한발 더 나아가 그런 상황이 내가 담당한 경기에서는 일어나지 않기를 바라는 마음이었고, 프로야구 출범 후 비효과적인 투구를 이유로 수학적 규칙 조건을 충족시킨 구원투수에게 세이브를 주지 않았던 전례가 단 한 차례도 없었다는 점은 부담이자 혹은 작은 위안이었다.

이러한 적용 과정상 어려움을 인지하면서도 그동안 기록위원회가 효과적 투구에 관한 명확한 기준을 공개적으로 밝히지 않았던 이유는 크게 두 가지로 나누어 생각해 볼 수 있다. 첫째는 야구 경기의 복잡성이다. 구원투수의 투구가 단지 몇 이닝 동안 몇 실점이라는 단편적인 기준을 근거로 비효과적인 투구라고 쉽게 단정 짓기란 곤란했다. 투수는 점수 차와 놓인 상황에 따라 그에 맞는 투구 형태를 가져간다. 점수 차가 아주 클 경우, 어렵게 가기보다 다소 실점이 따르더라도 맞춰 잡는 형태의 투구 전략을 선택한다. 또한 실점을 했더라도 그것이 볼넷과 안타를 맞아 허용한 실점이 아니라 수비진의 실책에서 비롯된 실점이라면 이를 투수 책임으로만 몰아가는 것도 무리가 있다. 따라서 효과적 투구에 대한 판단은 숫자적으로 마련된 선명한 기준선이 아니라, 오히려 경기 흐름을 제대로 감안하고 반영한 기록원의 판단이 어쩌면 더욱 합리적인 기준이 될 수 있겠다는 생각이었다.

둘째는 기록원의 재량권 범위를 지키고자 하는 욕심(?)이었다. 프로야구 초창기 야구 규칙을 접하면서 미·일 간의 차이점을 비교해 따져본 적이 있었다. 그리고 알게 된 점은 기록원의 재량권이 미국에 비해 일본은 현저히 낮다는 것이었다. 희생번트에 관한 판단도 그렇고 구원승 결정에 관해서도 일본프로야구에서는 기록원의 재량권을 최대한 제한했다. 지금까지 거론한 세이브 규칙 중 효과적 투구 판단에 관한 부분은 아예 들어 있지도 않았다. 일본은 과거부터 점수 차가 클 경우, 마무리 구원투수의 투구 내용과 관계없이, 무조건 동점이나 역전을 허용하지 않은 상태에서 3이닝 이상만 던지면 아무리 많은 실점을 했더라도 세이브 기록을 부여해 왔다. 기록원으로선 아주 편한 방식이다.

그렇지만 일하기 편한 일본식 규칙을 따르지 않고 효과적 투구인지를 판단해 세이브를 주자는 미국 쪽의 방식을 선택하고 유지한 내면적 이유 중 하나는 경기 상황을 제대로 반영한 생명력 있는 기록에 대한 욕심에 있었다. 또한 기록원의 재량권을 유지·확보함으로써 야구 경기에서 기록과 기록원이 차지하는 비중과 가치를 보다 높게 인정받고자 하는 불순한(?) 의도도 어느 정도 담겨 있었다.

초창기 야구 경기에서 기록은 그저 부산물 같은 존재였다. 경기를 치르다 보면 자연스럽게 나오게 되는 것이고, 기록원은 그것들을 그저 옮겨 적는 역할 정도로 인식되었다. 이후 프로야구가 생겨나고 연륜을 거듭하면서 경기 자체 못지않게 기록이나 통계의 중요성이 부각되었고, 그 일을 책임지는 기록원의 입지와 인식에도 많은 발전이 이루어졌지만 처음에는 이정표도 없는 황량한 벌판이었다.

야구 경기의 안타와 실책 판정을 누가 하는지 이제 모르는 야구팬들이 별로 없지만, 과거에는 이마저도 심판이 결정하는 것으로 생각하고 있었다. 아니, 야구 경기에서 기록원이 있다는 자체를 아는 사람들이 별로 없었다고 말하는 편이 좀 더 정확한 표현일 수 있겠다. 따라서 기록원의 주관적 재량권에 근거한 판정이나 결정이 때로 논란거리가 된다 하더라도 그 자체가 야구기록과 기록원의 존재감을 어필할 수 있는 하나의 기회가 될 수 있겠다는, 조금은 위험한(?) 생각을 부수적으로 품어왔던 것이다.

그러나 세상이 빠르게 변해가듯이 야구 경기 운영 방식이나 규칙, 규정에도 많은 변화가 일어났다. 야구에 비디오판독이 들어오는 것 자체를 질색하던 미국이 이를 받아들이면서 경기 운영에 획기적인 변화가 일어났다. 또한 예시나 주(註)가 주저리주저리 달린 일본이나 한국의 야구 규칙집에 비해 그런 내용 기술 없이 상당히 심플하고 얇았던 미국의 규칙집이 이제는 분량 면에서 어깨를 나란히 하다 못해 오히려 더 두터운 내용을 싣고 있다.

이러한 현상들은 판정관이 주관적으로 판단하던 부분을 최대한 줄이고,

좀 더 명확하고 분명한 판정 기준을 마련하는 쪽으로 변화했음을 의미한다. 아울러 세이브 기록에 관련된 기록원의 효과적 투구 판단 조항의 폐지 역시 같은 맥락으로 해석할 수 있다. 구원투수의 투구를 비효과적 투구로 판단해 세이브 기록을 공식기록원이 좌지우지하는 자의적·주관적 판단을 막고 논란 없는 통일된 규칙 적용의 필요성을 느낀 메이저리그는, 2016년 전면적 규칙서 개정 작업을 통해 이 내용을 삭제했고 KBO리그도 2019년 같은 길을 걸었다.

야구 규칙 이론을 처음 접하기 시작하던 즈음, 유추나 재량권이 많아 보였던 미국의 이론이나 방식이 정형화된 일본식에 비해 좀 더 민주적(?)이고 합리적·진보적이라 생각했었다. 그리고 아직까지 그러한 생각에 큰 변화는 없다. 하지만 시대정신은 재량권보다는 분명하고 논란 없는 판정과 규정을 원하는 쪽으로 급격히 바뀌어가고 있다.

부분적인 결과론이지만 적어도 세이브에 관한 규정만큼은 한참의 시간 동안 돌고 돌아 미국이 일본의 방식을 따라간 모양새가 되었다. 이러한 변화가 그저 단편적인 한 가지의 규칙 변동에 불과하다 여길 수도 있겠지만, 규칙 변화 이면에 담겨 있는 현시대 야구 문화의 흐름을 생각하면 예시하는 바가 결코 작지 않음을 미루어 짐작하게 된다.

지명타자 제도가
경계해야 할 부분, '주객전도'

　지명타자라는 제도가 야구 경기에 정식 등장한 시기는 1973년이다. 공격력 약화에 따른 득점력 저하가 리그 흥행에 악재로 작용하자 메이저리그의 아메리칸리그 사무국은 경기력을 좀 더 공격적인 방향으로 이끌고자 상대적으로 타력이 떨어지는 투수 대신 오로지 공격만을 전담하는 선수를 기용 가능하도록 규정을 새로 고안해 냈는데, 그 시도가 이름하여 '지명타자제'였다. 당시 이 제도를 일정 기간의 시험적 시행 기간을 두고 리그에 접목했던 아메리칸리그는 그 결과, 새로운 볼거리에 대한 기대감 상승에 따른 관중 증가와 평균 타율 상승이라는 가시적 성과가 있자 1975년 윈터미팅에서 정식으로 이 지명타자 제도를 공식 채택했고, 이후 지명타자제는 아메리칸리그만의 경기 운영제도로 자리 잡아왔다.

　그러나 메이저리그를 구성하는 또 다른 내셔널리그는 2019년까지 아메리칸리그의 제도 도입과 제안 움직임에도 흔들림 없이 시종일관 지명타자 제도를 채택하지 않는 방침을 고수해 왔는데, 현실적인 여건이 아메리칸리그처럼 큰 변화가 시급하지 않다는 이유도 있었지만, 이 제도를 거들떠보지도 않았던 이면에는 야구의 순수성 유지에 도움이 되는 제도가 결코 아니라는 것이 가장 큰 이유이자 명분이었다(내셔널리그는 2020년 신종 바이러스 감염병인 코로나19 정국을 맞아 한시적으로 지명타자 제도를 실시한 바 있으며, 이후 재논의를 거쳐 2022 시즌 정식으로 지명타자제를 도입했다).

이렇듯 양 리그가 지명타자 제도를 바라보는 관점은 흡사 진보와 보수 진영의 시각을 연상케 하는데, 지명타자제를 야구의 본질을 훼손하는 부정적 요소로 해석해 역시 리그 내 경기에 도입하지 않고 있는 일본 센트럴리그의 이론적 주장을 보면 그 색깔 차이는 더욱 선명해진다. 1975년 일본프로야구 퍼시픽리그가 지명타자 제도를 도입할 당시, 이를 거부한 센트럴리그는 지명타자 제도에 대해 야구의 본질과 전통을 근본적으로 뒤흔드는 제도라 규정지으며 센트럴리그만의 당위성을 역설한 바 있다. 약간 추상적인 접근법이긴 하지만 미 내셔널리그에서 내세웠던 주장과 거의 일치한다고 볼 수 있다.

이 외에 좀 더 구체적인 이유들로는 경기 종반 투수 자리에 대타를 내보내 경기를 풀어가는 다양한 야구 전술을 볼 수 없게 만든다거나, 지명타자 제도 규칙은 너무 복잡하고 어려워 오히려 경기에 혼란을 가져다주는 요소라거나, 타석에 들어서지 않아도 되는 점을 이용해 투수가 타자를 향한 빈볼을 서슴없이 던지게 되어 크고 작은 선수들의 부상이 늘어날 수 있다는 점 등을 폐해로 들었다.

이러한 주장들은 일견 맞는 내용도 있고, 일부 이유는 안을 들여다보면 실상은 그렇지 않은 것들도 있다. 그러나 다른 이유들은 차치하고 지명타자 제도에 따른 규칙이 복잡하고 어렵다는 것만은 엄연한 사실이라고 말할 수 있다. 규칙서에도 지명타자와 관련된 규칙과 예시는 상당히 길고 복잡하게 기술되어 있다. 그만큼 지명타자 규칙을 둘러싸고 가지를 뻗을 수 상황과 변수들이 많다는 반증이기도 하다.

한국프로야구는 1982년 프로야구 출범 당시 처음부터 지명타자 제도를 채택해 경기를 치르고 있다. 규칙 자체가 복잡한 구석이 있지만 이 제도를 유지하고 치러온 연륜만큼 이젠 팬들에게도 지명타자란 존재는 아주 친숙하다. 그래서일까? 이제는 생활체육 야구 경기에도 지명타자 사용은 상당히 보편화되어 가는 양상이다. 다만 그럼에도 지명타자 규칙이 지닌 복잡성과 그에 따른 해석상의 난해함은 어쩔 수 없는 일, 지명타자 규정을 놓고 생긴 시시비비를 풀고자 프로야구 쪽에 자문하는 일이 부쩍 잦다. 질문 내용의 대부분은 지명타자의 신분이나 활용에 대한 적법성 여부가 주를 이루는데, 이러한 문제 제기 내용들의 밑바탕에는 지명타자 규칙에 대한 과한 몰입과 지엽적 해석이 깔려 있다는 점이 공통점이다. 한 발 물러나 보다 큰 그림을 그리지 않아서 초래되는 문제들인 것이다.

이를 비유적으로 돌려 말하자면 지명타자 규칙이 야구를 위해 존재하는 규칙인지, 아니면 지명타자 규칙을 지켜내기 위해 야구가 존재하는 것인지를 혼란스러워 하고 있다고나 할까? 답은 뻔하다. 지명타자 규칙은 야구 경기를 위해 존재하는 하나의 지방법일 뿐, 헌법과도 같은 야구 경기규칙의 근간을 흔들어서는 안 되는 일이다.

과거 물어왔던 두어 가지 질문을 바탕으로 지명타자 규칙에 관한 원론적인 접근을 시도해 보도록 한다. 지명타자 5조 11항 중에는 다음과 같은 내용이 들어 있다. 규칙적 해석에 관한 시비를 가장 많이 일으키는 조항이다.

지명타자로 출장하기로 오더에 표기되어 제출된 선수는 그 타순에 대타를 기용할 수 있지만, 상대 선발투수가 바뀌지 않는 한, 그 선발투수를 상대로 적어도 한 번은 타격을 끝내야 한다.

이 조항은 정상적인 경기 진행이 이루어지는 평상시에는 별문제가 되지 않는 내용이다. 하지만 경기가 꼬이기 시작하면 상황이 달라진다.

Q   1회 초 수비에 나선 홈팀(말 공격)의 투수들이 연이은 제구력 난조

로 난타를 당하자 홈팀은 자기들 타순에 지명타자로 기용되어 있는 선수를 투수로 마운드에 올리려 했다(이는 지명타자가 소멸되는 상황으로 이어진다). 그러자 원정 팀은 브레이크를 걸고 나섰다. 앞서 말한 조항을 근거로 아직 타석에서 최소 한 번 타격 완료를 마치지 않은 상태이기 때문에 지명타자 신분에서 벗어날 수 없다는 주장이었다.

이는 숲을 보지 않고 나무만 보는 형국이다. 지명타자를 사용하겠다는 것은 보다 공격력을 높여 경기에 나서겠다는 의도를 담는다. 처음 지명타자 제도의 유래에서 살펴보았듯이 이 제도 도입과 사용 취지가 그렇다. 그런데 공격을 해보기도 전에 지명타자를 투수로 마운드에 올리면서까지 수비에 나서겠다는 것은 규칙이 담고 있는 유리함을 스스로 내려놓겠다는 것이다. 지명타자는 공격할 때 사용되는 무기다. 하지만 현실이 우선 급하니 무기를 내어주고 방패를 들겠다는 것이다. 지명타자제의 사용에 관한 선택은 언제든지 해당 팀이 자유롭게 선택할 수 있다. 앞에서 말한 한 타석 완료 의무 조항은 지명타자라는 무기를 내려놓지 않은 상태를 전제로 반드시 지켜져야 한다는 뜻이다. 따라서 어느 팀이 경기 중 지명타자 사용을 필요에 따라 포기하겠다고 한다면 그 이후 해당 팀에는 지명타자와 관련된 규칙들은 무용지물이 된다.

지명타자 규칙은 일종의 지방법이라고 할 수 있다. 이에 비해 야구의 경기규칙은 상위법인 헌법과도 같다.

Q 1회 초 공격에서 지명타자로 올라 있는 선수가 아직 도착을 하지 않았다는 가정이다. 그런데 팀에 더 이상 남은 선수가 없다. 지명타자를 포함해 타순에 적어 제출한 10명이 팀원의 전부였다. 그래서 투수로 올라 있는 선수를 지명타자 말소 규칙 상황에 따라 지

명타자 타순에 대타로 기용하려고 주심에게 통보를 했다. 그런데 상대 팀인 홈팀에서 원정 팀의 지명타자가 아직 한 타석을 완료하지도 않았기 때문에 그 자리에 대타를 쓸 수 없다고 규칙적 이의를 제기했다. 또한 나올 선수가 더 이상 없으니 몰수경기라고 주장했다. 주심은 홈팀의 주장을 받아들여야 할까?

타순에 올라 있는 지명타자가 도착을 하지 않아 다른 지명타자로 바꾸겠다면 이는 규칙적으로 당연히 문제(미도착이나 부상 등의 이유로 지명타자 신분을 유지한 상태에서 다른 지명타자로 대타를 기용하는 문제는 프로야구에서는 주심의 판단과 재량에 의해 허용이 가능한 부분으로 되어 있다)가 된다. 하지만 지명타자가 소멸되는 방식인 투수를 대타로 넣어 경기 자체를 지명타자 없이 치를 수는 있는데, 이를 지명타자 규칙을 핑계로 막아서는 안 된다.

앞에서 지명타자 규칙을 지방법에 비유했다. 야구 규칙의 맨 앞에 등장하는 경기의 목적 1조 1항에는 이러한 내용이 들어 있다.

야구는 감독이 지휘하는 9명의 선수로 구성된 두 팀이 심판원의 주재 아래 이 규칙에 따라 치르는 경기이다(지명타자 제도를 채택한 경우 10명이 된다).

그리고 또 다른 몰수경기 관련 규칙 7조 3항에는 다음과 같은 내용을 찾을 수 있다.

어느 팀이 경기장에 9명의 선수를 내보내지 못하거나 이를 거부하였을 경우, 그 경기는 몰수되어 상대 팀이 승리하게 된다.

이와 같은 일련의 경기규칙에 의하면 질문처럼 초 공격에서 지명타자를 포기하고 투수를 대타로 기용하려는 전술 자체를 불허한다는 것은 보다 상위 개념의 법을 거스르는 조치가 된다. 해당 팀에 선수 아홉 명이 경기장에 버젓이 남아 있음에도 지명타자 한 타석 완료 조항이 걸림돌이 되어 몰수패로 끝나거나 경기 진행이 불가능한 상태로 되어버린다면 지방법을 지키려 하다 상위법인 기본 야구 규칙을 정면으로 들이받는 격이다.

야구는 최소 아홉 명만 남아 있으면 어떠한 방법이든지 그 팀의 정상적인 경기 진행이 이루어지도록 조치가 가능하다. 규칙이 그것을 보장한다. 그것이 야구 규칙이 갖는 대전제이자 기조에 깔린 정신이다. 10명이 최소한의 경기 진행 성원으로 인정되는 경우는 지명타자제도를 채택한 경우뿐으로 지명타자제를 사용할 수 없게 된 순간, 해당 팀의 최소한의 경기 성원 수는 아홉 명이 된다.

야구 규칙 변천사를 들여다보면 가끔 지엽적인 하위 규칙이 야구 경기 전체를 혼란 속으로 몰아간 경우를 보게 된다. 그리고 그러한 상황들은 얼마 안 가 문제점을 제거한 후 합리적이고 바른길을 찾아 걸어왔다. 근자에 KBO리그에서 있었던 3피트 수비 방해 자동 아웃 논란도 그러한 예들 중 하나다. 이러한 일들이 보다 정상적인 경기 진행을 위한 쪽으로 최종 정리된 배경들에는 이미 언급한 규칙 정신이 들어 있다. 한번 더 반복하는 것으로 이야기를 맺는다.

야구 규칙의 제정과 적용은 야구 경기를 위한 것이 되어야 한다. 역으로 규정이나 규칙을 위한 경기가 되어선 곤란하다. 규칙이나 규정은 결국 경기를 위해 처음 마련된 것이었다. 태생적 신분이 그렇다. 따라서 규칙이 경기를 훼손하거나 잡아먹는 일이 있다면 이는 결코 바람직한 현상이라고 볼 수는 없다 할 것이다.

진화한 KT 김민혁의 타격자세, 번트야? 타격이야?

'어, 뭐지?'

눈을 동그랗게 뜨고 배트가 투구된 공에 닿는 순간을 놓치지 않으려고 집중하던 기록원의 눈에 꽤나 낯선 장면이 펼쳐졌다. 타석에서 투구를 기다리던 타자가 공이 날아오자 갑자기 번트를 댈 것처럼 배트를 아래로 내리더니 막상 공에 갖다 맞히는 순간에는 출루 스텝을 밟음과 동시에 배트를 휘두르는 듯한 동작으로 '툭' 밀어 친 광경이었다.

'번트야 뭐야?'

타자가 번트 동작을 취하다 그 자세를 풀지 않은 상태에서 밀어 친 타구는 타자의 번트 예비동작에 앞으로 달려나오던 내야수 키를 훌쩍 넘어 외야 쪽으로 굴러가고 있었다. 이상했지만 분명 안타였다. 그것도 2루타.

이 플레이는 KT의 좌타자 김민혁이 2020년 5월 17일 수원구장 삼성과의 경기에서 실현한 그림이다. 이날 저녁 스포츠 소식을 다루는 TV 뉴스 프로그램에선 김민혁의 경기 영상과 함께 어정쩡한(?) 번트로 2루타를 만들어내는 신묘한 장면이 반복해서 송출되었다.

뉴스를 탈 만큼 세간의 재미와 관심을 끌기에 충분했던 김민혁의 이러

한 타격자세는 사실 이날 한 번만 있었던 것은 아니다. 그가 선발 라인업에 이름을 올렸던 날이면 최소한 한두 번은 비슷한 동작을 보였고, 그때마다 기록원은 배로 집중하며 김민혁의 플레이를 지켜보곤 했었다.

당시 김민혁은 인터뷰에서 이러한 타격자세를 따로 연구한 것인지를 묻는 질문에 팀 선배였던 이대형에게 배운 것이라고 답했다.

"밀어서 유격수 방향으로 번트 타구를 보내는 방법을 배우고 연구했다."

같은 좌타자 유형이었던 이대형 역시 자신의 강점이자 최대 무기라고 할 수 있는 빠른 주력을 살리고자 타석에서 기습번트를 수도 없이 감행, 많은 번트 안타를 양산해 냈고 그중에는 김민혁의 경우처럼 2루타를 기록한 적도 있는 선수였다.

그렇지만 이대형의 기습번트(아니, 이미 상대도 어느 정도 알고 있는 방법이니 기습번트라는 말보다는 차라리 이대형만의 러닝번트 정도로 표현하는 것이 더 정확한 표현 같기도 하다) 동작을 보면서 느끼지 못했던 부분이 김민혁에겐 있었다. 무엇이냐고? 둘의 차이는 곧 확신이 들고 아니고의 차이였다.

부연하자면 그들의 출루 성공과 실패 여부를 떠나 타격 시도 때의 번트성 동작이 통상적으로 번트 행위라고 기록원이 확신할 수 있는 선수는 이대형이었고, 번트 행위인지 일반적 타격 행위인지 잘 구분이 가지 않는 선수는 김민혁이었다. 분명 배트를 잡은 양손의 위치와 자세는 번트였지만 공을 맞히는 순간은 번트가 아닌 히팅의 성격을 함께 담고 있었다.

그러면 김민혁의 재치 있고 기지 넘치는 이러한 타격자세와 동작에 기록원이 주목한 이유는 어디에 있을까? 그것은 김민혁의 이러한 타격 시도를 번트로 보느냐 아니냐에 따라 기록 적용 여부가 완전히 달라질 수 있기 때문이다.

만일 김민혁의 이러한 타격 행위를 번트로 간주한다면, 2스트라이크 이후 파울 타구가 나왔을 경우, 김민혁은 스리번트 아웃으로 인정이 된다. 반면 번트 행위로 보지 않는다면 볼카운트에 상관없이 계속해서 타석에 남아 공격을 이어가는 것이 허락된다. 그리고 이러한 기록 적용의 차이는 여기에 그치는 것이 아니라 상황에 따라서는 타자 개인 연속경기 안타 기록의 인정 여부나 연속 타수 안타 등에도 영향을 주는 요소로 작용하게 된다.

물론 파울 타구가 나왔을 경우, 김민혁의 동작을 번트 행위로 볼 것인지 아니면 일반적인 타격 행위로 볼 것인지의 판단은 기록원이 아니라 심판원의 몫이다. 그래서 궁금했다. 이 장면을 심판원들은 어떻게 해석할지.

시즌이 끝난 뒤, 심판 양성 과정이 열리고 있는 명지전문대를 방문할 일이 있어 들른 김에 심판 교육 과정을 담당하고 있는 심판원에게 상황을 설명하고 자문했는데, 이 문제를 푸는 열쇠는 약간 엉뚱한 방향에 숨어 있었다. 김민혁이 보여준 상황이나 또는 이와 비슷한 유형의 타자들이 그러한 애매한 동작의 타격 행위를 과연 어떤 볼카운트에서 시도하는지를 확인하는 과정에 그 해결책이 들어 있었던 것이다.

해당되는 영상들을 처음부터 찬찬히 살펴본 결과, 2스트라이크 후에는 그러한 타격 행위를 시도한 사례가 단 한 차례도 없었다. 모두가 0 또는 1 스트라이크 이후에 시도된 것으로 나타났다. 그랬다. 단서는 타자들의 심리 안에 들어 있었다. 김민혁을 비롯한 타자들은 자신들의 타격 행위가 번트로 간주되면 스리번트 아웃으로 처리될 수도 있다는 생각을 은연중에 갖고 있었다. 그래서 그들은 2스트라이크 후엔 그러한 형태의 공격 방법을 선택하지 않았다. 그들의 행위가 아직 번트다 아니다 판명되지 않았고 그에 대한 해석이 내려진 것도 아니지만 선수들은 알아서 판단하고 알아서 선택해 왔던 것이다.

훗날 어떤 선수가 2스트라이크 상황에서 김민혁처럼 공격을 시도했다가 그 타구가 파울볼이 되는 장면이 한 번쯤 나왔으면 하는 바람도 있다. 그저 지금은 막연한 짐작에 의한 답을 갖고 있는 것이지만, 직접 눈앞에서 명쾌한 답을 확인하고 싶은 기대 심리다.

과거 번트 동작에 기습성이 다분하다 하여 희생번트를 인정하지 않아 타자와 기록원 간에 실랑이가 잦은 적이 있었다. 선수 측은 번트 동작이 완전 노출된 상태에서는 수비 측의 대응이 용이해져 보내기번트가 확실한 상황에서도 기습성으로 번트를 시도할 수밖에 없다고, 그래야 성공률을 높일 수 있다고 강변했다. 수비 측의 대처 능력이 그만큼 발전했다는 얘기고, 그에 발맞춰 공격 기술 또한 진화하고 있다는 반증이었다. 기록위원회가 과거 판정 기준에 얽매여 고집부릴 상황이 아니었다. 이후 희생번트 인정 여부의 판단은 타자의 번트 자세가 아닌 경기 상황을 감안한 판정으로 그 기준이 바뀌었다.

　세월의 흐름에 따라 선수들의 기술도 진화한다. 그래야 냉정한 프로 세계에서 살아남을 수 있기 때문이다. 기록원은 기술을 구사하는 선수와는 다르지만 판정 기준을 다듬어가는 데 있어 이치는 매한가지다. 발전하고 변모하는 선수들의 플레이에 발맞춘 생각과 판정 기준의 진화는 기록원에게도 필수다. 시대를 반영하지 못하는 기록은 공감을 얻을 수 없고, 숨 쉬지 못하는 그들만의 죽은 기록이 될 수밖에 없기 때문이다.

자동 고의4구로 가능케 된
'0구' 투수 패전 기록

그간 거저먹기식 승리 투수와 지독히 운 없는 패전 투수 기록을 상상함에 있어 그러한 상황을 가능케 하는 최소한의 조건은 지극히 상식적인 생각의 범위 안에 들어 있었다.

야구 경기에서 투수는 선발, 구원을 가릴 것 없이 마운드에 오르면 최소한 타자 한 명을 상대해야 다른 투수로 교체가 가능한 것이 교체 규정의 대전제다. 예외가 있다면 한 타자 상대 완료 의무를 다하지 못했다 하더라도 누상의 주자를 아웃시켜 그 이닝을 끝냈다던지, 아니면 그 투수가 질병이나 부상 등으로 더 이상 투구를 이어갈 수 없다고 인정되었을 때에 한해서만 교체가 허용된다. 그리고 이러한 투수의 의무 규정은 경기에서 승리 투수와 패전 투수가 결정되는 데 최소한 충족되어야 할 기본조건이기도 하다.

그러면 투수가 이처럼 타자 한 명을 상대 완료하거나 타자 대신 주자를 잡아 그 이닝을 마무리 짓기까지 타자에게 던져야 하는 공은 최소 몇 개 이상을 필요로 할지 잠깐 생각해 보도록 하자.

우선 타자를 상대로 의무를 마친 경우, 타자가 초구를 쳐 아웃되거나 주자로 출루했다고 가정할 때 투수가 던지는 공은 한 개면 충분하다. 만약

2사 후 등판해 타자가 아닌 주자를 견제구로 잡아 이닝을 끝냈다면 타자에게 던진 공은 '0'일도 수 있다. 물론 더 많은 투구 수가 소요되는 것이 일반적이지만 극단적으로 계산하면 그렇다. 그리고 이러한 극단적 투구 수 계산법 아래 앞서 말한 거저먹기식 승리와 지독히 운 없는 패전 기록은 탄생하게 된다.

해마다 발행되는 『KBO 연감』에 의하면 투수가 공을 한 개만 던지고도 승리 투수가 된 사례는 22차례나 된다. 특히 정찬헌(당시 LG)은 2017년과 2018년 두 차례에 걸쳐 1구 승리 투수가 되는 행운이 따르기도 했다.

하지만 1구 승리 투수보다 한 수 위인 '0'구 승리 투수 기록은 KBO리그에 아직 쓰이지 않고 있다. 메이저리그에서는 두 차례의 '0'구 승리 투수 기록이 존재하는데, 그 첫 번째는 1906년이었다. 시카고 화이트삭스의 투수 닉 올트록은 9회 초 2사 만루 상황에서 등판해 견제구로 주자를 잡아내며 위기를 벗어났는데, 돌아선 9회 말 팀이 역전승을 일구면서 최초의 '0'구 승리 투수 기록을 품을 수 있었다.

이어 2003년 5월에는 1999년 빅리그에 데뷔해 줄곧 마무리 투수로 활약했던 BJ. 라이언(볼티모어 오리올스)이 디트로이트에 1 : 2로 뒤지던 7회 말 2사 1루에서 마운드에 올라 타자 대신 1루 주자를 견제구로 잡고, 돌아선 8회 초 팀이 역전(4 : 2)에 성공한 덕분에 '0구 승리'의 대박 행운을 챙겨간 일도 있다.

당시 라이언의 뒤를 이어 등판한 투수 두 명이 각각 8~9회를 1이닝씩 나누어 던져 '0구 승리'에 대한 공식기록원의 적개심(?)과 경계심을 상당 부분 덜어준 덕분에 반사이익을 본 경우로, 만일 뒤에 나온 투수가 혼자서 2이닝을 도맡아 책임졌다면 결과는 알 수 없는 일이 될 수도 있었다.

선발투수들이 100개가 넘는 투구 수를 기록하고도 승리 투수의 기록을 얻지 못하는 일이 비일비재한 판국에 공 한 개 최소 투자로 승리 투수라는 엄청난 수익률을 올리는 현상이 때로는 불공평해 보이고 비상식적으로 느껴질 수도 있겠지만, 세상살이에도 노력이 아닌 복권에 의해서 부(富)를 얻는 일이 엄연히 존재하고 있음을 생각하면 이 부분 역시 또 하나의 인생 축소판이라 볼 수 있지는 않을지.

지금까지 한 경기에서 가장 많은 공을 던지고도 승리 투수로 기록되지 못한 선수는 선동렬(당시 해태)이다. 1987년 5월 16일 사직 롯데전에서 선발로 나와 무려 232개의 공을 뿌렸지만 결과는 2 : 2 무승부. '퍼펙트게임'이라는 영화로도 제작된 고(故) 최동원 선수와의 전설적인 15이닝 완투 대결을 벌였던 바로 그날의 기록이다. 참고로 최동원은 이날 209개의 공을 던졌다.

여기에 비하면 1989년 4월 14일 사직 OB전에서 14이닝 동안 219개의 공을 던져 끝끝내 승리 투수 기록을 손에 거머쥔 김시진(당시 롯데) 투수의 '최다 투구 수 승리' 기록은 그래도 건진 것이 있어 양반인 셈이다.

이처럼 극심한 불균형이 발생하는 승리 투수 기록이지만 최소 투구 수 승리 투수 기록은 삼척동자도 알다시피 등판 시기도 등판 상황도 아닌 리드 점수의 획득 시기가 모든 것을 결정한다. 적절한 시기와 상항에서 등판했다 하더라도 소속 팀이 돌아선 공격에서 리드 점수를 빼내지 못한다면 모두 허사다. 타자들이 딱 한 번의 공격 기회에서 반드시 리드하는 점수를 빼앗아 내야 '0구 또는 1구 승리'도 가능해진다. 그리고 추가로 그 리드가 경기 끝까지 지속되어야 한다. 하늘이 돕지 않으면 결코 얻어내기 쉽지 않은 기록인 것이다.

다음 얘기는 최소 투구 수 패전 이야기다. 2019년 10월 6일 LG의 마무리 투수 고우석은 고척 스카이돔에서 열린 키움과의 준플레이오프 1차전에서 0 : 0이던 9회 말 마운드에 올라 선두타자 박병호(키움)에게 초구를 던진 것이 그만 끝내기 홈런으로 연결되어 KBO리그 포스트시즌 최소 투구 수 패전 투수라는 불명예스러운 기록의 주인공으로 등재된 바가 있다.

지금까지 KBO리그의 최소 투구 수 패전 기록은 고우석처럼 '1구'로 남아 있다. 승리한 경우보다 약간 적은 총 18차례가 기록되어 있다. 이 중 류택현(LG)과 강영식(롯데)은 두 번이나 1구 패전의 쓰라린 기억을 맛보고 말았다. 참고로 LG의 미들맨들이었던 류택현과 진해수는 공 한 개로 단맛과 쓴맛을 두루 경험한 케이스다.

그러면 최소 투구 수 패전 기록으로 남아 있는 '1구 패전'보다 한 수 위의 기록이라 할 수 있는 '0구 패전 기록은 불가능한 것일까? 원론적으로 말하면 패전의 경우엔 투구 수가 '0'인 상태에서는 패전 투수로 기록되는 것이 불가능하다. 주자가 아닌 타자를 상대해야만 하기에 최소 1구 이상의 투구 수를 필요로 한다. 적어도 자동 고의4구가 채택되기 전까지인 2017년까진 그랬다.

그러나 이젠 아니다. 투수가 마운드에 올라 첫 타자에게 공을 던지지 않고 자동 고의4구 제도를 이용해 타자를 출루시키는 일이 가능해졌기 때문이다. 즉 공을 던지지 않고도 타자 한 명을 반드시 상대 완료해야 하는 의무 규정을 충족시킬 수 있게 된 것이다. 그렇게 해서 1루에 내보낸 주자가 투수가 던진 견제구가 멀리 빠진 틈을 타 홈까지 달려 경기가 끝났다면 상상 속 '0구 패전이 이론상 가능해진다. 자동 고의4구 도입으로 인해 결국 기록 규칙이 달라졌다.

야구의 대기록은 리그 역사의 뼈대를 구성한다. 이정표 역할을 하는 굵직한 기록들은 리그의 골격을 잡아준다. 그러나 이것들만으로는 충분치가 않다. 가십성 이야기로 흘릴 수 있는 소소한 기록들과 진기록에 관한 이야기들은 야구 역사의 살이 되어 균형 잡힌 근사한 리그 체형을 만들어낸다.

그러고 보니 한국프로야구 역사에 퍼펙트게임 말고도 아직 쓰이지 않은 기록이 또 있었다. '0구 승리 투수'. 그리고 가능성이 생긴 지 얼마 안 되지만 '0구 패전 투수'. 그 기록들이 언제 그 얼굴을 우리 앞에 내밀지 살짝 궁금해진다.

새로운 경기 규정에 울고 웃는 야구

야구 경기의 법전이라 할 수 있는 규칙과는 다르게 경기 규정이나 제도는 그 움직임이 상당히 묵직한 편이다. 해마다 반복해서 보완되거나 수정이 가해지는 경우는 거의 없다. 극히 보수적이다. 기존 경기제도에서 운영상의 문제점이 발견된다거나 리그 흥행을 위해 변화가 필요하다는 공감대가 형성되었을 때가 아니면 좀처럼 움직이려 들지 않는 것이 프로리그의 경기제도라고 할 수 있다.

한 리그의 경기제도가 갖는 성격이 이럴진대 2020 시즌을 앞두고 KBO 리그는 경기제도 부분에서 실로 오랜만에 꽤나 선 굵은 변화를 도모한 바 있다. 그것도 단수가 아닌 복수로.

그런데 간만에 변화를 가한 그 규정들 앞뒤로 마치 소설처럼 기구한 사연들이 얽히고설켜 야구팬들을 울리고 웃게 만들 것이라고는 처음엔 상상하지 못했었다. 야구는 인생의 축소판이라고 흔히들 비유하는데, 경기제도 안에도 인생의 굴곡 같은 파장이 숨어 있었다.

우선 2020 시즌 KBO리그 첫 번째의 굵직한 변화는 정규리그 1위 결정전의 신설이었다. 바로 1년 전인 2019 시즌 정규리그 마지막 날, 2위이던 두산이 NC를 꺾고 88승 1무 55패로 SK와 승률에서 동률을 기록했지만 시즌 상대 전적에서 SK에 9승 7패로 앞서며 대회 순위 규정에 따라 정규리그 우승을 차지하는 사태(?)가 원인이 되어 마련된 신설 규정이었다.

팀당 시즌 144경기를 모두 치르고도 동률을 기록할 경우, 이를 가려내는 대회 순위 규정이 분명히 존재했고 이에 근거해 1위 팀이 결정되었음에도 이와 같은 1위 결정전이라는 번외 경기(이 경기에서 발생되는 모든 기록은 정규 시즌 기록에 가산되지 않고 별도 취급된다)를 부랴부랴 도입한 배경에는 과연 어떤 이유가 들어 있을까?

2019 시즌 정규리그가 초중반을 지나 종반전으로 들어설 무렵인 8월 중순까지만 해도 정규리그 1위를 달리던 SK는 2위 그룹과의 승차를 크게 벌리며 독주 태세를 유지하고 있었다. 3위이던 두산과의 승차도 무려 9경기나 벌어졌을 만큼 SK의 정규리그 우승은 모두가 시간문제로 여기고 있던 상황. 그러나 이후 선두 SK는 믿기지 않는 연패를 거듭하며 알 수 없는 부진 속으로 빠져들었고 야금야금 거리를 좁혀오던 두산은 마침내 시즌 142번째 경기(9월 28일)에서 SK와 같은 승률로 올라서며 1위 자리를 사실상 탈환하는 기적(?)을 현실로 만들어냈다.

두산과 SK는 이후 남은 두 경기를 모두 승리로 마무리 지으며 정규리그를 마쳤지만 상대 전적 우위를 살린 두산의 정규리그 역전 우승이라는 사실에는 변함이 없었다. KBO리그 38년 역사상 최다 경기 차를 극복해 낸 뒤집기 우승이었다. 2015년 이후 5년 연속 한국시리즈 진출이라는 대업이 오히려 보너스로 느껴질 만큼의 말 그대로 두산의 '미러클' 라스트 스퍼트였다.

그렇게 시즌이 마무리된 겨울, 야구팬들(특히 SK를 응원했던 팬들)로부터 한국시리즈 진출이라는 어마어마한 기득권이 걸린 정규리그 우승을 상대 전적만으로 가리는 것은 납득할 수 없다는 불만이 일기 시작했고, 리그 흥행이 곧 생존의 바로미터인 프로리그에서 팬들에게 크게 어필할 수 있는 1위 결정전과 같은 경기제도를 이제라도 신설해야 한다는 KBO와 구단 간 그리고 팬들의 이해관계가 서로 맞아 떨어지며 1위 결정전은 그렇게 KBO리그에 모습을 드러냈다.

그리고 바로 2년 뒤인 2021년 이 제도는 거짓말처럼 KBO리그에 현실로 나타났다. 삼성과 KT가 나란히 76승 9무 59패를 기록하며 동률을 이뤘고, 새로이 정해진 대회 규정에 따라 삼성과 KT는 정규리그 1위 결정전을 치러야 했다. 상대 전적에서는 삼성이 9승 1무 6패로 앞섰지만 신설된 규정 앞엔 힘을 잃었다. 그나마 유리한 점이 있다면 상대 전적 우위 팀인 삼성의 홈구장에서 1위 결정전을 치를 수 있다는 것뿐. 10월 31일 번외 경기로 대구 삼성라이온즈파크에서 거행된 삼성과 KT의 1위 결정전은 삼성 원태인과 KT 쿠에바스의 팽팽한 투수전 끝에 상대 전적 열세를 딛고 KT가 1 : 0으로 승리하며 정규리그 1위 자리에 오를 수 있었다.

가정이지만 이 새로운 경기제도가 신설되지 않았다면 삼성으로선 2년 전 두산처럼 상대 전적 우위라는 어드밴티지를 등에 업고 무난히 1위를 차지할 수 있었지만 상황은 변해 있었다. 삼성으로선 드러내 놓고 말은 못했지만 새 규정이 원망스러울 것은 당연할 터였다.

하지만 삼성의 이 뼈아픈 현실은 그 단초를 찾아 거슬러 올라가면 업보처럼 얽힌 사연 하나에 도달하게 되는데, 바로 2년 전인 2019년 두산이 공동 1위로 처음 올라섰던 9월 28일, 삼성이 연장 10회 말 이학주의 끝내기 홈런으로 갈 길 바쁜 1위 팀 SK에 치명타를 안기며 결국 그해 SK를 밀어내고 두산이 극적으로 1위를 차지하는 데 결정적 계기를 제공했던 일이다(잠실구장에서는 이학주 덕분에 1위 자리를 빼앗는 데 성공한 두산 팬들이 이학주 응원가를 떼창하기도 했다). 그리고 결과적인 얘기지만 이날 이학주의 한 방은 새로운 규정의 발아를 가능케 만든 씨앗이 되었고, 2년 뒤 그 씨앗은 자라 넝쿨이 되어 삼성을 옴짝달싹 못하게 몸을 감아버린 셈이 되었다.

이 외에 2020년 야구팬들 앞에 처음 얼굴을 드러낸 또 하나의 경기 규정

이 있었는데, 그것은 일명 '코로나 서스펜디드'라고 명명된 아주 생경한 제도였다. 이 규정은 전 세계적으로 퍼진 감염병인 '코로나19' 바이러스의 대유행으로 개막전이 늦춰지는 등, 정상적인 리그 운영을 장담하지 못하는 상황에 이르자 이에 대한 보완 대비책의 일환으로 고안되었다. 이는 종전 5회를 넘기지 못해 노게임 처리되었던 경기들의 일부를 일시정지 후 재개 경기를 뜻하는 특별 서스펜디드게임으로 치르도록 하는 변형 규정이었다 (사견이지만 프로야구에서 노게임 규정은 사라졌으면 하는 생각을 늘 하고 있다).

부연하면 경기가 우천 등의 사유로 5회 이전에 중단이 되고, 결국 악천후로 더 이상의 경기 진행이 불가능하게 되면 규칙에 의해 노게임이 선언되고, 이 경기는 추후 새로 편성되어 다시 1회부터 경기를 시작해야 하는 것이 정상적이다. 그러나 특별 서스펜디드게임은 코로나로 인한 비상시국의 리그 중단 가능성에 대비하고 또한 건강을 위협받는 선수들의 체력을 조금이라도 아끼게 하기 위한 비상조치 의지를 담은 궁여지책(窮餘之策) 성격이 짙은 규정이었다고 말할 수 있겠다.

이처럼 기존 규칙을 변형하면서까지 고안해 낸 이 특별 서스펜디드게임 규정은 전혀 예상하지 못했던 그리고 오래도록 회자될 기구한 야구 연패

2019년 이학주의 끝내기 안타

기록에 관한 이야기를 만들어냈는데, 그 내용을 돌아보면 오묘한 시점에 탄식이 절로 나온다.

2020년 6월 13일 두산전(대전구장)이 열리기 전까지 한화는 정규리그 18연패를 기록하며 1985년 삼미에 의해 작성된 최다 연패 기록과 타이를 이루고 있었다. 이제 한 번만 더 패하면 치욕스러운 기록이라 할 수 있는 KBO 리그 최다 연패 기록을 35년 만에 '19'로 갈아치울 위기였다.

바람 앞의 등불 같은 처지에서 한화는 13일 두산과의 경기에 나섰다. 하지만 이날도 다름없이 한화는 한 차례의 우천 중단을 겪으며 3회 초까지 3 : 4로 끌려갔고 최다 연패 기록 역사를 새로이 쓸 가능성은 점점 더 높아져만 가고 있었다.

그러던 3회 말 한화의 공격, 선두타자 정은원 타석 볼카운트 2B-2S 상황에서 다시 비가 쏟아졌다. 다시 비가 그치기를 기다렸지만 이미 그라운드는 더 이상 경기를 속개하기에 불가능한 상황으로 변해 있었다. 30분의 시간이 흐른 뒤 심판진은 경기를 계속 진행하는 것이 어렵다고 판단, 오후 7시 40분 이날의 경기에 대해 최종적으로 종료를 선언했다. 중단된 시점이 3회 말이었으니 여느 때 같으면 물어보나마나 노게임이 되는 상황이었다.

6월 13일 우천 중단

　그러나 2020 시즌 들어 새로이 변경 수정된 특별 서스펜디드게임 규정에 의해 이날 경기는 노게임이 아닌 정식 경기로서 이미 모든 상황과 기록이 유효로 인정된 상황이었고, 중단된 3회 말 이후의 나머지 경기는 규정에 따라 바로 다음 날인 14일 같은 장소에서 예정되어 있는 본경기보다 앞서 열려야 했다. KBO리그 제1호 특별 서스펜디드게임이 탄생하는 순간이었다.

　그로써 야구팬들과 언론의 모든 관심이 쏠려 있던 한화의 최다 연패 신기록 작성 여부는 멈춰진 시간처럼 13일이 아닌 14일로 넘어가 버렸다. 마치 하늘이 한화의 연패 기록을 묻고 더블로 간다는 영화 대사처럼 한꺼번에 늘릴 것인지 아니면 이쯤에서 중단시켜 줄 것인지를 좀 더 고민하고 생각해 볼 시간을 달라는 듯이.

　다시 아침이 왔고 한화는 오후 2시 같은 장소에서 중단된 상황을 그대로 이어받아 경기를 이어갔다. 새로운 연패 기록을 쓰지 않기 위한 한화의 몸부림과 저항은 경기 내내 처절했다. 그리고 9회 말 6 : 6으로 맞서던 2사 2, 3루 상황에서 노태형의 끝내기 안타가 터져 나왔고 한화는 지긋지긋

6월 14일 연패 탈출

한 연패 기록을 '18'에서 멈춰 세울 수 있었다. 일부러 시나리오를 쓴다 해도 이처럼 극적으로 쓸 수 있을까 싶을 정도였다.

결과론적으로 꿈보다 해몽이라고, 리그에 새롭게 적용된 2020년 특별 서스펜디드 규정은 폭주하는 기관차처럼 멈출 줄 모르고 달려가던 한화의 위험한 질주에 브레이크를 걸었고, 덕분에 전열을 재정비한 한화가 연패의 사슬에서 벗어나는 계기를 만들어주었다고 그 의미를 부여해 볼 수 있겠다.

앞으로 세월이 흘러 환경이 바뀌고 그에 따른 어떠한 경기 규정이 또 만들어지고 시행될는지는 모르지만, 2020년 처음 모습을 드러냈던 1위 결정전 및 특별 서스펜디드게임이라는 경기 규정과 그 안에 얽힌 기구한 사연들은 두고두고 야구팬들의 입에 오르내릴 것으로 보인다.

그런데 2020년 한화의 구세주가 되어주었던 서스펜디드게임 규정과 연패 기록에 얽힌 일화는 KBO리그에서는 일종의 데자뷰였다. 1999년 쌍방울은 10월 5일까지 17연패를 기록하며 리그 최다 연패 기록(1985년 삼미의 18연패)에 단 한 경기만을 남겨두고 있었다.

쌍방울은 10월 6일 LG와의 전주구장 더블헤더 1차전에서 벼랑 끝 정신으로 버텨 무승부를 기록했지만 연패 기록 처리에 있어 무승부경기는 중단 요소로 간주하지 않기에 여전히 기록진행형 상태에 놓여 있었다. 그리고 이어진 더블헤더 2차전. LG의 1회 초 공격이 끝난 뒤 어둑어둑해진 경기장엔 조명이 들어오지 않고 있었다. 30여 분을 기다렸지만 기약할 수 없는 고장 조치에 경기는 서스펜디드게임이 선언되고 말았다. 우천이 아닌 구장의 기계설비 이상 등으로 경기가 진행되기 어려운 경우에는 비록 5회를 넘기지 못했다 하더라도 규정에 의해 서스펜디드게임이 되는 상황이었다.

그런데 이날 선언된 서스펜디드게임의 속개 일정은 쌍방울의 이미 계획된 경기 일정으로 인해 일이 꼬이고 말았다. 이유는 서스펜디드게임이 선언된 바로 다음 날인 7일에 LG가 아닌 현대와의 경기가 예정되어 있었던 것. 이에 따라 LG와의 서스펜디드 속개 일정은 일단 현대전을 소화하고 난 뒤인 10월 8일에 치르는 것으로 결정이 되었다.

이후 쌍방울은 7일 현대와의 경기에서 2 : 3으로 패한 결과를 안고 8일 LG와의 서스펜디드게임을 맞이했다. 이날의 서스펜디드게임 기록은 비록 8일에 쌍방울의 최종 승패 결과가 나오지만 관련 규정상 10월 6일에 작성된 기록으로 인정되기 때문에 이마저도 패하게 되면 7일 현대에 패한 것까지 포함, 연패 기록이 한꺼번에 '17'에서 '19'로 늘어날 판이었다.

그러나 쌍방울은 다행스럽게도 이 경기에서 7 : 5로 승리를 따내는 데 성공했고, 연패 기록도 10월 6일 자로 '17'에서 끊어낸 것으로 간주되어 더 이상의 연패 기록에 관한 걱정은 하지 않아도 좋았다.

삼진보다 형님뻘인
'스트라이크아웃 낫아웃'

아무리 야구 규칙집을 뒤져봐도 찾을 수가 없었다. 늘 입에 달고 살아 너무도 익숙한 용어인데 규칙서 어디에도 보이지 않는다. 다름 아닌 '스트라이크아웃 낫아웃'에 관한 얘기다.

야구 규칙 "타자가 주자가 되는 경우"와 "타자 아웃이 되는 경우"에 관한 내용이 들어 있는 5조에 의하면, 아웃카운트에 관계없이 1루에 주자가 없거나 또는 1루에 주자가 있더라도 2사 상황 아래에서는 포수가 제3스트라이크에 해당되는 투구를 제대로 잡지 못할 경우 타자는 기록상으로만 아웃일 뿐, 실제로 아웃이 인정되지는 않는 것으로 규정하고 있다. 즉 정황상 스트라이크아웃 상황은 맞지만 아웃이 확정된 것은 아니라는 말이다. 그리고 이를 야구계에서는 통상적으로 스트라이크아웃 낫아웃 상황으로 표현하고 있다.

이처럼 관습적으로 통용되고 있는 '스트라이크아웃 낫아웃'이라는 용어는 일본에서 처음 만들어 사용된 것으로 알려져 있다. 영어를 모국어로 사용하는 미국에서는 이를 "잡지 못한 세 번째 스트라이크(Uncaught third strike)" 또는 "떨어뜨린 세 번째 스트라이크(Dropped third strike)" 정도로 표현하지만, 이러한 표현들이 야구용어로까지 정착되진 못한 상태다.

야구 경기에서 앞서 설명한 스트라이크아웃 낫아웃 상황이 규칙적으로 상황에 따라 다르게 적용되는 이유는 아주 간단하다. 무사나 1사 때 1루에 주자가 있는 상황에서는 포수가 제3스트라이크를 잡아내지 못해도 스트라이크아웃 낫아웃이 아닌, 타자를 자동 아웃으로 인정하고 있는데, 이는 수비 측이 규칙을 이용해 공격 측 주자를 복수로 잡아내려는 비신사적 꼼수 플레이를 방지하기 위해서다. 가령 무사나 1사 1루 때에도 낫아웃 가능 규칙을 적용하게 되면 포수는 제3스트라이크가 되는 투구를 한 번에 포구하지 않고 일부러 놓친 다음, 미처 2루로 스타트를 끊지 못한 1루 주자와 스타트가 늦을 수밖에 없는 타자주자를 묶어 병살로 잡아내는 일이 가능해진다. 따라서 이러한 수비 측의 의도적인 병살을 미리 막기 위해 무사나 1사 1루 때는 스트라이크아웃 낫아웃 상황으로 인정하지 않고 있다.

그러면 이처럼 다소 복잡해 보이는 스트라이크아웃 낫아웃에 관한 규칙은 언제쯤 생겨난 것일까? 일반적으로는 스트라이크아웃에 관한 규칙이 먼저 생기고 난 뒤, 이에 대한 예외 규정들이 나중에 하나둘 추가로 생긴 것이라고 생각하기 쉽다. 실제로 대부분의 야구 규칙들이 그러한 생성 과정을 밟으며 진화해 왔기 때문이다.

그러나 규칙의 변천 과정과 아주 옛날의 야구하던 모습들을 투영해 들여다보면 스트라이크아웃 낫아웃 규칙은 스트라이크아웃 규칙보다 시기적으로 앞서 생겨난 것이라고 유추해 볼 수 있다.

최초의 야구 규칙 창안자로 알려진 알렉산더 카트라이트가 1840~1850년대에 다듬고 만들었다는 20가지의 규칙을 살펴보면 오늘날의 스트라이크아웃 낫아웃과 비슷한 상황에 대한 표현이 눈에 띈다.

3개의 공을 휘두르고 헛쳤을 때 마지막 공이 잡히면 아웃이다. 그러나 잡히지 않은 경우엔 친 사람은 뛸 수 있다.

야구가 생겨난 초창기 투수들의 역할은 지금의 투수들과는 성격적으로 완전히 달랐다. 타자가 제대로 맞힐 수 없도록 공을 던지는 것이 아니라 잘 칠 수 있도록 타자가 원하는 곳으로 공을 던져주는 것이 투수의 할 일이었다. 그런 이유로 공을 던지는 동작에서도 아래에서 위로 던져주는 토스 형태의 투구만이 가능한 시대였다. 위에서 아래로 내리꽂는 형태의 투구는 규칙으로 금지되어 있었다. 즉 스트라이크의 개념 자체가 지금과는 판이하게 달랐고, 세월이 흐르면서 스트라이크에 관한 규칙이 부분적으로 보완되었지만 스트라이크 세 개를 기록한 타자에겐 여전히 1루로 뛰어나갈 수 있는 권리가 부여되고 있었다.

그리고 세월이 더 흐른 1879년 제3스트라이크를 포수가 직접 포구하는 경우, 타자를 아웃으로 인정한다는 규칙이 명문화된 모습으로 세상에 처음 나왔다. 이를 역으로 풀자면 그동안 제3스트라이크째의 공이었다 하더라도 포수가 포구하지 못했을 경우, 타자는 아웃되지 않고 1루로 뛰어나갈 수 있었다는 얘기가 된다.

한편 이와 같은 규칙 변천사를 통한 접근 외에 당시 야구 경기에서 행해지던 플레이와 패턴을 알고 나면 좀 더 이해가 쉬워질 수 있다. 앞에서 언급했듯이 예전 투수들의 의무는 타자가 치기 좋은 공을 던져주는 일이었다. 하지만 타자들은 입에 딱 맞는 공을 고르느라 소극적인 자세로 일관했고, 이는 긴장감을 떨어뜨리는 동시에 경기를 지루하게 만드는 요소가 되었다.

이런 이유로 타석에서 치기 좋은 스트라이크에 해당되는 공의 갯수가 세 개에 이르면 타자는 타격을 하지 않았더라도 1루로 뛰어나가게 하는 규칙이 만들어졌고, 이로 인해 마냥 늘어지던 공격 소요시간은 어느 정도 줄어드는 효과를 볼 수 있었지만 그렇다고 근본적인 문제가 완전히 해결된 것은 아니었다.

당시 야구 경기에서 포수는 지금처럼 타석 뒤에 바짝 붙어서 투구된 공을 포구하는 형태의 플레이를 할 수가 없었다. 왜냐하면 포수의 보호 장비가 너무 열악했기 때문이다. 포수는 자신의 안전이 위협받는 상황을 덜고자 타석으로부터 멀찌감치 자리할 수밖에 없었고, 이로 인해 투수가 던진 공은 타자를 지나면서 대부분 땅에 먼저 떨어진 후 포수가 잡는 형태로 경기가 이루어졌다. 이 때문에 세 번째 스트라이크 이후 달려 나가는 타자주자를 1루에서 아웃시키지 못하는 일이 빈번했고 형태상 이것은 '스트라이크아웃 낫아웃'의 모습을 담고 있었다. 즉 아주 옛날의 야구 경기 모습은 정상적인 스트라이크에 대한 개념도 많이 달랐지만 스트라이크아웃에 관한 개념도 당연히 정립되기 어려운 시대였음을 알 수 있다.

이후 포수의 보호 장비가 발달하고 부상의 위협으로부터 어느 정도 몸을 보호할 수 있는 대비책이 마련되면서 타석에서 멀리 떨어져 앉았던 포수의 수비위치는 타자 바로 뒤까지 근접할 수 있었다. 아울러 투구된 공을 정상적으로 포구하는 일이 가능해지면서 세 번째 스트라이크 콜이 선언된 타자주자가 1루로 뛰어나간다 해도 살 수 있는 확률은 급격히 낮아졌다.

이러한 제3스트라이크를 둘러싼 변화는 세 번째 스트라이크 이후 무조건 타자주자가 1루로 달려 나가는 행위를 무의미한 시도로 인식하게 만들었고, 비로소 세 번째 스트라이크가 포수에게 직접 포구되면 자동 아웃되는 이른바 현대적 '스트라이크아웃'과 같은 개념이 생겨나게 된 것이라고 정리해 볼 수 있겠다.

한편 태동에 있어 '스트라이크아웃'보다 먼저인 '스트라이크아웃 낫아웃'은 기록적인 측면에서도 형님뻘의 포스를 보여준다. 투수들의 위치에서 볼 때 '아웃'이든 '낫아웃'이든 둘 다 스트라이크아웃을 잡아낸 것(탈삼진)으로 집계되는 것은 같다. 그러나 스트라이크아웃 낫아웃 상황은 2사 후라면 주자가 있고 없음에 관계없이 계속해서 낫아웃 상황이 인정되기 때문에 투수가 한 이닝에서 최대 기록할 수 있는 스트라이크아웃의 숫자는 세 개가 아닌 이론상 무한대가 된다.

현재 KBO리그의 투수 개인 한 이닝 최다 탈삼진 기록은 네 개다. 1998년 삼성의 외국인 투수 호세 파라가 처음 기록을 남긴 것을 시작으로 2022시즌 종료 기준 총 10차례에 걸쳐 그 기록들이 쓰였다. 모두 다 스트라이크아웃 낫아웃 규정이 있기에 가능했던 기록들이다.

KBO리그 한 이닝 최다 탈삼진(네 개) 기록 리스트

구분	투수명	소속 팀	날짜	구장	상대 팀
1	호세 파라	삼성	1998.4.13	대구	롯데
2	김수경	현대	1998.6.19	인천	삼성
3	곽채진	삼성	1998.7.27	대구	한화
4	김민기	LG	1999.5.17	잠실	두산
5	김진우	KIA	2013.9.30	마산	NC
6	브룩스 레일리	롯데	2015.4.14	사직	NC
7	에릭 해커	NC	2016.8.7	대전	한화
8	서진용	SK	2016.8.23	대구	삼성
9	차우찬	LG	2019.4.30	잠실	KT
10	펠릭스 페냐	한화	2022.9.2	고척	키움

기록 규칙에 발목 잡힌 나성범의 연속 타수 안타

희생번트와 희생플라이.

플레이 자체로 볼 때엔 서로 연관성도 없고 완전 이질적인 모습을 하고 있지만, 기록 규칙 면에서는 '희생타'라는 이름 아래 버젓이 한집에 기거하는 형제지간이다.

타자 부문 기록의 얼굴마담이라 할 수 있는 타율 계산에서도 희생번트와 희생플라이는 아무런 차별점을 갖고 있지 않다. 둘 다 동등한 희생타로 인정받기에 타자의 타율을 갉아먹는 마이너스 요소로 작용하지 않는다.

그러나 단순한 타율 계산이 아닌 타자 기록의 연속성 인정 문제로 들어가면 얘기는 180도 달라진다. 같은 희생타의 범주에 속하지만 희생플라이는 희생번트와는 달리 타자의 연속 기록 판단에 급제동을 거는 요소가 된다. 그리고 희생플라이가 기록 연장을 가로막게 되는 타자의 연속 기록을 꼽으라면 '연속경기 안타'와 '연속 타수 안타'가 대표적인 경우라고 할 수 있다. 이를 돌려 접근하면 희생번트는 타자의 연속 기록을 방해하지 않는 요소라는 얘기가 된다.

참고로 야구 규칙에는 이러한 상황에 대비한 내용이 들어 있다.

연속안타 기록은 4사구, 타격방해, 주루방해 및 희생번트만으로 끝났을 경우에는 중단되지 않는다. 그러나 안타 없이 희생플라이만 있으면 그 기록은 중단된다.

2016년 NC의 중심타자 나성범은 5월 8일 마산야구장에서 예정된 LG전 이전까지 7연타수 안타(6~7일)를 기록하고 있었다. 그리고 8일 거행된 LG전에서 나성범은 또다시 신들린 듯 3타수 3안타(1볼넷 포함)를 때려냈고, 그의 기록은 어느덧 10타수 연속안타에까지 이르렀다. KBO리그의 연속 타수 안타 종전 최고 기록은 1987년 5월 류중일(삼성)이 세 경기에 걸쳐 작성한 11타수 연속안타였다. 이제 타이기록까지는 단 한 개의 안타만이 남은 셈이었다.

그러나 류중일 이후 29년 만에 시도된 나성범의 타이기록 및 신기록 도전은 더 이상 허락되지 않았다. 10연타수 안타를 기록한 날인 8일 마지막 타석에서 나성범은 그만 중견수 방면 희생플라이를 기록하고 말았다. 앞서 얘기한 대로 타수에는 포함되지 않는 희생플라이가 연속 기록의 중단 요소로 작용한 것이다.

희생번트와 달리 희생플라이를 연속 기록의 중단 요소로 간주하는 것은 타자가 제대로 된 타격 기회를 얻지 못한 것이라고 보지 않기 때문이다. 즉 정상적인 공격 행위였고 다만 타구를 멀리 보내 주자를 득점시킨 공로(?) 덕분에 플라이 앞에 '희생'이라는 표현을 덧붙여 타수에서 제외시켜 주었을 뿐이라고 해석하는 것이다. 따라서 나성범의 이날 희생플라이 기록은 타석에서의 희생이 아닌 연속안타 기록에 대한 도전 실패로 받아들여진 것이었고, 그렇게 생각해 보면 규칙으로 인해 신기록 작성 도전에 나서지 못한 것 자체를 크게 억울하게 여길 일도 아닌 듯하다.

한편 최다 연속 타수 안타 기록(11타수) 보유자인 류중일의 경우에도 기록의 내막을 들춰보면 희생타 한 개가 숨어 있음을 발견할 수 있다. 류중

일은 5월 10일 청보전(인천구장) 4연타수 안타 이후 다음 날 롯데전(사직구장) 6회 초 5연타수 안타를 기록하기 이전, 4회 초에 희생번트를 기록한 바 있다. 그러나 희생번트는 희생플라이와는 달리 일반 4사구처럼 타자의 연속 기록을 저해하는 요소가 아니었기에 그의 연속 타수 안타 행진은 계속 이어질 수 있었다.

그런데 타자의 연속 기록을 바라보는 시야의 각도를 넓히면 나성범의 연속 타수 안타 신기록 무산에 관한 일은 호사이자 사치라고 할 수 있는 가슴 답답한 기록과도 만나게 된다. 이는 다름 아닌 타자 개인의 연속타석 무안타 기록이다. 이 기록에는 타수가 아닌 타석이라는 이름이 붙은 것에서 알 수 있듯 중간에 4사구나 희생타가 끼어들 여지도 없다. 말 그대로 나가는 족족 1루는 밟아보지도 못하고 연속해서 아웃 기록만 쌓여갔다는 얘기다.

2022년 6월 삼성의 외야수 김헌곤은 43타석 연속 무안타 기록을 이어가며 야구팬들의 이목을 끈 바 있다. 6월 25일 44번째 타석 만에 안타를 뽑아내 가까스로 연타석 무안타 행진을 끝냈으니 5월 27일부터 근 한 달 가까이 안타와 전혀 인연을 맺지 못했던 것. 만일 김헌곤이 안타를 때려낸 25일에도 무안타에 그쳤더라면 단일 시즌(1983년) 최다 연타석 무안타 기록인 유지훤(OB)의 47타석 연속 무안타 기록을 넘어설 위기에 봉착했을 수 있었다.

그러나 1983년 유지훤에 의해 작성된 기록처럼 단일 시즌이 아닌, 연타석 수에만 기준을 두고 무안타 기록을 반영하면 최다 연타석 무안타 기록은 바늘 수치가 한참 더 위로 올라간다. 1995~1997년 사이 염경엽(태평양-현대)은 3시즌에 걸쳐 51타석 연속 무안타 행진을 이어간 바 있다. 이는 염경엽이 당시 팀의 선발 주전급 선수가 아닌 전문 수비수 성격의 백업 멤버였던 관계로 경기 출장이 띄엄띄엄 이루어져 기록 역시 장기간에 걸쳐 동행을 이어나간 것으로 풀이할 수 있다.

그러면 KBO리그보다 연륜이 깊은 미국이나 일본의 최다 연타석 무안타 기록은 어디까지 올라가 있을까? 공교롭게도 두 나라 모두 근래에 들어 이 기록들이 새로운 기록으로 옷을 갈아입은 것을 볼 수 있다. 먼저 메이저리 그에서는 2019년 4월 크리스 데이비스(볼티모어)가 62연타석 무안타 기록을 세워 가장 높은 꼭대기에 자리했다. 이 기록은 2018 시즌 9월부터 이어져 온 기록으로 데이비스는 해가 바뀐 2019년 4월 14일 기어코 안타를 만들어내며 지긋지긋한 무안타의 굴레에서 탈출(데이비스는 무안타 기록을 중단시키는 데 성공한 이 공을 기념구로 챙겼다고 한다)할 수 있었다. 이는 1984년 토니 베르나저드(클리블랜드)의 종전 기록인 57타석 연속 무안타 기록을 한참 넘어서고 나서야 멈춘 것이었다.

그렇다면 일본의 기록은 어떤 모습을 하고 있을까? 프로야구의 역사가 우리보다는 오래되고 미국보다는 짧으니 '51'보다는 많고 '62'보다는 적지 않을까 단순 생각했는데, 사실상 그러했다. 아니, 정확히 따지자면 그렇게 볼 수도 있고 아닐 수도 있다. 무슨 말이냐고?

일본프로야구의 최다 연타석 무안타 기록은 1964년 사가 켄시(도에이)가 세운 77타석 연속 무안타 기록이 최고 기록으로 아직까지 살아남아 있다. 그러나 사가 켄시는 퍼시픽리그 소속으로 포지션이 야수가 아닌 투수 신분이었다. 따라서 수치상으로만 기록이 인정될 뿐, 내용상으로는 울림이 별로 없는 기록이었다.

투수를 제외하고 야수만으로 범위를 한정하면 1993년 켈빈 토베(오릭스)의 53타석 연속 무안타 기록이 종전 최고 기록이었다. 그런데 2021년 10월 이 기록이 마침내 깨졌다. 신인 선수 사토 데루아키(한신)가 8월 22일부터 무려 59타석 연속으로 무안타 기록 속에 허덕이며 일본프로야구의 종전 불명예 기록 역사를 새로이 썼다. 사토는 10월 5일 요코하마를 상대로 60번째 타석에서 안타를 때려낸 후에야 비로소 환하게 웃을 수 있었다.

손아섭의 2000안타 기록 달성일에 관한 규칙적 논란

2021년의 KBO리그는 개인통산 2000안타 달성이라는 대기록 탄생의 순간을 세 차례나 맞이했을 정도로 통산 타격 기록에 관한 경사가 줄을 이은 한 해였다. 시즌 개막 후 얼마 지나지 않은 시점인 4월 20일 KIA의 최형우를 시작으로 7월 10일과 9월 30일엔 롯데의 손아섭과 이대호가 연달아 개인통산 2000안타 기록 수립 타자 명단에 그 이름을 당당히 올렸다. KBO리그 통산 12~14번째에 해당하는 자랑스러운 기록의 주인공들이었다.

그런데 이들 중 손아섭과 이대호는 개인통산 2000번째 안타 기록 달성 날짜가 고무줄처럼 늘어났다 줄어드는 희한한 경험을 해야 했는데, 이는 서스펜디드게임이 내포하고 있는 기록 인정에 관한 규정 해석 때문이었다.

야구 규칙 9조 23항 누적기록의 규정 조항 (d)항에는 다음과 같은 내용이 들어 있다.

일시정지 경기(서스펜디드게임)의 잔여분을 치르면서 발생한 모든 기록은 이 규칙의 목적에 부합하도록 원래의 경기일에 치러진 것으로 간주한다.

손아섭과 이대호의 소속 팀인 롯데는 2021 시즌이 한창 진행되던 6월 27일 잠실구장 두산전(3연전의 마지막 경기)이 우천으로 중단되며 결국 7회 초 1사 2, 3루 상황에서 일시정지 경기가 된 일이 있었다. 손아섭과 이대호는 경기가 중단되기 전까지 7회 초에 나란히 1안타씩을 때려낸 상황.

이날 경기가 7회 강우 콜드게임이 아닌 일시정지 경기로 넘어간 것은 롯데의 득점 시기와 상황에 기인한다. 관련 규정을 보면 이닝 도중 날씨로 경기가 중단된 상황에서 원정 구단이 득점해 리드를 잡고 홈 구단이 동점을 만들지 못했거나, 원정 팀이 득점해 동점을 만들고 홈 구단이 다시 리드점을 올리지 못했을 경우, 그 경기는 일시정지 경기가 되어 훗날 마저 치르도록 규정하고 있다. 따라서 원정 팀 롯데로선 이날 6회 말까지 0 : 2로 뒤지고 있다가 7회 초에 3 : 2로 경기를 뒤집은 상황에서 공격 도중 우천으로 중단된 것이었기에, 바로 이 일시정지 경기 규정이 적용되는 상황이었다.

그리고 이 경기의 나머지 잔여분은 일정상(재개 경기는 일시정지 경기가 선언된 구장에서 예정된 두 팀 사이의 다음 경기에 앞서 거행) 곧바로 재개되지 못하고 날짜가 상당히 흐른 시점인 10월 7일에 가서야 마저 치러질 수 있었는데, 이러한 상황과 누적기록 관련 규정이 손아섭과 이대호의 2000안타 기록 달성일 계산에 끼어들어 일을 복잡하게 만든 것이었다.

내막이야 어떻든 손아섭은 8월 14일 LG전(잠실)에서 1회 초 3루 쪽 번트 안타를 만들어내며 자신의 개인통산 2000번째 안타를 기록했다. 프로 통산 13번째 기록 수립자로 기록된 동시에 최소 경기(1636경기)와 최연소 기록(33세 4개월 27일) 달성까지 한꺼번에 갈아치운 순간이었다. 하지만 이 기록 달성 순간은 엄밀히 말하면 가짜였다.

왜냐하면 손아섭이 일시정지 경기로 넘어간 6월 27일 경기에서 때려낸 1안타 기록(1989번째 안타)은 여전히 제외된 상태였기 때문이다. 즉, 제외된 기록은 경기가 재개되어 완료되는 시점인 10월 7일에 가서야 손아섭의 통산 기록에 비로소 합산 반영되는 기록이었는데, 아울러 손아섭이 10월 7일 재개 된 경기에서 추가로 한두 개의 안타를 더 때려내면 이것까지 반영될 수 있기에 손아섭의 2000안타 최종 달성 시점과 최소 경기, 최연소 기록은 추후 얼마든지 또 한 번 바뀔 수 있는 상태였다. 즉, 8월 14일 손아섭의 번 트안타는 통산 2000번째가 아닌 2001번째 안타 또는 그 이후의 순번에 해 당되는 안타였다.

만일 일시정지 경기에서 보관 중인 1안타를 미리 합산한다면 손아섭의 2000안타 달성 시점은 7월 10일로 한참을 거슬러 올라가게 된다. 그는 7월 10일 삼성전(대구 경기)에서 3안타를 몰아치며 통산 1999번째 안타를 만들어 낸 바 있는데, 이날 9회 초에 기록한 세 번째 안타가 곧 1999번째가 아닌 사실상 그의 2000번째 안타였던 셈이다. 이 시점 또한 10월 7일 잔여경기 에서 손아섭이 안타를 추가 생산한다면 이보다 더 앞당겨질 수 있었음은 물론이다.

그리고 102일이라는 시간이 흘러 10월 7일 롯데는 두산과의 일시정지 경기 잔여분을 치렀고, 손아섭과 이대호는 8~9회에 더 이상의 안타를 추 가하지는 못한 채 경기를 마쳤다. 이제 남은 것은 손아섭과 이대호의 통산 2000안타 달성 시점에 대한 최종 선고뿐.

일시정지 경기가 모두 완료되면서 손아섭의 2000안타 기록 달성 시점은 8월 14일 LG전에서 7월 10일 삼성전으로, 최소 경기도 1636경기에서 1631 경기로, 최연소 기록도 33세 3개월 22일로 타임머신처럼 훌쩍 앞당겨졌 다. 또한 이대호의 기록 역시 6월 27일 대타로 나와 기록한 1안타를 공식 인정받으며 2000안타 달성 시점은 10월 1일에서 9월 30일로 소폭 변경되 어야 했다.

그러면 손아섭와 이대호의 통산 2000안타 달성일에 얽힌 사연은 이쯤에 서 설명을 마무리 짓고 이제부터는 규정에 관한 얘기로 들어가 보도록 한 다. 『윤병웅의 야구기록과 기록 사이』에서 현행 일시정지 경기에서 발생

되는 기록 처리의 불합리성에 대해 이미 살펴본 바대로 일시정지 경기와 속개 경기의 기록 처리를 원래의 경기일에 이루어진 것으로 간주하는 이유는 여러 가지 사유로 인해 경기 도중 연속 기록이 중단될 수도 있는 위험성을 방지하자는 데에 그 취지가 있다.

누적기록에 대해 명시한 야구 규칙 9조 23항은 사실 용어 제목 자체가 문제점을 안고 있는 규정이다. 이 조항의 과거 제목은 '연속 기록의 규정'이었다. 즉 야구 경기에서 발생되는 기록들 중, 연속 기록에 관한 문제들을 어떻게 규정하고 처리할지에 대한 내용을 담고 있는 조항이다. 하지만 2006년 일본식 용어와 한자를 규칙집에서 상당 부분 배제하는 용어 정리 작업이 진행된 뒤 조항의 제목은 '누적기록의 규정'으로 바뀐 상태다. 이는 메이저리그의 야구 규칙 원문 제목인 "Cumulative performance records"을 있는 그대로 번역하는 과정에서 등장한 표현인데, 일본 규칙에는 여전히 연속 기록의 규정으로 남아 있다. 일시정지 경기와 개인 기록 간의 일이 꼬인 시작점은 어쩌면 연속 기록이 누적기록이라는 용어로 둔갑하면서부터인지도 모르겠다.

누적기록이라 한다면 사실 따로 그에 대한 정의나 설명은 필요치 않아 보인다. 누적이라는 표현대로 기록이 발생될 때마다 합산해서 반영하면 그걸로 충분하다. 하지만 연속 기록은 그렇지 않다. 수많은 변수와 돌발이 일어나는 야구 경기 특성상 연속 기록의 연장과 중단에 관한 규정은 반드시 필요하다고 할 수 있다. 야구 규칙 9조 23항 '누적기록의 규정' 아래 들어 있는 연속안타, 연속경기 안타, 연속경기 출전 등의 소제목들을 보면 '누적'이 아닌 '연속'이라는 말이 더욱 타당한 표현임은 확실해진다. 그리고 마지막 네 번째 소제목에 일시정지 경기가 일어났을 때 어떻게 기록 처리가 되는지에 관한 내용이 들어 있다. 즉, 9조 23항은 선수의 연속 기록에 관한 처리를 말하는 것이지 누적기록의 처리에까지 이 조항(원래의 경기일에서 이루어진 것으로 한다)을 적용하라는 뜻으로 받아들이는 것은 규칙의 남용이자 지나친 확대 해석이라는 생각이다.

　타자의 2000안타 기록은 연속 기록이 아닌 단순 누적기록이다. 따라서 안타가 더해진 날짜에 따라 자연스럽게 2000번째 순번대로 기록 달성일을 인정하면 문제는 간단명료해진다. 일시정지 경기에서 기록한 안타를 일정 기간 땅에 묻어둘 것이 아니라 연속 기록 또는 확률 계산과는 상관없는 단순 누적기록이라면 발생한 시점에서 바로 기록에 반영하는 것이 혼선을 막고 기록에 대한 이해를 쉽게 만드는 길이라 할 수 있다. 그래야 2021 시즌의 손아섭과 이대호의 기록에 얽힌 우왕좌왕(?)성 날짜 변경 해프닝과 같은 상황을 다시 겪지 않을 수 있다.

　다시 말하지만 마치 "알이 먼저냐 닭이 먼저냐"의 논리와도 같은 야구 규칙 해석을 놓고 가끔씩 벌어지는 소모전의 궁극적인 해결점은 용어나 문구의 단순 번역과 해석이 아니라, 그러한 규칙이 만들어진 정신과 취지 그리고 이유를 먼저 따져보는 데에 있다고 하겠다. 지금에 와 이런 일을 겪고 나니 한마디로 연속 기록이 누적기록이라는 얼굴로 둔갑한 야구 규칙 9조 23항은 규칙이 현실을 왜곡한, 마치 '양의 탈을 쓴 늑대' 같다는 생각이 든다.

KBO리그 통산 2000안타 기록 리스트

구분	투수명	소속 팀	날짜	구장	경기 수	당시 연령
1	양준혁	삼성	2007.6.9	잠실	1803	38세
2	전준호	우리	2008.9.11	사직	2052	39세
3	장성호	한화	2012.9.18	포항	1915	34세
4	이병규	LG	2014.5.6	잠실	1653	39세
5	홍성흔	두산	2015.6.14	잠실	1895	38세
6	박용택	LG	2016.8.11	잠실	1760	37세
7	정성훈	LG	2016.8.28	잠실	1995	36세
8	이승엽	삼성	2016.9.7	대구	1748	40세
9	박한이	삼성	2016.9.8	사직	1893	37세
10	이진영	KT	2017.6.16	수원	2000	37세
11	김태균	한화	2018.7.8	문학	1790	36세
12	최형우	KIA	2021.4.20	잠실	1722	37세
13	손아섭	롯데	2021.7.10	대구	1632	33세
14	이대호	롯데	2021.9.30	사직	1806	39세

PART 3
기록적인 그러나 인간적인 …

끝날 때까지는 끝난 것이 아니다
요기 베라

성준의 신경전이 부른 3루 주자의 자폭

　야구에서 1이닝(3아웃 기준) 공격에 소요되는 시간은 대략 10분 남짓. 이를 기준으로 이닝의 초 공격과 말 공격을 마치는 데 20분가량이 걸린다고 가정했을 때, 정규의 9회를 모두 마치기까지는 대략 3시간 정도를 필요로 한다.

　이와 같은 계산법에 비추어볼 때 한 이닝에서 특정 팀이 공격을 30분 이상 가져갔다면 이는 많은 점수를 내느라 시간이 늘어진 경우가 대부분일 것이다. 그런데 한 번의 공격에 30분이 넘는 긴 시간을 소비했으면서도 결과는 단 1점도 올리지 못한 대단히 비효율적인 일이 있었다. 1997년 6월 7일 대구에서 열린 삼성과 OB의 경기에서 벌어진 일이다.

　이날 삼성의 선발투수는 좌완 성준. 성준은 당시 국내 프로야구 투수 가운데 인터벌이 가장 길기로 정평이 난 투수였다. 투구폼도 슬로 모션에 가까울 정도로 느린 편이었으며, 공의 빠르기 또한 직구를 제외하면 시속 100km를 간신히 웃돌 정도로 느린 공 위주의 변화구를 주로 구사했다.

　그러나 이런 투수 성준의 투구 스타일보다 더 문제가 되는 것이 있었으니, 그것은 바로 주자가 누상에 나가 있을 때의 견제 행위였다. 1루 주자 견제에 상대적으로 유리한 좌완이었음에도 불구하고 투구폼이 느린 관계로 주자들에게 도루를 허용할 위험성이 다분해지자 이를 커버하기 위한 그의 잦은 견제 행위가 경기시간을 잡아먹는 주범으로 떠올랐던 것이다. 그러다 보니 타자에게 투구하는 공보다 주자에게 던져대는 견제구가 어떤 때는 더 많은 적도 있었다. 물론 주자의 발이 빨라 반복된 견제가 필요했던 상황도 있었지만, 때론 타자와의 타이밍 싸움을 위해 견제구를 십분 활용한 결과이기도 했다.

경기 개시 차임벨과 함께 시작된 OB의 1회 초 공격. 성준은 1번 타자 정수근에게 6구까지 가는 승부 끝에 중전안타를 허용하며 해프닝은 시작되었다. 이어 2번 타자 이명수에게도 7구까지 이어지는 실랑이 끝에 볼넷을 허용하고 말았는데, 이사이 앞서 잠깐 언급한 대로 성준은 1루 주자 정수근에게 연거푸 견제구를 던져댔다.

공식적으로 집계되진 않지만 타자 이명수를 향해 던진 일곱 개의 공보다 1루 주자를 향한 견제구가 더 많았으면 많았지 결코 적지는 않았다. 그리고 3번 타자 심정수에게는 10구까지 가는 고무줄 대결 끝에 또다시 볼넷을 허용. 물론 중간중간 2루 주자에 대한 견제 예비 행위(견제구를 던지지 않고 발만을 투수판에서 빼는 행위도 포함)를 성준이 빼먹을 리 없었다. 여기까지 오는 데만도 족히 20분 정도는 걸렸던 것으로 기억한다.

이어진 무사 만루라는 절체절명의 위기에서 일발 장타력을 보유한 4번 이도형과 5번 김상호를 파울플라이 아웃과 삼진으로 솎아내며 실점 위기에서 서서히 벗어나고 있었지만, 성준은 이 과정에서도 역시 주자에 대한 자신의 페이스(?)를 잃지 않고 있었다. 투구 동작에 들어가는가 싶어 집중을 할 만하면 발을 풀거나 불필요해 보이는 견제구를 던져대는 성준에게 급기야 수비에 나가 있는 동료들도 중간중간 흐트러진 모습으로 그라운드에 쪼그리고 앉는 등 지루해하기 시작했고, 경기 진행 요원인 기록원과 심판원도 말은 할 수 없었지만 내심 짜증 지수가 많이 올라가 있었다.

아무튼 성준은 자신 외의 타인들에게 참을 인(忍) 자를 요구하며 어찌어찌 무실점 상태로 경기를 2사까지 어렵게 끌고 왔고, 이제 타석에는 6번 안경현이 들어서 있었다. 6번 타순이었지만 전날(5타수 2안타 3타점)부터 비교적 좋은 타격감을 유지하고 있던 안경현이었고, 2사 만루라는 위기였기에 성준의 신경은 더욱 날이 서 보였다.

그리고 투수나 타자 모두 집중력이 최고조에 올라 있을 볼카운트 1B-2S에서 마운드의 성준이 호흡을 가다듬고 가슴에 두 손을 모으기 시작할 때였다. 3루에 있던 정수근이 참지 못하고 이 상황을 매듭짓는 일대 사고를 치고 말았다.

정수근이 자신의 빠른 발을 믿고 투구폼이 느린 성준의 약점을 파고들고자 했던 것. 더욱이 성준이 왼손 투수인지라 3루 주자로 나가 있는 자신의 움직임이 잘 보이지 않는다는 것을 이용해 감독(김인식)의 사인도 없이 단독 도루를 감행한 것이었다. 초여름 오후 2~3시에 접어든 시각으로 수은주가 30도에 이르렀을 만큼 무더운 날씨였고, 게다가 장소는 국내에서 여름 찜통더위로 명성이 자자한 대구였다.

1회 초 선두타자였던 정수근은 누상에 주자로 나간 지 30여 분이 지나자 더 이상은 참지 못하겠다는 듯, 중대 결심을 실행에 옮기기로 마음먹었던 것이다. 관중의 "어어~" 하는 함성과 함께 쏜살같이 홈으로 뛰어 들어간 정수근은 그러나 이를 눈치챈 성준의 전광석화(?) 같은 홈 송구로 포수 김영진에게 허무하게도 태그아웃이 되고 말았다. 이때 전광판의 시간은 오후 2시 30분을 이미 훌쩍 넘어서 있었다. 성준의 투구 수는 36개(견제구는 제외)에 달했지만 결과는 무득점. 30여 분이라는 길고 길었던 1회 초 공격의 부산물은 삼자범퇴와 하나도 다를 게 없었다.

한편 이날 원정 팀이던 OB의 선발투수는 우완 진필중이었는데, 이제나 저제나 1회 말 수비에 나가기 위해 1루 측 불펜에 나와 몸을 풀기를 수차례 거듭하다 진이 빠졌던지 물러나기까지 7실점(2자책점)이나 하며 그해

성준의 신경전이 부른 3루 주자의 자폭 **313**

처음으로 패전 투수가 되고 말았다. 경기는 삼성이 OB에 7 : 4로 승리를 거두었는데, 1회 초에 펼쳐진 지리했던 성준의 신경전이 결과적으로 승부에 커다란 영향을 미친 경기였다고 회고할 수 있겠다.

선수 시절 '만만디'라는 별명을 가졌던 투수 성준은 그럼 원래부터 신경전을 주무기로 한, 느린 볼의 투수였을까? 그렇지 않다. 1986년 삼성에 입단할 당시 성준은 시속 140km가 넘을 정도의 나름대로 빠른 볼을 던질 줄아는 투수였으며, 고교 시절 모교인 경북고등학교를 전국대회 4관왕에 올렸을 만큼 그 기량을 인정받아 프로에 입문한 선수였다. 그러나 불행하게도 어깨 부상은 그의 구속을 현저히 떨어뜨렸고, 가장 큰 주무기를 잃게 된 성준은 마운드에서의 생존을 위해 구위가 아닌 타이밍을 이용한 수 싸움을 선택할 수밖에 없었던 것이다. '만만디'라는 별칭도 이때부터 따라붙은 수식어다.

이후 성준의 투구는 느림의 미학을 추구하는 패턴으로 바뀌었고, 메이저리그 통산 305승을 거둔 톰 글래빈이 남긴 "야구를 향한 내 열정은 스피드건에 찍히지 않는다"라는 말처럼 성준의 마운드에 대한 열정은 구속이아닌 타이밍으로 방향이 전환되기에 이르렀다. 야구계의 또 하나의 명언으로 남아 있는 메이저리그 통산 363승에 빛나는 워런 스판의 "배팅은 타이밍이고 피칭은 그 타이밍을 빼앗는 것이다"라는 말은 곧 성준이 추구해야만 하는 길이자 이정표였을 것이고, 좀 과하게 표현하자면 살아남기 위해 새로운 길을 모색해야 하는 성준에겐 아마도 성령과도 같은 메시지였을 것이다.

이러한 성준의 만만디 투구가 영향을 준 것이었을까? 1990년대 후반 KBO는 투수가 포수에게 넘겨받은 공을 15초 이내에 타자에게 던지도록 규칙 조항을 수정하기에 이르렀다. 이전까지는 20초 이내였다. 2020년대에 이른 지금 그 제한 시간은 12초까지로 훨씬 줄어든 상태지만 야구 경기의 스피드 업에 관한 고민은 이처럼 이전부터 있어왔다.

세월이 흘러 12초 룰이 완전히 정착된 2010년대 초반 성준이 SK 투수코치로서 여전히 현장을 지키고 있을 무렵, 성준은 훈련 중 투수들을 모아놓고 다음과 같은 조언을 남겼다.

마운드에서 생각이 많으면 좋지 않다. 마운드에 오르기 전 불펜에서 미리 타자와의 승부를 그려보고 마운드에 올라선 생각 없이 던지는 게 더 효과적이다.

시작했던 얘기의 본줄기로 돌아와 보자. 야구 경기와 관련된 말들 중에 "공격은 길게 수비는 짧게 하라"라는 말이 있다. 상대방에게 수비에 나서는 시간을 오래 끌면 끌수록 그만큼 상대가 공격할 때 체력적이나 경기 집중력 면에서 허술해지는 경향이 있기 때문에 나온 말이다.

그러나 공격이 길더라도 얻은 것이 전혀 없을 경우에는 아니함만도 못하다는 말을 하나 추가해야 될 듯싶다. 안타를 치고 나갔다 견제구에 걸려 횡사를 당하는 것이 그냥 애초부터 아웃된 것보다 더욱 팀 사기에 나쁜 영향을 끼치는 것과 같은 이치라고나 할까.

BACK UP

1998년까지 삼성 라이온즈 소속으로 개인통산 96승을 거둔 성준은 1999년 통산 100승에 대한 미련으로 남은 4승을 채우고 싶다는 열망을 가지고 롯데로 이적을 했다. 그러나 성준은 1999년 단 1승만을 추가하는 데 그치며 통산 97승의 기록을 남긴 채 14년간에 걸친 프로선수 생활을 마감했다.

감동은 기록의
무게순이 아니다

'210'

2006년 여름, 한국프로야구는 불혹의 나이(40세)에 접어든 한화 송진우의 개인통산 200승 달성에 온 관심이 집중되어 있었다. 1989년 빙그레 이글스(한화의 전신)에 입단하며 프로에 입문한 송진우는 프로 데뷔 첫 등판부터 완봉승을 거두는 등 일찍이 범상치 않은 족적을 남길 것으로 기대가 됐는데, 2006년 그 예상치는 기대를 뛰어넘어 감탄의 경지까지 올라가 있었다. 통산 100승도 대단한 위업인데 무려 200승이라니. 매년 두 자릿수 승수를 꼬박꼬박 챙긴다고 해도 무려 20년이 흘러야 닿을 수 있는, 그야말로 무지막지한 수준의 기록에 도전하고 있는 송진우를 지켜볼 수 있었다는 건 동시대의 야구팬들에겐 축복과도 같은 일이었다.

이렇듯 오랜 기간 마운드 위에서 인간계를 초월한 것 같은 우월적 존재감을 과시하던 송진우였지만 그도 200승 고지 등극까지는 몇 번의 우여곡절을 거쳐야 했다. 199승 도달 이후 200승을 목전에 두고 네 번 연속 미끄럼틀을 탄 것. 같은 해 7월 30일 두산을 상대로 199승에 올라선 송진우는 이후 주기적으로 정상 도전에 나섰지만 200승 고지는 8월 한 달간 그 자리

를 쉽게 허락하지 않았다. 7월 5일과 10일 홈인 대전구장에서 만난 삼성과 KIA는 그에게 200승 대신 연패를 선사했고, 비교적 호투했던 16일 인천 문학구장 SK전(5.1이닝 동안 3실점)과 22일 대전구장 현대전(5회까지 2 : 0 리드 후 역전패) 역시 승리와는 인연을 맺지 못한 채, 승 대신 쌓여가는 패전 수만 바라보아야 했다.

우리나라 나이로 41세였던 송진우의 구위는 사실 많이 떨어져 있었다. 그 나이에 현역으로 마운드에 서 있다는 것 자체만으로도 대단한 일이었지만, 200승이라는 이정표는 야구팬들을 조바심 나게 만들었고 송진우 역시 이를 의식하지 않을 수 없었다. 게다가 시즌 막바지인 9월로 접어들게 되면 얼마 남지 않은 기회로 인해 심리적으로 더욱 쫓길 수밖에 없는 상황이기도 했다.

그러한 환경 인자 속에서 송진우는 8월 29일 다시 광주 무등구장 마운드에 올랐고, KIA를 제물로 5이닝 동안 네 개의 삼진을 곁들인 5피안타 1실점 호투 끝에 10 : 1로 승리하며 마침내 한국프로야구 최초의 '200승'이라는 금자탑을 쌓는 데 성공할 수 있었다. 데뷔 후 18년 만이자 580경기만에 이뤄낸 대기록이었으며, 만 40세 6개월이라는 나이에 거둔 최고령 승리 투수(종전 OB 박철순, 40세 5개월)였다.

경기가 종료되고 광주구장 밤하늘에는 마치 한국시리즈 우승 팀이 결정 나기라도 한 듯, "펑! 펑! 퍼벙! 펑!" 요란한 소리를 내며 축포가 수를 놓고 있었다. "송진우 선수의 200승을 진심으로 축하합니다" 전광판엔 축하 메시지가 떠올랐고, 동료들은 모두 그라운드로 나와 송진우를 하늘 높이 던져 올렸다.

그리고 2009년 4월 8일, 송진우는 두산과의 대전 홈경기에서 0 : 2로 뒤지고 있던 6회 초 1사 상황에서 구원투수로 마운드에 올라 1.2이닝을 무안타, 무실점으로 틀어막고 팀이 7회 말에 경기를 뒤집은 데 힘입어 구원승을 챙겼다. 통산 210승이자 그의 21년간에 걸친 프로 마지막 승리였다.

경기가 끝난 뒤 한화 선수단은 송진우의 200승 축하 기념사진을 찍기 위해 플래카드를 펼치고 그라운드에 도열했다. 그런데 플래카드 하단에 찍혀 있는 날짜는 200승을 거둔 8월 29일이 아닌 8월 27일이었다.

날짜를 착각한 것일까? 알고 보니 내막은 따로 있었다. 송진우는 원래 27일 대구 삼성전에 등판하기로 되어 있었다. 그러나 대구 경기를 앞두고 비가 내려 투수 로테이션 일정이 재조정되었고, 송진우의 선발 등판도 29일 광주 KIA전으로 바뀌게 된 것인데 미처 이 부분을 체크하지 못해 일어난 '옥의 티'였다.

'1'

2016년 시즌이 끝난 뒤 방송사가 주관하는 시상식 중 하나인 '카스포인트 어워즈'는 그해 가장 인상 깊었던 세 장면을 선정하는 '카스모멘트 베스트 3'이라는 시상 프로그램을 선보였는데, 그중 한 장면에 선정된 낯선 선수가 있었다.

황덕균.

2002년 선린인터넷고등학교를 졸업하고 2차 4라운드(전체 33번)로 두산 베어스 유니폼을 입으며 프로에 입단했던 그가 프로 데뷔전을 치른 것은 그로부터 무려 11년이 지난 뒤였다. 입단 2년 만인 2003년을 끝으로 두산으로부터 방출 통보를 받아 든 그는 비정기적인 아마추어 선수 지도와 막노동판을 전전하며 생계를 이어가야 했고, 2011년 일본 독립 리그(간사이 리그, 서울 해치)로 넘어가 선수 생활을 연명하던 그에게 천금 같은 기회가 찾아온 것은 2011년 겨울이었다. 신생 팀 NC 다이노스가 출범하자 공개 트라이아웃에 참가해 합격한 황덕균은 2년 뒤인 2013년 9월 8일 인천 문학구장 SK전에서 2 : 8로 뒤진 7회 말 마운드에 오르며 마침내 꿈에나 그려보던 프로 데뷔전을 가질 수 있었다.

그렇지만 내용은 좋지 못했다. 아웃카운트 하나 없이 연이은 4사구에 이은 폭투와 적시타에 의한 2실점, 최일언 투수코치가 마운드에 올라왔고 공을 건네야 했다. 그리고 그해 방출된 황덕균은 2014년 또 다른 신생 팀 제 10구단 KT에서 어렵사리 선수 생활을 이어갔지만 2015년 시즌이 끝난 뒤 그를 기다린 것은 또 한 번의 전력 외 통보였다. 이쯤 되면 포기할 만도 했건만 황덕균은 선수 생활에 대한 의지를 내려놓지 않고 다시 한번 넥센의 문을 두드렸고 테스트를 통해 사실상 마지막 기회를 붙잡을 수 있었다.

그리고 2016년 9월 19일 부산 사직구장 롯데전에서 2 : 0으로 앞서던 2회 말 무사 1, 2루 때 선발 김정인에 이어 구원 등판한 황덕균은 4이닝 동안 안타 허용 없이 1삼진 1볼넷 무실점의 역투 끝에 드디어 대망의 프로 첫 승을 따내고야 말았다. 이날 등판하자마자 1사 만루의 위기에 몰리기도 했지만 신본기를 유격수 앞 병살타로 돌려세우며 자신감을 얻은 그는 때맞춰 박자를 맞춘 동료 타선의 전폭적인 지원을 등에 업고 11 : 1의 대승을 이끌어냈다. 데뷔한 지 15년 만에 거둔 첫 승이었다. 절실하게 야구를 하는 자랑스러운 아빠의 모습을 보여주고 싶어 야구공을 손에서 놓을 수 없었다던 황덕균의 꿈만 같을 첫 승은 그렇게 33살의 늦은 나이에 그의 품으로 찾아들었다.

"아마 중간에 포기했었다면 이런 기회가 없었을 것이다."

황덕균은 경기 후 붉어진 눈시울로 야구에 대한 열정과 의지를 지켜준 가족을 비롯한 많은 사람들에게 고마운 마음을 전했다.

BACK UP

경기 후 황덕균은 아내에게 전화를 걸었지만 서로가 아무 말도 주고받지 못한 채 전화기를 내려놓았다고 한다.

"아내가 하도 울어가지고 …… 나도 눈물이 많아서 …… 서로 울기만 했다."

한편 첫 승을 거둔 황덕균은 경기가 끝난 뒤 그라운드 쪽으로 걸어 나오며 잠시 머뭇대는 모습을 보였다. 통상적으로 선수단 전체가 나와 하이파이브를 하면서 승리를 자축하기 마련인데 이날은 황덕균 혼자만이 그라운드로 향하고 있었다. 이는 동료들이 그의 우여곡절 끝의 첫 승을 더욱 돋보이게 하기 위해 황덕균 혼자만의 '나홀로 하이파이브'라는 특별한 축하 이벤트를 기획한 때문이었다. 이 장면은 방송사의 뒤이은 타 종목 중계 관계로 생방송을 타지 못해 TV를 통해 시청했던 많은 야구팬들은 아쉽게도 볼 수 없었던 장면이다.

'700'

2019년 8월 22일. 잠실구장 NC전에서 우완투수 이동현은 8회 초 LG의 세 번째 투수로 마운드에 오르며 통산 700경기 출장을 이루어냈다. LG 구단으로서는 우완 최초의 기록이었으며, KBO리그 전체 우완 정통파 투수로 범위를 한정하자면 2016년 송신영(당시 한화)에 이은 역대 두 번째 기록 달성자이기도 했다. 좌완투수를 모두 포함시키면 KBO리그 12번째에 해당되는 흔한(?) 기록이었지만, LG 이동현과 그를 좋아하는 팬들에게 이동현이 달성한 '700경기'는 좀 더 각별한 의미로 받아들여질 수밖에 없었다.

많은 야구팬들이 익히 알고 있는 것처럼 이동현은 2001년 프로에 입단한 이후 오로지 LG 트윈스 한 팀에서만 선수 생활을 이어온 '원팀 맨'이다. 그러나 팬들이 그에 대해 애틋함을 갖는 이유는 그게 다가 아니다. 이동현은 그동안 세 번의 큰 수술을 받고 재활을 이겨내며 마운드에 올랐는데,

팬들은 이 대목을 가벼이 보지 않았다. 이젠 더 이상의 의학적 수술을 받을 만한 인대가 남아 있지 않다는 말이 들릴 정도로 19년간 LG라는 팀에 자신의 젊음과 어깨를 비롯한 모든 것을 바친 선수였기 때문이다. 이날 마운드에 오를 때까지만 해도 이동현의 표정에선 특별함을 읽을 수 없었다. 그러나 8회 초 수비를 끝내고 더그아웃에 돌아온 이동현의 눈에는 눈물이 그렁그렁했고 이러한 모습은 중계방송을 통해 그대로 팬들에게 노출되었다. 그리고 이를 바라본 LG 팬들의 마음은 같이 무너져 내렸다.

LG에 저의 모든 걸 걸어왔다. 단 한 번도 창피하지 않았고 자랑스럽고 영광이었다. 마지막 인대는 아들이 야구를 하겠다고 하면 캐치볼을 하기 위해 남겨놓았다고 생각해 달라. 트윈스의 18번 이동현은 감사한 마음 진심으로 가슴 깊이 담고 떠나겠다.

몇 시간 후 이동현은 자신의 페이스북을 통해 700경기 등판을 끝으로 은퇴를 결심했음을 팬들에게 알렸고 그간 보내준 사랑과 뜨거운 성원에 깊은 감사를 표했다.

2001년 경기고등학교를 졸업하고 바로 프로에 입단한 이동현은 불과 1년 만인 2002 시즌부터 LG 불펜의 핵심 선수로 조기에 자리를 잡았다. 정규 리그 78경기에 출장해 124.2이닝을 던지며 팀의 포스트시즌 진출에 큰 기여를 했고, 팀이 한국시리즈에까지 진출하게 되자 진통제를 맞아가며 투혼을 불살랐다. 그러나 2002년 한껏 무리를 한 탓이었는지 이동현은 2004년과 2005년 그리고 2007년 등 무려 세 번에 걸쳐 수술을 받아야 했고, 그때마다 힘든 재활 과정을 딛고 LG 마운드로 오뚝이처럼 돌아왔다(이동현은 2004년 12월 첫 번째로 토미 존 수술을 받았고, 1년 뒤 팔꿈치 인대 접합 수술에 들어갔다. 그리고 2007년 11월에 재차 토미 존 수술을 받고 난 뒤 1년 6개월에 걸친 재활을 거쳐 2009년 5월 20일 광주 KIA전에서 마운드로 돌아왔다. 약 5년에 걸친 길고 긴 자신과의 싸움을 이겨냈던 것이다).

마지막 남은 인대는 LG를 위해 바치겠다.

이동현이 2010년대 초에 남긴 유명한 말이다. 이후에도 그는 팀 사정에 따라 중간계투로, 때론 마무리로, 그를 필요로 하는 곳이면 마운드 보직이 어디든 가리지 않고 나서주었다. 이처럼 그는 늘 자신의 몸보다 팀을 먼저 생각하던 선수였다.

BACK UP

"오늘 하루 방에서 정인의 「오르막길」을 수백 번 듣는데 왜 이렇게 내 노래 같지? 내 20대의 13년 생활이 묻어난 듯한 노래 같아서 그런가? LG라는 팀, 이젠 내 인생의 동반자가 됐다는 생각이 든다. 이제 오르막길로만 올라가자. 끝이 어디든 가보자. 지금까지 그런 것처럼"(2013년 4월 15일 이동현의 페이스북 발췌).

'1'

2019년 시즌 중 어느 모바일 게임업체에서 자사 콘텐츠 이용 야구팬들을 대상으로 상반기에 가장 인상 깊었던 장면에 대한 설문 이벤트를 진행한 바 있는데, 이 조사에서 압도적으로 가장 많은 표를 받았던 최고의 명장면은 LG 한선태의 데뷔전이었다.

한선태가 이처럼 야구팬들의 주목을 한몸에 받을 수 있었던 이유는 무엇이었을까? 한선태는 2019년 신인 드래프트에서 2차 10라운드(전체 95)로 LG에 지명된 신인 선수다. 드래프트 순번을 보더라도 까마득한 하위라 특별할 것이 없어 보인다. 그러나 밖으로 드러난 표면적인 조건이 아니라 팬들은 한선태의 인생 스토리에 주목했다. 그는 고등학교를 졸업할 때까지 정식으로 야구를 배운 적이 없는 일명 '비선(非選)', 즉 엘리트 선수 출신이 아니었다. 2009년 중학교 때 WBC 한일전 경기를 보고 야구의 매력에 푹 빠졌던 한선태는 기량 부족 등을 이유로 고교 야구부에서 받아주질 않아 사회인야구를 통해 실력을 연마할 수밖에 없었다. 이후에는 궁여지책으로 비선수 출신도 입학이 가능했던 세종대 야구부에 들어갔지만 여기서도 마운드에 설 기회가 주어지지 않았고, 결국 한 학기 만에 자원해서 군 입대를 선택해야 했다.

그러나 야구에 대한 미련을 끝내 버리지 못한 한선태는 군 제대 후 자비로 독립구단인 파주 챌린저스에 입단했다. 이 시기에 한선태는 코치의 조언으로 투구폼을 언더핸드에서 사이드암으로 바꾸게 되는데, 이로 인해 구속이 시속 140km 중반대로 향상되는 효과에 자신감을 갖게 되었고, 그는 2018년 일본 독립 리그의 도치기 골든 브레이브스에 입단해 선수로서의 부족한 부분을 채워나가기 시작했다. 이후 일본프로야구에서 중간 불펜진으로 활약했던 김무영을 통해 집중적인 코칭을 받던 한선태는 2018년 1월 비선수 출신도 KBO리그 소속 선수가 될 수 있도록 하는 규약 개정이 이루어지자 드래프트에 참가, LG의 지명을 받으며 그토록 갈망하던 프로 입단의 꿈을 이루게 되었던 것이다.

그리고 2019년 6월 25일, 잠실구장 SK전 8회 초 한선태는 드디어 프로 무대 1군 마운드에 그 모습을 드러냈다. 비록 팀이 3 : 7로 뒤지고 있던 상황이었지만 마운드로 향하는 그를 잠실구장에 모인 팬들은 모두 일어나 기립 박수로 맞이했다. 야구 선수의 꿈을 꾼 지 10년 만에 현실로 마주하게 된 이 순간, 긴장한 표정까지 숨기진 못했지만 투구 내용은 나쁘지 않았다. 정신없는 가운데에서도 1이닝 1피안타 무실점. 예상치를 웃도는 결과였다. 8회 초를 마치고 팬들은 성공적인 프로 데뷔전을 치른 그를 위해 또 한 번 자리에서 일어나 뜨거운 박수를 아낌없이 보냈다.

긴장한 모습이 역력했던 한선태는 첫 타자 이재원에게 안타를 허용한 후, 다음 타자 안상현에게 연거푸 볼 세 개를 던지며 궁지에 몰리자 쓰고 있던 모자를 벗어 안쪽을 내려다봤다. 모자 챙 안쪽에 써둔 문장을 읽기 위해서였다. 그곳엔 일본어로 "하면 된다"라는 글자가 쓰여 있었다.

이후 한선태는 다시 투구를 이어갔고 스트라이크 두 개를 연거푸 꽂은 후, 6구째에 병살타를 유도해 내며 위기를 모면할 수 있었다. 일본어로 써놓은 이 글은 한선태가 일본 독립 리그에서 뛸 때 힘들었던 순간마다 읽어보곤 했던 것으로, 그 당시의 좋은 기운을 받기 위해 일본어로 문장을 써놓은 것이라고 했다.

한편 이날 TV 방송사 캐스터는 한선태라는 이름으로 즉흥 3행시를 지어보이기도 했는데, "'한'계를 뛰어넘는, '선'수가, '태'어났습니다"가 그 내용이었다.

"행복은 성적순이 아니잖아요"라는 말이 있다. 프로야구에서 뜨고 지는 수많은 기록들은 크든 작든 우리에게 때론 기쁨을, 때론 아쉬움을 던져준다. 대기록은 대기록대로, 진기록은 진기록대로 그리고 영광스러운 기록은 영광스러운 기록대로, 불명예스러운 기록은 또 그 나름대로 저마다의 사연과 울림을 가지고 야구팬들의 마음에 다가선다.

운 좋게도 송진우의 200승 달성 경기와 한선태의 데뷔 첫 경기를 현장에서 직접 기록할 수 있었다. 앞서 살펴본 송진우의 210승은 그 기록의 무게만큼 팬들로부터 경외감을 갖게 만든다. 이에 비하면 프로 16년 경력의 황덕균이 거둔 프로 통산 '1승'은 숫자의 무게로는 비교조차 할 수 없지만, 그만의 단출한 기록이 던져준 감동과 울림은 210승에 전혀 모자람이 없게 느껴진다. 아울러 이동현이 700경기를 끝으로 은퇴를 발표하던 같은 해, 이제 막 첫 경기를 치른 한선태의 기록 역시 700이라는 숫자에는 언감생심 비교 불가다. 그러나 그의 출장 경기 수 '1'이 던져준 메시지는 감동의 무게에서도 700분의 1로 기울어지는 것은 아니다.

그 이유는 바로 기록의 무게로 드러나지 않는 그들만의 감동적인 인생 스토리가 담겨 있기 때문이다. 열악한 환경 속에서도 끝까지 포기하지 않고 야구를 향한 열망을 놓지 않았던 그들의 의지에 대해 팬들이 보내주었던 격려와 찬사는 210승과 700경기에 견준다 해도 전혀 부족함이 느껴지지 않는다.

2016년 구정 즈음, 모 방송사에선 기성 가수와 일반인을 노래를 매개로 연결 지어주는 〈판타스틱 듀오〉라는 프로그램을 방송한 적이 있다. 이 프로그램에서 기성 트로트 가수 장윤정은 70대 중반의 고령에 접어든 택시기사분과 함께 그의 히트곡 「초혼」을 부르다 택시 기사분의 슬픈 사연이 노랫말에 오버랩 되어 떠오르자 흔들리는 감정에 눈물을 쏟으며 노래를 차마 이어가지 못한 일이 있었다. 점수로 우열을 가리는 경연 성격의 프로그램이었기에 제대로 부르지 못한 노래로만 따지자면 높은 점수를 기대하기 어려웠지만, 관객들은 이날 두 번째로 높은 점수를 「초혼」에 몰아주었다. 이유는 노래의 기교가 아닌 사연에 감동했기 때문이다.

그렇다. 노래처럼 야구도 사람이 하는 스포츠다. 숫자를 매개로 수많은 기록이 정리되지만, 그렇게 숫자로 정리된 기록들이 감동의 크기까지 결정짓지는 못한다. 감동은 기록의 무게순이 아닌 것이다.

공인구와 기록 사이

"야구 경기에 필요한 장비들 중 가장 중요한 품목은 무엇이라고 생각하는가?"

이 뜬금없는 원초적(?) 질문에 잠시 곰곰이 생각을 해본 적이 있다. 우리가 흔히 알고 있는 모든 장비가 다 중요하고 필요하겠지만, 질문에 대한 반대 논리로 다가가 보는 쪽이 답을 구하는 데 도움이 되겠다 싶어 접근 방식을 변형해 보기로 했다.

'야구장비 중 없으면 놀이 자체가 불가능해지는 품목이 뭘까?'

답이 간단해졌다. '공'이다. 글러브도 배트도 마스크도 스파이크도 유니폼도 아니다. 공이 없으면 놀이 자체가 불가능하다. 다른 것들은 없어도 공만 있으면 공을 주고받는 '캐치볼'이라도 가능한데, 공이 없으면 다른 장비들로는 아무것도 못 한다. 야구 경기에서 공은 그렇게 중요한 존재다.

그런데 한 뼘 더 깊이 들어가 보면 공은 존재감 한 가지로만 주목받는 것이 아니다. 어떤 모양과 내용물로 구성되어 있는지가 더 중요하다. 프로야구가 성행 중인 한·미·일 모두가 그 어느 품목보다 공인구에 대해 많은 신경을 쏟고 있는데, 그 이유도 공을 어떻게 만들고 관리하느냐에 따라 경기력은 물론 리그 공신력에까지 커다란 영향을 미치기 때문이다.

　과거 야구 규칙 변천사를 들여다보면 야구공은 투타의 균형이 무너지거나 맞지 않을 때 스트라이크 존과 더불어 그것을 조절해 줄 수 있는 '균형추' 같은 역할을 해왔음을 볼 수 있다. 이렇듯 기능상 절대 무시 못 할 큰 영향력을 내포하는 존재다 보니 역사적으로 그에 따른 시비와 논란도 여러 차례 일어나곤 했는데, KBO리그의 가장 오래된 공인구에 관련된 민원(?)은 1988년으로 거슬러 올라간다.

　이날 MBC 청룡과 해태 타이거즈의 광주 무등구장 경기에서 MBC가 6 : 5로 앞서던 8회 말, 해태의 선두타자 김성규가 우익선상 2루타를 치고 나가자 유백만(MBC) 감독이 주심에게 다가와 2루타를 허용한 공이 KBO의 공인구가 아니라며 항의에 나선 일이 경기 역사에 기록되어 있다. 항의의 골자는 그 공이 당연히 찍혀 있어야 할 KBO 문구 대신 해태의 로고가 박힌 공, 즉 구단 연습구였기 때문에 플레이 자체가 무효라는 것이었다. 정식 경기구로 납품되는 공 외에 당시 구단들은 품질은 같지만, 자체 연습용으로 별도의 주문을 통해 구단 로고를 새겨 넣은 공을 연습구로 사용했는데, 이 공이 경기에 쓰인 것을 유백만 감독이 문제로 삼고 나온 것이었다. 항의는 26분간이나 이어졌고, 좀처럼 물러설 기미를 보이지 않자 주심은 제소를 받아주는 조건으로 간신히 경기를 재개할 수 있었다.

　이로부터 4년 뒤인 1992년엔 공인구의 크기를 둘러싼 잡음이 일었다. 경기에 사용되는 공인구의 둘레가 최저 사이즈 제한치인 22.9cm보다 0.2~0.3cm 정도 작은 규격 미달의 공이라는 주장이었는데, 무작위로 골라 측량해 본 결과 실제로 그러한 공이 일부 포함되어 있음이 확인된 사건이었다. 야구 규칙서에 명시된 공인구의 크기는 둘레가 최대 23.5cm를 넘을 수 없고, 최소 22.9cm 보다 작아선 안 된다.

　또한 2006년에도 다시 한번 공인구의 크기에 관한 논란이 일었는데, 일부 구단이 사용하는 공인구 크기가 0.2cm 정도 작게 느껴진다는 지적이었

1992년의 공인구 논란

다. 이에 대해 KBO는 현장에서 사용되는 공을 무작위로 수거해 일본 내의 전문 조사 기관에 공인구 크기에 관한 사실관계를 의뢰해야 했다. 이러한 배경에는 당시 공인구를 제작해 공급하는 업체가 한 곳이 아닌 복수였던 관계로 구단마다 어느 업체의 공을 선택하건 구단 자유의사에 맡겨두었던 시대적 상황이 한몫했고, 여기에 규칙상 정해진 범위 내에서 선수들이 요구할 경우 공 제조사가 공을 허용치의 최소 크기로 만들어 제공해 왔던 관례가 서로 맞물려 벌어진 일이었다.

이후에는 공인구의 원산지를 놓고 중국산 여부에 관한 논란이 벌어진 일도 있다. 2010~2013년에 걸쳐 일부 국내 제조사들이 국내에서 공인구를 제작해 납품한 것이 아니라 중국과 대만 쪽의 단가 낮은 야구공을 수입해 원산지를 속이고 KBO 로고와 문구를 인쇄해 경기구로 사용했다는 의혹이 었다. 그러나 이 문제는 공의 원산지가 꼭 국내여야만 한다는 규정이 없는 관계로 공의 품질과 규격에 이상이 없는 한, 제조사들의 혐의는 무죄라는 판결이 내려지며 헤프닝으로 마무리되었다.

한편 공인구 논란에 관한 가장 최근의 일은 2015년 롯데 자이언츠가 사

직 홈구장에서 사용하고 있던 공인구와 관련된, 일명 '탱탱볼' 사건이었다. KBO리그는 총 네 개(스카이라인, 빅라인, 맥스, 하드)에 이르는 복수의 공인구 제조사를 통해 경기 사용구를 납품받고 있었는데, 유독 사직구장에서 홈런이 많이 나온다는 주장이 제기된 것으로 이번에는 공의 크기가 아닌 반발력에 관한 논란이었다. 롯데가 선택해 사용하고 있던 공인구(하드)의 반발계수가 타 제조사 사용구보다 다소 높아 보인다는 의혹으로 KBO는 하드사뿐만 아니라 모든 제조사의 공인구를 수거해 반발계수를 측정하는 전수조사를 벌였고, 하드사의 공에서 반발계수 허용 기준치를 벗어난 수치를 가진 공인구가 실제 발견되었던 사건이다.

이후 극심한 '투저타고(投抵打高)' 현상으로 2015년 1511개라는 리그 역대 최다 홈런(경기당 2.1개)은 물론, 2014~2015년 리그 팀 타율이 무려 2할 8푼대를 상회하고 팀 평균자책점이 5점대를 넘나드는 현상이 나타나자 공인구를 단일화해 관리해야 한다는 목소리에 그 어느 때보다 힘이 실렸다. 이에 KBO는 공인구에 대한 관리 감독을 강화하고 부정 사용구에 대한 논란을 종식하고자 공인구 단일화 작업에 착수했고, 2016년 시즌을 앞두고 제조, 관리, 납품 등에 관한 평가를 바탕으로 하는 공개입찰을 통해

2016년 최초로 단일화된 KBO리그 공인구

스카이라인을 KBO리그 단독 공인구 제조사로 선정했다.

이렇게 1982년 프로야구 출범 이후 35년 만인 2016년, 최초의 공인구 단일화를 시행한 KBO리그는 일원화된 공의 품질 및 관리 체제를 확립하게 되었지만 이후로도 여전히 해결되지 않는 고민이 하나 남아 있었다. 그것은 바로 갈수록 극심해지는 투저타고의 문제였는데, 이 투타의 불균형 문제는 급기야 2018년 그 정점을 찍었다. 경기당 홈런 수가 2.44개까지 늘어나며 역대 시즌 최다인 1756개의 홈런이 봇물처럼 터졌다. 아울러 리그 3할대 타자는 34명까지 폭증하고 이에 대한 반대급부로 2점대 평균자책점 투수가 전멸하는 등, 투저타고를 넘어 '투망타흥(投亡打興)'의 기록적 사태(?)로까지 이어졌다. 분산되어 있던 다종의 공인구를 한 가지로 단일화했지만 힘과 기교 면에서 과거에 비해 비대해진 공격력은 투수력과의 균형상 기울기가 점점 더 극심화된 양상이었다.

이처럼 한쪽으로 기울어진 경기력은 다득점 경기 속출과 경기마다 등판하는 투수 숫자의 증가로 이어져 경기 스피드 업의 가장 큰 저해 요인으로 작용했고, 수준 높은 경기력을 팬들에게 선보이기 위해선 이를 바로잡는 조치가 필요하다는 목소리가 힘을 얻었다. 그리고 그에 대한 해결 방안

2013년 일본 NPB리그 통일구

은 공인구의 반발계수 조정이었다. 이에 KBO는 2018년까지 허용되었던 공인구의 반발계수 인정 범위 수치인 0.4134~0.4374를 2019년 일본프로야구 NPB 기준과 동일한 0.4034~0.4234로 낮추었다(메이저리그의 반발계수는 0.3860~0.4005).

그리고 이러한 조치의 효과는 바로 나타났다. 이듬해인 2019년 리그 홈런 숫자는 1014개로 무려 742개나 줄어들었고, 팀타율도 0.286에서 0.267로 크게 떨어졌다. 비례해 투수의 리그 평균자책점도 5.17에서 4.17로 그 수치가 대폭 낮아졌다. 결과적으로 공에 해결책이 들어 있었던 셈이다.

참고로 공인구를 둘러싼 논란이나 파동은 비단 KBO리그만의 일은 아니다. 해외 야구의 경우를 살펴보면 그 파장은 때론 더욱 컸다. 대표적인 사례가 2013년 일본 NPB리그의 공인구 반발계수 조작 파문이다. 2013 시즌 중 갑자기 홈런 수가 비정상적으로 증가하자 공인구에 대한 문제 제기가 일기 시작했는데, 이에 대한 조사 결과 리그 사무국이 선수와 팬에 공개하지 않고, 공의 비거리를 늘리기 위해 공인구의 반발계수를 비밀리에 높인 사실이 밝혀진 일이다.

일본프로야구는 2011년부터 국제대회 경쟁력을 높인다는 명분을 앞세위 반발력을 국제대회 사용구와 비슷한 수준으로 조절한 '통일구'를 공인 구로 사용해 왔다. 그런데 이 공의 사용 결과 '투고타저' 현상이 나타나며 팀 홈런 수의 대폭적인 감소와 함께 팀 평균자책점 2점대 구단이 속출(7개 구단)하자 이에 대한 보완책을 강구한다는 것이 그만 악수를 두고 만 것이 었다. 결국 이 사건으로 일본 커미셔너 가토 료조는 2013년 정규리그 종료 뒤 임기 중이었음에도 사퇴해야 했다.

한편 메이저리그에서도 공인구에 대한 이의 제기가 근자에 몇 차례 일었 는데, 내용과 결과는 일본과 달랐다. 우선 2010년 9월 샌프란시스코 자이 언츠가 시즌 중 콜로라도 로키스를 상대로 공인구에 대한 의문을 제기하며 리그 사무국에 조사를 요청했던 일이 있다. 콜로라도 로키스의 홈구장인 쿠어스 필드는 익히 알려진 대로 해발 1600m의 고지대에 위치한 탓으로 공 기저항이 적어 타구의 비거리가 타구장에 비해 월등히 길고, 또한 습도가 낮아 건조한 탓에 이에 비례해 야구공의 반발력도 커지는 특성을 갖고 있 었다.

이러한 이유로 사무국에서는 타 지역 경기 사용구와의 조건을 동일하게 가져가기 위해 2002년부터 쿠어스 필드에 자동 습도 조절장치가 마련된 창고를 만들어 공인구를 보관하도록 지시했었다. 그런데 문제가 된 것은 콜로라도가 이러한 현상을 이용해 자신들이 공격에 나서는 말 공격 때는 습도조절 창고에 보관된 공이 아닌, 일반 공을 상대 팀 투수에게 건네준다 는 것이었다. 이는 샌프란시스코의 증거 없는 일방적 주장으로 끝났지만, 메이저리그 전 구장에서 똑같은 조건의 공인구가 사용되도록 하기 위해 이후 모든 구장에서 습도조절 장치가 마련된 항온항습실을 운영하도록 하 는 조치로 이어지기도 했다.

그리고 또 하나는 2017년 LA 다저스와 휴스턴 애스트로스 간의 월드시 리즈에서의 일이다. 시리즈 기간 내내 양 팀의 특급 투수들이 타자들의 뜨 거운 방망이를 견뎌내지 못하고 대량 홈런을 허용하며 조기 강판을 거듭하는 등, 경기가 비정상적인 방향으로 흘러가자 공인구가 조작되었다는 주장을 선수들과 코칭스태프가 들고 나왔다. 정규리그 때 사용하던 공과 다른 공이 쓰이고 있다는 주장으로 공의 표면이 미끄러워 공에 제대로 된 변화를 주기가 어렵다는 것이 골자였는데, 특히 슬라이더를 주무기로 던지는 투수들이 이와 같은 의혹을 강하게 제기하고 나섰던 일이다.

이에 더해 가장 최근 사례는 2019년 시즌 중에 일어났다. 메이저리그 전체 경기에서 타자들의 홈런 수가 과거와 비교해 역대급의 급증 지표를 보이자 일부 선수들이 기록을 근거로 내세우며 사무국에서 공인구의 반발계수를 높게 조작했다고 의심하고 나섰던 것. 이에 전문가들로 이루어진 조사위원회가 다각도의 연구와 과학적 실험을 진행했으나 그러한 현상에 대한 인과관계나 답을 도출해 내지는 못했다.

지금까지 살펴본 각국의 공인구와 관련한 논란이나 의혹 제기 사례들의 공통점은 결국 야구 경기의 투타 경기력 균형에 초점이 맞춰진 논쟁들이라고 말할 수 있다. 야구 규칙이나 규정의 진화 과정이 지금까지 그래 왔다. 투타 어느 한쪽이 강해져 균형이 무너지면 그 기울기를 다시 맞추기 위해 반대쪽에 힘을 실어주는 선택을 반복해 왔다.

프로 통산 210승에 빛나는 송진우 선수가 은퇴(2009년)를 얼마 남겨두지 않고 있던 2000년대 중후반, 다른 일로 기록실을 찾았던 그는 공인구 얘기가 나오자 마음에 담아두고 있던 얘기를 스스럼없이 꺼낸 적이 있다. 내용은 당시 공인구의 반발력에 관한 것이었다. 타구가 떴을 때 외야수에게 잡혔다고 생각한 공이 예상과 다르게 홈런으로 둔갑하는 일이 잦다는 하소연 섞인 얘기였다.

그가 누구인가! 투구는 물론 수비력에서도 타의 추종을 불허했던 그야말로 산전수전 다 겪은 백전노장의 선수 아닌가. 수비에 있어서 그만의 감이 있을 것이고 그렇기 때문에 베테랑 송진우의 말은 그 누구의 말보다 신뢰감이 높다고 볼 수밖에 없었다. 따라서 KBO리그에서 공의 반발력 문제가 본격적으로 제기된 것은 2010년대 들어서지만 '타고투저' 그래프의 추이는 송진우의 말에서 알 수 있듯 그 이전부터 서서히 상향곡선을 그리고 있었던 것이다. 야구의 법과 제도는 선수와 경기를 지배하지만, 그 법과 제도를 변화시키는 힘은 결국 사람들의 마음에서 싹트는 것임을 알 수 있다.

'하고집이'
김기태 감독의 팔색조 어필

　그저 목례나 눈인사 정도로 지나쳐도 좋을 야구장에서의 스치는 만남에도 멀리서부터 일부러 다가와 손을 건넬 정도로 김기태 감독의 사람을 대하는 모습은 대단히 인간적이고 예의적이다. LG와 KIA에서 감독을 역임하면서도 선수들의 마음을 얻기 위해 권위보다는 형님다운 리더십으로 다가섰던 그는 작은 세리머니 하나까지도 신경을 쓰는 세심한 스타일이다. LG 감독 시절에는 손가락 끝을 맞추는 일명 'ET 세리머니'를 선보였고, KIA에서는 홈런을 치고 들어오는 선수들과 한 손을 헬멧에 얹거나 거수경례를 하고, 심지어는 나이에 어울리지 않는 고양이 귀를 연상케 하는 귀여운 세리머니를 선수들과 스스럼없이 나누는 등, 팀 분위기를 하나로 만들기 위해 작은 것 하나까지 챙기며 신경을 쓰는 따뜻한 성향의 감독이었다.
　하지만 그라운드 안 승부 앞에서의 그는 달랐다. 그가 갖고 있는 카리스마를 숨기지 않았다. 뭔가 아니다 싶은 상황이 닥치거나 확실하지 않은 장면에선 과감히 더그아웃을 박차고 나갔다. 흔히 말하는 어필, 항의를 위해서였다. 때론 결과가 뻔한 상황이라 하더라도 목소리를 내는 것이 선수의 사기를 위해서나 팀에 긴장감을 불어넣을 수 있다고 판단되면 그 길을 택

했다. 이를 일일이 대하고 이해시켜야 했던 심판들로선 피곤한 일이었을 테지만 그건 어디까지나 심판들의 몫이었다.

그중에서도 김기태 감독을 가장 유명하게 만든 장면은 아마도 2015년의 3피트 라인에 관한 어필이었을 것으로 짐작된다. 같은 해 4월 15일 잠실구장 LG전에서 투수 견제구에 걸린 1루 주자 문선재(LG)가 야수의 태그를 피해 2루에서 세이프 판정을 받자 득달같이 그라운드로 달려 나가면서 생겨났던 일화이다. 2루심을 향해 달려간 김기태 감독은 주자가 3피트 (91.44cm) 라인을 벗어났기 때문에 태그와 상관없이 아웃이 인정되어야 한다고 어필을 했지만, 주장이 받아들여지지 않자 아예 그라운드에 드러눕는 방법으로 3피트 범위를 몸(180cm)으로 실측해 보였던 것이다. 이후로도 김기태 감독의 어필은 지속되었고, 제한된 5분의 항의 시간이 지나면서 결국 퇴장 조치까지로 이어졌는데, 김기태 감독의 이날 어필은 '눕다'와 '김기태'를 합성해서 만든 '눕기태'라는 신조어를 탄생시켰고 수많은 패러디물의 모티브가 되기도 했다.

김기태 감독의 퇴장 사건은 이것이 다가 아니다. 2018년 7월 17일 대구 삼성전에선 0 : 2로 뒤지던 3회 초 2사 2루에서 삼성 이지영의 안타 때 홈에 들어오던 김헌곤이 세이프 판정을 받자 어필에 나섰다가 퇴장까지 번진 일도 있다. 이날 KIA의 포수 김민식이 세이프 판정을 내린 주심에게 주자 태그가 이루어졌다고 어필하는 사이 홈을 밟지 못한 2루 주자 김헌곤이 슬그머니 되돌아와 홈을 터치해 재차 세이프 판정을 받은 것을 두고 김기태 감독이 어필에 나선 것. 이후 비디오판독까지 신청을 했지만 세이프 판정이 바뀌지 않자 다시 한번 거칠게 항의했고, 판독 결과에 대해서는 이의를 제기할 수 없고 이를 위반할 시에는 퇴장이 선언된다는 규정에 따라 김 감독에겐 퇴장 조치가 내려졌다.

이 외에도 퇴장까지 이어지지는 않았지만 그간 LG(2011~2014년)와 KIA(2014~2019년)를 거친 김기태 감독의 경기 중 어필 대상을 들여다보면 그 종류는 다양하다 못해 실로 화려하기까지 하다.

① 파울볼 어필

우선 LG 감독 부임 첫 시즌인 2012년 7월 12일 대구 삼성전에선 6회 초 2사 1루 공격 때 LG 최동수의 3루 쪽 땅볼이 페어로 인정되며 아웃 판정을 받자 김기태 감독은 바로 어필을 했고, 심판진은 협의 끝에 이 타구를 파울볼로 선언하며 LG의 공격은 계속 이어질 수 있었다.

② 포구 판정 어필

또한 2013년 7월 26일 잠실 두산전에서는 4회 초 1사 1루 때 LG 정성훈의 우익수 방면 플라이 타구에 대해 아웃 판정이 내려지자 선수단을 철수하는 강경 어필에 나섰고, 결국 이 어필이 받아들여져 두산 우익수 정수빈의 직접 포구가 아닌 원바운드 캐치로 판정 번복을 이끌어냈다.

③ 안전진루권 어필

2013년 8월 27일 잠실 넥센전에서 4회 말 무사 1루 때 LG 이병규가 친 내야땅볼 타구를 넥센 2루수 서건창이 잡아 1루에 던진 것이 그만 악송구가 되어 더그아웃에 들어갔다. 이에 심판진은 이병규에게 2루까지의 안전진루권을 부여했는데, 김기태 감독은 이병규에게 3루까지 주어져야 하지 않느냐며 어필.

④ 주루 방해 적용과 주루 규정 위반 여부에 관한 더블 어필

2013년 10월 19일 두산과의 플레이오프 3차전(잠실구장)에서 1 : 0으로 앞서가던 LG가 3회 말 무사 만루의 위기를 맞은 상황이었다. 다행히 두산 김현수로부터 1루수 앞 땅볼을 끌어냈고, 1루수로부터 공을 받은 LG 포수 윤요섭이 병살플레이 완성을 위해 재차 1루로 송구. 하지만 이 송구가 악송구가 되어 뒤로 빠지며 1루 주자 임재철까지 홈 쪽으로 향하다 그만 LG 3루수 김용의와 부딪치는 상황이 발생했다. 이 상황에서 심판진은 주로(走路)에 서 있었던 3루수 김용의의 주루 방해를 선언해 임재철의 득점을 인정하자 김기태 감독이 주자가 고의로 접촉한 것이라며 따지고 나섰던 것. 그러나 이 어필이 먹히지 않자 이번에는 타자주자 김현수가 1루로 뛰는 과정에서 라인 안쪽으로 뛰었기 때문에 포수의 악송구가 일어난 것이라고 재차 어필해 봤지만 이 역시 소득은 없었다.

⑤ 몸에 맞는 볼 어필

2014년 4월 17일 잠실 넥센전 1회 말 2사 만루 득점 찬스에서 타석에 있던 이병규의 발에 넥센 브랜든 나이트가 던진 투구가 닿았다며 어필. 심판진이 이를 인정하지 않자 집요하게 이의를 제기했지만 결과는 달라지지 않았다.

⑥ 스윙 여부 어필

KIA 감독으로 첫 시즌이던 2015년 5월 8일, 목동구장 넥센전 8회 말 2사 2루 상황에서 넥센 김민성의 배트가 돌지 않았냐며 1루심에게 어필. 결과는 볼 판정이 그대로 유지되었다.

⑦ 더그아웃 모니터 위치에 관한 어필

2015년 9월 2일 청주구장 한화전에서 김기태 감독은 경기 중 심판진에게 더그아웃 내에 설치되어 있는 사각지대용 모니터 위치에 대해 지적하고 나선 일이 있다. 이를 문제 삼은 골자는 이 화면의 위치상 더그아웃이 바로 보여 경기 중 작전이나 사인 등이 화면에 잡힐 수 있다는 것이었다. 심판진은 이를 받아들여 양 팀 더그아웃 내의 사각지대용 모니터를 끄게 한 뒤 경기를 재개했다.

⑧ 심판의 경기 운영에 대한 어필

2015년 6월 4일 잠실구장 두산전 2회 초 1, 3루 때 타석에 있던 강한울이 헛스윙으로 삼진아웃 되며 더블스틸을 노리고 홈으로 파고들던 3루 주자 김민우마저 아웃 판정을 받았다. 김기태 감독은 이에 대해 주심의 운영상 문제점을 지적하는 어필을 펼쳤다.

상황을 정리해 보면 KIA의 1루 주자였던 이성우가 2루로 뛰자 포수 양의지는 2루로 송구를 했고, 이사이 3루 주자 김민우가 홈으로 달려들자 공을 받아 든 두산 2루수 양종민은 다시 홈으로 공을 보냈다. 이후 김민우에게 태그를 시도한 포수 양의지는 아무런 판정이 내려지지 않자 주심을 바라봤고, 태그가 안 됐음을 확인받고 그제야 김민우의 몸에 미트를 대고 최종 아웃 판정을 이끌어냈다. 이 상황을 수긍할 수 없었던 김기태 감독은 바로 달려 나와 어필에 나섰다. 이후 김기태 감독은 합의판정(비디오판독의 당시 명칭)을 신청했고, 확인 결과 김민우 역시 양의지의 태그를 피하긴 했지만 홈플레이트를 찍지 못한 것으로 드러나며 최종 아웃으로 결정이 났다.

⑨ 송구 방해 판정에 대한 이의 제기

2016년 4월 7일 광주 KIA 챔피언스필드에서 열린 LG전 6회 말 1사 1루. KIA는 6번 타자 나지완이 삼진 아웃을 당한 데 이어 2루로 도루 시도를 했던 1루 주자 이범호까지 아웃 판정을 받자 김기태 감독이 어필을 나서봤지만, 판정은 그대로 유지되며 6회 말 공격을 허무하게 마쳐야 했다. 1루 주자에 대한 아웃 선언 근거는 타자 나지완의 포수 송구 방해. 이미 삼진 아웃이 확정된 타자의 수비 방해였기에 수비 대상이 되었던 1루 주자까지 함께 더블아웃으로 처리될 수밖에 없었다.

⑩ 투수의 이중 동작에 관한 어필

2016년 5월 1일 두산전(광주 KIA 챔피언스필드)에서 KIA의 김기태 감독은 2회 말 공격이 시작되기 전 주심에게 다가와 두산 선발투수였던 더스틴 니퍼트의 투구 동작에 대해 어필을 했다. 내용은 니퍼트가 세트포지션에서 다리를 들 때 땅을 약간 긁는 동작이 보이는데 이를 보크로 봐야 한다는 주장이었다. 이후 4심이 모여 숙의를 한 후 문제가 되지 않는다고 감독을 돌려보냈지만, 2회 말 공격 도중 김기태 감독은 또 다시 주심에게 같은 내용의 어필을 시도했다. 그러나 심판진은 투수의 습관인 '루틴'에 해당되는 일관된 투구 동작이기 때문에 상관없다고 일축.

⑪ 누 공과 적용에 대한 어필

2016년 5월 25일 삼성전(삼성라이온즈파크) 1회 초 1사 1루에서 KIA 김주찬의 우익수 쪽 2루타 때 1루 주자 오준혁이 2루 공과를 사유로 4심 합의에 의해 아웃이 선언되자 김기태 감독은 그라운드로 달려 나와 설명을 요구한 일이 있다. 처음 타구가 날아갔을 때 2루를 밟고 3루 쪽으로 향하려 했던 1루 주자 오준혁은 타구가 잡힐 것으로 판단하고 다시 1루 쪽으로 되돌아가려다 최종적으로 타구가 땅에 떨어지자 다시 3루로 향했던 것인데, 이 과정에서 2루를 다시 밟지 않고 3루로 달려갔던 것. 김기태 감독은 이 상황에서 심판진이 직접 눈으로 확인하지 못한 것을 적용할 수 있느냐며 어필.

⑫ 보크 판정 어필

2016년 7월 3일 고척 스카이돔 넥센전, KIA가 6 : 4로 앞서 있던 9회 말 2사 1, 2루 상황에서 2루 주자에게 견제 동작을 취하던 KIA 마무리 임창용에게 보크가 선언되자 이유가 무엇인지에 대해 어필. 이후 임창용은 동점을 허용했고, 10회 연장전에 들어간 끝에 KIA는 결국 경기를 내주고 말았다.

⑬ 투구 동작에 대한 어필

2016년 7월 9일 잠실구장 두산전, 6 : 6으로 맞서던 9회 초 2사 주자 2, 3루 상황. KIA 김기태 감독은 서동욱 타석 때 이현승(두산)이 볼카운트 2B-2S서 제5구를 던지는 과정에서 멈추지 않고 바로 던졌기 때문에 보크가 맞다며 주심에게 어필. 그러나 어필은 받아들여지지 않았고 KIA는 연장 10회를 끝으로 고배를 마셨다.

⑭ 파울 홈런 처리에 대한 아쉬움 표현

2016년 9월 27일 LG전(광주 KIA 챔피언스필드)에서 6회 말 선두타자로 나선 나지완의 큼지막한 홈런성 타구가 파울로 선언되자 곧바로 합의판정을 신청. 그러나 판독 후 최종적으로도 파울 판정이 유지되자 못내 아쉬운 듯, 김기태 감독은 재차 파울볼 판정에 대해 미련 담긴 어필을 이어갔다.

⑮ 포구 불인정 어필

2017년 5월 16일 광주 KIA 챔피언스필드 LG전 6회 초 1사 상황에서 LG 양석환의 타구를 KIA의 중견수 김호령이 잡았다 공을 흘리자 심판진은 이를 정규 포구로 인정하지 않고 양석환의 출루를 인정. 이에 대해 김기태 감독은 포구 후에 공을 떨어뜨린 것이라고 해명 성격의 어필에 나섰지만 판정은 번복되지 않았다.

⑯ 비디오판독 항목 인정에 대한 어필

2017년 8월 9일 광주 KIA 챔피언스필드에서 벌어진 넥센전, 5 : 0으로 KIA가 리드하던 3회 말 무사 1, 2루 공격에서 KIA 김민식은 기습번트를 시도했다. 이후 번트 타구가 땅에 맞고 튀어 오르자 넥센 포수 박동원이 재빨리 잡아 3루로 던져 2루 주자를 포스아웃 시키는가 했지만, 주심은 번트 타구가 땅에 닿은 뒤 다시 배트에 닿았다며 파울볼로 선언.

그러자 넥센 장정석 감독이 내용을 확인하기 위해 그라운드로 나섰고, 비디오판독 대상이 된다는 것을 확인하고 판독을 신청했다. 잠시 후에 나온 비디오판독 결과 타구가 배트에 다시 닿지 않은 것으로 최종 확인되었고, 이에 따라 최초 3루에서의 포스아웃 상황이 그대로 인정되었다.

이 상황에서 김기태 감독은 비디오판독 대상에 타구가 배트에 두 번 닿았는지를 확인하는 항목은 들어 있지 않다며 판독 시행 자체가 문제가 있음을 어필했지만, 심판진은 파울볼 여부에 대한 항목이 포괄적으로 적용된 것이라 설명하며 이를 받아들이지 않았다.

⑰ 12초 룰 위반 여부 어필

2017년 10월 25일 두산과의 한국시리즈 1차전(광주 KIA 챔피언스필드)에서다. KIA가 3 : 5로 뒤진 5회 말 2사 주자 없는 상황에서 최형우(KIA) 타석 때 김기태 감독은 갑자기 더그아웃을 박차고 주심에게 걸어 나왔다. 이유는 두산 선발 니퍼트의 투구 간격이 너무 길어 12초 룰 위반 같은데 왜 이를 지적하지 않느냐는 어필을 하기 위해서였다. 12초 룰은 투수가 처음 위반 시엔 경고 조치로 끝나지만 두 번째 지적부터는 볼이 선언되는, 경기 스피드 업과 관련된 야구 규정이다. 주심은 이에 최형우가 타석을 벗어났다가 들어와 12초 룰을 적용하지 않았다며 감독을 더그아웃으로 조용히 돌려보냈다.

⑱ 상대 코치의 수비 방해에 관한 어필

2018년 5월 24일 KT와의 경기(광주 KIA 챔피언스필드)에서 0 : 8로 끌려가던 KIA는 5회 초 수비 때, 외야수가 홈 쪽으로 던진 공 방향이 치우쳐 포수 김민식을 비켜 지나자 백업에 나섰던 투수 임기준은 이 공을 주워 홈으로 달려들던 3루 주자를 잡기 위해 송구를 시도. 그러나 하필이면 주자의 홈 쇄도에 대해 사인을 보내던 KT 최태원 주루코치와 3루수 이범호가 일직선 상에 서는 바람에 시야가 가려진 이범호는 공을 잡지 못했고 KT는 추가득점을 올릴 수 있었다. 이때 김기태 감독은 KT 코치의 수비 방해가 아니냐며 어필에 나섰지만 해당 심판진은 코치의 행동에 고의성이 없었다며 김 감독의 주장을 일축했다.

⑲ 비디오판독 요청 제한 시간 초과에 대한 어필

2019년 4월 12일 문학구장 SK전에서 KIA가 2 : 3으로 뒤진 9회 초 2사 1루 상황. KIA 1루 주자 이창진이 도루를 시도해 세이프가 된 후, 일정 시간이 지나 SK 쪽에서 비디오판독 신청을 냈는데, 심판진이 이를 한 차례 거부 후 다시 받아들이자 비디오판독 요청 제한 시간에 이미 걸렸다고 판단한 김기태 감독은 더그아웃을 박차고 나왔다. 이에 심판진은 SK 측에서 곧바로 판독 신청을 낸 것을 2루심이 발견하지 못해 빚어진 일이라며 3루심이 신청을 확인했다고 설명한 후 판독을 실시했고, 결과는 원심과 동일한 세이프로 결론 내려졌다.

⑳ 심판원의 불명확한 콜 동작에 대한 어필

2019년 4월 13일 문학구장 SK전에서 김기태 감독은 다시 한번 이색적인 사유를 들고 그라운드로 나섰다. 0 : 1로 뒤지던 3회 말 1사 주자 없는 상황에서 SK 정의윤이 때린 타구는 3루수 옆을 지나 선상으로 빠져나갔다. 그러자 3루심이 처음에는 두 팔을 들어 '파울볼'을 선언하는 듯했으나 곧바로 한쪽 팔을 내리면서 '페어'를 외친 것이 김 감독 어필의 단초가 되었다.

타자 정의윤은 처음엔 파울 타구로 인식, 잠시 머뭇거렸고 이러한 반응은 KIA 야수들도 마찬가지였다. 이후 정의윤은 판정이 페어볼로 선언되자 곧바로 달려 나가 2루에 안착. 이를 두고만 보고 있을 김기태 감독이 아니었다. 득달같이 달려 나와 3루심의 모호한 시그널에 대해 강력히 어필했지만 무소득. 어필로 달라진 내용은 없었다.

감독 재임 기간 이런저런 사유로 어필에 나섰던 사례를 이렇듯 추려보니 언급된 어필 횟수보다 더 눈에 들어온 건 어필의 대상이 된 내용들이었다. 종류가 참으로 다양했다. 그러나 중요한 것은 감독의 어필이 잦았다는 사실이 아니다. 감독의 어필은 실제로 심판진의 잘못된 판정이나 서투른 운영에서 비롯되는 경우가 많다. 또한 감독의 어필은 불리함을 뒤집으려는 데 그치지 않는다. 설령 심판진의 판단이 맞는다고 생각되는 경우라 하더라도 팀 분위기 전환이나 사기 진작을 위해 감독이 악역을 자처하는 일도 들어 있기 마련이다. 심판원의 판정과 그에 따른 감독의 항의, 그리고 때론 퇴장까지 이르게 되는 과정도 결국 야구 경기의 일부인 것이다.

김기태 감독은 의심이나 궁금증이 생길 때마다 그라운드로 나섰고 경기 운영을 책임지는 심판을 통해 현장에서 바로 그 답을 얻으려 했다. 그것이 김기태 감독의 야구였다. 이러한 성향의 감독을 표현할 수 있는 좋은 말은 없을까 갑자기 궁금해졌다.

'하고집이'. 무슨 일이든지 안 하고는 못 배기는 사람이나 호기심이 많아 꼭 해보고야 마는 사람을 일컫는 신조어다. 어렵게 찾았다. 잘 사용하지 않는 낯선 단어지만 김기태 감독에게 어쩌면 꼭 맞는 단어가 아닐까 싶다.

기록지에 점으로 남은
장종훈의 동료애

　1990년대 초반 연습생 신화를 창조하며 한국프로야구를 대표하는 강타자로 이름을 날린 바 있는 장종훈은 1986년 세광고등학교를 졸업할 당시 프로구단들의 주목을 그다지 끌지 못한 선수였다. 지금이야 신인 드래프트에서 대부분 고졸 출신 선수들이 우선적으로 지명받고 있지만, 당시만 해도 고졸보다는 대졸 위주의 신인 선발이 주류를 이루던 시기였다. 게다가 장종훈은 대학 진학을 꿈꿀 만큼 집안 형편도 넉넉지 못해 진로 선정에 애를 먹고 있었는데, 모교인 세광고등학교 감독의 주선으로 프로 팀 관계자 앞에서 테스트를 받을 수 있었고, 이 자리에서 가능성을 인정받아 간신히 연습생 신분으로 프로 팀 빙그레 이글스(한화 전신)에 입단한 이력의 입지전적 선수였다.

　그래서였을까? 이러한 배경과 역경을 딛고 인간 승리를 이뤄낸 장종훈에 팬들은 애틋한 마음을 품었고 그의 홈런 하나하나에 보다 큰 성원을 보내주곤 했었다. 2000년대 초반 삼성의 이승엽이 국민타자 칭호를 얻었지만, 그 이전에는 사실상 장종훈이 국민타자였다.

　현역 시절 장종훈의 공격력은 투수들에겐 가히 공포의 대상이었다. 일단 타구의 질이 달랐다. 당시 KBO리그는 외국 선수들에 문호가 개방되기 전이라 국내 선수들뿐이었지만, 장종훈은 여타 국내 선수들 대비 타구 강도가 차원이 달랐다. 외야로 잘 맞아 뻗어나간 타구가 공중에서 한번 더 솟구쳐 떠올랐다고 표현하면 이해가 쉬울런가. 홈런 비거리에 있어 빙그레의 홈구장인 대전구장 전광판 상단을 맞힐 정도였으니 그냥 '설(說)'이 아니라 이는 증명된 사실이다. 장종훈 말고 전광판을 맞힐 정도로 힘 있는 타구를 까마득히 날려 보내는 선수는 그때까진 없었다. 심지어는 내야수 얼굴 높이의 각도로 날아간 빨랫줄 같은 타구가 땅에 떨어지지 않고 외야 펜스를 그대로 넘어 홈런이 되는 일도 있었다. 현실이 이렇다 보니 그의 타구는 투수들로선 무섭다 못해 일견 두려움의 대상으로 인식되기에 충분했다.

그리고 1995년 마침내 투수들이 우려하던 일이 벌어지고 말았다. 6월 25일 태평양 돌핀스와의 인천구장 경기에서 2회 초 태평양의 선발투수 최상덕이 장종훈의 타구에 얼굴을 맞아 중상을 입는 사고가 발생한 것이다. 입 주위를 강타당한 최상덕은 윗니 네 개가 부러져 곧바로 병원으로 후송되어 입술과 잇몸을 10여 바늘이나 꿰매는 수술을 받아야 했고, 그 후유증으로 한참 동안을 경기에 나설 수 없었다. 이날 장종훈은 비록 내야안타를 얻었지만 본인 스스로도 많이 놀랐는지 제대로 된 사과를 하지도 못한 채 어찌할 바를 모르고 있었다.

이후 오랜 세월이 흘러 은퇴 직전이던 2009년 한화로 이적한 최상덕이 마침 한화 코치로 재직하던 장종훈에게 자신의 이를 가리키며 "이거 제 이 아닌 거 아시죠?"라고 말해 장종훈 코치를 다시 당황하게 만들었다는 후일담도 전해온다. 그런데 이런 사고는 최상덕이 끝이 아니었다.

4년 후인 1999년, 이번에는 쌍방울 레이더스의 '어린 왕자' 김원형에게 재앙이 닥쳤다. 7월 10일 대전구장 경기였는데 이번에도 2회(말)였다. 역시 선두타자로 나온 장종훈이 때린 타구가 직선으로 투수를 향해 날아갔고, 김원형이 미처 손 쓸 새도 없이 그의 얼굴을 직격했다. 그리고 김원형은 그 자리에 고꾸라졌다. 피범벅이 된 김원형은 곧 구급차로 인근 병원으로 후송되었고, 검사 결과 왼쪽 광대뼈가 함몰되고 코뼈가 함께 부러진 것으로 판명이 났다.

그런데 장종훈 타구와 관련된 이상 두 차례에 걸친 투수들의 커다란 부상 사건에서 장종훈의 기록에는 큰 차이점이 발견되고 있다. 앞서 최상덕 부상 때의 장종훈 출루 기록은 투수 앞 내야안타였다. 하지만 김원형 부상 때 장종훈의 기록은 내야안타가 아니라 그냥 아웃이었다. 투수를 비롯한 그 어느 선수도 이 공을 잡아 타자주자 장종훈을 아웃시킨 일이 없는데 어찌 된 정황인지 궁금할 것이다.

이날 장종훈은 김원형이 타구를 맞고 쓰러지자마자 곧바로 1루가 아닌 마운드로 달려가 김원형의 상태를 살폈다. 먼저 1루까지 출루했다가 타임을 요청하고 마운드로 갈 수도 있었지만 장종훈은 그렇게 하지 않았다. 훗날 장종훈이 회상한 것처럼 워낙 강한 타구가 투수 얼굴로 곧장 날아갔기에 투수가 혹시 자기로 인해 크게 잘못되는 것은 아닌지 하는 걱정에 자신의 출루 같은 것은 아예 생각조차 하지 못했던 것이다.

당시 심판진은 마운드로 달려간 장종훈을 일단 아웃 처리했는데, 사유는 아마도 3피트 주로(走路) 이탈과 주루 포기에 의한 아웃이었을 것이다. 이것 말고는 규칙적으로 적용할 죄목(?)이 없다. 공식 기록지에는 장종훈의 아웃 상황이 "1.3A"로 기록되어 있는데, 이는 정상적인 투수의 1루 송구로 타자주자가 아웃되었을 때의 기록법 "1-3A"와는 차이가 있다. 즉 투수가 정상적으로 송구를 해 이루어진 것이 아니기 때문에 선(-)이 아닌 점(.)으로 표시를 해둔 것이었다.

경기가 끝난 뒤 장종훈은 병원부터 찾았고 누워 있는 김원형에게 "너무 놀라 다리가 후들거릴 정도였다. 어서 빨리 정상을 되찾아 경기장에서 만나길 바란다"라며 사과와 위로의 말을 전했고, 이에 김원형도 "경기를 하

다 보면 그럴 수도 있으니 미안하게 생각하지 않아도 된다"라며 오히려 장종훈을 위로했다. 자신의 기록보다 동료의 안전을 먼저 생각했던 장종훈의 행동은 팬들을 비롯한 많은 사람들에게 커다란 울림을 전해주었고, 김원형은 이후 타석에서 장종훈을 만날 때마다 장종훈이 자신에게 보여준 행동에 대해 경의를 표하는 마음으로 모자를 벗어 예를 갖추곤 했다.

여기까지가 장종훈 타구로 인한 부상에 얽힌 일화들이다. 하지만 얘기를 이대로 마치자니 뭔가 찜찜한 구석이 남는다. 장종훈의 따뜻한 마음이 공식 기록지에 점(.)으로 남은 것까지는 그렇다 치고, 과연 기록상 주루 규정 위반에 따른 자동 아웃으로 처리하는 방법밖에는 없었는지에 대한 궁금증이다.

야구 규칙 5조 12항에는 다음과 같은 내용이 명시되어 있다.

심판원은 플레이가 진행되고 있는 도중에 타임을 선언해서는 안 된다. 그러나 선수의 생명과 관계되는 중대하고 긴박한 사태라고 심판원이 판단하였을 때에는 플레이가 진행 중이더라도 타임을 선언할 수 있다. 그 선언으로 볼데드가 되었을 경우, 심판원은 그 플레이가 어떤 상황으로 진행되었을 것인가를 판단하여 볼데드 뒤의 조치를 취한다.

이 조항을 근거로 추론하면, 당시 김원형이 타구에 맞은 상황이 타자가 마운드로 달려 나갈 정도로 누구나 직감적으로 느낄 수 있는 매우 위험한 상황이었다라고 한다면 심판진은 타임을 선언해도 되는 상황이지 않았을까 싶다. 일단 볼데드를 선언하고 나서 선수의 안전문제를 먼저 살핀 후, 후속 조치를 취하는 편이 더 낫지 않았을까 하는 아쉬움이다. 프로는 냉정한 세계이고 정해진 규칙을 따라야 하는 것이 야구 경기지만 사람의 안전보다 더 중요한 것은 없다는 것을 또한 야구 규칙 5조 12항이 말해주고 있기 때문이다.

야구의 기원을 뒤흔든 '진 세구라'의 역주

　그저 그림책이나 만화책 또는 과학 서적을 통해서나 이야기를 접할 수 있고, 사실을 확인하기 위해선 박물관을 부러 찾아야만 실체를 어렴풋이 들여다볼 수 있었던 멸종된 공룡의 부활을 주제로 다룬 영화 〈쥬라기 공원(Jurassic Park)〉. 1993년 이 영화가 개봉되자마자 사람들은 마치 현실에서 공룡을 만난 듯, 입소문에 끌려 흥분된 마음을 안고 극장 안으로 하나둘 모여들었다. 보호 철책을 부수고 현실 안으로 들어와 날뛰는 가상 현실로, 당시 〈쥬라기 공원〉은 우리에게 약 2시간에 걸쳐 마치 공룡이 살던 과거 그 어느 시점으로 타임머신을 타고 회귀한 듯한 짜릿한 기분을 만끽하게 해주었었다.

　이처럼 돌아가고 싶어도 갈 수 없는 과거 시대로의 여행은 〈쥬라기 공원〉처럼 어디까지나 상상 속의 이야기로나 가능한 것이라 알고 있었는데, 야구에서 지금은 사라져 없다고 믿었던 멸종 규칙 '역주(逆走)'가 부활했다는 소식은 참으로 놀라움 그 자체였다. 그것도 야구의 최상위 리그라 자타가 인정하는 메이저리그에서라니 더더욱 그랬다.

　상황을 우선 정확히 알아야 이해도 가능한 법. 내용은 이렇다. 2013년

4월 19일 밀워키 브루어스와 시카고 컵스 전에서 밀워키의 도미니카 출신 내야수 진 세구라는 5 : 4로 리드하던 8회 말 선두타자로 나와 내야안타를 치고 1루에 출루했다. 이후 도루에 성공하며 2루에 안착했고 다음 타자의 볼넷으로 상황은 무사 1, 2루.

사건은 여기서부터 시작되었다. 누상에 나가 있던 진 세구라를 비롯한 밀워키의 주자 두 명은 볼카운트 1B-2S 상황에서 더블스틸을 시도했다. 그러나 이를 눈치챈 투수의 3루 견제에 2루 주자(진 세구라)가 걸려들었고, 시카고 3루수는 도망가는 진 세구라를 2루 쪽으로 몰며 추격했다. 다급해진 진 세구라는 본래 있었던 2루로 황급히 엎어지며 누를 먼저 짚은 것까지는 좋았는데, 아뿔싸 2루에는 이미 1루 주자도 도달해 누를 점거하고 있었다. 1개 누에 주자 두 명(이 경우 점유권은 선행주자에게 있다)이 모이게 된 것이다. 공을 들고 쫓아온 3루수는 일단 2루 주자와 1루 주자를 번갈아 태그(점유권 없는 1루 주자가 아웃)하며 상황을 주시했다.

그런데 순간 갑자기 점유권을 갖고 있어 아웃되지 않은 2루 주자 진 세구라가 누를 버리고 1루 쪽(밀워키 더그아웃 방향)으로 터덜터덜 걸어 나갔다. 아마도 자신이 아웃된 것으로 착각한 모양이었다. 등 뒤에서는 2루에 대한 점유권이 없는 1루 주자에게 아웃 선언이 내려졌고, 1루 주자 또한 더그아웃으로 향했다.

이사이 아무래도 이상하다 싶었던지 시카고 유격수는 3루수의 공을 빼앗다시피 해 1루 쪽으로 가고 있던 2루 주자 신분인 진 세구라를 향해 달렸다. 한편 주루를 포기한 듯 움직이던 진 세구라는 주루코치의 사인에 일단 1루로 얼른 달려 들어와 누를 밟고 멈추어 섰다. 거의 1루 부근까지 공을 들고 쫓아왔던 유격수는 진 세구라가 1루 속으로 쏙 들어가자 '닭 쫓던 강아지'마냥 어찌할 바를 모르는 표정으로 서 있다가 진 세구라를 태그하는 대신 우선 타임을 요청.

이후 심판진은 2루 주자였던 진 세구라의 1루 점유권을 인정하고 1사 주자 1루 상황에서 경기를 재개했다. 그리고 계속된 2사 후, 1루로 기사회생하며 컴백에 성공한 진 세구라는 다시 한번 아까처럼 같은 이닝(8회 말)에 두 번째의 2루 도루를 감행했다. 그러나 이번에는 포수의 송구로 2루수에게 태그아웃 되었고 이닝은 그렇게 마무리 지어졌다.

이상 진 세구라와 관련된 8회 말 일련의 주루플레이를 돌아보면 야구를 조금이라도 아는 사람이라면 아무래도 어딘가 수상하다는 느낌이 들었을 것이다. 과연 어느 부분이 문제였을까? 결론부터 말하자면 심판진의 엄청난 판단 미스가 들어 있다.

당시 심판진이 원래 2루 주자였던 진 세구라가 1루까지 역주했음에도 아웃을 선언하지 않았던 이유는 다음 두 가지를 고려했기 때문으로 보인다. 첫째는 뒷 주자였던 1루 주자가 이미 아웃된 관계로 2루 주자의 비어 있는 1루 진루는 아무런 문제가 없는 것으로 판단했을 가능성이 있다. 그리고 두 번째는 2루 주자가 수비를 혼란시키거나 우롱하기 위해 일부러 1루 쪽으로 걸어간 것(이때는 수비 방해로 아웃이다)이 아니라 자신이 아웃된 것으로 순간 상황을 착각한 점을 정상참작(?) 했을 것으로 보인다.

야구 규칙 5조 9항에는 "주자가 정규로 루를 점령한 뒤, 수비를 혼란시키려고 하거나 경기를 희롱할 목적으로 역주하였을 경우, 즉시 그 주자에게는 아웃을 선고하여야 한다"라는 문구가 있다. 그러나 이날 심판진은 역주 의도가 지극히 순수해 보였던(?) 진 세구라에게 이 조항을 적용할 생각은 처음부터 하지 않고 있었고, 정황상 이러한 심판진의 생각은 잘못된 판단은 아니었다. 하지만 이 경기의 심판들은 아주 중요한 한 가지를 놓치고 있었다. 다시 말해 가지에 집중한 나머지 줄기를 보지 못하고 있었던 것이다.

야구 규칙 5조 6항 주자의 주루 관련 규칙 '원주'에는 다음과 같은 원문이 실려 있다. "주자가 루를 정규로 차지할 권리를 얻고 투수가 투구 자세에 들어가면 주자는 앞서 차지했던 루로 되돌아갈 수 없다"라는 내용이다.

이는 메이저리그 규칙서에도 똑같이 실려 있는 내용이다. 이를 그대로 대입하면 2루 주자 진 세구라는 처음 도루를 성공한 뒤, 투수가 다음 타자를 상대로 투구 자세에 돌입한 순간, 이전에 있었던 1루로 다시는 되돌아갈 수 없는 신분이었다. 이 부분은 지금은 허용되지 않고 있는 역도루(이전에 점유했던 누로 도루하는 것) 금지 조항과도 일맥상통한다. 따라서 2루 주자가 2루를 버리고 1루 쪽으로 떠난 순간, 이는 규칙 위반이며 주루 포기로도 해석해 아웃을 선언했어야 맞다. 주자의 착각으로 보이는 정황을 감안하거나, 포스 및 태그 상황을 구분해야 하는 장면이 아니었다.

이와 같은 해프닝은 메이저리그 심판들이 규칙을 몰라서 벌어진 상황이 아니다. 읽었어도 몇 번은 읽었을 것이다. 그럼에도 간혹 어처구니없는 장면이 걸러지지 않는 이유는 야구 규칙이 그만큼 복잡하기 때문이다. 서로 그물처럼 짜여 있는 규칙들이 혼선을 일으키기 시작하면 베테랑들도 착각할 수 있는 것이 야구 규칙이다.

심판이나 기록원들도 낯선 상황을 만나 긴장하거나 당황하기 시작하면 아는 것도 잘 떠오르지 않는다. 진 세구라의 역주 상황에 적용할 수 있는 규칙은 아니지만, 다음과 같은 내용들도 규칙서에는 분명 들어 있다. "역주할 때 볼데드가 되었다면 원래 있던 루로 직접 되돌아가도 된다", "주자가 원래의 루로 되돌아왔을 때는 그 루에 닿아 있는 한, 태그당하더라도 아웃되지 않는다". 앞뒤 다 자르고 이 문구만 놓고 본다면 진 세구라를 1루에 살려 놓은 것이 전혀 어색하지 않다. 그러나 이 문구들은 전혀 다른 상황에 적용되는 규칙들이다.

이제 남은 숙제는 기록원의 몫으로 돌아왔다. 역주 금지 규정을 깨고 2루 주자 신분에서 1루 주자로 시간과 공간을 거슬러 되돌아간 진 세구라의 '같은 이닝-같은 누간-도루 2번'은 기록적으로 어떻게 처리되어야 무리가 없을까? 일단 진 세구라가 처음 2루로 도루한 것은 정상적인 상황이기에 그대로 도루(S)가 되는 것은 당연하다.

그러나 2루에서 갈 수 없는 1루로 되돌아간 주루에 대한 기록은 사실 답이 없다. 비정상적인 상황이기에 전산상으로는 소화조차도 할 수 없다. 그래도 역주에 관한 내용을 남기는 뒤야 하기에 1루 주자의 도루 실패 상황을 이용한 귀루(?) 정도로 'C.S 1-5T'가 그나마 가능할 것 같다. 그리고 1루로 되돌아간 진 세구라가 같은 이닝에서 재차 2루로 도루를 시도하다 태그아웃 된 것은 도루 실패(C.S)로 기록된다. 물론 이 부분도 직접 펜을 이용해 기록지에 적어 넣는 일은 빈 공간을 이용해 어찌어찌 해결할 수 있는 문제이지만, 컴퓨터를 이용한 전산입력 시스템으로는 첫 번째 도루 상황을 삭제하지 않는 한, 역주와 재도루 시도에 관한 내용은 도저히 소화해 낼 수 없는 장면이다.

　아무튼 2013 메이저리그에서 나온 희대의 역주 묵인 사건은 기록 이야기에 관심을 갖고 있는 야구팬들에겐 마치 멸종되었다고 믿고 있던 공룡의 발자국을 만난 듯한 기분, 그 자체였을 것이다.

스피드 업 규정이 빚은 배영수의 '헹가래 투수'

　이제 마흔 살을 갓 넘긴 KBO리그야 아직 역사가 그렇게 오래되지 않았지만, 우리보다 100년 이상 앞서 시작한 메이저리그에는 아직도 창단 이후 수십 년간 월드시리즈 우승을 단 한 차례도 경험하지 못한 구단이 여럿 존재한다. 1998년에 리그에 참여한 탬파베이 레이스를 비롯, 콜로라도 로키스(1993년~), 시애틀 매리너스(1977년~), 밀워키 브루어스(1969년~), 샌디에이고 파드리스(1969년~), 워싱턴 내셔널스(전신 몬트리올 엑스포스, 1969년~) 등이 아직도 역대 우승 팀 리스트에 이름을 올리지 못하고 있는데, 가장 오랜 기간 우승에 목말라 있는 팀은 단연 1961년 리그에 들어온 텍사스 레인저스다. 운 좋게도 이 팀들에서 다른 팀으로 이적해 우승을 맛본 선수들도 있겠지만, 대다수의 선수들은 결국 우승을 맛보지 못한 채 선수 생활을 접을 수밖에 없었다.

　프로 선수라면 누구나 그리고 언제나 꿈꾸는 것이 우승이다. 오랜 선수 생활에도 우승을 단 한 번도 경험해 보지 못하고 은퇴하는 선수들이 이렇듯 부지기수인 현실에서 우승 반지를 손가락에 끼워보는 일은 커다란 영광이자 부러움의 대상일 수밖에 없다. 그리고 선수의 포지션이 투수라고

한다면 우승이 확정되는 마지막 순간, 마운드에 남아 희열을 온몸으로 느껴보고 싶다는 상상을 해보는 것은 너무나도 자연스러운 욕심이다. 즉 챔피언을 가리는 파이널 경기에서 우승이 확정되는 순간에 마운드에 서 있을 수 있음은 투수에겐 가장 큰 행운이며 영예다. 이처럼 최종 순간 마운드에 남아 있던 투수를 우리는 '헹가래 투수'라고 부르는데, 일본에서도 우승 확정 시점의 투수를 '도아게(どうあげ) 투수'라고 별칭한다. 이는 우리말로 '헹가래'라는 뜻이다.

KBO리그에서 두 번째로 많은 헹가래 투수의 경험을 지닌 선수는 해태 시절의 선동열이다. 그는 1986년과 1989년 그리고 1991년과 1993년 등, 총 네 차례에 걸쳐 해태의 한국시리즈 우승 순간을 마운드에서 바라봤다. 그리고 이 중 1989년과 1991년 두 차례는 마지막 타자를 삼진으로 돌려세우며 스스로의 손으로 우승을 확정 짓는 짜릿함을 맛봤다. 그리고 은퇴 후 삼성 감독 재임 시절 선동열 감독은 한국시리즈 우승에 관해 다음과 같은 말을 남겼다.

> 우승이란 것을 하고 보면 참 아무것도 아닌데, 그 당시 내가 끝냈다는 기분은 잘 잊혀지지 않는다.

역사에 남을 순간에 투수가 느끼는 생각과 감정이 잘 드러난 말이다. 선동열은 KBO리그뿐만 아니라 일본리그에서도 헹가래 투수의 행운을 경험한 바 있는데, 1999년 주니치가 센트럴리그 우승을 결정짓던 순간이었다. 9월 30일 진구구장에서 선동열은 야쿠르트를 상대로 1점 차로 앞서던 9회 2사 후 마운드에 올라 리드를 지켜내며 헹가래 투수가 될 수 있었다.

훗날 선동열 감독은 그 순간에 대해 상당한 자부심을 갖고 있다고 말했다. 일본 사람이 아닌 외국인에게 그러한 영광된 기회가 돌아갈 수 있었던 것은 당시 주니치 호시노 센이치 감독의 배려가 있었기에 가능한 일이었다고도 회상했다. 그리고 이러한 헹가래 투수의 의미를 너무나 잘 알고 있기 때문이었을까? "큰 점수 차로 이기고 있어도 마무리는 오승환에게 맡길 것이다"라고 공개적으로 의사를 밝힌 삼성의 선동열 감독은 한국시리즈 우승을 거머쥔 2005년과 2006년 마무리 오승환에게 연거푸 헹가래 투수라는 영광된 멍석을 깔아주었다(참고로 삼성의 오승환은 감독이 류중일 감독으로 바뀌긴 했지만 2011년부터 2013년까지 3년 연속으로 삼성의 우승 순간에 헹가래 투수로서 마운드를 지켜 총 다섯 차례로 KBO리그 최다 기록을 보유하고 있다).

헹가래 투수를 배려하는 이러한 흐름은 그 이후로도 한동안 이어졌다. 2015년 두산은 13 : 2로 승부가 완전히 기운 9회 말 1사 후, 팀 주전 마무리 이현승을 올려 우승 순간을 느낄 수 있게 해주었고, 2016년 NC전에서는 역시 리드 폭에 어느 정도 여유가 있던 8회 말 2사 후 마무리 이용찬을 올려 우승을 마무리 짓게 했다.

그렇지만 한국시리즈 우승 문턱이 이처럼 시즌 동안 노고가 컸던 선수들을 배려할 만큼 늘 여유롭고 한가로운 상황만 기다리고 있지는 않을 터. 때론 박빙의 종반 상황에 마무리 보직이 아닌 에이스급의 선발투수를 올려 리드를 지키거나 승부를 봐야 했던 상황도 있었다.

2017년 KIA의 에이스 양현종은 한국시리즈 두산과의 5차전서 KIA가 7 : 6으로 리드하고 있던 9회 말 팬들의 연호를 받으며 등판, 1이닝을 무실점으로 틀어막아 팀 우승을 완성 지은 바 있다. 또한 이듬해인 2018년 SK의 김광현 역시 두산과의 한국시리즈 6차전서 팀이 5 : 4로 앞서던 연장 13회 말 SK 팬들의 환호를 등에 업고 이틀 만에 다시 마운드에 올라 팀 우승을 견인해 냈다. 이는 김광현 개인적으로는 8년 만에 다시 한번 헹가래 투수의 기쁨을 누리게 된 순간이었다.

이상 몇몇 사례를 보면 우승 팀의 헹가래 투수 선택에는 일정 패턴이 있음을 알 수 있다. 하나는 시즌 때처럼 팀의 주전 마무리를 활용해 우승을 확정하는 방법이고 또 다른 하나는 선발투수인 팀의 에이스를 등판시켜 경기를 매듭짓는 방법이다. 100%는 아니지만 KBO리그의 역대 헹가래 투수들을 살펴봐도 여기에서 크게 벗어나지 않는다.

그런데 2019년 두산의 한국시리즈 우승을 마무리 지으며 헹가래 투수로 등록된 배영수의 경우는 그 입문 과정이 꽤나 특이한 경우였다고 말할 수 있다. 왜냐하면 두산 벤치에서 전혀 의도하지 않았던 헹가래 투수였기 때문이다.

배영수는 KBO리그에서 가장 많은 우승 횟수를 자랑하는 복 많은 선수다. 2019년 두산 소속으로 우승 횟수를 추가하기 전까지 무려 일곱 개의 우승 반지를 보유하고 있었다. 이는 해태의 좌완 김정수와 같은 갯수로, 삼성 유니폼을 입고 있던 2000년부터 2014년 사이에 거둬들인 반지들이다. 하지만 배영수는 그간 단 한 차례도 헹가래 투수로 마운드에 남아본 적이 없었다. 선발투수라는 보직 탓도 있었지만 팀 내에는 독보적인 마무리 투수인 '돌직구' 오승환이 건재했고, 오승환이 메이저리그로 떠나자 이번에는 '뱀직구' 임창용이 그 자리를 메워 기회가 돌아올 틈이 전혀 없었다. 그 후 한화와 두산을 거치며 선수 생활의 종착역이 가까워지고 있음을 체감하고 있던 배영수에게 소속 팀 두산의 선전은 뜻밖의 기회를 가져다 주었다.

두산은 2019년 10월 26일 한국시리즈에서 키움을 일방적으로 몰아붙여 3승을 먼저 거둔 상태로 고척 스카이돔에서 4차전을 맞이했다. 초반 키움이 8 : 3까지 달아나며 4연속 패전의 시리즈 스윕을 저지하려 완강히 저항했지만 두산의 곰다운 뚝심 역시 대단했다. 경기를 끝내 9 : 9 동점으로 만들어 승부를 연장으로 몰고 갔다.

이어 연장 10회 초 타선의 도움으로 11 : 9로 리드하며 우승 가능성을 한껏 높여 놓은 상황에서 두산은 이날 여덟 번째 투수이자 2016년 헹가래 투수를 맛본 이용찬을 10회 말에도 마운드에 올렸다. 주위를 둘러봐도 더 이상은 마땅히 내보낼 투수도 남아 있지 않은 상황이라 이제 그가 이 점수를

지켜주기만을 그저 바랄 뿐이었다.

그렇게 맞이한 10회 말, 선두타자로 나온 이정후의 타구가 날카롭게 날아갔지만 중견수 직선타로 아웃이 되자 김태형 감독은 불안했는지 그라운드 쪽으로 걸어 나왔다. 다음 타순이 박병호와 제리 샌즈임을 감안하면 두 점의 리드는 절대 안정권이 아니었다. 주심과 잠깐 애기를 나눈 김태형 감독은 마운드 방향으로 걸음을 옮겼고 3루 쪽 파울라인을 막 넘어선 순간, 3루심이 급하게 다가섰다. 그리고 이미 마운드 방문 횟수 2회를 채웠기 때문에 더 이상 마운드로 향하면 투수를 교체해야 한다고 알렸다. 섬 놀란 김태형 감독이 뒷걸음을 쳤지만 이미 페어 쪽으로 발을 들이고 난 후였다.

경기 규정상 한 경기에서 감독이나 코치가 마운드에 올랐다가 투수를 교체하지 않고 그대로 돌아올 수 있는 기회는 최대 두 번이다(동일 이닝에서 감독, 코치가 마운드에 두 번 올라가면 반드시 투수를 교체해야 하는 것과는 별개의 규정이다). 그런데 두산은 이미 그 기회 두 번을 모두 다 사용한 상태였다. 따라서 10회 말 김태형 감독이 파울라인을 넘어 페어지역에 발을 내디딘 순간, 이는 세 번째 마운드 방문으로 간주되어 투수를 교체해야 하는 상황이 닥친 것이다. 김태형 감독은 경기가 연장전으로 접어들자 추가로 한 번의 마운드 방문 기회가 더 남아 있다고 생각한 모양이었다(당시 실제 포수의 마운드 방문은 연장전에 접어들면 추가로 한 번의 기회가 더 주어졌는데 이 규정과 혼동했을 가능성이 크다).

결국 이용찬의 생애 두 번째 행가래 투수 기회는 그렇게 날아갔고, 2019년 한국시리즈 들어 한 번도 등판 기회를 얻지 못했던 배영수는 전혀 예상하지 않았던 막중한 상황에 공을 넘겨받아 마운드에 오르게 되었던 것이다. 이 순간에 대한 김태형 감독의 회고는 다음과 같다.

이용찬의 몸 상태를 확인하고 대화를 조금 하려고 했다. 주심도 마운드 방문 횟수를 착각했는지 마운드로 가도 된다는 사인을 했다. 나도 심판도 착각을 한 것 같다. 심판 설명을 듣고 투수 교체를 했다.

생각지도 않은 상황에서 얼떨결에 등판하게 된 배영수는 씩씩하게 마운드로 달려왔다. 김태형 감독은 "약속 지켰다"라며 공을 건넸고, 배영수는 "잘 막겠습니다"(한번은 마운드에 나갈 기회를 준다고 했던 모양이다)라며 공을 건네받았다. 그리고는 공을 윽박지르듯 타자를 향해 힘껏 내던졌다. 결과는 대성공이었다.

삼진으로 박병호를 돌려 세운 데 이어 샌즈마저 투수 앞 땅볼로 처리하며 한국시리즈 대미를 확실하게 장식했다. 통산 여덟 번째 우승 반지가 확정되는 순간이자 자신의 첫 헹가래 투수 등극이었다. 시리즈 내내 치열한 접전이 이어지며 등판할 기회를 좀처럼 얻지 못했던 배영수지만 마지막 순간, 운명의 신은 규정을 이용해(?) 이용찬을 강제로 쫓아내고 그를 헹가래 투수로 만들어버린 것이다. 이날 밤 축승회에서 배영수는 이렇게 말했다고 한다.

정말 하늘이 도왔다. 마운드에 오르면서 나도 모르게 웃음이 나왔다. 컨디션은 좋았다. 한국시리즈에서만 25번째 등판해(리그 최다 기록이다) 첫 세이브를 따내며 헹가래 투수의 소원을 이루게 되어 기쁘다.

공교롭게도 배영수의 등번호도 25번이었다.

KBO리그 역대 헹가래 투수 리스트

구분	헹가래 투수	포수	마지막 타자
1982	박철순(OB)	김경문	배대웅(삼성)
1983	이상윤(해태)	김무종	김인식(MBC)
1984	최동원(롯데)	한문연	장태수(삼성)
1985	삼성 전·후기 통합우승		
1986	선동열(해태)	김무종	홍승규(삼성)
1987	김정수(해태)	김무종	김동재(삼성)
1988	문희수(해태)	장채근	황병일(빙그레)
1989	선동열(해태)	장채근	황대연(빙그레)
1990	정삼흠(LG)	심재원	이종두(삼성)
1991	선동열(해태)	장채근	임성우(빙그레)
1992	박동희(롯데)	김선일	양용모(빙그레)
1993	선동열(해태)	정회열	이만수(삼성)
1994	김용수(LG)	김동수	김성갑(태평양)
1995	권명철(OB)	김태형	손동일(롯데)
1996	이대진(해태)	정회열	장광호(현대)
1997	김상진(해태)	최해식	박종호(LG)
1998	정민태(현대)	박경완	유지현(LG)
1999	구대성(한화)	조경택	박현승(롯데)
2000	임선동(현대)	박경완	이도형(두산)
2001	진필중(두산)	홍성흔	마해영(삼성)
2002	최원호(LG)	조인성	마해영(삼성) 끝내기 홈런
2003	정민태(현대)	김동수	이진영(SK)
2004	조용준(현대)	김동수	강동우(삼성)
2005	오승환(삼성)	진갑용	장원진(두산)
2006	오승환(삼성)	진갑용	데이비스(한화)
2007	정대현(SK)	박경완	이종욱(두산)
2008	채병룡(SK)	박경완	김현수(두산)
2009	채병룡(SK)	정상호	나지완(KIA) 끝내기 홈런
2010	김광현(SK)	박경완	현재윤(삼성)
2011	오승환(삼성)	진갑용	정상호(SK)
2012	오승환(삼성)	진갑용	최정(SK)
2013	오승환(삼성)	진갑용	손시헌(두산)
2014	임창용(삼성)	진갑용	박병호(넥센)

2015	이현승(두산)	양의지	배영섭(삼성)
2016	이용찬(두산)	양의지	이호준(NC)
2017	양현종(KIA)	김민식	김재호(두산)
2018	김광현(SK)	허도환	박건우(두산)
2019	배영수(두산)	박세혁	샌즈(키움)
2020	원종현(NC)	양의지	최주환(두산)
2021	김재윤(KT)	장성우	박세혁(두산)
2022	김광현(SSG)	이재원	이지영(키움)

* 1985, 2002, 2009년에는 헹가래 투수가 없다.

이택근이 열어젖힌 판도라의 상자, 내용물은 '부당이득 환수'

문서상 엄연히 규칙으로 존재하고는 있으나 경기 현장에서 선뜻 적용하기 어려운 몇몇 조항의 공통점은 상황 판단이 쉽지 않다는 점이다. 법은 냉정하게 판단해 칼을 들 것을 요구하지만 재단하는 사람은 자를 부분의 테두리를 어림잡는 일 앞에서 망설이게 된다. 가령 도루하는 주자를 잡기 위해 포수가 2루로 공을 던졌지만 누에 야수가 아무도 들어가지 않아 공이 외야로 빠지는 경우, 규칙은 2루 베이스커버에 들어와야 하는 2루수와 유격수 중 한 명을 골라 실책을 부여하도록 말한다. 하지만 판단이 쉽지 않은 까닭에 현실에서 기록원은 통상적으로 포수에게 그 책임을 묻는 편이다. 또한 지금은 꼬투리(?)를 잡아 주자의 도루 기록을 원천 무효화하는 무관심 진루 조항 역시도 과거에는 상황 판단의 애매함 때문에 적용 자체를 꺼려했던 부문이었다. 굳이 비유하자면 "고양이 목에 방울 달기" 격이었다고나 할까?

그런데 방울 달기가 어려웠던 항목에는 또 한 가지가 있었다. 경기 중 주자가 타구(땅볼, 플라이 타구 불문)에 직접 맞는 경우, 이에 대한 주자의 고의성 여부를 가려내야 하는데, 이 일이 쉽지 않았던 관계로 관련 규칙이 사실상 사문화되어 왔던 것이다. 야구 규칙 5조 9항에는 다음과 같은 내용이 들어 있다.

> 주자가 병살을 하지 못하도록 명백한 고의로 타구(또는 야수)를 방해하였을 경우, 심판원은 방해한 주자에게 아웃을 선고하고, 타자주자에게도 동료 선수의 방해에 의한 아웃을 선고한다.

하지만 주자가 타구에 직접 닿는 경우의 대부분은 주자가 피하기 어려운 상황에서 벌어지는 일인 만큼, 규칙에 따라 주자만을 자동 아웃으로 처리하고, 타자주자는 내야안타로 출루한 것으로 처리하는 것이 일반적이었다. 간혹 주자가 굴러오는 타구(안타성 타구가 아니다)를 충분히 피해갈 수 있어 보이는데도 타구에 닿아 자살성(?) 아웃이 되고, 타자주자가 안타 기록을 챙겨가는 다소 황당한 일이 벌어진 적도 있었지만, 현실은 앞서 말한 5조 9항에 규정된 쌍벌죄 적용을 주저하고 있었다. 심증은 어느 정도 있지만 확실한 증거가 없는 상태에서 팀의 강력한 반발을 각오하고 주자와 타자주자를 모두 아웃으로 처리하기란 결코 쉬운 일이 아니었던 것이다.

한편 기록적으로도 주자의 기술적인 타구 접촉 시도는 대단히 우려할 만한 일 중 하나였다. 평상시에는 그렇다 해도 투수의 노히트노런 기록 등이 걸려 있는 중요한 대목에서 주자가 평범한 타구에 미필적고의 형태로 접촉을 일으켰을 경우, 투수의 대기록이 허무하게 날아갈 수도 있기 때문이다. 그런 이유로 평범한 타구에 주자가 맞을 경우, 불가피한 상황이 아니었음을 전제로 수비 방해 조항을 적용해 타자의 어부지리성 안타를 막는 쪽이 좀 더 합리적 방법이 아닐까 생각해 봤지만, 분란을 야기할 것이 뻔한 판도라의 규칙 상자를 열자고 나올 사람이 아무도 없을 것은 너무도 자명했다.

그러던 와중, 2013년 4월 18일 부산 사직구장 롯데와 넥센의 경기에서 마침내 그 상자의 뚜껑이 열리고 말았다. 넥센이 8 : 0으로 리드하던 5회 초 1사 만루. 넥센 이성열이 친 타구가 유격수 정면으로 굴렀다. 타구의 방향과 강도를 고려하면 능히 병살플레이가 가능해 보이는 상황이었다. 그런데 이게 웬일? 3루로 열심히 뛰어가야 할 2루 주자 이택근이 서성대며 이 타구를 기다리고 있었다. 이어 이택근의 발에 타구가 접촉되며 볼데드. 이제 심판원이 수비 방해를 선언하지 않는 이상, 이성열의 안타 기록은 인정하지 않으려야 않을 수 없는 상황이었다.

'가장 가까운 곳에서 바라본 2루심은 이 상황을 과연 어떻게 해석하고 있을까?'

이택근의 수비 교란 정도가 심해 보여 심판의 조치가 다소 궁금했지만, 과거에 타구 접촉 주자에게 고의적인 수비 방해를 적용해 타자주자까지 괘씸죄로 묶어 아웃시키는 장면을 일찍이 본 적이 없던 터라 쌍벌죄가 내려질 것이란 기대는 애초부터 하지 않고 있었다.

그러나 이 대목에서 심판원은 과감히 칼을 빼 들었다. 수비 방해 당사자인 주자 이택근은 물론이고 타자주자 이성열에게도 사형선고(?)를 내렸다. 주자 이택근의 방해 행위 정도가 눈감아 줄 선을 지났다고 판단한 모양이었다. 이러한 심판원의 가차 없는 규칙 적용으로 인해 득점 기회가 일거에 무산된 넥센 측의 반응이 순간 궁금했지만, 8점 차라는 비교적 여유 있는 리드 폭 때문이었는지 피해자(?) 넥센의 반응은 반발이 아닌 수긍 쪽이었다.

그러면 이날 이택근은 왜 타구가 몸에 닿을 것이 예상됨에도 불구하고 굳이 피하려 하지 않았던 것일까? 답은 간단하다. 주자의 몸에 타구가 닿으면 볼데드가 되고 자신이 아웃되는 것은 기정사실인데 선수가 이를 모를 리 없었다. 이택근은 수비 방해가 선언되지만 않는다면 자신의 희생(?)으로 팀은 병살을 면할 수 있고, 한술 더 떠 동료 이성열에겐 기록상 내야 안타가 기록된다는 사실을 간파하고 있었다. 규칙적으로는 고차원에 가까운 구상이었고 시도였다.

그러나 그의 이런 작전은 통하지 않았다. 병살까지도 가능한 상황에서 아웃카운트 하나를 줄이고 덤으로 기록까지 챙겨가려는 공격 측의 부당 이득을 심판원은 두고 보지 않았다. 또한 자신을 던져 팀을 살리려는 이택근의 의도는 가상했지만 심판이라는 장벽을 넘기엔 연기가 다소 어설프고 엉성했다. 그리고 다음 날 프로선수답지 않은 플레이를 한 이택근에겐 KBO 상벌위원회로부터 '제재금 부과'라는 페널티가 내려졌다.

오랫동안 굳게 닫혀 먼지가 켜켜이 쌓여 있던 상자, 아무도 열려 하지 않았던 그 판도라의 규칙상자 뚜껑은 이택근이 던져준 열쇠로 인해 2013년 그렇게 열려졌다. 아울러 이날은 이제 타구를 향해 어설프게 몸을 가져다 댔다가는 화를 배로 사서 부르는 꼴이 될 수도 있다는 확실한 전례가 세상 밖으로 나온 날로 역사에 기록되었다.

태그를 둘러싼
천태만상 야구

　공을 잡은 손이나 글러브로 신체나 누에 대는 방식으로 주자를 아웃시키는 야구의 '태그(Tag)'플레이 기원은 1857년까지 거슬러 올라간다. 야구 규칙 변천사의 1857년 칸을 들춰보면 볼 인플레이 중 상대의 손에 있는 공에 터치되면 몸의 어느 부분이 누에 닿아 있지 않는 한, 아웃으로 인정하는 내용이 들어 있다. 야구의 태그는 포스 상황의 반대 개념쯤으로 생각하면 이해가 쉽다. 포스 상황은 타자주자를 포함한 누상의 주자가 무조건 앞으로 나아가야 하는 상황이다. 반면 주자가 진루를 포기하고 뒤쪽으로 돌아가도 살 수 있는 누가 남아 있다면 그 주자는 태그 상황이 된다.

　야구에서 '포스'와 '태그'는 아웃카운트와 함께 규칙을 가르는 분수령이다. 같은 주자 위치라 하더라도 포스인지 태그 상황인지에 따라 판정이 극명하게 갈린다. 선수의 엉뚱한 플레이나 심판, 기록원들의 말도 안 되는 판정 미스가 발생하는 이유도 안을 들여다보면 이러한 상황 착각에서 기인하는 경우가 많은데, 특히 이 두 가지 상황 중, 태그는 플레이를 둘러싼 해프닝들의 다양성에서 포스를 압도한다.

　이에 대한 기억을 들추기 앞서 태그플레이의 기본은 무엇인지를 잠깐 언급하고 들어가는 것이 이어지는 상황을 이해하는 데 도움이 될 것 같다. 우선 태그는 반드시 공을 잡고 있는 손이나 공이 들어 있는 글러브로 해야 한다. 이때 공의 상태는 확실히 포구된 상태여야 하고, 손이나 글러브 안에서 놀고(움직이고) 있는 상태라면 태그가 이루어져도 유효로 인정받지 못한다. 또한 태그를 시도할 때 완력을 사용해서도 안 된다. 주자를 누에서 떨어지게 할 목적으로 다리를 들어올리거나 몸을 고의로 밀쳐서는 안 되는 것이다. 이것이 태그플레이의 ABC이자 핵심이다.

2015년 KBO리그는 선수의 태그플레이 하나가 뜨거운 논쟁거리로 대두된 적이 있다. 7월 9일 대구구장 삼성과 SK의 경기에서 투수 김광현(SK)이 홈으로 들어오던 주자를 태그 해 아웃 판정을 이끌어냈는데, 그의 글러브 안에 공이 들어 있지 않았던 것이 방송 화면으로 확인되며 사건이 일파만파로 번졌던 일이다.

이날 김광현은 0 : 0의 투수전이 이어지던 4회 말 2사 2루 상황에서 박석민을 상대로 포수와 3루수 사이 파울라인 근처로 높이 떠오른 플라이 타구를 유도해 냈다. 이 타구를 잡기 위해 3루수와 투수는 물론 1루수까지(포수는 주자의 득점에 대비할 필요가 있어 홈을 지키고 있었다) 달려들었지만 아무도 잡지 못했고, 페어지역에 떨어진 공은 회전이 걸리며 파울라인을 넘어 파울 쪽으로 나가려 했다. 땅에 바운드된 공을 누가 잡아야 할지 잠시 머뭇거리던 1루수 앤드루 브라운과 투수 김광현은 동시에 이 타구를 향해 미트와 글러브를 내밀었고, 순간 공은 모두의 시야에서 사라진 상태. 이사이 3루를 돌아 홈으로 달리던 최형우가 마침 눈앞에 보이자 투수 김광현은 타구를 잡느라 중심이 앞으로 쏠린 상태에서 그대로 글러브를 내밀어 주자를 태그 했고, 심판원은 이의 없이 최형우의 태그아웃을 선언했다. 여기까지가 벌어진 플레이의 모든 정황이다. 이후 공수교대를 위해 더그아웃으로 속닥거리며 나란히 들어오는 1루수 브라운과 투수 김광현의 모습이 TV화면에 잡혔고, 문제는 여기에서부터 시작되었다. 마지막으로 주자를

태그 해 이닝을 마무리 지은 김광현의 글러브가 아닌 1루수 브라운의 미트에 공이 들어 있는 것이 확인된 것. 태그 당시의 혼잡했던 포구와 순간적인 태그에 심판과 바로 앞에서 목도한 상대 팀 삼성은 물론, 현장에서 이를 지켜본 관중조차 김광현의 글러브에 공이 들어 있지 않은 것을 까맣게 몰랐던 것이다. 결국 김광현은 심판을 속인 꼴이 되어버렸고, 비난의 화살은 온통 김광현을 향했다.

　김광현은 이 상황에 대해 "태그를 위한 연속 동작이었다. 순식간에 벌어진 일이었고 속이려고 했던 행동은 절대 아니었다"라고 해명했지만, 팬들의 성토는 한동안 계속되었다. 이유는 김광현이 양심을 속였다는 것이 '주(主)'였고, 해명이 사실이라면 스스로 양심선언이라도 했어야 한다는 것이 '부(副)'였다. 반면 또 다른 한편에서는 주심이 잘 살폈어야 하는 문제이며, 김광현이 비난받을 일이 아닌 경기의 일부로 봐야 한다는 주장도 만만치 않게 일었다. '양심선언' 대 '경기의 일부', 어느 쪽 논리가 더 타당성이 있을까?

　빈 글러브 태그와 관련된 해프닝은 김광현 이전에도 있었다. 2012년 6월 3일 역시 대구구장이었다. 1 : 0으로 앞선 두산의 5회 초 무사 주자 1루 때 삼성 유격수 김상수가 최재훈(두산)의 유격수 앞 땅볼을 잡고 병살플레이를 위해 2루로 달려오던 1루 주자 손시헌을 태그 한 뒤, 곧바로 1루로 송구해 타자주자까지 잡아내며 병살을 완성시켰던 상황이다.

그러나 플레이 직후 두산의 김진욱 감독은 곧바로 어필에 나섰다. 손시헌 태그 때 김상수의 글러브에 공이 들어 있지 않았다는 주장이었다. 2루심을 비롯한 심판진의 숙의 끝에 판정은 번복되었고, 1루 주자 손시헌은 2루로 진루할 수 있었다. 김상수가 병살을 의식한 나머지 급한 마음에 1루 송구를 위해 손에 잡은 공을 그대로 둔 채 글러브만 내밀어 생긴 일이었다. 아웃과 세이프 판정에 비디오판독 신청을 할 수 없었던 시기라 삼성 류중일 감독은 판정이 뒤집힌 것에 대해 아쉬움을 나타냈지만 결과는 더 이상 달라지지 않았다. 이 판정 번복 후 두산은 계속된 기회에서 연속 안타를 몰아치며 3점을 추가, 4 : 0으로 멀리 달아날 수 있었다. 결과적으로 이날의 승부처가 된 셈이다.

한편 빈 글러브 태그 외에 태그를 둘러싼 또 다른 논쟁도 일었는데, 그것은 태그 인정 대상물의 범위를 놓고 벌어진 논란이었다. 2016년 8월 3일 사직구장 롯데와 넥센전에서 고종욱(넥센)은 3회 초 1사 1, 2루 득점 기회를 맞아 때린 타구가 1루수 앞으로 굴러가자 전력 질주 끝에 간신히 세이프 되며 내야안타를 얻어낼 수 있었다. 그러나 심판 판정이 오심이라는 확신은 없었지만 승부처라 판단한 롯데의 조원우 감독은 비디오판독(당시 명칭은 합의판정)을 선택했고, 판독 결과 아웃으로 뒤집히며 고종욱은 내야안타를 토해내야 했다. 1루수 박종윤(롯데)이 몸을 날리며 태그를 시도했는데 미트가 고종욱의 왼쪽 뒷주머니에 꽂아둔 주루용 장갑에 스친 것으로 판명되어 태그로 인정된 때문이었다(말이 장갑이었지 주머니 밖으로 튀어나와 나풀대는 손가락 부분의 끝자락에 미트가 닿은 상황이었다).

해프닝의 당사자인 고종욱은 "장갑에 닿았는지 전혀 몰랐다. 더그아웃으로 올 때 오른쪽에 넣었으면 아웃되지 않았을 것이라고 해 다음 타석에선 오른쪽에 넣었다. 그런데 삼진을 당해 다시 원래대로 왼쪽에 넣고 타격

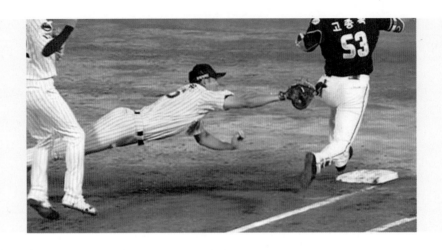

을 했다"라고 상황을 돌아봤다(다음 날인 4일 첫 타석에 들어서는 고종욱의 장갑
은 오른쪽에 꽂혀 있었다).

아울러 이 장면은 뒤에 몸에 지닌 물건의 어디까지를 태그 인정 범위로
봐야 하는지에 대한 논란을 불러일으키기도 했는데, 다음은 그때 나왔던
질문들이다.

주자에 태그 할 때 글러브 몸체가 아닌, 글러브를 묶고 있는 긴 끈만 살짝
신체에 닿은 것이라면?

정강이를 보호하기 위해 착용한 레그 가드가 주루플레이 중 몸에서 일부
풀려 그 곳에 태그가 이루어지면?

이러한 궁금증에 대한 해답은 규칙에서 찾을 수 있다. 규칙 '용어의 정의
79'에 터치는 "선수 또는 심판원의 신체, 옷, 용구의 어느 부분에라도 닿은
것을 말한다"라고 되어 있다. 여기에 의하면 장갑은 용구에 해당된다. 이

와 관련해 2021년 태그에 관한 규칙은 그 세칙이 일부 보강되기도 했는데, "선수가 착용하고 있는 목걸이나 팔찌 등의 장신구는 태그인정 대상에서 제외한다"라는 내용이 그것이다.

그러면 빈 글러브와 주루용 장갑 외의 황당 태그 사례는 또 뭐가 있었을까? 앞서 태그의 ABC를 거론했는데 바로 그러한 상황이다. 삼성의 3루수였던 조동찬은 문학구장 SK전서 후속 타자의 우전안타를 이용해 3루까지 한걸음에 달려온 1루 주자 최정(SK)을 태그 하는 과정에서, 3루심에게 태그가 된 것을 어필하기 위해 글러브를 들어올리다가 누에 닿은 최정의 다리까지 같이 들어올린 일이 있다. 판정은 아웃. 이에 최정은 3루수가 자신의 다리를 힘으로 든 것이라며 항의했지만 판정은 변하지 않았다. 심판은 자연스러운 연속선상의 플레이로 본 것인데, 만일 힘을 써서 고의로 다리를 들어올린 것이 확실하다면 정규의 태그 행위로는 인정받지 못한다.

이와 유사한 경험은 한화의 김태균에게도 있었다. 2018년 5월 11일 대전구장 NC전 2회 말 2루타성 타구를 치고 달려 나간 김태균은 2루에 공보다 먼저 들어가며 살았다 싶었는데, 중계된 공을 잡은 2루수 지석훈(NC)이 김태균의 다리에 공이 든 글러브를 대고 있는 상황에서 김태균이 3루 쪽으로 몸의 중심이 쏠리며 다리가 떨어진 것이 확인되어 태그아웃 된 일이다. 일부에선 지석훈이 김태균의 다리를 글러브로 살짝 밀어낸 것이 아닌가 하는 의심을 하기도 했지만, 비디오판독 결과 역시 주자아웃이었다(기록은 오버런으로 간주되어 2루타 인정. 슬라이딩으로 들어갔으면 2루타가 아닌 단타로만 기록된다).

그리고 태그와 관련한 해프닝 중에는 경기 집중을 못해서 벌어진 일들도 있다. 2007년 4월 20일 시카고 컵스의 신인 로니 세데뇨는 세인트루이스 전에서 1루에 대주자로 기용됐다가 팀에 찬물을 끼얹는 태그아웃을 당하며 다음 날 마이너리그로 쫓겨나야 했다. 후속 타자가 4구를 얻어 출루가 확정되는 상황에서 2루 도루를 시도했던 세데뇨는 밀려가는 신분이라

슬라이딩을 할 필요가 없었음에도 2루에서 슬라이딩을 하다 오버슬라이딩이 되어 태그아웃을 당했던 것.

하지만 이 정도는 양반이라 할 수 있다. 경기 상황과 관계없이 정신 줄 놓고 딴짓을 하다 태그아웃 된 경우도 보인다. 2015년 9월 18일 대구구장 삼성전에서 두산 오재원은 4회 초 중전안타를 치고 1루에 출루해 레그 가드를 풀고 장갑을 주루용으로 바꿔 끼는 과정에서 1루를 밟지 않고 작업하다 어이없이 태그아웃 되고 마는 경험을 했다. 오재원이 누를 밟지 않고 있음을 눈치 챈 1루수 채태인(삼성)이 야수에게 조용히 공을 달라고 한 다음, 이 공으로 오재원을 태그 해 벌어진, 두산으로선 웃지 못할 해프닝이었다. 김태형 감독은 어찌된 상황인지 잠시 나와 1루심과 이야기했지만 소득은 없었다. 규칙에는 "주심이 플레이를 선언한 뒤 심판원이 타임을 선고해 경기를 정지시키지 않는 한, 볼 인플레이 상태는 계속된다"라고 명시되어 있다. 타임을 요청하지 않은 오재원의 방심이 부른 과실이었다.

또한 이런 방심에 의한 태그아웃 사례는 2019년 삼성 강민호에 의해 또 한 번 구현되었다. 9월 3일 부산 사직구장 롯데 전에서 강민호는 3 : 1로 앞서가던 6회 초 1사 후 중전안타를 치고 후속 타자의 땅볼로 2루까지 진루(2사 1, 2루)해 있었다. 이어 롯데 유격수 신본기와 잡담을 나누는 사이, 투수 김건국(롯데)이 던진 견제구를 받아 든 2루수 강로한에 의해 강민호는 허무하게 태그아웃을 당하고 말았다. 견제구가 날아오자 깜짝 놀란 강민호는 급히 2루로 들어갔지만 때는 이미 늦은 뒤였다. 이 상황을 팬들이 표현한 용어를 빌려 정의하자면 일명 '잡담사'였다.

이처럼 야구의 '태그'는 그 특수한 상황만큼이나 무수한 장면들을 야구 팬들 앞에 쏟아낸다. 호수비에 의한 멋진 태그플레이도 물론 있지만, 선수들이 빚어내는 조금은 황당한 태그 상황들이 가져다주는 인간다움(?)은 야구가 지닌 또 하나의 무시 못할 매력이 아닐까 싶다.

기만이 합법화된 야구,
핵심은 상대가 누구?

한마디로 야구는 속고 속이는 운동이다. 투수와 포수는 타자가 예상하지 못한 구질의 공과 준비가 안 된 코스로 공을 던져 제대로 치지 못하도록 만들려 하고, 타자는 배터리의 공 배합을 읽어 좋은 타구를 날리기 위해 머리를 쉼 없이 굴린다.

또한 포수는 스트라이크 존에서 약간 벗어난 공을 스트라이크로 보이게 만들려 미트를 이용해 프레이밍(Framing)을 가져간다. 주자는 다음 누를 훔칠 의사가 없는 것처럼 행동하다가도 틈만 생기면 쏜살같이 진루를 시도한다. 흔히 딜레이드 스틸로 불리는 도루 기술도 실상은 속임수다.

아울러 투수는 이를 잡아내기 위해 투구인지 견제구인지 구별이 쉽지 않은 동작으로 주자를 누에 묶어두려 한다. 야수들 또한 주자가 나가면 더 이상의 진루를 어렵게 만들기 위해 수시로 누에 들락날락거리며 마치 공이 날아올 것처럼 주자를 혼란스럽게 만든다. 그리고 벤치는 상대 팀에게 노출이 되지 않도록 극도의 보안을 기하며 경기에 필요한 작전을 말이 아닌 수신호 사인을 통해 선수들에게 하나하나 지시하고 전달한다.

이처럼 야구라는 운동경기는 내면을 들여다보면 팀 간 또는 선수들 상호 간의 끊임없는 신경전과 눈치 싸움의 연속으로 이루어져 있음을 알 수 있다. 그럼에도 이런 성격을 띠는 야구가 페어플레이를 요구하고 경기 매너를 강조할 수 있는 이유는 야구 규칙이라는 법이 있기 때문이다.

그리고 그 법의 출발선에는 집행관이라 할 수 있는 주심이 자리한다. 주심의 역할은 스트라이크와 볼을 구별하고 득점이 완성되는 길목에서 아웃과 세이프를 결정짓는 등 많은 일들을 관장하지만 그 역할의 출발은 투수와 타자의 대결을 공정하게 이끄는 것으로부터 시작된다. 준비가 아직 안되어 있는 타자를 향해 투수가 공을 던지는 것을 불허하고, 타자가 자리를 벗어나는지, 배트는 공인된 것을 사용하는지 등을 두루 살피는 것도 투타의 공정한 대결을 유도하기 위한 목적에서다.

주심의 관리하에 그렇게 시작된 경기는 투수가 타자를 향해 공을 던지는 순간부터는 오로지 선수들만의 몫이 된다. 규칙에 반하지 않는 범위 내라면 그 어떤 플레이도 가능하다. 경기에서 이기기 위해선 속여야 하기에 규칙을 위반하지만 않으면 설령 그 속임의 정도가 과해 보였다 하더라도 허용된다. 그 단적인 예를 몇 가지 들어본다.

2013년 7월 25일 신시내티의 추신수는 LA 다저스와의 원정경기에서 수비수들의 액션에 넘어가는 바람에 황당하게 주루사 당한 일이 있다. 추신수는 8회 초 중전안타를 치고 1루에 출루한 뒤, 후속 타자 조이 보토 타석에서 2루로 도루를 시도했다. 추신수가 스타트를 끊음과 동시에 조이 보토의 안타가 터졌고, 추신수는 여유 있게 2루에 들어갔다고 생각되는 순간, 일이 벌어지고 말았다. LA의 2루수 스킵 슈마커가 마치 직선타구를 잡은 것처럼 빨리 야수에게 1루 쪽으로 공을 던지라는 신호를 보냈는데, 도루를 시도하면서 타구를 제대로 확인하지 않았던 추신수가 이 슈마커의 거짓 동작에 속아 넘어간 것이었다. 추신수는 진짜로 직선타구로 잡힌 것으로 착각했고, 1루 쪽으로 되돌아가는 과정에서 중견수로부터 공을 넘겨받은 유격수에게 태그아웃 당하고 말았다.

이와 비슷한 일은 또 있다. 2014년 7월 9일 뉴욕 양키스와 클리블랜드 전에서도 수비수의 속임수에 주자가 걸려든 일이 있다. 5 : 3으로 뉴욕 양키스가 앞서가던 8회 말 클리블랜드 공격 1사 1루 때였다. 1루 주자 제이슨 컵니스는 타자의 땅볼타구도 아닌 3루수 파울플라이 타구에 2루까지 뛰었다가 1루에 돌아오지 못하는 바람에 더블아웃을 당한 경우다. 그리고 이 일에는 뉴욕 양키스 데릭 지터의 속임수가 한몫했다. 1루 주자 컵니스는 투수가 공을 던지자마자 곧바로 2루로 도루를 시도했는데, 이 과정에서 타자의 타구를 제대로 확인하지 않고 뛰었던 것이 화근이 되고 말았다. 유격수 데릭 지터가 2루로 베이스커버 들어가는 시늉을 하며 마치 병살플레이를 시도하는 것처럼 속임수 동작을 보였는데 이에 속아 넘어갔던 것. 뒤늦게 타구가 파울플라이였음을 알고 1루로 돌아갔지만 때는 한참 늦어 있었다.

자! 어떤가? 혹시 속임수가 심했다고 느껴지지는 않는가? 하지만 이 정도는 약과다. 2014년과 2015년, 비록 메이저리그는 아니지만 미국 고교야구에서 일어났던 집단적 기만 작전은 보는 사람을 경악하게 만들기에 한 치의 모자람이 없었다.

2014년 6월 11일 미국 미시간 지역 고교야구 결승전 빌 시티(Beal City)와 머스키건 가톨릭 센트럴(Muskegon Catholic Central High School)의 경기에서 나온 장면이다. 빌 시티의 투수 타이 롤린은 6회 주자 2루 상황에서 갑자기 몸을 돌려 2루 쪽으로 견제구를 던지듯 움직였다. 그리고 투수는 공을 던지지 않았지만 2루수와 유격수는 2루 쪽으로 들어가면서 둘 다 몸을 날려 공을 잡는 시늉을 했다. 게다가 투수는 악송구를 저질러 마치 화가 난다는 듯, 모자를 벗어 땅바닥에 내동댕이치기까지 했다. 2루수와 유격수는 중견수에게 빨리 공을 달라는 듯 거짓 동작을 이어갔고, 중견수 역시 공을 쫓아 달려가는 시늉을 했다.

이 난리 통에 슬라이딩으로 2루로 귀루하려던 2루 주자는 공이 빠진 것 같은 연출된 상황에 속아 3루로 다시 일어나 뛰어가려 했지만, 그를 기다리고 있는 것은 공을 손에 쥔 투수였다. 결과는 속절없는 아웃이었다. 야수들의 집단 연기에 보기 좋게 당한 것이다. 더욱 기가 막혔던 것은 빌 시티 감독의 이 상황에 대한 멘트였다.

"이번이 세 번째 시도인데 두 번 성공했다."

2015년에도 이와 아주 유사한 장면이 또 한 번 있었다. 거의 판박이였다. 차이가 있다면 투수가 2루로 견제구를 던지는 시늉을 하고 나서 모자를 벗어던지지 않았다는 것뿐. 역시 이 '메소드(Method) 연기' 수준의 작전은 대성공을 거두었고 주자는 비명횡사하고 말았다.

이러한 말도 안 되는 상황이 현실로 일어난 것은 상황을 제대로 파악하지 못하고 거짓 액션에 넘어간 주자에게 우선 책임이 있다. 속임수 정도가 무척 과하긴 했지만 그러한 작전을 꺼내든 쪽을 무조건 비판만 하기에도 마땅치 않은 것은 사실이다. 거듭 말하지만 야구는 속임수가 법적 테두리 안에서 허용되는 종목이기 때문이다.

하지만 눈으로 보고 난 소감은 그리 개운치만은 않았다. 왜냐하면 아예 일어나지도 않은 상황을 연극처럼 꾸미며, 그것도 단독 플레이가 아닌 조직적으로 짜고 상대를 기만하기 위해 덫을 놓은 상황은 아무리 법적으로 문제가 없다지만 심해 보였다. 도덕적 관점으로 봤을 때도 결코 칭찬받을 일은 아닌 것 같았다. 이 장면들은 동영상 조회수에도 상위권에 오르며 한동안 세간의 화제로 떠올랐는데, 성인야구도 아닌 학생야구에서 이런 작전이 사용되었다는 점을 감안하면 왠지 모르게 씁쓸한 뒷맛이 남는 장면이었다.

이상 속임수가 과해 보였던 몇 가지 사례를 들춰보았지만, 수비수들의 공갈 행동 속임수는 현대 야구에서 이젠 기술의 하나로 자리 잡고 있다. 3루나 홈 쪽으로 송구가 날아오는데 마치 공이 안 오는 것처럼 태연히 서 있는 행동으로 달려오는 주자의 방심을 유도하는 일도 하나의 기술적 속임수다. 실제로 도저히 잡을 수 없는 외야 타구를 외야수가 마치 잡는 것처럼 손을 들어 주자의 착각을 유도하는 일도 그런 범주다. 전에는 속임수를 사용한다 해도 실제 플레이와 관련된 상황 속에서의 속임수를 활용했지만 지금의 야구는 그 범위가 상당히 넓어진 느낌이다.

2009년 10월 29일 필라델피아 필리스와 뉴욕 양키스의 월드시리즈 1차전서는 필라델피아 유격수 지미 롤린스가 타구를 처리하는 과정에서 속임수를 이용해 주자까지 잡아내는 기지를 발휘한 적이 있다. 5회 말 뉴욕 양키스의 공격 1사 1루 때 유격수 지미 롤린스는 자신 앞으로 어정쩡한 플라이 타구가 날아오자 이를 곧바로 잡지 않고 땅에 떨어지기를 기다렸다가 잡는 자세로 타구를 포구하며 주자를 현혹했던 것. 실제 이 상황에서 유격수는 타구가 땅에 닿기 전 공을 잡고(투 아웃 완성) 마치 땅에 바운드된 공을 잡은 것처럼 2루를 먼저 밟은 후 1루 쪽으로 송구를 가져갔는데, 이 행동에 1루 주자 마쓰이 히데키는 물론 2루심까지도 깜빡 속아야 했다. 유격수가 공을 들고 2루를 밟자 직접 잡은 줄 믿고 되돌아간 1루 주자 마쓰이는 몸을 다시 2루 쪽으로 향할 수밖에 없었고, 이후 공을 넘겨받은 1루수에게 태그아웃 되었던 것이다

이날 지미 롤린스의 속임수는 앞서 살펴봤던 야수들의 완전 공감 속임수와 어딘가 급이 다르다는 생각이 들지 않는가? 주자 1, 3루 때 공격 측이 마치 스퀴즈번트를 이용해 3루 주자를 득점시킬 것처럼 수비를 교란시킨 뒤, 이 상황을 이용하여 1루 주자가 유유히 2루로 걸어 들어가는 장면을 본 적이 있을 것이다. 일명 '위장 스퀴즈'다. 애초 득점에 목적이 있는 것이 아니라 후위주자의 진루 목적으로 사용되는 속임수다. 1995년 OB 베어스의 김인식 감독은 롯데와의 한국시리즈 3차전에서 연장 10회에 이러한 위장 스퀴즈 작전을 시도해 짭짤한 재미를 봤다. 지금이야 흔한 작전이지만 당시만 해도 획기적인 작전이었다. 이 작전 역시 속임수의 하나지만, 현실 플레이를 기초로 한 속임수라는 점에서 근본 없는 속임수 시도와는 그 성

격이 많이 다르다고 볼 수 있다. 실제 일어난 플레이를 기반으로 상대편 선수를 속이는 일은 재치이자 기지다. 야구 두뇌가 뛰어난 선수, 일명 베이스볼 아이큐(BQ)가 좋은 선수를 우리는 흔히 '여우'라고 표현하는데, 이는 규칙이나 상황을 이용하는 임기응변에 뛰어나기 때문이다. 따라서 야구에서 속임수를 잘 이용하는 것은 야구를 잘하는 또 하나의 기술이고 방법인 것은 분명하다.

그러나 속임수를 통한 야구를 잘 하는 방법에 있어 우리가 생각해 봐야 할 숙제가 또 하나 있다. 그것은 속임수를 사용하는 대상의 문제다. 지금까지 살펴본 것들은 상대 팀 벤치나 선수를 대상으로 한 속임이 목적이었다. 그러나 그 속임수를 사용한 대상이 심판이라면 이는 깊이 고민해 봐야 할 문제가 된다.

비단 야구가 아니더라도 프로축구나 농구에서 파울 콜을 얻어내기 위해 일명 '헐리웃 액션'(과한 동작)을 가져가는 선수들을 골라내 실명을 공표하고 이에 대한 페널티를 부과하는데, 이는 심판을 속이려는 의도를 가진 불순한 속임수로 판단하기 때문이다. 심판을 기만한다는 것은 선수들의 노력과 상관없이 승부의 방향을 전혀 엉뚱한 곳으로 끌고 갈 수 있는 아주 위험한 선택이다. 속임수가 하나의 기술로 인정받고 경기의 일부가 되기 위해서는 그 대상이 상대 팀과 선수 선에서 절제되어야 한다. 2015년 김광현의 빈 글러브 태그에 대해 팬들이 들고 일어났던 이유도 심판을 속이는 행위로 해석해서다. 플레이 정황은 고의라기보다 연속선상에서 벌어진 어찌 보면 당연할 수 있는 플레이였지만, 이후 내용과 결과를 알고 있으면서도 숨기고 넘어가려 한 부분에 대한 지적이었다.

한편 2012년 타석에 서 있던 넥센의 장기영은 5월 12일 SK전에서 2 : 2 동점이던 4회 초 2사 1, 3루 때, 투수가 던진 공이 폭투가 되어 3루 주자의 득점이 이루어지는 과정 중 자신의 발에 투구가 닿았다고 이실직고함으로써, 3루 주자의 득점을 없었던 일로 만든 미담(?)의 주인공이 된 적이 있다.

이날 넥센은 2 : 3으로 패하고 말았는데 경기 후 분위기는 칭찬보다는 굳이 자수를 했어야 했는가를 놓고 설전이 오갔다. 선수는 플레이만 가져가면 될 뿐, 그 판단에 관한 것은 심판의 몫이기 때문에 설령 잘못된 상황이 벌어지더라도 그에 대해서 선수 스스로가 사실을 밝힐 필요까지는 없다는 것이었다.

이 이야기를 근거로 보자면 선수의 플레이 의도가 심판을 속이기 위한 목적을 가진 속임수였다면 문제가 되지만, 애초 심판을 속이려는 의도가 없었음에도 결과적으로 심판이 속은 것이라면 이는 다른 얘기가 될 수 있다는 논리다. 쉬울 것 같은데 상당히 그 구분과 판단이 어렵기만 하다.

야구는 전쟁이기에 그에 따른 이기기 위한 전략과 전술은 끊임없이 개발되고 진화한다. 과거에는 그저 잘 던지고, 빠르게 뛰고, 멀리 날리면 그만이었다. 그러나 지금은 야구를 잘하는 방법에서도 그 판단과 기준이 변모했다. 야구 경기에도 윤리가 존재하지만 도덕적인 잣대는 존재하지만 속임수를 둘러싼 도덕적인 잣대는 점점 승리라는 목적에 가려 차선으로 밀리는 분위기다. 그런 시대에 우리 야구가 살고 있다.

살아 있는 비공식 야구 참고서, 채태인과 박석민

야구 경기의 검정교과서는 야구 규칙집이다. 그 안에 명시된 규정과 내용에 따라 경기를 치러야 한다. 그런데 익히 다 아는 얘기지만 야구 규칙은 상당히 복잡하고 까다롭다. 이럴 땐 이렇게 하고 저럴 땐 저렇게 하고. 설명은 장황하게 나열되어 있지만 막상 경기 중 일이 터지고 나면 그 조치에 관해 규칙서에서 읽었던 내용들은 명확함이 아닌 헷갈림으로 다가온다. 우리는 학창 시절 교과서만으로는 이해가 되지 않거나, 좀 더 깊이 알 필요가 있는 내용들은 참고서를 통해 그 부족함을 메워 나갔다. 시계를 좀 더 거슬러 올라가면 참고서를 '전과'라고도 부르던 시절도 있었다.

그렇다면 야구에도 참고서가 마련되어 있을까? 그간 가뭄에 콩 나듯 야구 규칙을 주제로 다룬 퀴즈풀이집이나 문고판 형식의 책자가 발행된 적은 있다. 또한 최근에는 온라인상으로 해박한 지식을 갖춘 재야의 팬들이 블로그나 카페를 개설하고 규칙과 관련된 자료를 모아 관심 있는 사람들에게 많은 정보를 제공해 주고 있기도 하다. 그러나 2000년대 초반까지는 야구 경기에서 일어나는 복잡한 사건이나 해프닝에 대한 궁금증을 풀어줄 만한 매체는 거의 전무했다. 기록 규칙 위주로 재편집되긴 했지만, KBO

전문기록원 과정에서 현재 교재로 활용되고 있는 『풀어 쓴 야구기록 규칙』을 기록위원회에서 발행한 것도 그러한 필요성을 느껴서다.

하지만 재야의 고수가 만들었건 공식 기관에서 발행했건 이러한 참고서 형태를 띤 매체들이 정작 필요로 하는 것은 그 안에 실어야 할 내용물이다. 읽는 사람들이 이해하기 쉽도록 만들어야 하는데 그러기 위해서는 많은 예들을 필요로 한다. 글로써 규칙을 풀어 설명해 주는 것도 물론 도움이 되긴 하지만, 막연한 설명만으로는 한계가 있다. 사람들의 뇌리에서 쉽게 잊히지 않고 오래가도록 만들어주는 것은 따분하고 장황한 설명보다 실제 벌어졌던 사례들이다.

그래서일까? 사건이 벌어진 현장 사람들에겐 전혀 반가운 일이 될 수 없겠지만 좀처럼 접하기 어려운 특이한 상황들이 일어났다는 소식은 오히려 반갑게까지 느껴지곤 한다. 사건의 파장은 둘째치고 또 하나의 좋은 공부 재료가 탄생했다는 학구열에서 나오는 반가움이다. 살아 있는 소재를 이용해 공부하는 것보다 더 머리에 오래 남는 방법은 없다. 해마다 열리는 기록강습회와 기록학교용 영상 자료를 준비함에 있어 각종 규칙 위반이나 상황 착각이 불러온 사례들은 상당히 중요한 자료들로 대우받으며 요긴하게 활용된다. 그리고 그와 같은 현실적 소재 기부(?)의 중심에는 상당 부분 박석민과 채태인의 공이 있었다. 선수들 당사자는 되돌리고 싶지 않은 기억일 수 있겠지만 기록원들에게 그리고 야구를 공부하는 사람들에게 이 둘은 무척이나 고마운 존재인 셈이다.

우선 채태인 편. 2010년 그는 추월아웃에 관한 예를 남겼다. 7월 18일 삼성과 LG(대구구장)전에서 삼성 채태인은 0 : 0이던 2회 말 무사 주자 1, 2루 때, 1루 주자로 출루해 있었다. 타석에 있던 신명철이 우중간 커다란 타구를 날렸지만 중견수가 이를 잡아내 주자들은 다시 누로 되돌아와야 하는 상황. 2루 주자 조동찬은 타구가 잡힐 것으로 보이자 리터치를 위해 2루 쪽으로 방향을 틀었으나, 이 타구가 잡히지 않을 것으로 알고 2루를 돌아

3루까지 가려고 했던 채태인(1루 주자)은 조동찬을 잠시 앞질러 버리고 말았다. 깜짝 놀란 채태인이 얼른 돌아서서 1루로 귀루했지만 2, 3루 간에서 벌어진 추월 사실이 인정되었고 채태인에겐 아웃 선언이 내려졌다. 삼성의 득점 기회는 졸지에 2사 2루로 악화.

이듬해인 2011년에 던져준 사례는 좀 복합적이다. 누 공과에 관한 내용이었지만, 단순 누 공과가 아니었다. 5월 3일 사직구장 롯데전, 0 : 0이던 2회 초 1사 때 채태인의 신분은 또다시 1루 주자였다. 타석에 있던 신명철의 타구가 우중간으로 날아갔다(그러고 보니 2010년 추월 사건 때의 타구도 신명철의 우중간 타구였다. 기막힌 우연이자 이쯤 되면 대단한 콤비다). 롯데의 중견수 전준우가 전력질주 끝에 잡아내는가 싶었지만 포구에 실패한 상황에서 일은 벌어졌다.

채태인은 처음엔 야수가 잡기 어려운 타구로 보고 일단 2루를 돌아 3루 쪽으로 방향을 틀었다. 그런데 순간 타구가 전준우 글러브에 닿자 잡히는 줄 알고 급히 유턴, 지나온 2루를 되돌아가 밟고 1루 쪽으로 향했다. 여기까지는 규칙에 맞는 정상 주루플레이였다. 그러나 중견수가 결국 타구를 잡지 못하자 채태인은 다시 진루를 시도. 그런데 이 상황에서 2루로 간 것이 아니라 그라운드를 가로질러 바로 3루로 달린 것이 문제를 일으켰다. 그는 아까 한 번 2루를 밟았으니 다시 안 밟아도 된다고 생각한 모양이었다. 아니면 정말 급해서 이것저것 따질 여유 없이 바로 질러갔는지도 모르지만.

아무튼 롯데는 채태인의 2루 공과를 놓치지 않았고, 이 어필이 인정되어 그는 아웃되고 말았다. 이 여파로 기록 규칙상 신명철의 안타도 덩달아 취소되며 우익수 쪽 땅볼로 강등되었고, 누 공과에 관한 지식과 한 번 2루를 밟았더라도 다시 1루 쪽으로 가면 일명 '재(再)포스 상태'가 되어 아예 안 간 것으로 간주된다는 고급 정보를 세상에 널리 알렸다.

또한 2012년에는 야수로서 기록원에게 실책과 관련된 고민을 안기기도 했다. 5월 6일 대구 한화전. 3 : 2로 뒤지던 5회 초 무사 주자 1루에서 1루 수로 나온 채태인(삼성)은 김경언(한화)의 1루 땅볼이 자신 앞으로 굴러오자 미트로 포구하는 것까지는 좋았다. 그런데 그는 이후 너무 방심한 나머지 천천히 1루로 걸어 들어가다 전력으로 달려온 김경언을 아웃시키지 못하고 마는 어이없는 상황을 맞이해야 했다. 공을 떨어뜨린 것도 아닌 느린 수비 동작이었기에 기록원은 고민에 고민을 거듭한 끝에 아무래도 그냥 넘길 수 없었는지 공식적인 실책으로 기록. 기록 규칙 9조 12항의 "송구, 포구, 태그가 아닌 야수의 느린 수비 동작은 실책으로 기록하지 않는다"라는 조항을 놓고 적용 여부를 고민했던 것인데, 채태인이 공을 잡고 1루를 밟는 행위도 태그에 해당되기에 최종적으로 책임을 묻기로 했던 것이다.

한편 2018년 롯데로 이적한 채태인은 이적 첫해부터 주루 포기 사유로 아웃이 된 일도 있는데, 이때는 추월 이론까지 묶은 논리 정립에 힘을 실어주었다. 6월 3일 사직구장 한화전. 0 : 0으로 맞서던 2회 말 무사 상황에서 채태인은 1루 주자였다. 이어 롯데의 외국인 선수인 앤디 번즈(롯데)가 친 공이 어정쩡하게 뜬 상태로 2루수 쪽으로 날아갔고, 2루수 정은원(한화)은 곧바로 잡지 않고 한 번 땅에 떨어진 다음 잡아 병살로 연결해 볼 심산으로 원바운드 포구를 실연(實演).

이후 정은원은 2루 쪽으로 던지려다가 방향을 바꿔 1루 쪽으로 송구했지만, 송구가 늦어 타자주자 번즈에게는 세이프 선언이 내려진 상황이었다. 그런데 이때 2루로 달려가지 않았던 채태인은 타구가 직접 잡혔다고 판단해 정은원의 1루 송구로 자신이 아웃된 것이라 지레짐작하고 더그아웃을 향해 걸어 들어갔다. 그리고 이런 채태인에게 내려진 판정은 주루 포기에 의한 진짜 아웃이었다.

이번에는 박석민 편. 그가 불러온 해프닝들은 채태인에 비해 실질적으로 규칙 공부에 도움을 주었던 사례는 상대적으로 적지만 임팩트에서는 결코 뒤지지 않는다. 2012년 6월 7일 삼성 박석민은 KIA전(광주구장) 1 : 2

로 뒤지던 3회 말 2사 2루에서 대형 사고를 냈다. 3루수로 출장한 박석민이 이범호(KIA)의 평범한 땅볼타구를 잡고 여유 있게 3루를 밟은 후, 3루쪽 삼성 더그아웃을 향해 무심히 걸어 들어가는 바람에 생긴 일이다. 원인은 상황에 대한 착각이었다. 주자 1, 2루 포스 상태로 생각했던 것이다. 2루에만 주자가 있었기에 아웃시키기 위해선 3루로 달려오는 2루 주자를 태그 해야 했는데, 주자 상황을 착각하고 있었다 보니 아예 태그플레이를 생각조차 하지 못하고 있었던 것이다.

2015년에는 박석민도 채태인처럼 해프닝의 단골 메뉴인 추월로 사고를 한 번 냈다.

3월 29일 삼성과 SK전(대구구장) 5회 말 1사 만루 때 박석민은 1루 주자였다. 타석에 있던 최형우가 커다란 타구를 좌익수 쪽으로 날렸고, SK 좌익수 이명기가 열심히 쫓아가 이 타구를 잡아내는 상황 속에서 삼성은 일이 꼬였다. 리터치를 준비하던 김상수는 타구가 잡히자마자 3루를 출발해 홈을 밟으며 득점이 이루어지는가 싶었지만, 김상수의 득점은 인정받지 못했다. 이유는 1루 주자 박석민의 추월이 3루 주자의 득점 순간보다 빨랐기 때문이다. 즉 제3아웃이 시간적으로 먼저 일어난 것이다. 1루 주자였던 박석민은 타구가 잡히지 않을 줄로 알고 2루를 지나 3루 쪽으로 가려 했던 것인데, 타구가 잡히자 귀루 중이던 박한이 2루 주자와의 교차 상황에 빠지고 만 것이었다. 3 : 6까지 추격의 고삐를 당겼던 삼성은 순간 허탈할 수밖에 없었고, 맥이 끊긴 삼성은 이날 경기를 내주어야 했다.

2015년 시즌을 끝으로 삼성에서 NC 다이노스로 이적한 박석민은 이적 첫해(2016년)부터 재미있는 장면을, 그러나 심판진을 뜨끔하게 하는 해프닝을 선보이기도 했다. 4월 14일 삼성전(삼성라이온즈파크) 2회 초 선두타자로 나와 사구(H.P)로 출루한 박석민은 후속 타자의 땅볼을 잡은 1루수 구자욱(삼성)이 2루 쪽으로 던져 포스아웃이 된 상황임에도 2루로 가다 말고 다시 1루로 돌아와 버젓이 서 있다가 심판으로부터 이를 지적받고 나서야 더그아웃으로 들어간 일이다. 포스 상태의 주자들은 타자의 땅볼타구가 나오면 무조건 점유하고 있던 누를 떠나야 함에도 이를 모를 리 없는 박석민이 순간적으로 상황을 잘못 해석, 1루에 그대로 머물러도 되는 줄 알았던 것으로 추측된다. 그럴 가능성은 별로 없지만 박석민을 1루에 그대로 둔 채 경기가 진행되었더라면 이는 핵폭탄급 경기 사고에 해당된다.

여기까지는 착각이나 오판에 의한 실수 차원이지만, 박석민은 번뜩이는 기지로 상대 팀을 농락(?)했던 일도 있다. 2014년 5월 17일 KIA전(기아챔피언스필드)에서는 3피트 라인을 벗어나지 않으면서도 포수의 태그를 절묘하게 피하는 재치를 선보였던 것. 삼성이 5 : 0으로 앞서가던 3회 초 1사 2, 3루 상황에서 박석민은 3루 주자였다. 후속 타자 이홍련의 타구가 3루수 앞으로 굴렀고, KIA 3루수 김주형은 이 타구를 잡아 지체 없이 홈으로 송구해 누가 봐도 3루 주자의 태그아웃이 확실해 보이는 상황이었다. 그러나 박석민은 공을 들고 기다리는 포수 백용환을 피해 허리를 뒤로 빼며 태그를 피하는 동작을 우선 취한 뒤, 곧이어 완전히 한 바퀴를 빙그르르 돌며 선 자리를 바꿨다. 포수 백용환은 이 상황에서 태그가 되었다고 생각한 건지 아니면 3피트를 벗어났다고 생각한 건지 주자를 놔두고 다른 누에 시선을 돌리자 그 틈을 이용해 박석민은 얼른 발을 뻗어 홈플레이트를 콕 찍어버렸다. 포수는 놀라서 그제야 엉겁결에 태그를 시도했지만 타이밍은 이미 늦어 있었다.

KBO리그 해프닝 역사에 채태인과 박석민 이 두 선수를 빼놓고는 얘기가 안 된다. 그만큼 다채로운 사연에 다양한 장면들이 주고받듯 줄을 이었다. 선수로서의 능력과 완성도가 떨어지는 부류에서 이런 일들이 발생했다면 아마도 프로에서 오래 버티지 못했을 것이다. 그러나 이들은 누구 못지않은 출중한 기량의 소유자들이었다. 그래서 일이 터질 때마다 혼은 났지만 살아남을 수 있었다. 그리고 이들이 보여준 해프닝 사례들은 해프닝 그 자체로 끝나지 않고, 야구를 사랑하고 기록을 좋아하는 야구팬들과 관계자들에게 많은 학습 기회를 제공해 주었다. 그것도 오래도록 잊히지 않고 머리에 남을 강렬한 기억으로 말이다. 돌아보면 그들은 KBO리그의 살아 있는 야구 참고서였다.

2013년 채태인과 박석민 모두를 품에 안고 있었던 삼성의 류중일 감독은 시즌 개막을 앞두고 열린 '미디어데이'에서 "화를 잘 내지 않으시는데, 이 선수는 참기 힘들다고 생각하는 선수가 있나요?"라는 짓궂은 질문에 "경기를 하다 보면 화가 많이 난다. 참을 뿐이다. 가장 싫어하는 선수는 본헤드 플레이를 하는 선수다"라고 대답한 적이 있다.

감독의 대답이 끝나자 이 자리에 모여 있던 팬들은 갑자기 채태인을 연호하기 시작했고, 잠시 당황한 표정을 짓더니 류중일 감독은 바로 상황을 정리했다.

"채태인과 박석민이다. 실책은 하더라도 본헤드 플레이는 안 나왔으면 하는 바람이다. 잘 부탁한다."

익숙함이 만든 이대호의
강제 결장과 강제 노역(?)

야구장을 찾은 팬들이 경기장에 들어서자마자 가장 먼저 눈길을 주는 곳은 대개 전광판이다. 오늘 각 포지션의 스타팅으로 누가 나왔는지, 내가 좋아하는 팀의 타순은 어떻게 짜였는지를 전광판 라인업을 통해 확인할 수 있기 때문이다. 속칭 '오더'로 불리며, 경기 시작 1시간 전에 전광판상에 뜨는 타순표는 전적으로 감독의 작품이다. 승리를 위한 최상의 조합을 찾아내기 위해 오더지를 앞에 놓고 썼다 지웠다를 반복해 가며 밤새 고민하고 또 고민한 결과물이다. 그리고 경기 당일 감독은 그렇게 확정된 타순표를 통해 선발로 기용하는 선수들의 포지션과 타격 순서를 만천하에 공표하게 된다. 그러나 이러한 감독의 깊은 고심이 경기에 제대로 반영되지 못하고 전혀 엉뚱한 방향으로 흘러가는 일이 간혹 벌어지기도 하는데, 2017년 6월 16일 고척 스카이돔에서 발생한 롯데의 포지션 착각에 따른 해프닝은 그 단적인 예라 할 수 있다.

이날 롯데는 넥센을 상대로 1회 초 공격을 마친 뒤, 1회 말 수비에 나서면서 전광판에 표출되어 있는 "3번 지명타자 최준석, 4번 1루수 이대호"라는 선수 정보와 일치하지 않는 선수 기용을 하고 말았다. 지명타자로 올라 있는 최준석을 1루수로 내보낸 것이었다. 그러나 아무도 이 사실을 알지 못한 상태에서 1회 말 넥센의 공격이 시작되었다. 그리고 1사 1루가 된 시점에서 넥센의 장정석 감독은 종이 한 장을 들고 그라운드로 나와 전광판을 가리키며 오더와 다르게 최준석이 1루수로 나가 있음을 지적했다. 경기는 중단되었고, 주심과 기록원은 이 상황을 어떻게 풀어갈 것인지를 놓고 한동안 논의가 진행되었다. 이후 내려진 조치는 오더 신분상 1루수였던 이대호를 경기에서 제외시키고, 투수 노경은이 이대호의 자리에 들어가 공격하는 것으로 결론지어졌다. 롯데로서는 졸지에 팀의 4번 타자를 잃게 된 것이었다(이대호의 강제 결장도 문제지만, 선발투수 노경은이 한동안 타석에 들어서야 한다는 것은 전력 운용상으로 롯데의 막심한 손해였다).

이는 지명타자가 수비수로 출장하게 되면 그 팀은 지명타자가 없어지는 규칙에 따른 조치였다. 오더 신분상 지명타자였던 최준석이 1루수로 나가 수비를 시작했기 때문에 롯데는 더 이상 지명타자를 사용할 수 없었다. 그러면 이대호를 지명타자로 쓰면 되지 않느냐고 쉽게 반문할 수 있겠지만, 규칙상 이는 불가능했다. 지명타자 신분인 최준석이 1루수로 수비에 나간 순간, 기존 1루수로 표시되어 있던 이대호는 다른 포지션으로 옮기든가 아니면 경기에서 빠지고 투수가 그 자리에 들어가야만 했다. 따라서 다른 포지션으로 옮겨가지도 않았던 이대호는 경기에서 물러날 수밖에 없었다.

때늦은 일이 되었지만 이대호가 경기에서 강제로 제외되는 불상사를 조기에 막을 수 있는 기회는 사실 여러 번 있었다. 그 기회 중 가장 처음은 지명타자 최준석이 1루수로 나가는 시점이었다. 그러나 심판과 기록원은 물론 양 팀 선수들 그 누구도 이를 잡아내지 못했다. 아니 좀 더 정확하게 말하자면 잡아내기 어려웠다. 스타팅 멤버가 처음 수비를 시작할 때 오더와 다르게 나가는 경우는 거의 없다. 따라서 굳이 오더대로 나가는지를 일일이 확인하지 않는다. 기록실에서도 마찬가지다. 경기 중간 이닝 공수교대 때는 수비로 나서는 선수들의 교체 여부를 등번호를 통해서 대략 눈으로 확인하고 있지만, 1회 초와 말 시작 단계에서는 그러한 확인이 생략된다. 당연히 오더대로 나가겠거니 하는 믿음과 익숙함이 앞선다.

다음 바로잡을 기회는 1회 초 롯데의 공격 때에 있었다. 최준석과 이대호가 타석에 들어설 때 장내 아나운서는 타자 소개를 하면서 이름 앞에 포지션을 붙여 멘트를 내보낸다.

3번 지명타자 최준석, 4번 타자 1루수 이대호.

특히 롯데 측에서는 감독이 생각하고 있던 선수 기용과 다른 상황이기 때문에 멘트를 들었다면 한 번쯤 의심을 가져볼 만한 기회였다. 하지만 늘 듣던 익숙한 소리였기에 별로 귀 기울이지 않았다. 그리고 마지막 기회는 1회 말 수비 시작 때였다. 넥센의 공격이 개시되기 전, 1루수로 잘못 나가 있는 최준석을 불러들이고, 오더대로 이대호를 1루수로 다시 내보낼 수 있었다. 그러나 여러 번의 골든타임은 '늘 하던 대로'의 익숙함에 묻혀 그 시기를 모두 놓치고 말았다.

나중에 안 사실이지만 롯데의 조원우 감독은 경기 두어 시간 전 취재진과의 사전 인터뷰에서 1루수에 최준석을, 지명타자로는 이대호를 각각 기용할 것임을 미리 밝힌 상태였다. 그러나 정작 1시간 전 제출된 롯데의 오더지에는 1루수에 이대호가, 지명타자에는 최준석의 이름이 각각 올려져 있었는데, 이유야 어떻든 이는 감독의 의중이 오더 작성에 제대로 반영되지 않았던 것이다. 이러한 현상은 원인을 찾자면 크게 세 가지 정도로 집약해 볼 수 있다.

첫째는 미리 작성해 둔 여러 장의 오더 중에서 고른다는 것이 그만 잘못 골라 제출했을 가능성이다. 둘째는 감독이 생각하고 있는 것을 팀 기록원에게 전달하는 과정에서 무의식적으로 생각과 다르게 전달했을 수 있다. 셋째는 제대로 전달한 것을 팀 내 기록원이 최종 오더 작성 과정에서 잘못 옮겨 적었을 수도 있다. 팀 내 오더 작성과 전달 과정은 보통 이러한 범위 안에서 소통과 진행이 이루어지는데, 이 역시 공통 배경은 익숙함이다. 아무튼 경기 전 감독의 인터뷰 내용이야 심판이나 공식기록원으로서는 알 수 없는 일이고, 공식적으로는 오더가 제출된 시점부터가 본격적인 관리 대상이 된다. 조원우 감독은 경기 후 이러한 해프닝이 발생된 것에 대해 사과하면서 "확정한 선발 오더를 다시 한번 더 확인했어야 했는데 그러지 못했다. 명백한 잘못이며 실수다"라고 소감을 밝혔다.

한편 롯데 감독의 오더를 둘러싼 무의식적인 실수는 2008년에도 한 차례 있었는데, 이때에도 해프닝의 중심에 선 선수는 이대호였다. 4월 30일 당시 제리 로이스터 롯데 감독은 사직구장 LG전에서 전날 자신의 타구에 무릎을 맞고 부상을 당한 이대호를 3루수가 아닌 지명타자로 기용할 것임을 미리 밝힌 바 있었는데, 이 내용을 전달받고 수비 훈련을 생략한 채 라커룸으로 들어갔던 이대호는 경기 1시간 전 당일 오더가 표출된 전광판을 보고 아연실색하고 말았다. 자신의 포지션이 지명타자가 아닌 3루수로 표시되어 있었기 때문이다.

이는 로이스터 감독이 오더지를 작성하면서 평소 하던 대로 이대호 이름 앞에 3루수 수비 포지션 번호인 '5'를 무의식적으로 적어 제출하는 바람에 생긴 일이었다. 로이스터 감독 역시 이를 의식하지 못하고 있다가 전광판을 보고 흠칫 놀라며 곧바로 이대호에게 사과했지만, 이미 엎질러진 물이었다. 대회 규정상 한 번 제출된 오더는 경기 시작 전까지 변경이 불가능하기 때문이다. 결국 졸지에 3루수로 강제 출장하게 된 이대호는 서둘러 무릎에 테이핑을 하고 3루수로 나서야 했다.

이상 오더를 둘러싼 두어 건의 해프닝에 대해 속사정을 들여다봤지만 경기 준비 과정에서의 사고는 안이함에서 발생한다. 이는 좋게 표현하자면 익숙함이다. 늘 해왔던 일이기에 아무래도 긴장감이 떨어질 수밖에 없는데, 그 안에 불씨가 들어 있는 것이다. 선수에게는 지나친 긴장감보다 익숙함이 플레이를 하는 데 도움이 된다. 그러나 오더와 관련해서는 당연함이 가져다주는 익숙함은 아주 위험한 상황을 때로 초래하기도 한다. 마치 소리 없이 다가오는 졸음운전처럼 …….

가늠자로 쓰기 힘든
노히트노런 효과

선수의 기량이 한 단계 업그레이드된 내막을 들여다보면 대개는 어떤 계기를 통해 그것이 이루어지는 경우가 많다. 늘 후보로 전전하던 선수가 운명처럼 찾아온 기회에서 인상 깊은 한 방을 터뜨리며 주전급 선수로 올라선다거나, 새가슴이라 불리던 그저 그런 투수가 어쩔 수 없이 주어진 긴박한 위기에서 상대의 중심타자를 범타로 잡아내며 이후 자신감을 찾게 되는 일 등이 그렇다. 사람은 살아가면서 인생에서 새로운 눈을 뜨게 되는 순간이 있다고 한다. 야구도 사람이 하는 일이니만큼 비슷한 이치일 터. 그러다 궁금한 것이 하나 생겼다.

'야구기록은 선수에게 야구에 대한 새로운 눈을 뜨게 만들어주는 힘을 담고 있을까?'라는 호기심이었다. 온갖 야구기록을 통틀어 가장 이뤄내기 어려운 기록이 뭐냐고 누가 묻는다면, 짐작하겠지만 그것은 투수의 퍼펙트게임이다. 40년이 넘는 KBO리그 역사에도 아직 단 한 차례도 기록된 적이 없을 정도로 대단히 만나보기 어려운 기록이다. 따라서 이 기록은 일단 열외로 두고, 다음으로 어려운 기록을 꼽자면 역시 투수의 노히트노런 정도가 아닐까 싶다. 30년 이상 기록원 생활을 해오면서 노히트노런 경기를 기록했던 적은 단 한 번뿐이었다. KBO리그의 역대 노히트노런 달성 횟수가 불과 14차례뿐이니, 어찌 보면 그중 한 번의 기회를 직접 만나볼 수 있었다는 것은 기록원으로선 큰 행운이었던 셈이다.

그렇다면 이처럼 구경하기 어렵다는 노히트노런은 기록 당사자인 투수에겐 어떤 의미일지, 또한 기록 수립에 성공한 투수들의 이후 행보는 기록 달성 전과 비교해 어떻게 달라진 얼굴을 하고 있을지, 앞서 던진 호기심을 기록을 통해 확인해 보고 싶었다.

2016년 6월 30일 잠실구장, 두산의 외국인 선수 마이클 보우덴은 NC를 맞아 8회까지 노히트노런 기록을 유지했다. 이때까지 그의 투구 수는 124개, 적지 않은 투구 수였다. NC의 9회 초 공격을 앞두고 이날 잠실구장을 찾은 1만여 관중의 시선은 일제히 1루 두산 불펜 쪽으로 쏠렸다. '혹시나 …….' 투구 수가 많아 더 이상 마운드에 오르지 않을 수도 있다는 일말의 불안감을 갖고 있던 팬들은 불펜 쪽 문이 열리고 보우덴이 걸어 나오자 일제히 기립하며 함성을 질러댔다. 한용덕 투수 코치가 마운드에 올랐고 보우덴의 상태를 한번 더 살폈다.

"제가 경기를 마무리하겠습니다(I will finish the game)."

보우덴은 자신이 끝까지 던지고 싶다는 의사를 표현했고, 한용덕 코치는 고개를 끄덕이며 도로 마운드를 내려갔다. 굳은 의지로 기회를 부여받은 보우덴은 사력을 다해 던졌고, 마침내 KBO리그 통산 13번째의 노히트노런 기록 달성을 이루어낼 수 있었다. 이날 그의 최종 투구 수는 139개. KBO리그 역대 최다 투구 수 노히트노런이었다.

노히트노런이라는 대기록이 투수 당사자에게 어떤 의미인지, 한용덕 투수코치가 마운드에 올라왔던 9회를 회고하는 보우덴의 말 속에는 그 의미와 심정이 고스란히 담겨져 있다.

투구 수가 많은 것에 대해 신경을 쓸 수 없었다. 노히트노런의 기회가 자주 찾아오는 것도 아니고, 팬들의 기대가 너무 대단했기 때문에 몸에서 아드레날린이 흘러나오며 지쳤다거나 피로감을 전혀 느끼지 못하는 상황이었다.

투수가 대기록에 대해 갖는 의미는 더 이상의 부연 설명이 필요 없을 듯하다.

그러면 이토록 어려운 대기록을 세우고 난 뒤, 투수들의 기량은 한 단계 업그레이드가 되었을까? 그간 14차례의 노히트노런 기록이 수립되고 난 뒤, 기록 수립 당사자들의 바로 다음 등판 경기 기록들을 살펴봤다. 구원 투수 형식으로 등판한 세 명의 선수(장호연, 이동석, 선동열)를 제외한 나머지 11명의 다음 경기 선발 등판 결과는 4승 5패였다. 예상 밖으로 좋지 못했다. 승패 없이 물러난 두 경기의 선발이었던 방수원(1호)과 김정행(2호)의 투구 내용 역시 썩 좋은 편이 못 되었다. 고비를 넘기고 노히트노런 고지에 올라 자신감이 충만했을 것 같지만, 기록으로 나타난 다음 등판 결과들은 기대치를 한참 밑돌고 있었다. 11번의 선발 등판 경기를 합산한 평균자책점이 무려 5점대 중반으로, 대기록을 작성한 투수들임을 감안하면 실망스러운 수준이었다.

이러한 현상이 나타난 이유는 어디에 있을까? 기록 수립 과정에서 무리가 왔기 때문이었을까? 그렇게 단정짓기에는 이태일(6호), 김원형(7호), 김태원(8호), 송진우(10호)의 변함없이 이어진 선발승 기록이 있어 무리다. 비록 완투패로 끝나긴 했지만 정민철(9호) 역시 기록 수립 다음 경기에서 8이닝 2실점의 호투를 이어나갔다. 그렇다면 범위는 좁혀졌다. 엉망으로 수치가 나온 원인은 자연스레 나머지 11~14호 노히트노런 기록 투수들에게서 찾아야 하는 것이다.

11~14호 기록 수립에 성공한 투수들에겐 공통점이 있었다. 모두 외국인 투수들이었다. 찰리(11호), 마야(12호), 보우덴(13호), 맥과이어(14호)로 계보

가 이어졌다. 그리고 또 하나의 공통점은 다음 등판 경기에서 전부 선발패를 당했다. 그것도 하나같이 5회를 넘기지 못한 조기 강판이었다. 네 명의 평균자책점은 13.6, 평균실점률은 18.9였다. 기록 다음 등판 경기 성적이 엉망으로 나온 이유는 이들에게 있었다. 그리고 이들에겐 또 한 가지의 동병상련(同病相憐)이 있는데, 모두 기록 수립 이후 얼마 지나지 않아 KBO리그를 떠났다는 점이다.

외국인 선수 첫 기록 수립자이자 제11호였던 찰리 쉬렉(NC)은 2014년 기록 달성 후 이듬해 2015년 6월 웨이버 공시(사실상 방출) 형태로 한국을 떠났고, 12호였던 유네스키 마야(두산)는 2015년 4월 기록 수립 후 불과 두 달이 지난 6월, 역시 웨이버 공시로 리그를 떠났다. 13호였던 마이클 보우덴(두산)은 기록을 세운 2016년 팀의 주축 투수로 꾸준히 활약을 이어가 팀 우승에까지 일조를 했지만, 2017년 어깨부상으로 별다른 활약을 보여주지 못하며 팀과 이별했다. 그리고 14호인 덱 맥과이어(삼성)는 2019년 초반 부진을 거듭하다 4월 말 첫 승을 노히트노런으로 장식하며 화려한 변신에 성공하는가 싶었으나, 부진한 성적에 부상까지 더하며 같은 해 8월 팀으로부터 방출을 통보받았다.

이와 같은 외국인 투수들의 단명 현상은 기록 수립 여부와 관계없이 짧은 기간에 리그에서 통할 수 있는 기량을 증명해 내야 하는 그들의 어쩔 수 없는 운명이었는지도 모른다. 아무리 잘 던졌던 선수라 해도 현재 부진의 늪에 빠진 선수를 팀은 오래 기다려줄 여유가 없다. 그것이 이방인이라는 신분을 가진 그들에게 주어진 한계다. 따라서 기회가 왔을 때 그것을 어떻게든 살려 자신의 입지를 좀 더 부각시켜야 하는 숙제를 늘 안고 살아간다. 현재 이름값에서 아니면 과거 이름의 가치는 높았지만 현실의 기량이 그렇지 못한 선수들로선 생존의 방법이기도 하다.

노히트노런, 외국인 선수들에게 그것은 살아남기 위한 몸부림이었지만 결과는 잠깐의 영광이었다. 적어도 14호 기록 수립자까지는 그렇다.

한편 세계 야구 역사에 노히트노런을 달성하고 바로 이어진 다음 등판에서 또다시 노히트노런 기록을 수립한 유일무이한 사례가 존재하는데, 1938년 신시내티 레즈의 조니 밴더 미어라는 투수다. 그는 6월 11일 보스턴 비즈와의 경기에서 노히트노런을 거둔 뒤, 4일 후 열린 브루클린 다저스와의 15일 경기에서 다시 한번 노히트노런을 작성한 것으로 기록되어 있다.

KBO리그 노히트노런 달성 투수들의 다음 경기 등판 성적

NO	선수명(소속)	날짜	구분	상대 팀	구장	결과	내용
1	방수원(해태)	1984.5.9	선발	삼성	대구 시민	-	3이닝 3실
2	김정행(롯데)	1986.6.11	선발	해태	사직	-	8이닝 4실
3	장호연(OB)	1988.4.6	구원	해태	잠실	구원패	6이닝 1실
4	이동석(빙그레)	1988.4.24	구원	삼성	대전	-	3이닝 3실
5	선동열(해태)	1989.7.12	구원	MBC	잠실	세이브	4이닝 0실
6	이태일(삼성)	1990.8.12	선발	태평양	인천	선발승	7이닝 3실
7	김원형(쌍방울)	1993.5.7	선발	태평양	전주	선발승	7이닝 2실
8	김태원(LG)	1993.9.15	선발	삼성	잠실	완투승	9이닝 1실
9	정민철(한화)	1997.5.28	선발	롯데	사직	완투패	8이닝 2실
10	송진우(한화)	2000.5.23	선발	삼성	청주	선발승	8.1이닝 2실
11	찰리(NC)	2014.6.29	선발	롯데	사직	선발패	4.2이닝 9실
12	마야(두산)	2015.4.21	선발	넥센	목동	선발패	3이닝 11실
13	보우덴(두산)	2016.7.8	선발	KIA	잠실	선발패	3이닝 6실
14	맥과이어(삼성)	2019.4.27	선발	LG	대구 라팍	선발패	5이닝 6실

KBO리그 첫 승, 그 이상의 의미를 던진 박찬호

2012 시즌 개막을 앞두고 한국 언론과 야구 관계자들이 예상한 한화 박찬호 투수의 대략적인 승수는 7~8승을 전후로 모아져 있었다. 당시 39살이라는 결코 적지 않았던 나이와 2006년 7승(샌디에이고 파드리스)을 끝으로 2007~2010년까지 4년간 다섯 개 팀을 전전(뉴욕 메츠-LA 다저스-필라델피아 필리스-뉴욕 양키스-피츠버그 파이어리츠)하며 겨우 11승, 여기에 2011년 일본프로야구 오릭스 버팔로스로 진출해서는 7경기에 출장해 평균자책점 4.29에 단 1승(5패)만을 거둔 노을 진 성적, 그리고 2012년 한국으로 돌아와 치른 두 차례의 시범경기에서 박찬호가 받아든 평균자책점 12.96(8.1이닝, 12실점)이라는 참담한 성적표는 극히 일부를 제외하고 박찬호를 10승대 투수의 반열에 올리는 것을 꺼려하고(?) 있었다. 여기에 언론사의 개막 이전 설문조사에서도 박찬호의 최대 승수는 10승의 문턱을 넘어서지 못하고 있었는데, 시범경기에서 타자를 압도하지 못하는 직구와 밋밋해 보이는 변화구가 국내 타자들에게 난타당하는 모습을 보이자 그를 향한 기대치의 눈금은 한참 아래쪽을 향하고 있었다.

이러한 분위기 속에서 한화는 박찬호의 국내 첫 공식 경기 선발 등판

시기를 저울질함에 있어 많은 고민을 해야만 했다. 지나칠 정도로 언론의 관심을 받고 있던 박찬호이기에 그에 대한 부담도 고려하지 않을 수 없었다. 이런 이유들로 그의 선발 등판 일정을 미리 공개하지 않고 있던 한화는 예상을 깨고 4월 12일 청주 두산전을 앞두고 그의 선발 등판을 전격 예고했다. 그것도 개막 이후 3연패의 궁지에 몰린 팀을 구해내야 하는 '연패 스토퍼'로서의 부담까지 떠안은 상태에서 덜컥. 게다가 장소는 국내 최대 아담 사이즈인 청주구장이었다. 당연 모두의 예상은 더욱 암울할 수밖에 없었다.

그리고 4월 12일 목요일. 청주구장 매표소에는 경기 시작 전 이미 전석이 매진되었다는 안내문이 나붙었다. 전날 두산에 힘 한 번 써보지 못하고 일방적으로 패한 탓에 실망 매물이 쏟아질 만도 했건만, 선발투수 박찬호라는 눈앞의 현실은 팬들의 가슴을 완전히 설레게 만들었다. 경기 시작 전 모습을 드러낸 박찬호의 일거수일투족은 이미 모든 사람들의 관심사였고, 그의 연습 투구마다 청주구장 가득 커다란 환호성이 일었다. TV 화면에서나 보던 메이저리거 박찬호의 근사한 투구 모습이었다.

주심의 플레이볼 선언이 내려지기 전, 두산의 선두타자 이종욱은 타석에 들어서서 헬멧을 벗고 박찬호를 향해 정중히 고개 숙여 예를 갖췄다. 그것은 단순히 이름값이 높은 선배에 대한 상투적인 고개 짓이 아니었다. 누가 봐도 깊은 진심이 우러나고 묻어난 인사였다. 그 안에는 척박한 환경을 딛고 먼 길을 떠났던 그의 도전 정신에 대한 경의와 선구자적인 위치에서 한국야구의 위상을 한껏 드높인 야구 우상에 대한 존경과 야구 동료로서의 감사의 표현이 담긴 인사였다.

주심의 플레이 볼 선언이 내려졌고, 고국 땅에서 그는 두산의 이종욱을 상대로 긴장된 첫 투구를 시작했다. 그러나 결과는 아쉽게도 스트레이트 볼넷. 마음먹은 대로 제구가 되지 않는다는 표정이었다. 메이저리그에서 124승을 거둔 관록의 투수였지만 이 순간만큼은 긴장한 구석이 역력했다.

1994년 4월 8일 박찬호(당시 LA 다저스)가 구원투수로 메이저리그 마운드에 처음 서던 날, 첫 상대 타자는 애틀랜타 브레이브스의 4번 타자인 프레드 맥그리프였다. 꿈에 그리던 빅리그 첫 무대였으니 심정적으로 얼마나 떨렸을까? 그때도 결과는 볼넷이었다. 그리고 선수 생활 말년 태평양을 건너와 오릭스 버팔로스의 유니폼을 입고 일본 마운드에 처음 올랐던 2011년 4월 15일, 첫 상대는 라쿠텐 골든 이글스의 1번 타자 마쓰이 가즈오였다. 이날 박찬호는 시작부터 홈런을 얻어맞았고 그날 경기의 패전 투수가 되어야 했다. 돌아보니 어느 땅에서나 그의 시작은 순조롭지 못했다.

젊은 나이였지만 타격 솜씨 하나만큼은 타고났다는 평을 듣던 두산의 3번 타자 김현수의 타구도 오른쪽, 왼쪽으로 외야를 향해 연거푸 날카롭게 뻗어나갔다. 투구가 방망이의 중심에 맞아 나가는 모습이 불안했지만, 두 번 모두 파울볼에 그친 것을 계기로 박찬호의 제구력은 빠르게 자리를 잡아나가기 시작했다. 파워에서 둘째가라면 서러워할 김동주(볼넷)와 최준석(유땅)의 큰 산을 넘으며 무실점으로 1회 초를 마친 박찬호의 투구는 이후 회가 거듭될수록 위압적인 모습으로 변해갔다.

그리고 절정은 3회 초. 고영민-이종욱-정수빈으로 이어지는 일명 쌕쌕이 라인업을 맞아 박찬호는 달랑 공 세 개로 이닝을 마무리 지었다. 두산 타자들이 하나같이 초구를 노려봤지만 모두 내야땅볼로 물러났다(박찬호는 이날 19명의 타자를 맞아 11개의 땅볼타구를 유도해 냈다). 타자에게는 직구처럼 보이지만 홈플레이트에 다가와 아래로 떨어지는 변화구를 적절히 섞어 던진 것이 주효, 역대 36번째 1이닝 최소 투구 수(타이기록)라는 진기록 리스트에 시작부터 그의 이름을 올렸다.

이후 한화가 5 : 0으로 앞서던 7회 초 1사 1, 2루에서 마운드를 송신영에게 넘기기까지 박찬호가 던진 공은 총 92개였고, 이날 박찬호의 최고 구속은 149km였다. 구원투수 송신영이 2루타를 맞는 바람에 그가 남겨놓고 내려간 주자들이 모두 홈을 밟아 최종적으로 2실점이 기록되기는 했지만, 박찬호는 6.1이닝 동안 4피안타, 2볼넷, 5삼진의 사실상 무실점의 완벽에 가까운 투구를 선보이며 팀을 연패의 구렁텅이에서 건져 올리는 혁혁한 전과를 만들어냈다. 7회 초 마운드를 인계하고 내려가는 박찬호를 향해 청주구장에 운집한 많은 관중은 그에게 기립 박수를 아낌없이 보냈다. 전날까지만 해도 싸늘하기 짝이 없던 관중석에는 파도타기가 한참 동안 그칠 줄 모르고 이어지고 있었다.

경기가 끝났을 때의 스코어는 8 : 2. 한화의 시즌 첫 승이자 박찬호의 국내 무대 첫 승이었다. 메이저리그 통산 124승에 빛나는 찬란한 훈장, 그리고 지난해인 2011년 4월 22일 일본에서의 첫 승이자 마지막 승이었던 1승을 더한 개인 프로 통산 126번째의 승리였다. 한·미·일 메이저 무대에서 모두 승리 투수를 기록한 투수로 역사에 새겨진 박찬호. 경기가 끝나고 보도기사에는 "박찬호의 10승에 청신호가 켜졌다"라는 문구가 딸려 올라왔다. 타선의 도움으로 운 좋게 얻은 승리가 아닌, 스스로의 기량과 능력으로 따낸 승리였기에 주가가 급상승 쪽으로 돌아선 것은 당연한 일이었다.

하지만 현장에서 경기를 지켜보면서 박찬호의 이날 첫 승은 물론 값진 것이었지만, 그러한 승수로 표현되는 숫자적 기록은 많건 적건 간에 박찬호라는 투수를 표현하고 대변하기엔 많이 부족하다는 생각이 들었다. 야구는 기록의 경기라고 말한다. 선수는 기록으로 말하고 기록으로 평가받는다. 팀에 있어 박찬호는 그저 많은 투수들 중의 한 명일 뿐이고, 우승이라는 공동체의 목표를 향해 달려가는 팀의 일원일 뿐이다. 그러나 적어도 박찬호의 국내 무대 기록만큼은 그러한 외형적 기록으로 성공과 실패를 논할 필요가 없다는 생각이 들었다.

1997년 12월, 대한민국은 외환위기로 국가부도 사태에 직면했다. 국제통화기금(IMF)에 구제금융을 요청해야 했고 수많은 기업이 줄줄이 도산하며 공장 문을 닫았다. 그로 인한 대량 해고와 실직으로 사람들은 육체적·정신적으로 피폐해져 갔고 2000년 8월 IMF 체제에서 벗어나기까지 가족들의 삶은 오랜 기간 어두운 터널을 지나야 했다. 그러한 시기에 야구팬은 물론 온 국민의 이목을 집중시킨 선수가 바로 박찬호였다. 그는 1997년부터 2001년까지 LA 다저스 소속으로 매년 15승 안팎을 거두며 상처받은 고국 국민들 마음속에 아침마다 위안과 용기와 희망을 선물해 주곤 했었다.

야구의 최고봉을 자처하는 미국 메이저리그 무대에서 정상급의 활약으로 부와 명예를 모두 이룬 박찬호가 선수로서는 노년기라 할 수 있는 40세 언저리에 연봉의 많고 적음 따위와는 상관없이 한국 마운드에 서고자 했던 그 마음을 헤아려보면, 언론이 예상하고 그가 목표로 내세웠던 그저 몇 승, 평균자책점 얼마 이하라는 기록적 수치는 사실 큰 의미가 없었다고 볼 수 있다. 어려운 역경을 딛고 이뤄낸 박찬호의 위업에 그간 성원과 찬사의 박수를 보내주었던 고국 팬들에게 선수로서 기량이 남아 있을 때 마지막으로 보답하고자 하는 그의 진의보다 기록이 값질 수는 없기 때문이다. "부담감을 버려도 된다"라는 그를 향한 김인식 감독의 말 속에는 정신적인 부담을 이겨내라는 뜻도 있지만, 그 안에는 겉으로 드러나는 성적이나 기록에 관한 성패에 연연해하지 않아도 좋다는 의미도 들어 있다고 볼 수 있다.

돌이켜 보면 박찬호가 고국의 마운드에서 도전했던 만학의 야구는 그간 외국 무대에서 해왔던 기록으로 평가받던 야구와는 전혀 다른, 기록이나 투구 성적에 얽매이지 않는 그 이상을 추구한 야구였다고 말할 수 있겠다.

2012년 11월 29일 한화 이글스는 박찬호의 은퇴를 공식 발표했다. 그리고 바로 다음 날인 30일 박찬호는 서울 플라자호텔에서 은퇴 기자회견을 열어 그의 은퇴를 스스로 세상에 알렸다. 2012년 고국 무대 통산 성적은 23경기 출장에 5승 10패, 평균자책점은 5.06이었다.

한편 그의 은퇴식은 이로부터 약 2년 뒤인 2014년 7월 18일 거행되었다. 은퇴 후에도 은퇴식을 치르지 못한 박찬호를 위해 후배 선수들이 나서서 은퇴식을 추진했고, KBO가 각 구단의 동의를 얻어 올스타전에서 그의 은퇴식을 열수 있도록 자리를 마련했다. 광주 KIA 챔피언스필드에서 열린 올스타전에서 박찬호는 시포를 맡은 공주고등학교 선배 김경문 감독과 짝을 이뤄 시구에 나섰고 후배 선수들의 헹가래 속에 은퇴식을 가졌다. 은퇴식 후 그는 "정말 특별하고 영광스러운 은퇴식이었다. 모든 분들에 감사하다. 평생 잊지 못할 것이다. 2012 시즌 종료 후 유니폼을 벗고, 20개월 동안 다시 유니폼을 입고 마운드에 오르는 상상을 했다. 미국 프로야구 3년 차에 루 게릭의 은퇴식을 보며 훗날 내 은퇴식을 상상했는데 한국에서 그 꿈을 이뤘다"라는 소감을 마지막으로 남겼다.

야구기록의
적자와 서자

    2008년 골든글러브 지명타자 부문 수상자로 당시 홍성흔이 결정되자 관계자들 사이에선 그의 신분 해석을 둘러싼 작은 소동이 일었다. 시즌 내내 몸담았던 팀은 두산이었는데 시즌이 끝난 뒤 롯데로 팀을 옮기게 되자(FA 이적) 수상자 홍성흔의 소속 팀을 어디로 볼 것인지를 놓고 생겨난 물음이었다. 그해 홍성흔이 일군 성적만 놓고 봤을 때는 당연히 두산의 골든글러브로 인정해야 했지만, 수상 시점 홍성흔의 소속 팀은 롯데로 돌변(?)해 있었다. 그러나 이에 대한 결론 도출은 그다지 어려운 문제는 아니었다. 과거 김광림(1993년, OB–쌍방울)이나 한대화(1993년, 해태–LG)의 골든글러브 수상 사례에서 보듯, 모두 새로이 소속된 팀의 신분으로 인정받았던 전례가 있었기 때문이다. 따라서 홍성흔의 공식적인 소속 팀 역시 롯데였다.

    그런데 상이 아닌 기록에서도 이와 비슷한 유형의 궁금증이 나타난 적이 있다. 2009년 LG의 외국인 선수 페타지니가 9월 18일 광주 KIA전에서 시즌 100타점을 돌파하자 생겨난 또 하나의 물음으로, 페타지니의 100타점을 LG 소속 선수가 세운 첫 번째 기록으로 인정할 수 있는가 하는 것이

그 골자였다. 왜냐하면 2000년에 삼성에서 LG로 시즌 중 트레이드되었던 외국인 선수 스미스가 이미 LG 소속 신분으로 100타점(삼성 57, LG 43타점)을 올린 일이 있었기 때문이다. 만일 과거 스미스의 기록을 LG 선수가 세운 첫 번째 100타점으로 간주하지 않는다면 페타지니가 LG 최초의 100타점 수립자로 이름을 새기게 되는 상황이었다. 팀 관계자들 사이에서도 이 해석을 놓고 의견이 분분했던지 기록 인정에 대한 유권 해석을 바란다는 질문이 날아들었다. 금은 금인데 순도 차가 크다 보니 생긴 궁금증이었다.

결론부터 말하면 스미스의 판정승이었다. 페타지니의 100타점 기록은 LG 소속으로는 두 번째 달성으로 간주하는 것이 맞겠다는 답을 달았다. 야구기록은 기록을 만들어가는 과정이 아니라 기록이 완성되는 시점이 중요시되는 속성을 갖고 있기에, LG 유니폼을 입고 세운 스미스의 100타점 달성을 없던 일처럼 여길 수는 없는 일이었다. LG로서는 순수하게 LG 소속으로만 오롯이 기록을 채운 페타지니의 100타점 기록이 더 귀하고 가치 있게 생각되겠지만, 기록이라는 것은 선수가 기록을 달성할 당시의 소속이 어디였는지를 놓고 판단하는 것이 하나의 관례로 되어 있다. 스미스가 2000년 세운 100타점 기록 안에 삼성 신분으로 작성한 불순물(?) 기록이 섞여 있는 점이 달갑지 않을 수 있겠지만, 기록 달성 당시 스미스의 소속이 LG였기 때문에 LG 구단 최초의 100타점 달성자는 페타지니가 아닌 스미스로 보는 것이 보다 합리적이다.

다만 그럼에도 LG가 순수 혈통(?)의 기록을 따로 관리하고 싶다면 방법이 없는 것은 아니다. 스미스의 기록 옆에 부연 설명을 달아 페타지니 기록만의 순도를 높여주면 된다. 이는 팀 스스로가 야구기록을 차별화해 따로 관리하는 방법이 될 수 있다. 내용은 약간 다르지만 공식 통계 기록에서도 이러한 방법을 이미 사용해 왔다.

KBO리그 역대 노히트노런 기록 수립자 명단에 정식 회원이 아니면서도 기록이 거론될 때마다 늘 빠지지 않는 이름이 하나 있다. 그것은 바로 박동희(당시 롯데) 투수다. 박동희는 1993년 5월 13일 쌍방울을 상대로 5이닝 동안 노히트노런을 이어갔지만, 경기 분량에 있어 완성도 미완성도 아닌 5회 강우 콜드게임(4 : 0 승) 상태로 끝나버리는 바람에 늘 기록 앞에 혹처럼 달린 별표(콜드게임)를 떼어내지 못하고 있다. 당시 박동희의 기록이 정식 기록으로 인정받았다면 프로 통산 8번째의 노히트노런으로 역사에 길이 남을 수 있었겠지만 함량 미달 탓에 정식 기록 반열에 오르지 못했다. 이러한 사례 역시 별도 관리되는 기록의 예라 할 수 있다.

다시 본론으로 돌아와 선수의 기록을 어느 특정 팀에서 올린 기록만을 따로 떼어 계산하지 않는 이유가 있다. 프로스포츠 선수에게는 스스로의 의지에 의해 어느 한 팀에서만 계속해서 뛸 수 있는 선택권이 사실상 주어지지 않는다. 팀의 사정에 따라 그리고 필요에 따라 얼마든지 선수 본인의 의지와는 무관하게 다른 팀으로의 이적이 가능하다. 이처럼 타의에 의해 팀을 옮기게 될 때마다 해당 선수의 기록을 팀별로 잘게 쪼개 다룬다면 해당 선수의 기록은 온전한 형체가 아닌 사방이 찢긴 누더기 기록처럼 그 의미를 잃게 된다. 특정 선수가 세운 기록은 같은 리그 안에서라면 그 언제 어느 팀에서 기록을 수립하건 정식 기록으로 인정을 받아야 한다. 통산 기록이든 이정표 성격의 기념비적인 기록이든 불문하고.

2010년 4월 24일 LG의 박명환은 개인통산 100승을 달성했다. KBO리그 역사에 22번째 100승 투수로 당당히 이름을 올린 것이다. 그런데 그의 100승 기록에 88승은 두산(OB 포함)에서 거둔 성적이었다. 그 안을 들여다보면 서울 라이벌 LG를 울게 만든 승수도 들어 있다. 가져온 기록의 내용물이 예쁜 것들로만 채워진 것은 아니었다. 그러나 박명환이 LG에서 완성한 100승은 김용수와 정삼흠에 이어 팀 통산 세 번째 '100승 투수'로 공식 인정받아야 한다. 다만 김용수나 정삼흠처럼 오로지 LG(전신 MBC 포함)에서만 이룬 승수에 더 큰 의미를 부여하고 싶다면 박명환의 기록에 주홍 글씨 같은 그 무서운(?) 별표를 달아주면 된다. 기록에 관한 가치와 의미를 좀 더 세밀하게 따져준다는 차원에서 이러한 방법은 나쁠 것이 없다. 오히려 기록에 관한 왜곡된 해석을 막는 안전장치 구실을 한다.

한편 공식적으로 집계해 발표되는 기록과 달리 비공식적으로 이슈가 되는 기록들도 있는데, 이러한 부류에 속하는 비공식기록들 역시 주인 대접을 제대로 받지 못한다는 점에서 앞서 말한 별표 달린 기록들과 처지는 별반 다를 것이 없다.

2011년 3월 시범경기에서 LG의 외국인 투수 레다메스 리즈는 시속 159km의 강속구를 던져 KBO리그 최고 구속 기록의 새 역사를 쓴 적이 있다. 이 소식은 당연히 야구계의 화제가 되었고 다음 날 각 언론매체의 헤드라인은 리즈의 이름으로 장식되었다. 3월 13일 대전 한화전에서 선발로 나섰던 리즈는 1회 초 톱타자 강동우(한화)를 상대로 던진 2구째의 구속이 전광판에 159km/h로 표시되며 보는 사람들의 탄성을 자아냈는데, 더욱 놀라운 것은 양 팀 전력분석 요원이 사용한 스피드 건에는 이보다 더 높은 시속 160km로 나왔다고 해서 한층 화제가 된 일이었다. 리즈 이전의 종전 최고 구속 기록은 2003년과 2004년 SK의 엄정욱 투수가 인천 문학구장서 두 차례에 걸쳐 기록한 158km/h였다.

하지만 리즈가 이날 수립한 시속 159km 또는 160km라는 투구 최고 구속 기록은 그저 참고 기록일 뿐, 공식적인 기록으로는 인정받을 수 없었다. 그 이유는 스피드 건 기계 자체가 지닌 물리적 측량치의 오차범위 때문이었다. 구단마다 사용하는 스피드 건 종류가 각각 다르고, 같은 기계라 하더라도 구장별 환경에 따라 또는 설치 위치와 각도에 따라 약간씩 다른 결과가 나타나는 기계적 특성상 그 측정 결과를 그대로 믿고 공식화하기에는 현실적으로 다소 무리가 따른다.

야구기록에는 이와 같이 새로운 기록이면서도 공식적으로 인증을 받지 못하는 기록들이 여러 형태로 존재하는데, 일명 비공인기록, 비공식기록으로 불리는 기록들이 그것이다. 이처럼 꽤 의미 있어 보이는 기록들이 공인을 받지 못하고 비공식기록 범주에 머무르게 되는 데는 여러 가지 이유가 있다.

첫째는 최고 구속을 작성한 리즈의 경우처럼 기록을 재는 측량 기구가 매번 일정하고 동일한 결과를 나타내지 못하거나, 환경에 의해 측량 기구의 결과값이 달라질 수 있다는 불신의 벽에 부딪쳤을 경우다. 육상 종목의 100m 달리기에서 등 뒤 바람이 초속 2m를 초과하면 신기록을 세워도 공식기록으로 인정을 받지 못하고 참고 기록으로 남게 되는데 비슷한 이치라고 할 수 있다. 과거 2005년 올스타전(인천 문학구장) 막간 행사로 마련된 야수들의 투구 스피드 측정 이벤트에서 3루수 정성훈(당시 현대)이 던진 공이 시속 152km를 기록해 1위를 차지한 적이 있는데, 육안에 의한 비교나 다른 야수들의 투구 스피드를 감안했을 때 조금 과하다 싶게 나온 것이 아닌가 하는 의구심을 불러일으킨 것도 따지고 보면 스피드 건에 대한 신뢰가 확고하지 못한 때문이라 할 수 있다.

둘째는 각 나라나 리그에서 공식적으로 집계하는 항목에 들어가지 않는 기록들이 비공식기록에 속한다. 2010년 한화 류현진이 메이저리그의 밥 깁슨이 보유했던 26경기 연속 QS(1967~1968년) 기록을 넘어 29경기 연속 QS(2009~2010년)와 단일 시즌 23경기 연속 QS라는 양질의 세계신기록을 수립했지만, 9경기 연속 홈런을 날리며 역시 세계신기록을 작성한 이대호(롯데)와 달리 공식적인 시상과 기록 대상으로 인정받지 못한 이유는 선발투수의 역량을 재는 QS(Quality Start) 집계 항목이 공식적으로 추출되고 관리되는 기록 항목이 아니었기 때문이다.

셋째는 과거 비교 기록 자체가 아예 존재하지 않는 관계로 가치판단이 어려운 경우다. 삼성 라이온즈가 2010년 세운 5회까지 리드 시 53경기 연속 승리 기록도 같은 조건에서 이뤄진 과거의 기록들을 집계하지 않았던 관계로 추정만 가능할 뿐, 공식적으로는 신기록 여부를 가려내기가 어렵기 때문에 비공식적인 범주에 담아 참고 기록으로 분류되어야 했다.

넷째는 기록의 완성에 필요한 최저 기본 단위를 충족하지 못한 관계로 비공식기록으로 처리되는 경우다. 서두에 언급한 1993년 박동희의 5이닝 노히트노런이나 2022년 폰트의 9이닝 퍼펙트 기록처럼 기록 인정 기본단위 미달과 같은 이유로 미완성으로 간주된 비공식기록들이 이에 해당한다.

야구의 기록이란 경기에서 일어나는 선수들의 일거수일투족을 수치화해 팀 또는 개인별 기량과 역량을 평가하고, 막연한 짐작이 아닌 객관적 비교를 위한 평가의 척도로서 없어서는 안 될, 승부 못지않은 야구의 또다른 중심이다. 여기에 리그 공식기록들만으로는 채워지지 못하는 부분과 좀 더 합리적이고 세분화된 평가 자료의 시대적 필요성 때문에 재야의 비공식기록들은 해마다 그 수를 늘려가는 추세다. 야구의 고전적 통계가 갖는 맹점을 커버하기 위해 끊임없이 시도되는 다각도의 야구기록 수량화 작업을 한 마디로 대변한다고 볼 수 있는 세이버메트릭스(Sabermetrics)도 결국 비공식기록들의 가치를 극대화하려는 노력의 부산물이다. 재미있고 풍성한 야구를 만드는 데 비공식기록들 역시 없어서는 안 될 요소이기에 그 존재의 의미는 공식기록에 견주어 크게 모자람이 없다 할 수 있다. 하지만 상을 수여받고 공로를 만인이 알아주는 공식기록들에 비해 상대적으로 비공식기록들은 아직도 그 중요도나 활용성에 비해 제대로 대접받지 못하는 편이다.

"아버님을 아버님이라 부르지 못하고 ……."

『홍길동전』에 나오는 그 유명한 대사다. 기념비적인 기록을 세웠으면서도 팀을 옮겨 다닌 서자(?)라서 당당하게 내세우기가 멋쩍은 기록, 팀에서도 내 집 자식이지만 마냥 예쁘게만 봐주기 쉽지 않은 기록. 이뤄내기 쉽지 않은 기록을 세웠음에도 공식적으로 집계되는 부문이 아니라서 가십성으로 지나고 마는 비공식기록들.

이처럼 야구기록에는 순수 혈통을 인정받는 '적자(嫡子)' 기록과 여러 이유로 족보(?)에 오르지 못하는 '서자(庶子)' 기록이 함께 공존하는데, 야구의 기록 세계가 갖고 있는 또 하나의 자화상이라 하겠다.

박민우 vs 서동욱,
규칙이 전부가 아닌 사람의 야구

웬만한 상황은 야구 규칙서 안에서 다 해결되리라고 생각했고 그렇게 믿었다. 적어도 2016년 5월까지는. 야구는 사람이 하는 운동이었고 사람의 움직임에 의해 이루어지는 운동이니만큼 그 행동에 관한 모든 부분은 야구 규칙이라는 법을 통해 판단과 결정이 가능할 것이라 생각했었다. 그러나 이러한 생각은 여지없이 무너졌다. 야구는 사람이 하는 운동이었지만 사람은 생각의 지배를 받는다는 사실을 간과하고 있었던 것이다.

2016년 5월 29일 KIA와 NC전(광주 기아 챔피언스필드)에선 경기 중에 일어난 선수의 감정과 생각의 표식 허용을 둘러싼 작은 논란이 일었다. 이날 경기에 나란히 양 팀의 2루수로 출전했던 박민우(NC)와 서동욱(KIA)은 수비 도중 자신의 수비위치 주변에 종교적 표식인 십자가와 '만(卍)'이라는 표식을 마치 서로 경쟁이라도 하듯 스파이크로 여기저기 잔뜩 그려놓는 진풍경을 연출했는데, 이러한 행위에 대한 제재 여부가 이슈로 떠올랐던 것이다. 이를 두고 일부에서는 서동욱과 박민우가 종교적으로 신경전을 벌인 것이 아닌가 하는 의문을 제기하기도 했지만, 그 안을 들여다보면 그렇게까지 색안경을 끼고 지나치게 확대해석 할 일은 아니었다.

이미 알고 있는 얘기지만 야구는 선수의 신체적 기량 이전에 정신의 지배를 크게 받는 운동 종목이다. 아무리 뛰어난 실력을 갖고 있다 하더라도 선수가 자신의 실수나 자책감 등으로 인해 평상심을 잃게 되는 경우엔 실력 발휘는 차치하고 보여줄 수 있는 기량도 다 펼치지 못한 채 경기를 망치는 일을 자주 볼 수 있다. 경기 중 선수에겐 심리적으로 안정을 찾고 유지하는 일이 그만큼 중요하다는 말이다. 타석에 들어서기 전 타자가 배트로 그라운드에 가족이나 잊지 못할 친구의 이름을 쓴다든지, 투수가 새로운 이닝 시작 전에 발로 마운드 주변에 자신만이 알 수 있는 간단한 표식을 남기는 행위 등도 결국은 경기에 대한 집중력을 높이고 마음을 다잡기 위한 선수 개개인의 독특한 버릇인 동시에 그들만의 의식이다.

이날 경기 중 서동욱과 박민우가 서로 그라운드에 개인적으로 갖고 있는 자신만의 종교인 기독교와 불교를 의미하는 표식을 그려 넣은 행동은, 누군가가 먼저 새겨놓은 표식을 보고서 저항적 의미로 쓴 것이 아니라, 무의식적으로 따라서 그랬을 가능성이 크다. 그리고 빈 곳을 찾아 하나둘 서로 서로 메워간 결과, 그 숫자가 타인이 인식할 만큼 늘어났던 것이다. 여기에 각자 믿는 종교가 다르다 보니 자신이 지닌 종교에 대한 신앙심을 표시해 놓고 수비 시 마음의 안정을 얻고자 했던 것으로 보는 것이 좀 더 사실에 가까운 해석이라 할 수 있다.

실제로 KIA의 서동욱은 표식을 둘러싼 논란에 "불교 신자인 박민우가 평소 수비 중 실책에 대한 부담감을 갖고 있다 보니 간절한 마음에 그랬을 거라고 생각했다"라는 뒷말을 남겼다. 아울러 "그 마음을 알기 때문에 기독교 신자인 자신도 십자가를 그려 넣었다. 종교적인 대립이나 저항 의도를 갖고 그린 것은 아니었다. 공수교대 때 서로 지나치면서 웃었다. 그러한 행위가 문제가 될 것이라고 생각하지는 못했다"라고 좀 더 자세히 당시 심경에 대한 설명을 하기도 했는데, 이쯤 되면 서동욱과 박민우가 어떤 생각으로 그러한 일들을 저질렀는지(?) 그 배경과 정황이 확실히 이해가 될

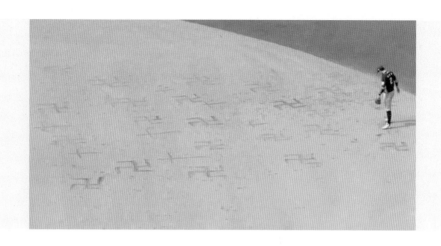

것으로 믿는다.

그러면 충분히 이해가 된 인간적인 심리와는 별개로 경기적으로 두 선수가 그라운드에 종교적 표식을 그려 넣는 행위는 과연 규칙적으로는 아무런 문제가 되지 않는 행동이었을까? KBO리그 규정에 의하면 그라운드 위에 그림이나 표식을 새기는 행위 자체를 금지하는 관련 조항은 찾아볼 수 없다. 군이 대입하자면 '경기 중 선수단 행동관련 지침' 안에서 찾을 수 있는데 그 내용은 다음과 같다.

헬멧, 모자 등 야구용품에 지나친 개인 편향의 표현 및 특정 종교를 나타내는 표식을 금지한다.

이 내용 안에 그라운드는 언급되어 있지 않다. 즉 그라운드 내에서의 특정 표시나 표출 행위에 관해서는 따로 명확히 규정된 것이 없었기에 이에 대한 즉각적인 조치나 규제가 마땅치는 않았다. 또한 KBO 사무국에서도 이들의 행위가 문제의 소지는 있어 보이긴 하지만 규칙적으로 제재할 근거는 따로 존재하지 않는다며 선을 그었고, 만일 경기에 지장을 줄 소지가 있다면 심판원이 이를 지우도록 조치할 필요가 있다는 유권해석을 덧붙이는 정도에서 의견을 정리했다.

하지만 우리가 법적인 잣대로 어렵게 다가서지 않더라도 야구 경기의 특성을 감안하면 그라운드 위에 땅을 파 그림이나 글자를 새기는 일은 때에 따라선 경기에 상당한 영향을 미칠 수도 있는 문제적 행위로 볼 수 있다. 그라운드의 지면이 이물질 없이 평평해야 함에도 움푹 파이게 문양을 새겨놓는 일은 땅볼타구 때 타구 방향이 급격히 꺾인다거나 불규칙 바운드가 발생할 가능성을 아주 높게 만들기 때문이다. 따라서 상대 팀의 어필이 있다면 당연히 지우도록 해야 하는 것은 마땅하며, 설령 상대 팀의 지적이 없었더라도 심판원이 자의적으로 판단해 경기에 영향을 미칠 수 있다고 생각되면 역시 이러한 행위를 금지하도록 제재하는 것이 적절한 조치라고 할 수 있다.

같은 해인 2016년 5월, 메이저리그에서는 LA 다저스가 뉴욕 메츠와의 원정경기 수비 때 외야수들이 자신의 수비위치를 정확히 잡기 위해 스파이크로 그라운드에 표식을 파놓는 행위가 문제된 적이 있었다. 메이저리그 역시 이에 대해 미리 마련된 명확한 관련 규정이 없는 바람에 관계자들 간 논란거리로 부각된 바 있는데, 경기적 변수로 떠오를 수 있다는 점에서 동일한 맥락으로의 해석이 가능할 수 있다.

우리나라 프로야구에서 일어난 일과는 접근 의도나 성격상 다소 거리가 멀지만 국제올림픽위원회의 올림픽 헌장(50조)에는 다음과 같은 금지규정이 문서로 존재한다.

올림픽 경기장 내에서는 어떤 종류의 정치적·종교적 혹은 인종적 선전 활동을 할 수 없다.

이는 스포츠의 본질이 왜곡되고 훼손되는 일을 막고 나라 간 또는 인종

간의 각종 분쟁으로 번질 수 있는 위험한 요인들을 미리 제거하기 위해 올림픽위원회가 마련한 규정이다. 그럼에도 올림픽에 출전한 선수들이 실수 또는 다분히 고의적인 의도를 가지고 금지된 사항에 대한 과도한 표식이나 세리머니를 펼치는 바람에 문제가 되는 일이 가끔 발생하곤 하는데, 올림픽 역시 사람이 벌이는 스포츠 경기인 만큼 규칙이나 규정이 사람의 생각이나 정신까지는 통제할 수 없는 일이기에 일어나는 현상들이다.

야구는 사람이 한다. 사람은 생각하는 존재들이다. 생각은 사람들의 행동을 통해 밖으로 표출된다. 그러다 보니 부지불식간에 생각이 선수들의 발을 통해 통제선 밖으로 세상 구경을 나왔다. 하지만 야구 규칙은 사람의 생각을 통제하는 법이라기보다는 사람의 드러난 행동을 재단하고 다스리는 법에 가깝다. 따라서 규칙이나 규정은 적어도 이때의 상황에서는 절대적인 해결책이 될 수는 없었다.

어쨌든 규정과 상관없이 늘 적자생존과 약육강식이 지배하는 정글과 같은 프로야구에서 직업인으로만 인식되어 왔던 선수들이지만, 그 안에 숨은 사람 냄새 물씬한 인간으로서의 여린 마음을 볼 수 있었던 2016년 5월이었다.

박상원 '기합' 투구에 관한 규칙적 접근

골프 경기를 보면 선수가 채를 들어 공을 치기 전, 경기 진행 요원이 갤러리라고 불리는 관중에게 조용히 해달라는 내용의 표식을 들어 보이는 광경을 만나게 된다. 이는 선수가 샷을 하기 전 고도의 집중이 필요한 만큼 주변의 소음으로부터 방해를 받지 않고 플레이에 집중할 수 있도록 하기 위해서다. 또한 야구장에서도 골프 경기만큼의 수준은 아니지만 경기장안의 기계적인 소음이 지나치게 커 선수들의 플레이 집중에 방해가 될 경우, 심판원이 이를 조정하도록 요청하는 일이 가끔 벌어지기도 한다. 그러나 이러한 일들은 원인이 선수로부터 직접 파생되는 소리 때문이 아니라 선수들의 주변 환경에서 기인한 소리들에 대한 제재라는 점에서 경기 내용적으로 선수들 간의 감정적 분쟁이나 의견 대립으로 비화되는 일은 일어나지 않아왔다.

그러나 2020년 5월, KBO리그에서는 플레이의 당사자인 선수가 내는 소음이 경기에 미치는 영향에 대해 다양한 목소리들이 터져 나오며 논란거리로 대두된 일이 있다. 그 소리의 당사자는 2017년 신인 드래프트를 통해 한화에 입단한 투수 박상원. 그는 5월 17일 대전구장 롯데전에서 투구 동작과는 전혀 상관없이 투구 중 터져 나오는 기합 소리가 원인이 되어 상대팀 감독이 이를 놓고 항의에 나서는 해프닝의 주인공으로 떠올랐었다.

그러면 박상원이 투구 중 괴성에 가까운 기합 소리를 내는 일이 이날이 처음이었을까? 그렇지는 않다. 박상원은 이전에도 투구 중 큰 소리를 내며 투구하는 버릇을 갖고 있었다. 단지 과거에는 관중으로부터 나오는 소음에 묻혀 크게 주목받지 않았을 뿐이다. 하지만 2020년에는 상황이 달랐다. 전 세계를 강타한 코로나19 바이러스 전염병 사태로 관중 입장이 허용되지 않는 바람에 적막함만이 가득한 야구장에서 울린 그의 기합 소리는 유독 크게 느껴졌고 부각되었다.

사실 박상원 개인을 떠나 투수가 투구 중 소리를 내는 일은 아주 드문 일은 아니다. 한화 내에서도 박상원 외에 기합을 넣어 던지는 또 다른 투수들이 존재하며, KBO리그뿐만 아니라 해외에서도 소리를 내며 던지는 투수들이 있다. 메이저리그 통산 탈삼진 기록 1위(5714개)에 올라 있는 살아 있는 전설이자 역사 속의 대투수 놀란 라이언 역시 투구 중 "악" 하며 커다란 외마디 기합 소리를 냈던 아주 대표적 투수로 기억된다. 또한 메이저리그를 거쳐 국내 한화로 돌아와 현역 생활을 마친 박찬호 역시 기합 소리를 밖으로 뿜어내는 투구 장면을 자주 보여준 바 있으며, 메이저리그 현역으로는 아메리칸리그 '사이영상'까지 수상(2009년)한 바 있는 휴스턴의 잭 그레인키 등도 고함에 가까운 소리를 내며 공을 던지는 투수였다.

이처럼 투수들이 투구 동작 중 괴성에 가까운 기합 소리를 내는 이유는 아주 간단하다. 순간적으로 힘을 집중시켜 전력으로 던지는 과정에서 자연스럽게 터져 나오는 현상이다. 스포츠에서 나타나는 현상들을 과학적으로 연구하고 분석한 세간의 이론에 의하면 선수가 경기 중 내지르는 기합 소리는 소리를 내지 않고 똑같은 동작이나 행동을 취했을 때보다 일정 부분 힘의 세기를 증폭시키는 것으로 알려져 있다. 아울러 힘을 모아 한꺼번에 순간적으로 터뜨려야 하는 동작 등에서는 특히나 그 기합 소리는 효과가 확실히 크다는 것이 여러 가지 방법으로 증명되고 있다.

따라서 투수가 최대한 구속을 끌어올리기 위해 또는 공에 변화를 주기 위해 몸의 힘을 손끝 한 지점에 모아 터뜨리는 순간 지르는 괴성에 가까운 기합 소리는 지극히 인간적이고 아주 자연스러운 스포츠 현상 중의 하나인 것이다. 일반인들도 주먹으로 치거나 발로 차서 순간적 힘의 크기를 측정하는 길거리 게임 기계 앞에서 타격 전 대부분 큰 소리를 지르는 것을 생각해 보면 이해가 빠를 것이다.

그런 관계로 당시 한화의 수장이었던 한용덕 감독을 비롯한 투수 출신의 감독들은 투수의 기합 소리 동반 투구가 아무런 문제가 없는 대단히 자연스러운 현상이라고 입을 모아 박상원을 감싸안았다. 또한 2020 시즌 KIA 감독으로 자리한 맷 윌리엄스 감독 역시 타자는 공에 집중하기 때문에 소리는 별 영향을 주지 않을 것이며, 다양한 투구 스타일의 투수가 있듯이 소리를 내면서 던지는 것도 그러한 유형의 하나로 생각한다며 크게 문제될 것이 없다는 입장을 표했다. 즉 공을 던지는 과정에서 자연스럽게 새어 나오는 투수의 기합 소리가 경기에 지장을 준다는 일각의 지적에 선을 긋는 쪽으로 상황을 받아들였던 것이다.

그렇다면 박상원의 기합 소리 투구가 문제를 일으킬 수 있다는 의견을 들고 나온 쪽의 생각은 어디에서 출발한 것일까? 그것은 투구 중 발생하는 기합 소리 자체가 아니라 소리가 들리기 시작하는 시점 문제에 대한 해석이 논란의 출발점이었다. 여타의 소리를 내며 던지는 투수들과는 기합 소리가 발생하는 시점이 다르다는 것으로, 투수의 손에서 공이 떠날 때 동시적으로 소리가 발생하는 것이 아니라 공이 포수의 미트를 향해 날아오는 도중에 기합 소리가 들려온다는 시차적 차이에 초점을 둔 것이었다. 따라서 고도의 집중력으로 타격에 임하는 타자들로서는 당연히 방해가 될 소지가 다분하다는 의견이었다. 5월 17일 박상원의 기합 소리에 이의를 제기했던 롯데 허문회 감독 역시 타석에서 박상원을 상대했던 팀 내 타자들이 타석에서의 불편함을 토로하자 주심을 통해 이의를 제기하고 나섰던 것으로 공격 측에서는 나올 수 있는 정당한 어필이었다.

이날 심판진은 롯데의 어필이 있고 난 뒤, 박상원에게 약간의 조심스러운 주의를 주는 선에서 상황을 정리하고 경기를 속개했다. 웬만한 상황은 모두 들어 있다는 야구 규칙이지만 투수의 괴성이나 기합 소리에 관한 조치 규정은 따로 정리되어 있지 않았기 때문이었다. 다만 KBO 사무국은 이러한 상황에 대해 자연스러운 기합 소리는 규칙이나 규정에 의한 제재 대상은 아니라는 입장을 표하는 동시에, 타격에 지나치게 방해가 되는 요소로 작용할 경우에는 현장에서 심판진의 재량으로 규제를 가할 수 있다는 원론적인 의견을 내놓았다. 이는 돌려 말하면 투수의 기합 소리 투구를 원천적으로 금지시킬 뚜렷한 명분은 찾기 어렵다는 것으로 재해석할 수 있다.

평소와 같이 관중이 들어찬 구장이었다면 박상원의 기합 소리 투구는 크게 이슈로 부각되지 않고 넘어갈 수 있었을 것이다. 이전에도 박상원은 기합 소리 투구를 해왔다. 프로 데뷔 때부터 갖고 있는 투구 습관이다. 빠른 직구를 던질 때는 "으악!"이라고 힘이 가득 들어간 소리를 내지만, 변화구를 구사할 때는 그 기합 소리가 약간 다르다. 하지만 과거 상대 팀이 이를 크게 문제 삼은 적은 없었다. 코로나 사태로 무관중 경기가 진행되면서 그의 기합 소리가 상대적으로 크게 들리게 된 구장 내 환경이 일을 키웠다고 볼 수 있다. 평소에는 잘 들리지도 않았던 사소한 잡담과 상대 팀에 대한 경기적인 야유(?) 등도 너무 잘 들리다 보니 간혹 신경전의 빌미가 되기도 하는 상황이었다. 박상원의 기합도 그러한 범주에 들어 있었다.

결론적으로 박상원의 기합 소리 투구 자체를 금지시킬 근거는 없다. 따로 그러한 투구에 관한 제한 규정을 새로 만들지 않는 한, 박상원의 투구 습관을 뜯어 고치도록 강제할 이론적 토대는 없는 것이다. 선수 스스로가 논란거리가 될 수 있는 행동이나 습관을 고치거나 자제한다면 그 길이 최선이겠지만, 그 전까지는 어쩌면 규칙적으로가 아닌 야구적 또는 정신적으로 풀어야 하는 선수들 간 문제인지도 모른다.

박상원은 2020 시즌에 접어들며 등번호를 '58'번에서 '61'번으로 바꿔 달았다. 61번은 2019년 11월 불의의 사고로 갑자기 세상을 떠난 입단 동기(2017년)이자 동료 투수였던 고(故) 김성훈 투수의 등번호였다. 2018년 7월 22일 한화 김성훈은 데뷔전에서 삼성을 상대로 선발 등판해 5.1이닝 동안 2피안타 1실점만을 허용하는 인상적 투구로 1군 무대 첫 승리를 따내는가 싶었지만, 팀 불펜진이 4 : 1의 리드를 지켜내지 못하는 바람에 데뷔전 승리 투수의 기록을 날려야 했다. 그리고 그 당시 박상원은 구원 투수진의 일원으로 동점을 허용하며 김성훈의 승리 기회를 엎은 기억을 갖고 있었다. 이후 후배 투수의 첫 승을 지켜주지 못한 미안함을 가슴속에 늘 품고 살아왔던 그였다. 구단은 당분간 61번을 추모의 뜻으로 비워두고자 했지만 그의 등번호 61번을 달고 마음속으로 김성훈과 함께 뛰고 싶다는 박상원의 간절한 마음이 담긴 인간적 요청에 구단은 흔쾌히 고인의 등번호를 내어주었다.

자신의 부진으로 후배 투수의 데뷔 첫 승을 지켜주지 못한 것에 대한 미안함을 가졌던 박상원에게 결국 1승도 올리지 못하고 사고로 세상을 등진 김성훈은 타인이 아닌 곧 자신과 다름없는 존재였다. 그런 김성훈의 등번호를 달고 '못해서는 안 된다'라는 간절함과 혼을 담아 매 순간 전력으로 공을 던지고 있는 박상원임을 감안하면 그의 인간적인, 너무도 인간적인 기합 소리 투구를 규칙적으로 따져보려 했던 일이 슬그머니 머쓱해지기도 한다. 야구라는 종목에서 일어나는 상황들이 참으로 다양하다는 것은 익히 알고 있지만 사연을 알고 나니 오히려 가부를 따지는 일이 더 어려워지고 말았다.

오재원의 연이은 돌발 플레이, 공부는 타인의 몫

선수들의 플레이 형태는 그 의도나 성향에 따라 크게 두 가지 유형으로 묶음 지어 나눌 수 있다. 첫 번째는 특정 상황에 누구나 예상 가능한 상식적인 선택을 하는 선수들이다. 물론 대부분의 선수들은 이러한 유형에 속한다. 그러나 경기를 치르다 보면 일반화된 고정관념을 깨부수며 자신만의 개성 짙은 플레이를 펼치는 선수들을 종종 접하게 되는데, 플레이 선택에 있어 쉽게 예상하지 못했던 선택을 하는 선수들이 두 번째 부류에 속한다.

결과를 미리 알 수 없는 것이 스포츠 경기의 매력이자 특성이지만, 야구는 특히 돌발의 연속으로 이루어져 있는 종목이다. 여기에 복잡한 규칙이 어우러져 상황이 한번 꼬이기라도 하면 이를 푸는 데 있어 아주 애를 먹는다. 그래서 플레이를 독창적 또는 창조적으로 가져가는 두 번째 부류의 선수들은 심판이나 기록원들에겐 늘 요주의 대상이다. 애초 선수는 판정관을 속이려는 의도가 전혀 없었지만 결국 그 플레이에 다치는(?) 것은 심판이나 기록원이기 때문이다.

2020년 5월 26일 두산의 2루수로 출장한 오재원은 잠실구장 SK전에서 1 : 2로 뒤지던 6회 초 1사 만루 위기 상황을 실점을 최소화하는 독창적인

'나 홀로 투 킬 더블플레이'를 펼쳐 역시 베테랑답다는 평을 끌어낸 적이 있다. 이날 오재원은 자신 앞으로 굴러온 최준우(SK)의 빗맞은 땅볼을 잡아 송구를 하지 않고 직접 공을 손에 쥔 채 자신 앞을 지나가려던 1루 주자 정의윤을 1루 쪽으로 몰았다. 그리고 1루 주자에 태그를 시도했지만 정의윤은 이를 피하며 세이프. 시간에 쫓긴 오재원은 그대로 달려 타자주자 최준우보다 먼저 1루를 밟으며 아웃카운트 하나를 일단 잡아내는 데 성공한 후, 시선을 다시 정의윤에게로 돌렸다. 이어 태그를 피하긴 했지만 아직 1루 부근에 어정쩡하게 서 있던 정의윤을 향해 재차 달려들어 태그, 기어이 두 번째 아웃을 완성시켰다.

사실 심판이나 기록원이나 이러한 오재원의 일명 '소몰이 더블플레이'는 전혀 예상하지 못했던 오재원만의 창조적 플레이였다. 이는 다시 말해 자칫 방심하면 황당한 오심과도 연결될 수 있는 위험 요소가 아주 많았던 플레이였다는 뜻이다. 실제로 땅볼타구가 나왔을 때 판단 착오나 이날 상황처럼 수비수에 몰려 다음 누로 진루하지 못하고 1루로 되돌아온 주자가 타자주자와 함께 1루에 모이게 되는 일이 간혹 발생한다. 이때 1루 주자와 타자주자 중에 어느 주자가 먼저 아웃인가에 따라 다음 주자는 아웃을 인정받을 수 있는 상황이 포스아웃이냐 태그아웃이냐로 완전 달라지는데, 순간 이에 대한 판단에 혼란을 일으킨 1루심이 오심을 저질러 징계로 이어진 사례도 있었다.

다행히(?) 오재원의 소몰이식 수비에 당황한 정의윤이 1루로 돌아오지 않는 바람에 두 주자가 같은 누를 밟고 서 있는 어색한 상황은 벌어지지 않았지만, 플레이를 자세히 들여다보면 오재원의 1루 주자 태그 시도 상황은 규칙적으로 또 다른 위험천만한 장면을 품고 있었다. 오재원은 정의윤을 쫓아와 태그를 시도하는 과정에서 정의윤이 외야 방향으로 몸을 피하자 잠시 1루심에게 스리피트라인 이탈 아웃이 아니냐는 동작을 취해 보였는데 일견 그렇게 볼 수도 있는 장면이었다. 그런데 이 대목에서 실시간

으로 확인이 되지 않았던 부분이 하나 있었다. 바로 오재원이 주자 태그를 시도했던 글러브였다. 정작 공은 태그를 시도한 글러브 낀 왼손이 아니라 오른손에 쥐어져 있었던 것이다. 따라서 글러브로 설령 태그가 되었다 하더라도 아웃이 아니었다.

또한 1루 주자 정의윤이 태그를 피하기 위해 과하게 몸을 피한 부분이 오재원의 어필처럼 스리피트라인 아웃으로 선언되지 않은 것도 따지고 보면 빈 글러브 태그 상황이었기에 정상적인 태그 시도로 간주되지 않아 그대로 인플레이 상태로 흘러간 것으로 볼 수 있다.

또한 같은 날 오재원은 창조적 더블플레이가 일어나기 전, 생각지도 않았던 또 하나의 규칙적 화두를 던지는 이슈를 제공하기도 했는데 바로 배트를 내리는 동작에 대한 스윙 여부 문제였다. 오재원은 2회 말 1사 후 타석에 들어섰다가 투수 박종훈(SK)이 초구를 던지는 과정에서 갑자기 타격 의사가 없다는 듯 들고 있던 배트를 아래로 내리는 동작을 취했는데, 경기 중에는 별문제 없이 스쳐 갔던 이 장면이 엉뚱하게도 국내가 아닌 미국 쪽에서 스윙 여부에 대한 논란이 일었다.

당시 오재원이 배트를 내리는 동작은 SK 더그아웃 쪽에서 신경을 자극하는 야유성 소리가 들리자 이에 대한 불편한 심기를 그대로 행동으로 표출한 것이었는데, 이유야 어쨌든 오재원의 이 동작을 스윙으로 볼 수 있는지의 핵심은 타자의 공격하고자 하는 의도 인정 여부에 달렸다. 과거에는 타자 몸 쪽으로 날아온 투구를 피하는 과정에서 의도치 않게 배트를 든 손이 투수 쪽을 향해 회전하는 경우, 공격 의사와 상관없이 무조건 타자의 스윙으로 판정되는 일이 있었다. 하지만 최근에는 공격 의도가 전혀 없는 상태에서 오로지 공을 피하다 파생되는 타자의 움직임은 스윙이 아닌 볼로 판정되고 있다. KBO 심판위원회 역시 이날 오재원의 배트 내림 동작은 스윙으로 보기에는 무리가 있다고 선을 그었다.

규칙적으로 한발 더 들어가 이날 주심은 오재원의 동작과 상관없이 투수의 초구가 스트라이크 존을 벗어났다고 판단해 정상적으로 박종훈의 투구를 볼로 판정했다. 관련 야구 규칙에는 "타자가 타자석 안에 있더라도 타격자세를 취하려 들지 않을 때는 투수에게 투구를 명하여 모든 투구를 스트라이크로 선언한다"라고 명시되어 있지만, 이 조항은 타자가 판정에 불만을 품는 등의 이유로 정상적인 공격 의사를 보이지 않았을 때 경고적 페널티로 적용될 수 있는 내용이다. 오재원처럼 정상적으로 플레이를 하려다가 갑작스레 순간적으로 공격 의지를 내려놓는 행위에는 정황상 꼭 들어맞지는 않는 규칙인 것이다. 가끔 주심이 투수의 인터벌이 너무 길어 정상적인 투타 대결 구도가 깨졌다고 판단했을 때 직접 타임을 선언하는 경우가 있는데, 오재원의 행동이 그러한 범주에 들었다고 판단했다면 투수가 투구하기 전에 타임을 선언해 초구를 무효화하는 방법이 있긴 했다.

하지만 오재원의 이날 동작은 워낙 순간적이어서 주심의 대처가 불가능했다. 또한 오재원의 경우가 아니더라도 타자가 초구를 그냥 지켜보겠다는 스스로의 판단으로 제대로 된 타격자세를 취하지 않는 경우도 더러 있기에 그런 의도로 해석할 여지도 있어 보였다.

한편 같은 해인 2020년 6월 21일 오재원은 잠실 두산과의 라이벌전에서 5회 초 대타로 호명되었으나 자신이 대타로 통보되기 전, 개인적 용무를 보다가 대타 기용 사실을 모른 채 무려 2분 여가 지난 뒤에야 허둥지둥 장비를 챙겨 타석에 등장, 또 한 번 입방아에 오르내린 사연도 가지고 있다. 이 일로 인해 불거진 매너 관련 논란은 본질에서 벗어난 얘기이니 접어두고, 이처럼 대타 등장이 너무 오랜 시간 지연되는 일은 과연 규칙적으로 어떻게 조치될 수 있는지에 대한 공부거리를 남겼는데, 이 역시 과거 전혀 생각해 보지 않았던 장면이었다.

야구 규칙에 대타에 관한 내용은 특별하게 설명된 것이 거의 없다. 통상적으로 그간 관례상 지켜져 온 대타 관련 규칙을 살펴봐도 마찬가지다. 일반적으로 한번 대타로 통보된 선수는 상대 투수가 바뀌지 않는 한, 원칙상 다른 대타로 재차 변경이 불가능하다. 출장이 이미 공표된 만큼 대타 자격으로 타석에 서야 한다. 상대 투수가 바뀌지 않았는데도 한번 지정된 대타를 또 다른 대타로 바꿔 기용한 사례는 기억에 없다. 대타라면 타석에 들어서서 출루하거나 아웃될 때까지 플레이하는 것을 당연한 일로 모두가 여겨왔고, 그렇게 해왔다. 오재원처럼 대타가 이닝 교대 제한 시간 2분보다도 더 긴 시간이 지나도록 타석에 등장하지 못한 적은 없었다.

그렇다면 대타 출장이 늦어질 경우 언제까지 기다려주어야 할까? 이것 역시 규칙에 정해진 바는 없다. 그렇다고 마냥 기다려줄 수도 없는 일이다. 따라서 기용 불가 선수로 취급해 또 다른 대타를 지명하도록 심판원이 해당 구단의 감독에게 요구하는 방법이 유일해 보인다. 지명타자나 새로 등판한 투수가 타석이나 마운드에서 규칙상 최소한의 의무적인 플레이를 완료하지 못한 경우도 부상 등의 사유로 교체를 허용하고 있는 현실을 감안하면, 심판원의 재량권으로 대타나 대주자의 지각 출장 문제 역시 같은 맥락으로 다룰 수 있다고 본다. 물론 출장 지각으로 나오지 못한 선수의 이후 당일 경기 기용은 불가능하다는 전제가 필요하다. 즉 이미 경기에서 물러난 선수로 취급되어야 마땅하다는 뜻이다. 문제를 일으킨 것에 대한 페널티는 반드시 따라야 한다. 일부에선 늑장 사태를 경기 거부로 간주해 타자를 아웃으로 처리해야 한다는 얘기도 들렸는데, 해결책이 될 수는 있겠지만 쉽게 접근할 수 있는 방식은 아닌 듯싶다.

돌발성이 강해서일까? 오재원의 플레이는 과감하고 독특한 편이다. 결과와 상관없이 시도 자체가 언제나 신선(?)하다. 2019년 8월 잠실 SK전에서 대주자로 나선 오재원은 상대 투수 박민호가 허리를 숙여 로진을 만지는 틈을 이용, 그대로 홈으로 돌진해 단독 홈스틸을 성공시킨 일이 있다. 2015년 10월에는 타격 후 날카롭게 부러진 배트를 손에 쥔 채 1루로 달려나가 그보다 앞서 벌어진 수비 때의 충돌 상황과 맞물려 오해 섞인 구설수에 오르기도 했지만, 사실 오재원이 배트 조각을 들고 뛰어나가는 모습은 그날 말고도 또 있었다. 그리고 2017년 KIA와의 한국시리즈 1차전에선 평범한 땅볼이 자신 앞에서 불규칙 바운드가 되며 결과적으로 타구를 잡지 못하게 되자 끼고 있던 글러브를 내동댕이치며 강한 승부욕을 깔고 경기 흐름에 따른 자신의 생각이나 감정들을 겉으로 드러내는 일이 많았다. 또한 2017년부터 2019년까지는 3년 연속으로 스트라이크 존 문제로 항의하다 주심으로부터 퇴장 선언을 받은 화려한(?) 전력도 갖고 있다. 이처럼 그의 플레이는 강한 승부욕을 배경으로 경기 흐름에 따른 자신의 생각이나 감정 변화가 겉으로 강하게 드러나는 경우가 많았다.

우리는 2015년 일본 도쿄돔에서 열린 'WBSC 프리미어12' 대회에서 일본과의 4강전에 대타로 나와 좌전안타를 치고 1루로 달려 나가며 일본 더그아웃 쪽을 향해 보란 듯이 포효하던 오재원을 기억한다. 또한 우중간 쪽 대형 타구를 날리고 홈런임을 의식한 듯 배트를 공중으로 던져 올리는 '배트 플립'을 감행하며 대표 팀의 전의를 한껏 끌어올렸던 장면을 기억하고 있다. 한때 두산의 동료였던 포수 양의지와 이승엽 KBO 홍보대사는 2020년 미디어데이와 신인 선수 오리엔테이션 자리에서 각각 다음과 같은 비슷한 내용의 멘트를 남겼다.

오재원은 국민 밉상이라는 호칭을 갖고 있지만 나에겐 좋은 형이다.

우리 팀 선수였으면 하는 선수가 하나 있다. 두산 오재원이다. 상대 팀으로 만나면 굉장히 얄미운 선수다. 그러나 팀에는 그런 파이팅 넘치는 선수가 반드시 필요하다.

두산 팬이 아니라면 얄미웠겠지만, 그가 국가대표의 일원으로 보여주었던 모습들은 대한민국 국민의 입장에서는 너무 예뻐 보였던 기억을 떠올려 대입해 보면 그의 존재가치를 짐작하는 일은 그다지 어려운 일이 아닐

것이다. 개인적으로 기록 판정과 관련해서 오재원을 접한 나쁜 기억은 없다. 그래서인지 아니면 전혀 예기치 않았던 공부거리들을 숙제처럼 툭툭 던져주어서 그런지 그의 플레이는 보며 생각하는 재미가 있었다. 교류(?)가 없었던 기록원의 눈에는 그저 예쁜 오재원이었다.

오재원은 그의 종잡을 수 없었던 플레이 이력만큼이나 등번호 역사에도 화려한 변신의 흔적을 남기고 2022년 9월 은퇴했다. 2007년 KBO리그에 데뷔한 오재원의 첫 등번호는 48번이었다. 그러나 이듬해에 7번으로 바꿔 달았고, 이후 2010년에는 53번을 부착한 데 이어 2013년 97번과 2014년 17번을 거쳐 2016 시즌엔 24번으로 끊임없는 변화를 주었다. 이에 오재원의 일부 팬들은 계속해서 변하는 그의 등번호를 따라잡는 데 지친 나머지 그의 유니폼을 주문하면서 등번호에 아예 물음표(?)를 숫자 대신 마킹하기도 했다고 한다.

기록원의 환청이 낳은
두산 강원진의 둔갑술

"장원준!"

기록실 창 밖 멀리로부터 들려오는 주심의 투수 교체를 알리는 목소리에 기록원은 오른손을 들었다. 인지했다는 수신호였다. 그리고 잠시 후 두산의 장원준은 마운드 위로 걸어 올라가 발 뻗으로 내디딜 곳을 재어가며 마운드를 다졌다.

상무에 0 : 3으로 끌려가던 6회 초 이렇게 마운드에 오른 장원준은 2이닝 동안 12타자를 상대로 1피안타 6볼넷을 허용하며 추가 2실점 했고 경기는 1 : 5, 두산은 좀 더 어려워진 상황으로 몰리고 있었다.

네 개의 볼넷을 연거푸 내주는 등, 좀처럼 영점을 잡지 못하며 제구력 난조를 보이던 장원준이 7회 초 상무의 공격을 간신히 2실점으로 틀어막고 마운드를 내려올 무렵, 경기 내내 잔뜩 찌푸렸던 하늘은 세찬 비를 뿌리기 시작했다. 그라운드는 금새 젖어 들었고 더 이상의 경기 진행은 무리였다. 통상 우천으로 경기가 중단되면 30분 정도를 기다려보는 것이 일반적 풍경이지만, 내리는 비의 강도나 뇌전 상태로 보아 이날은 그럴 필요가 전혀 없어 보였다. 결국 오후 1시 7분에 중단된 경기는 불과 13분이 흐른 뒤인 20분경, 심판진에 의해 조기 종료가 선언되며 끝을 맺을 수밖에 없었다.

이상은 2022년 6월 23일 목요일 오전 11시 이천 베어스파크에서 치러진 상무와 두산 간의 퓨처스리그 경기가 7회 강우 콜드게임으로 처리된 일련의 과정이다.

이후 필요한 마감 작업을 끝낸 기록원은 다음 날 경기가 열리는 곳으로 차를 몰아 이동을 했고, 기록원의 루틴은 어느 때처럼 평범한 일상의 시간 속에서 자연스럽게 흘러가고 있었다.

그로부터 얼마의 시간이 지난 뒤, 두산으로부터 한 통의 문자가 와 있는 것이 눈에 띄었다. 직접 통화가 연결이 되지 않자 두산 전력분석 팀이 남겨놓은 문자였다. 그리고 그 내용은 우천 중단이 되던 무렵, 시커먼 하늘을 두 쪽으로 갈라놓던 번개와 벼락보다 훨씬 선명했고 충격적이었다.

"오늘 장원준이 아니라 강원진인데 ……."

급히 전화를 연결해 확인해 보니 아까 6회 초 구원투수로 올라온 투수는 장원준이 아니라 강원진이라는 내용이었다.

'강원진도 왼쪽이야?'

기록원의 경험치에 강원진은 없었다. 던지는 걸 한 번도 본 적이 없었으니 그가 좌완인지 우완인지에 대한 사전 정보가 전혀 들어 있지 않았다. 당일 출장이 가능한 현역선수 명단에 분명 이름은 올라 있었지만, 투구 유형은 따로 명시되어 있지 않기에 현장에서는 알 수가 없었다. 하지만 던지는 모습을 본 적이 없는 낯선 투수를 경기에서 처음 접하게 되는 일은 부지기수이니 특별한 일은 아닌 터.

몇 시간 전의 기억을 찾아 필름을 되감아 보았지만 강원진이 투구를 이어갔던 2이닝 동안 장원준이 아니라는 의심이 들었던 순간은 거의 찾을 수가 없었다.

'같은 왼손이라도 투구폼이 다르거나 체형이 다르면 금방 알아차리는 법인데 어떻게 해서 까맣게 모르고 지나간 것일까?

"키도 비슷하고 던지는 투구폼도 닮았어요."

돌아온 관계자의 대답에 기록원은 더욱 멘붕에 빠질 수밖에 없었다.

'같은 좌완에 키도 비슷하고 투구폼도 비슷하다니 ……. 그럼 주심이 내게 통보해 주었던 아까 그 이름은? 분명 장원준으로 들렸는데 …….'

이런저런 가정 속에 생각이 골몰해지자 비로소 눈과 귀를 가로막던 장막이 하나둘 걷히기 시작했다. 주심은 강원진으로 정확히 얘기했지만 기록원이 장원준으로 알아들은 것이고, 멀찌감치 바라보이는 마운드에 올라온 투수 강원진의 실루엣은 체형상 비슷한 장원진처럼 보였던 것이고, 연습 투구를 시작했을 때 왼손으로 던지는 모습에서 기록원은 좌완 장원준임을 재차 확인한 셈이었다. 그리고 그러한 믿음은 의심하지 않는 확신이 되어버린 상태로 무려 2이닝 동안이나 이어져 간 것이고, 적어도 그 시간 동안 기록원의 눈에 강원진은 장원준으로 빙의(憑依)되어 있었던 것이다.

돌아보니 콩깍지도 이런 콩깍지가 없었다. 의심해 볼 구석들이 분명 있었는데 그 기회를 잡지 못하고 지나쳐 버렸다. 처음 마운드에 올라 발 뺌을 쟀을 때 그것이 과거에 보던 장원준의 루틴이었는지 의심했어야 했다. 97번 강원진이 던지는 동안 가끔 등을 돌렸을 때 눈에 익숙한 장원준의 등번호 28이 아닌 순간이 분명 있었을 텐데 그 순간들을 잡아내지 못했다.

이날 기록에서 알 수 있듯 베테랑 장원준이 2이닝 동안 볼넷을 여섯 개씩이나 허용한다는 것 자체도 말이 안 되는 일이라고 생각할 수 있지만, 이 부분은 의심이 들지 않았다. 과거 퓨처스 경기에서 그가 마운드에 올라와 제구가 잘 되지 않아 여러 차례의 볼넷을 허용하며 고전하던 모습을 봤던 경험은 오히려 의심이 아닌 확신 쪽으로 영향을 미쳤다고 할 수 있다.

이 외에 "핑계 없는 무덤 없다"고 주저리주저리 끌어다 붙일 이유를 찾자면 아예 없는 것은 아니다. 두산의 원정 유니폼처럼 앞쪽에서도 그 선수의 번호를 확인할 수 있도록 넘버를 달아주었더라면 착각했었더라도 얼마 지나지 않아 장원준이 아님을 잡아낼 수 있었을 것이다. 국제대회에서처럼 선수 교대를 할 때 이름 외에 등번호까지 같이 통보해 주는 방식으로 갔다면 기록원이 처음부터 선수를 오인하지는 않았을 것이다. 이천 베어스파크 기록실이 기록원 외에 전광판 표출과 작업을 담당하는 사람이 같이 앉아 일할 수 있는 시스템이었다면 잘못된 정보가 바로 걸러질 수 있었을 텐데 그렇지 않은 환경도 부수적 요인으로 작용한 것이고, 앞서 언급한 대로 현역 등록 선수 명단에 좌완과 우완이 구별되어 있었다면 같은 팀에 비슷한 이름의 좌완이 있다는 것을 사전에 알 수 있었을 것이다.

하지만 이 모든 핑계 아닌 핑계와 이유들은 좀 더 정확한 기록 처리를 위해 향후 현장에 반영되어야 할 개선 요소들일 뿐, 이날 장원준으로의 오인 해프닝에 대한 면피성 구실로 삼을 수는 없는 일이고, 또 그래서도 안 되는 일이다. 결론적으로 말하면 이날의 소동은 한마디로 긴장감을 잃은 공식기록원의 매너리즘과 익숙함에서 오는 나태한 마음가짐이 빚어낸 사고라고 결론지을 수 있겠다.

그로부터 며칠 후 이 일에 대한 책임을 물어 기록원에겐 당연한 징계가 내려졌지만 그것만으로 모든 일이 없던 일이 될 수는 없었다. 개인에 대한 징계 차원을 넘어 기록위원회와 리그 관장 기구인 KBO의 공신력에 상처를 입힌 일은 기록 오류보다 더 심각한 후유증을 남기는 일이었기에 징계가 곧 면죄부가 되어주진 못했다.

잘못 적히거나 입력된 단순한 기록 오류야 발견 즉시 수정하면 되는 일이지만, 마음가짐의 오류에서 비롯된 오점은 평생 씻기지 않는 영원한 유죄처럼 주홍 글씨로 남을 것이 분명했기 때문이다. 장원준처럼 1군에서 잔뼈가 굵은 유명한 선수가 아니었다면 단순 착각에 의한 기록 오류로 뉴스거리조차 안 되었을 텐데 그냥 운이 없었다고 생각하라는 일부의 위로 아닌 위로는 감사한 말이었지만, 마음에까지 와닿진 못했다.

우리는 세상을 살아가는 동안 버려야 할 욕심이 생기거나 또는 어려운 상황에 처하거나 나태해짐을 느낄 때 늘 초심을 잊지 말자거나 초심으로 돌아가자 말하곤 한다. 그것이 말처럼 쉽지는 않다는 것을 잘 알지만 그 길이 난관을 뚫고 나갈 수 있는 최고의, 최선의 방법이기에 그렇게 말들을 한다. 30여 년간의 공식기록원 생활을 하며 초심으로 돌아가고 싶었던 적은 많았지만 그 길은 늘 어려웠다. 몸에 밴 습관은 언제나 편안한 길을 먼저 찾게 했고 풍부한 경험은 늘 지레짐작과 예단을 앞세웠다.

그런데 2022년 한여름, 33년 차 기록원이던 내게 항상 온화한 얼굴을 하고 있던 야구는 처음으로 매를 들어 초심으로 돌아가는 길을 알려주고 있었다. 표정 굳은 얼굴로…….

강원진 오인 사건이 있고 나서 약 열흘이 지난 뒤인 7월 2일 서산구장에서 한화와 두산의 퓨처스 경기가 열렸다. 두산이 6 : 1로 앞서던 7회 말 애증(?)의 진짜 장원준이 마운드에 올라왔다. 장원준은 선두타자를 삼진으로 돌려세웠지만 이후 5연속 안타를 얻어맞으며 5실점, 경기는 원점으로 돌아갔다. 그러나 이러한 장원준의 부진했던 투구 내용보다 더 눈길이 갔던 것은 따로 있었다. 바로 마운드에 오른 장원준의 원정 유니폼 앞자락에 선명히 빛나는 '28'번이라는 숫자였다.

두산은 예전과 다르게 홈 유니폼 앞부분에는 등번호를 달지 않지만, 원정 유니폼 앞자락에는 여전히 등번호에 해당하는 숫자를 달고 있었다.

'아, 그날 저 번호가 보였더라면 중간에라도 알아차릴 수 있었을 텐데…….'

유강남과 MLB의
본헤드 플레이는 '미끼'가 원수

포수 유강남의 주자몰이는 과감했다. 달려들면 잡을 수 있다는 확신에 찬 돌진이었다. 그런데 확신이 현실로 다가왔다고 느꼈을 무렵, 신은 유강남에게 미끼를 던졌고 유강남은 바로 눈앞에 나타난 미끼를 덥석 물었다. 혼돈은 그렇게 시작되었다.

2021년 5월 21일 인천 문학구장에서 열린 SSG와 LG전 9회 말 1사 만루, 5:5 동점 상황에서 나온 LG 수비진의 허망한 끝내기 본헤드 플레이는 야구팬들로부터 그야말로 많은 궁금증과 추측을 불러일으켰던 사건이다. 그간 숱한 본헤드 플레이들이 있어왔지만, 돌이켜보면 이날의 경우는 유난히 복합적이었고 연속된 판단 실수가 거듭 일어났다는 점에서 좀 더 물어볼 구석이 많은 플레이였다고 말할 수 있겠다.

그러면 이쯤에서 사족 같은 서두는 접고 이제부터는 할 말 많은 사연 속으로 들어가 보도록 한다.

9회 초 4:5로 역전당하며 패배 일보 직전까지 몰렸던 SSG가 LG 마무리 고우석의 난조 덕분에 승부를 다시 원점으로 돌린 9회 말, 희생플라이 하나만 나와도 역전승이 가능한 1사 만루 상황에서 타석에 등장한 SSG의 이재원이 친 타구는 그만 3루수 문보경(LG) 앞으로 굴렀다. 3루수는 타구를 잡고 바로 옆 3루를 먼저 밟았다. 2루 주자가 포스아웃 되면서 상황은 투아웃. 이제 1루로 던져 타자주자를 잡기만 하면 실점 위기를 모면하고 경기를 연장전으로 다시 몰고 갈 수 있는 상황이었다.

그런데 LG 3루수 문보경은 다른 선택을 가져갔다. 홈으로 달려가는 3루 주자 추신수(SSG)가 시야에 들어왔고 문보경은 홈 쪽에 서 있던 포수 유강남에게 공을 던졌다(3루 주자 추신수는 후위주자인 2루 주자가 이미 아웃된 상태이므로 포스 상황에서 해제된 신분이었고, 따라서 신체에 태그 되어야만 아웃이 인정되는 주자였다). 공을 잡은 포수 유강남으로선 3루 주자 추신수를 태그하기만 하면 임무가 끝나는 상황. 홈으로 스타트를 끊었던 추신수는 공이 홈 쪽으로 먼저 날아가자 3루 쪽으로 방향을 급선회했고, 유강남은 공을 손에 들고 추신수를 향해 거리를 좁히며 다가갔다. 유강남이 3루 쪽으로 공을 다시 던져주기만 하면 런다운 플레이에 3루 주자가 꼼짝없이 걸려드는 흔한 광경이었다.

그러나 유강남 역시 다른 선택을 했다. 추신수를 3루 쪽으로 몰면서도 끝까지 공을 손에서 놓지 않았다. 직접 쫓아가도 3루 주자에 대한 태그가 가능하다고 판단한 유강남은 도망가는 추신수를 향해 돌진했지만, 그 사이 추신수는 본래 서 있던 3루로 어느새 귀환해 있었다. 여기까지 전개된 그림만으로 보면 유강남의 판단 미스에 의한 아웃 기회 상실이었고 LG로선 이닝을 끝낼 수 있는 기회를 날린 셈이었다.

그런데 신은 이 순간에 얄궂은 미끼를 던졌다. 3루로 돌아간 추신수가 서 있던 곳에는 추신수 말고도 또 한 명의 주자가 서 있었다. 바로 2루 주자였던 SSG 한유섬이었다. 한유섬은 앞서 말한 대로 3루수 문보경이 타구를 잡고 3루를 찍었던 그 순간 이미 포스아웃이 선고된 주자였다. 한 누에 살아 있는 두 주자가 같이 모인 상황과는 달랐다. 그런 신분인 2루 주자 한유섬은 3루의 본래 주인인 추신수가 돌아오자 다시 3루를 버리고 자신이

원래 있던 2루 쪽으로 움직이기 시작했다(한유섬은 추측하건대 자신이 이미 아웃된 주자라는 것을 모르고 있었던 것으로 짐작된다. 이 때문에 심판진은 한유섬의 움직임에 대해 수비 측을 기만하려는 의도적 수비 방해로 간주하지 않은 것이라고 볼 수 있다).

3루수 문보경이 3루를 밟은 다음 홈으로 송구했지만 2루 주자 한유섬은 3루수가 3루를 밟는 동작을 보지 못했거나 봤다 하더라도 그것이 어떤 의미인지 순간적으로 계산이 서지 않았을 수도 있었다.

닭 쫓던 강아지가 된 신세였던 유강남은 갑자기 3루를 버리고 도망가는 또 다른 주자 한유섬의 움직임이 눈에 들어온 순간, 그만 정신을 홀리고 말았다. 이번에는 유령주자인 한유섬을 향해 쫓아가기 시작한 것이다. 3루심이 한유섬은 이미 아웃된 주자라는 것을 재확인시키듯 재차 아웃 동작을 취했지만 유강남에겐 백약이 무효였다. 한유섬은 추신수가 돌아오며 2루로 가라는 말에 3루를 내주고 2루 방향으로 달려간 것이었는데 유강남은 이 상황을 정상적인 플레이로 인식하고 다음 플레이를 이어갔던 것으로 짐작된다.

이처럼 유강남이 족보(?)에서 삭제된 2루 주자 한유섬에 정신을 홀린 사이 3루로 돌아왔던 추신수는 슬금슬금 눈치를 보며 재차 홈으로 향하기 시작했다. 이에 화들짝 놀란 유강남은 2루 주자 쫓기를 멈추고 자석처럼 들고 있던 공을 그제야 3루 베이스커버를 위해 들어와 있던 유격수 손호영에게 던졌다. LG의 투수를 비롯한 다른 야수진이 기다리던 홈으로 던졌다면 그때라도 충분히 추신수를 아웃시킬 수 있었지만 유강남은 마지막 기회에서도 또 한 번 빗나간 선택을 하고 말았다.

한편 무슨 일인지 유강남이 던진 공을 건네받은 손호영 역시 멍한 표정을 지은 채 홈으로 공을 던질 생각을 하지 못하고 있었는데, 이 때문에 전력 질주도 아닌 설렁설렁 눈치 주루플레이를 가져간 추신수는 아무런 제지 없이 홈을 밟을 수 있었고, 이 득점은 결국 SSG의 끝내기 결승 득점으로 기록되고 말았다. 이를 일부 언론에서는 추신수의 재치 있는 주루가 만들어낸 결승 득점이라고 표현했지만, 속을 파보면 꼭 그렇게만 볼 일은 아니었다. 그보다는 상황을 정확히 인지하지 못해 올바른 대처가 불가능한 상태에 집단으로 빠지고만 LG 수비진의 멘붕이 만들어낸 진풍경이었다고 정리할 수 있겠다.

아울러 이 상황에 대한 공식기록은 마지막에 공을 던지지 않았던 유격수 손호영의 실책으로 귀결되었는데, 프로 통산 82번째에 해당하는 끝내기 실책이었다. 얼떨결에 대역죄인으로 올라선 손호영으로선 다소 억울할 수도 있는 상황이었지만, 당일의 공식기록원은 최종 책임을 사건의 끝자락에 서 있던 손호영에게 물었다. 총 세 번의 잘못된 선택을 저지르며 사태를 악화시킨 유강남의 죄질(?)이 훨씬 컸지만 기록원은 과정이 아닌 결론에서 답을 찾기로 했던 것이다.

그런데 마치 귀신에 홀린 것처럼 갑자기 나타난 '미끼주자' 한유섬에 낚이며 시작된 유강남의 악몽과도 같은 사연은 일주일 뒤 MLB로 전이되어 또 한 번 희대의 해프닝을 낳았는데, 상황만을 놓고 보면 KBO리그에서 나온 유강남 사례보다 덜 복잡하긴 해도 착각의 정도로는 오히려 한 수 위였다고 말할 수 있다.

　5월 28일 피츠버그의 1루수 윌 크레이그는 시카고 컵스전 3회 초 2사 2루 상황에서 평범한 내야땅볼을 실수 없이 잡아낸 3루수가 던진 공을 받아 들었다. 이제 1루를 밟으면 그대로 이닝이 끝나는 상황. 그러나 윌 크레이그는 1루로 달려오다 멈춘 채 홈 쪽으로 물러서는 컵스의 타자주자 하비에르 바에즈를 향해 공을 들고 주춤주춤 다가갔다. 직접 태그하려는 심산이었다. 물론 가능한 플레이였다. 타자주자가 태그를 피해 아무리 도망친다 하더라도 홈플레이트를 지나 더 뒤로는 갈수 없는 상황.

　그렇게 윌 크레이그가 타자주자를 홈플레이트 바로 앞까지 몰고 갔을 무렵, 그의 눈에는 3루를 돌아 홈 쪽으로 달려 들어오는 주자가 보였다. 그 야말로 득점과는 무관한 의미 없는 주자였고 무시하면 그만인 형식적인 주루였다. 그러나 윌 크레이그는 이 순간 쥐고 있던 공을 포수에게 건넸다. 신이 던진 미끼주자를 덥석 물고 만 것이다. 예상 밖의 송구에 놀란 포수는 엉겁결에 공을 받아 들고 홈으로 슬라이딩해 들어오는 주자에 태그를 시도했지만 타이밍은 세이프. 포수 역시 굳이 태그를 시도하지 않아도 되는 상황이었지만 윌 크레이그가 만든 돌발 장면 속에 판단력은 이미 함께 함몰되어 있었다.

　그리고 이 장면을 홈 부근에서 지켜보던 타자주자 바에즈는 양 날개를 펼쳐 마치 심판인 양 세이프 판정 동작까지 시연하는 어처구니없는 장면을 연출한 후, 윌 크레이그 옆을 지나 아무도 들어와 있지 않았던 1루로 내달리기 시작했다. 다급해진 포수는 1루로 공을 던져봤지만 공은 우익선상 쪽으로 흘렀고, 슬라이딩으로 1루로 들어갔던 바에즈는 이 틈을 이용 단숨에 2루까지 진루할 수 있었다. 실점 없이 끝나야 하는 지극히 평범한 상황이 1루수 윌 크레이그의 기가 막힌(?) 선택 하나에 아수라장이 되고 만 것이다. 수많은 본헤드 플레이를 보고 접해왔지만 이것은 비교 불가의 '넘사벽'급이었고 이해가 불가능한 '어이 상실' 그 자체였다. 이날 피츠버그는

결국 선수들의 넋 나간 경기 운영의 여파를 극복하지 못하고 3 : 5로 경기를 컵스에 내주고 말았다.

이날의 일에 대해 윌 크레이그는 "순간적으로 정신을 잃은 것 같다. 포수에게 공을 던지는 순간 내가 지금 무슨 짓을 하고 있는 건지 ……", "어처구니없는 플레이를 하고 만 나 자신이 정말 실망스러웠다"라는 자책성 소감을 남겼다.

산전수전 다 겪은 그야말로 야구 타짜들이 모인 곳이 프로야구의 세계다. 어린 나이 때부터 야구를 해왔고 오랜 세월 동안 기량을 갈고 닦아온 선수들이다. 그리고 그러한 노력이 결실을 맺어 그 좁다는 프로야구의 관문을 통과하는 데 성공한 그들이다. 그런데 그런 그들이 판단 실수를 하고 상황을 잘못 해석해 일을 종종 그르친다. 야구가 그만큼 어렵다. 경기장 안에서 간혹 벌어지는 그러한 황당 플레이를 안주 삼아 가타부타 웃으며 재미로 얘기하지만, 돌아서선 누구나 내 경험이 아닌 것에 대해 안도의 한숨을 몰래 내쉰다.

2021년 5월 일주일의 시차를 두고 연달아 세계의 야구팬들을 경악시켰던 양 리그를 넘나든 두 건의 본헤드 플레이는 집중하지 못한 야구가 어떤 결과로 이어지는가를 여실히 증명해 준 사건이자 살아 있는 본보기라 하겠다.

2021년 메이저리그 본헤드 플레이에 관한 이슈의 중심에 섰던 윌 크레이그는 2021년 7월 키움 히어로즈의 대체 외국인 선수로 KBO리그에 그 모습을 드러냈다. 그는 코로나 19로 인한 자가격리 기간 중 메이저리그를 떠나 KBO리그에 진출한 계기를 묻는 질문에 "내가 KBO리그로 온 이유를 지난 5월에 있었던 본헤드 플레이 때문이라고 생각하는 사람들이 많다. 물론 그 일이 영향을 미치지 않았다고 잘라 말할 수는 없지만, 그것이 주된 이유는 아니었다"라는 답을 했다.

윌 크레이그는 2021년 KBO리그 후반기에 해당하는 61경기에 출장해 222타수 55안타 타율 0.248, 6홈런 30타점을 남기고 그해를 끝으로 KBO리그를 떠났다.

선수의
과잉 친절은 유죄

타인에게 친절을 베푸는 일은 아름다운 일이다. 칭찬받아 마땅하다. 야구에서도 예외는 아니다. 동료나 상대 선수, 경기장에서 마주치는 다양한 직업군에 있는 사람들을 친절하게 대하는 것은 매우 훌륭한 일이다. 그러나 그 친절이 경기 도중 선수들의 플레이에 영향을 미칠 수 있거나 심판원의 판단과 판정에 방해가 될 수 있는 친절이라면 이는 완전히 다른 문제가 된다.

2010년 7월 29일 두산의 외야수 이종욱은 넥센과의 목동구장 경기에서 타석에 있다가 투구된 공이 포수가 잡지 못해 앞으로 떨어지자, 이를 손으로 주워 포수에게 전달한 행동이 유죄가 되어 팀이 날벼락을 맞고 만 일이 있었다. 이날 톱타자 이종욱은 2 : 2 동점이던 9회 초 1사 2루 상황에서 타석에 들어섰다. 볼카운트 0B-1S. 넥센 투수인 손승락이 던진 두 번째 공이 낮게 들어왔고 포수 강귀태는 미트를 내밀었지만 공은 미트를 맞고 홈플레이트 부근을 구르다 이종욱 발 아래에서 멈췄다. 이 장면에서 이종욱은 허리를 숙여 공을 집어들었고 포수에게 막 전달하려는 순간, 2루에 대주자로 나가 있던 두산의 고영민은 이 기회를 놓치지 않고 3루를 파고들었다.

2루 주자 고영민이 3루로 뛰어가는 모습을 보면서도 이종욱이 먼저 공을 주워 드는 바람에 공을 던져보지도 못한 포수 강귀태는 주심을 바라보며 벌어진 상황에 대해서 하소연 담은 눈빛을 건넸고, 잠시 생각에 잠긴 주심은 이종욱의 수비 방해를 인정, 3루로 뛴 고영민을 향해 아웃 선언을 내렸다. 고영민이 3루를 향해 달려가는 것을 인지하지 못했던 이종욱은 자신의 괜한 동작으로 귀한 주자가 아웃되고 말았다는 자책감이 컸는지 역시 삼진으로 물러나며 두산의 9회 초 공격은 그렇게 무산되고 말았다(이날 경기는 결국 12회까지 가는 연장전을 치렀음에도 2 : 2 무승부로 끝을 맺었다).

 장시간의 경기가 끝난 뒤 허탈한 마음으로 구단 버스에 오른 두산 김경문 감독은 이동 중 마침 당일 9회 초 경기 장면이 TV로 방송되자 채널을 돌렸다고 한다. 복기를 해봐도 두고두고 미련이 남는 아쉬운 장면일 수밖에 없기에 차라리 안 보는 쪽을 선택한 것이었다.

 그러나 이 대목에서 이종욱의 과잉 친절 행위로 엄한 2루 주자 고영민이 아웃되어 버린 상황이 규칙적으로 잘못된 판정이었음을 알았다면 아마도 그 충격은 배가 되지 않았을까 싶다. 이날 정작 수비 방해로 아웃이 선언되어야 했던 선수는 2루 주자 고영민이 아니라 타자였던 이종욱이다.

 야구 규칙에 의하면 "타자가 타자석을 벗어나 어떠한 동작으로든 포수의 수비나 송구를 방해했을 경우, 타자는 반칙 행위로 아웃이 된다"라고 규정하고 있다. 따라서 이종욱이 수비 방해로 아웃이 되어야 했고, 3루에 도착한 고영민은 2루로 돌아가야 맞는 상황이었다.

 한편 두산은 2010년 이종욱 사례와 달리 2012년에는 상대 선수의 과잉 친절로 이득을 본 일도 있는데 2012년 7월 28일 잠실 롯데 전에서 타석에서의 쓸데없는 동작으로 아웃이 선언된 롯데 홍성흔에 얽힌 일화다. 홍성흔은 이날 1회 초 2사 1루 볼카운트 1B-2S 상황에서 두산의 노경은 투수가 던진 공이 바운드되며 포수에 맞고 자신 앞에서 튀어 오르자, 이 공을 집어주려 엉겁결에 손을 내밀어 공을 건드렸다가 수비 방해로 아웃이 선언되었다. 의도는 순수했지만 문제가 된 것은 누상에 주자가 있었다는 사실 때문이었다. 때마침 1루 주자였던 손아섭이 2루로 도루를 감행하는 상황이 홍성흔의 친절한 행동과 동시에 벌어진 것이었다. 마침 투구가 폭투 형태라 두산으로서는 2루로 뛰는 손아섭을 잡아내기가 사실상 어려운 모양새였지만, 문제로 부각된 핵심은 포수가 주자를 잡기 위한 시도를 전혀 할 수 없게 만든 홍성흔의 오지랖성(?) 친절이었다.

동업자라는 인식 아래 선수들이 소속 팀에 상관없이 서로를 배려하고 돕는 일은 흐뭇한 일이지만, 선의로 한 일도 이처럼 본의 아니게 팀에 피해를 끼치게 되는 일도 간혹 생겨나니 경기 중의 친절은 한번 더 생각해보고 실천해야 할 듯싶다.

지금까지는 투구된 공을 집어준 타자의 과잉 친절에 관한 이야기를 살펴봤는데, 이번에는 누상의 주자가 타구를 잡아주거나 손을 대는 행위로 인한 피해에 대해 살펴보도록 하겠다.

2012년 여름 퓨처스리그 경기에서는 3루 주자가 파울지역을 타고 굴러오는 타구를 맨손으로 집어든 일이 있었다. 주인공은 경찰청 소속의 정현석. 1사 3루 상황에서 홈 쪽으로 일정 거리의 리드를 하고 있던 그는 명백히 파울 타구라고 확신, 자신 앞으로 굴러오는 타구를 손으로 집어든 것이었는데 현장에서 심판진은 고민 끝에 그를 수비 방해에 의한 아웃으로 선언했다.

졸지에 황당한 죄목으로 아웃을 선언당한 3루 주자 정현석은 공을 집게 된 자초지종을 구구절절 설명했겠지만 한 번 내려진 판정은 요지부동이었다. 이 상황에 대한 규칙적 근거는 다음과 같다.

주자가 타구를 처리하고 있는 야수를 방해했을 경우, 아웃이 된다.

참고로 현행법상 이 규칙 말고 정현석처럼 주자가 타구를 손으로 잡았을 경우에 적용할 수 있는 구체적인 규칙 조항은 어디에도 눈에 띄지 않는다.

이야기의 방향을 살짝 틀어, 그렇다면 당시에 수비를 방해하려는 의도가 아닌, 파울 타구로 지레 판단해 타구에 손을 댄 주자를 아웃 처리한 판정은 과연 정당한 것이었을까? 이에 대한 가정은 크게 두 가지 방향으로 나누어 재단해 볼 수 있다.

우선 첫 번째는 주자가 집어 든 타구가 파울 선상을 타고 굴러왔을 때 그 지역이 선상과는 상당한 거리가 있는, 즉 누가 보더라도 파울볼이 200% 확실한 타구였다면 아마도 심판원은 수비 방해에 의한 주자 아웃을 선언하지 않았을지도 모른다. 타자가 얼떨결에 투구를 집었더라도 주자가 진루하려는 시도가 전혀 없었을 경우, 수비 방해가 아닌 주의나 경고 조치가 주어지는 것과 비슷한 유형이다.

그러나 이와 달리 문제로 삼을 수밖에 없는 것은 두 번째 유형이다. 파울지역에서 주자가 공을 잡았다 하더라도 파울선과의 거리가 얼마 떨어지지 않은 위치였다면 이때는 수비 방해가 적용될 수 있다. 내야 땅볼타구가 아직 1루나 3루를 지나지 않은 상태라고 한다면 그 타구에 대한 파울 또는 페어 결정은 아직 완성된 것이 아닌 만큼, 타구를 건드린 주자는 책임을 피할 수 없게 된다. 파울지역에서 잡은 것이라고 항변하겠지만 파울선이 멀지 않다면 그 타구가 다시 페어 쪽으로 굴러 들어오는 돌발 변수를 감안하지 않을 수 없는 것이 야구다. 따라서 주자의 본심과 상관없이 수비 방해 조항이 적용될 수 있으며, 한 마디로 유죄다. 이 경우에 내려지는 조치는 무사나 1사 때는 주자 아웃, 2사 때는 타자가 아웃이 된다.

2016년 5월 28일 한화와 롯데의 대전경기에서는 3회 말 2사 2루 때 한화의 외국인 타자 로사리오가 친 타구를 한화의 윤재국 1루 주루코치가 파울로 지레 판단, 손으로 집어들었다가 수비 방해가 선언되어 타자가 아웃되고 만 일도 있었다. 주루코치로서는 파울 타구가 멀리 굴러가는 상황을 미리 막는다면 경기 진행에 좀 더 도움이 되지 않을까 하는 생각도 했던 모양이지만 주어진 결과는 최악이었다. 상황이 벌어진 초기 단계에서는 심판진도 잠시 머뭇거리는 듯했지만 롯데 측의 어필 이후 숙의에 들어간 심판진의 최종 판단은 주루코치에게 책임을 물어야 한다는 결정이었다. 타구 자체는 파울지역을 구르고 있었던 것은 분명하지만 아직 주심이나 1루심에 의한 파울 선언이 내려지기 전이었기에 취해진 당연한 조치였다. 수비 방해로 지목된 당사자가 주자였는지 코치였는지 신분 여부는 고려 대상이 아니었다.

자, 그러면 수비 방해로 주자를 아웃시킨 것은 그렇다 치고, 2사 후 타자의 타구가 파울 쪽으로 굴러간 것이라면 주자나 코치의 행위로 인해 타자가 결과적으로 기록적 손해를 보게 되는 상황이 발생하는데, 원칙상 범타의 영역으로 묶어 싸잡아 넘어갈 수 있지만 아무래도 기록원의 시야에서 고민이 되는 부분은 분명 있어 보인다.

이에 관해 이야기를 나눈 일부 관계자는 수비 방해로 주자가 아웃된 그 타구가 파울볼 상태였다면 주자는 아웃으로 하고 타자에게는 다시 재타격 기회를 주는 것이 좋지 않을지 의견을 피력하기도 했는데, 일리 있는 생각이다 싶긴 하지만 좀 더 변수에 대한 깊은 고민이 필요한 대목이다.

이제 이야기를 마무리하자면 타자든 주자든 코치이든 공격 중 투구나 타구에 손을 갖다 대는 행위는 잘해야 본전(?)이며, 자칫 의도치 않게 상황을 최악으로 몰아갈 수도 있다는 점에서 가급적이면 하지 말아야 할 행동이라 하겠다. 야구 경기에서 해서는 안 될 행동 중의 하나로 이제부터는 '지나친 친절'을 또 하나의 야구 금기어로 추가해 보고자 한다.

2013년 6월 21일 삼성과 LG 전(대구구장)에선 양 팀이 4 : 4로 팽팽히 맞서던 연장 10회 초 1사 1, 2루 상황에서 LG 문선재의 빗맞은 땅볼타구를 처리하려 앞으로 달려들던 삼성의 유격수 김상수가 2루심과 동선이 겹치며 타구에 대한 수비를 제대로 가져가지 못한 일이 있었다. 2루심과 충돌을 일으킬 뻔했던 김상수는 간신히 타구를 잡아 송구했지만 원활한 송구 동작이 이루어지지 않은 탓에 타자주자 문선재는 1루에서 살 수 있었다. 이후 1사 만루의 기회를 이어간 LG는 10회 초 4득점을 올렸고 승부는 사실상 마무리.

당시 2루심은 회전이 강하게 걸린 타구가 자신이 서 있는 쪽으로 날아오는 줄 알고 비켜준다는 것이 그만 달려들던 김상수와 동선이 겹치게 된 것이었는데, 경기를 내준 삼성의 류중일 감독은 다음 날 "심판이 수비수를 위해 피해주려고 하다 상황이 그렇게 된 것인데 어쩌겠는가 ……"라며 스스로를 달랬다.

이는 2루심의 수비에 대한 배려에서 시작된 행동과 판단이 처음 의도와 다르게 상황을 반대로 몰고 간 경우였다.

불문율 핑계 '무관심 진루 적용'은 과연 정당한 것일까?

KBO리그에 무관심 진루라는 기록이 처음 적용된 것은 2002년으로 거슬러 올라간다. 한화와 삼성이 대전에서 맞붙었던 5월 19일 국민타자의 칭호를 갖고 있던 이승엽(삼성)은 팀이 7 : 1로 앞서가던 7회 초 1루 주자로 나가 있다가 마해영 타석 볼카운트 1B-1S 상황에서 2루로 뛰었는데, 당시 기록원은 이를 수비 측의 무관심을 이용한 주루로 판단해 도루가 아닌 '무관심 진루'로 기록했었다. 이날 경기가 끝난 뒤 최초의 무관심 진루 적용 사례로 기록된 것에 대한 기자들의 질문에 이승엽은 "어차피 도루왕을 할 것도 아니니 크게 상관하지 않는다"라는 짧은 소감을 남겼다. 이후 무관심 진루 기록은 한동안 크게 늘어나는 양상을 보였으나 시즌이 거듭됨에 따라 차츰 감소하는 추세로 전환되었고, 근래에는 그 횟수가 현격히 줄어든 상태다.

이러한 무관심 진루 기록은 초기 한때 무관심 도루로 불리기도 했는데, 1990년대 말 메이저리그로 진출해 활약하던 박찬호(당시 LA 다저스)의 경기를 지켜보다 주자의 도루 행위를 기록상 도루로 정식 인정하지 않는 장면은, 그때까지 무관심 진루 적용 자체를 고민하지 않았던 KBO리그 기록원들에겐 상당히 신선한 충격이었다.

물론 주자의 진루를 도루로 인정하지 않을 수 있는 규칙적 근거는 KBO 리그에도 오래전부터 존재해 왔다.

도루 관련 규칙 9조 7항의 (8)에 따르면 "주자가 단순히 수비 측의 무관심을 틈타 진루하였을 경우, 도루를 기록하지 않고 무관심 진루 또는 야수선택으로 기록한다"라고 명시되어 있다. 이 내용은 프로야구가 출범하던 1982년 원년에 발행된 규칙서에도 실려 있는 내용이다.

하지만 KBO리그에서는 사실상 사문화(死文化)된 조항이나 다름없었는데, 우리보다 야구 역사가 깊은 미국 메이저리그에서 간혹 들려오는 무관심 진루 적용 소식은 더 이상 다른 나라의 일로만 여길 수는 없다는 무언의 압박감을 주기에 충분했고, KBO리그는 관련 조항의 탄력적인 적용에 대해 연구하지 않을 수 없었다. 그리고 이러한 새로운 시도를 앞에 두고 기록위원회는 야구의 불문율을 공식기록에 접목하는 일이 과연 정당한 법집행으로 볼 수 있는지 처음으로 고민했다.

불문율이라는 게 뭘까? 문구 그대로 글이나 문서로 남겨져 있지 않지만 서로가 인정하기에 암묵적으로 지켜야 하는 법이다. 그리고 이를 다른 말로 '불문법'이라고도 한다. 이에 대한 반대 개념은 글이나 문서로 명시되어 있는 법이라 말할 수 있는데, 이것이 '성문법'이다. 따라서 야구 규칙서나 규정 등은 성문법에 해당된다고 하겠다.

전통적으로 야구기록은 규칙서 등에 명확히 규정된 내용을 기반으로 집계되고 관리되어 왔다. 반대로 구체적으로 명문화되지 않은 상황에 대한 판정이나 재단은 가급적 피하려 했고 거리를 두어왔다. 왜냐하면 불문법이 갖는 지극히 주관적일 수밖에 없는 막연한 성질 때문이다.

2014년 시즌 벽두에 프로야구 선수들의 모임인 한국프로야구 선수협회가 "경기 종반 점수 차가 큰 상황에서는 도루를 자제하도록 하자"라는 가이드라인을 정하고 이를 선수들에게 전달했다는 내용이 뉴스로 보도되면서 뜨거운 이슈로 떠올랐던 적이 있다.

통상적으로 승패가 거의 결정이 난 종반에 크게 앞서가는 팀은 도루나 스퀴즈번트 등을 시도하지 않는다. 상대를 감정적으로 자극하지 않으려는 일종의 배려다. 물론 문서 등으로 어떤 상황에서 어떤 플레이를 하지 않는다는 명문화된 규정은 없다. 그저 불문법이고 불문율일 뿐이다.

그런데 그간 경기 매너 차원 정도로 여겨오던 이러한 내용들을 구체화해서 플레이에 제한을 가하자는 발상에 부정적인 반응이 훨씬 컸던 이유는 선수라면 끝까지 최선을 다해야 하고 당연히 품고 있어야 할 '스포츠 정신'과 정면으로 배치되기 때문이었다. 이러한 논란을 야기한 선수협회는 불필요하게 상대 팀을 자극하는 바람에 빈볼이나 난투극 등의 사건으로 확대되곤 하는 상황을 미연에 방지하려는 차원에서 생각해 본 것이라고 급히 해명에 나섰지만, 그렇다고 그러한 생각이 정당화될 수는 없었다.

그리고 이듬해인 2015년 4월 롯데와 한화의 사직구장 연전에서는 불문율 위반 논란이 불씨가 되어 빈볼과 벤치 클리어링 사태가 연달아 일어났는데, 이 역시 큰(?) 점수 차 상황의 도루 시도가 원인이었다. 롯데의 황재균이 10일 6점 앞서가던 6회 말에 시도한 도루와 이틀 뒤인 12일 7점 차 앞서던 1회에 2루를 훔친 플레이가 도화선이 되었던 것으로 불문율을 어겼다고 판단한 한화 투수진이 12일 경기에서 황재균을 상대로 연이은 빈볼을 던져 양 팀 간의 감정이 격해진 사건이었다.

이날 벌어진 상황을 놓고 제3자적 관점에서 감정 정리를 해보면 황재균의 도루는 두 차례 모두 비난받아 마땅한 플레이로는 볼 수 없다. 롯데가 6점을 앞섰던 10일 경기는 경기 종반 한화가 따라붙으며 동점까지 치달았고, 7점 차 리드에서 도루를 시도했던 경기의 시점은 불과 1회 말이었다. 다시 말해 승부의 추가 누가 봐도 확연히 기울었다고 판단할 수는 없는 시점들이었다. 극단적인 예이긴 하지만 2013년 5월에 두산은 SK를 상대로 1회 초 9점이나 뽑아내고도 끝내 12 : 13 대역전패를 당한 일도 있었다.

한편 반대로 2016년 7월 28일 한화와 SK전(대전구장)에서는 한화의 1루 주자 김태균이 11 : 0으로 앞서던 3회 말 2루 도루를 감행한 적이 있었다. SK는 점수 차가 너무 벌어지자 초반임에도 1루수 박정권이 1루를 완전히 비워 놓은 채 수비에 나섰고, 포수는 물론 유격수나 2루수 역시 김태균의 주루를 지켜만 볼 뿐, 제지를 위한 플레이를 시도조차 하지 않은 상황이었다(모양은 무관심 진루 적용 가능 상황이었지만 경기 초반이라는 점을 감안해 기록원은 도루로 인정했다).

김태균은 경기 후 "3회는 경기 초반이다. SK 공격력이 강한 편이라 어찌 될지 몰라 도루를 시도했다"라고 말했는데, 실제로 이날 SK는 역전까지 가지는 못했지만 8 : 12까지 쫓아붙는 뒷심을 보여주었고, 한화는 필승조 투수들까지 등판시켜 가며 간신히 리드를 지켜낼 수 있었다. 여느 때 같았으면 큰 점수 차에서의 김태균 도루가 단초가 되어 빈볼 사태 등이 일어날 수도 있었겠지만 SK 역시 경기 초반이었던 점을 감안했음인지 별다른 대응은 하지 않고 지나쳤다.

이상 불문율과 연관된 몇 가지 사례를 꼽아봤지만 점수 차가 벌어진 상황에서의 도루 시도를 불문율을 어긴 것인지 아니면 정상적인 플레이를 한 것으로 볼 것인지에 대한 정답을 내리기란 쉬운 일이 아니다. 아무리 큰 점수 차가 났다고 하더라도 경기 초·중반이냐 후반이냐에 따라 이후 상황은 달라질 수 있고, 당일 선수 기용이나 투수진 운용에 따라 승부의 결과는 얼마든지 바뀔 수 있다.

점수 차에 따른 콜드게임이 적용되는 아마추어 야구와 달리 프로야구에는 점수 차에 의한 콜드게임이 없다. 이는 승패만큼이나 개인 기록이 중시되는 프로야구 특성상 가능한 한 선수들에게 균등한 기회를 보장하기 위함이다. 또한 궁극적으로는 취미가 아닌 직업야구이기에 끝까지 최선을 다하는 것이 팬들에 대한 예의이자 당연한 도리라고 생각해 승패와 무관하게 마지막 이닝까지 경기를 치러내고 있는 것이다.

야구에는 "끝날 때까지는 끝난 것이 아니다"라는 명언이 있다. 또 "야구는 9회 말 2아웃부터"라는 말도 있다. 그런데 점수가 너무 벌어졌다고 해서, 승패가 거의 결정 났다고 해서 불문율이라는 미명하에 담합이 들어간 플레이를 한다든지 대충 시간 흘려 보내기식의 플레이를 팬들 앞에 내보인다는 것은 스스로 프로선수이기를 부정하는 것과 다름이 없는 행위다. 즉 야구팬들의 지지를 받지 못하는 불문율은 결과적으로 정당성을 인정받을 수 없다는 말이다.

다시 기록 얘기로 돌아와 보자. 점수 차가 크게 벌어진 상황에서 리드당하는 팀의 선수가 경기 종반 아무런 제재 없이 도루를 시도하면 대부분 도루 기록을 인정받는다(물론 예외는 있다). 반면 같은 상황에서 리드하고 있는 팀의 선수가 도루를 시도하면 도루가 아닌 무관심 진루로 기록되는 일이 많다. 이유는 간단하다. 그러한 도루 시도 자체를 상대방이 어떻게 받아들일까 하는 물음에서 답을 찾는다. 리드당하는 팀 선수의 도루 시도는 상대방의 심기를 건드리지 않지만 반대의 경우엔 상대 팀을 감정적으로 자극할 수 있는 여지가 있다고 보기에 그러한 기록 적용이 가능한 것이다. 공식기록이 불문율에 맞추어 보폭을 같이하고 있다고나 할까?

공식기록원은 판정에 감정이 실리지 않아야 하는 것이 기본이다. 냉정하게 판단하고 규칙을 근거로 판정하고 적용하면 그만이다. 그런데 무관심 진루에 관한 기록 적용과 해석은 그러한 기조와는 좀 거리감이 있어 보인다. 끝까지 선수들이 최선을 다해주길 바라면서 막상 불문율과 놓인 상황을 근거로 선수의 도루 기록을 과감히 약탈(?)하니 말이다. 프로야구와 무관심 진루는 잘 어울릴 수 있는 사이라고 생각했는데, 점점 그 생각에 자신이 없어진다.

현행 무관심 진루 관련 규칙에 의하면 다음 상황에서는 무조건 무관심 진루가 적용되지 않는다. 즉 도루다.

① 아무리 점수 차가 많이 벌어진 상황이라도 볼카운트 3B-2S에서 포스 상태의 주자(땅볼타구가 나오면 무조건 다음 루로 뛰어야 하는 주자)가 투구 시작과 동시에 다음 루로 뛰는 행위는 무관심 진루가 아니다.

② 3점 차 이내의 상황에서 다음 루로 뛰는 것은 이닝과 모양새에 관계없이 무관심 진루로 기록하지 않는다.

위 두 가지 경우 외에는 경기 상황이나 수비수들의 움직임 등을 종합적으로 고려해 기록원이 무관심 진루 적용 여부를 판단하도록 하고 있다.

2006 시즌 무관심 진루 적용 사례를 뒤적거리다 한 가지 특이한 점이 눈에 띄었다. 희생번트 시도 빈도 수에 있어서는 타의 추종을 불허했던 현대의 무관심 진루 기록이 전 구단 통틀어 유일하게 제로를 기록했다는 점이다. 사연을 알아보니 속칭 완전히 맛이 간(?) 경기에서 함부로 뛰면 고참한테 무척 혼이 날 것을 각오해야 했다고.

잊지 못할 또 하나의 역사와 기록, '시구'

경기가 시작되기 전에 행해지는 시구는 이제 프로야구에서는 빼놓을 수 없는 중요한 행사의 하나로 자리 잡았다. 시구 행사가 일반화되기 이전에는 유력 정치인이나 유명 연예인 위주로 개막전이나 한국시리즈, 올스타전 등과 같은 대형 이벤트 경기에만 한정되어 치러지는 의식에 불과했지만, 지금은 갖가지 사연을 가진 일반인들에까지 그 문이 활짝 열려 시즌 내내 각양각색의 즐거움과 감동을 야구팬들에게 던져준다.

또한 경기 역사를 기록으로 남기는 역할을 맡은 기록원들 역시 경기시간에 임박해서 치러지는 시구 행사를 자연스럽게 지켜보게 되는데, 한 가지 아쉬운 점은 이러한 시구와 관련된 정보가 공식 기록지에는 거의 등재되지 않고 있다는 점이다. 프로야구 초창기에는 시구 행사 자체가 특별한 것이었기에 공식 기록지에 시구자의 이름을 남기는 일이 많았지만, 지금은 그럴 필요성을 느끼지 못할 만큼 너무나 일반화된 까닭에 기록원들 역시 시구 행사에 대해 많이 둔감해져 있기 때문일 것이다. 그렇지만 시구가 아무리 일상화되었다고 해도 그중에는 특별한 기억으로 남게 되는 시구가 있기 마련인데, 돌아보면 시구 자체가 야구 역사와 기록으로 연계되는 경

우를 가끔 발견하게 된다.

2019년 7월 21일 창원NC파크서 열린 KBO 올스타전에선 전국체전 100주년을 맞아 1920년 전조선야구대회(전국체전 전신)에서 시구자로 나선 바 있던 독립운동가 이상재 선생의 모습을 재연하기 위해 허성무 창원시장이 하얀색의 도포를 입고 마운드에 올라 시구에 나선 일이 있다. 서울시 전국체전기획과에서 KBO에 협조 요청을 해 이루어진 것으로 시구를 통해 스포츠의 역사를 돌아보는 자리가 됐다.

또한 NC 다이노스는 마산 야구 100주년(1914~2014년)을 기념해 살아 있는 야구 원로들을 시구자로 초청하는 행사를 기획, 2015년에는 1972년 제2회 봉황대기 전국고교야구 선수권대회에서 광주 숭의실업고등학교를 상대로 노히트노런(서울운동장)을 달성했던 마산고 강정일 씨를 시구자로 초청해 43년 전의 역사를 불러냈다.

이렇게 과거에 이루어진 대기록을 매개로 시구 행사가 기획된 경우는 메이저리그에서도 찾아볼 수 있다. 2014년 5월 19일, 2m가 넘는 큰 키의 좌완 '빅 유닛' 랜디 존슨(2010년 은퇴, 통산 303승)은 LA 다저스와 애리조나 다이아몬드백스의 경기(체이스 필드)에서 시구자로 깜짝 등장했는데, 이는 그가 정확히 10년 전인 2004년 5월 19일 애리조나 소속으로 뛰던 당시 애틀랜타를 상대로 원정경기에서 퍼펙트게임을 달성(MLB통산 17번째, 40세 7개월 최고령 기록)한 것을 기념하기 위해 마련된 시구였다.

이날 랜디 존슨은 애리조나의 홈경기임에도 기록 달성 당시 원정경기였던 점을 반영해 애리조나 다이아몬드백스의 원정경기 유니폼을 입고 등장했는데, 기록 달성 당시 배터리를 이뤘던 포수 로비 해먹을 향해 다시 한 번 공을 던지며 팬들의 뇌리에서 잠자던 기억을 소환했다.

이 외에도 LA다저스의 클레이턴 커쇼는 2014년 6월 19일 콜로라도 로키스전에서 노히트노런을 달성한 것을 기념하기 위해 5년 만인 2019년 같은 날, 샌프란시스코와의 홈경기에 앞서 그의 어린 자녀들이 대신 마운드에 올라 시구하는 모습을 통해 야구팬들에게 추억과 함께 따뜻한 감동을 전해주기도 했다.

또한 메이저리그 월드시리즈의 유일무이한 퍼펙트게임 기록 수립자(1956년 WS 5차전)로 남아 있는 돈 라슨(당시 뉴욕 양키스)은 1999년 7월, 당시 퍼펙트게임에서 호흡을 맞췄던 포수 요기 베라와 함께 '요기 베라 데이'에 초청되어 시구와 시포를 선보인 바 있다. 그런데 하늘의 뜻이었을까? 이날 경기에선 데이비드 콘(뉴욕 양키스)이 메이저리그 16번째 퍼펙트게임을 돈 라슨이 지켜보는 앞에서 작성해 내며 그 기록적 의미와 효과를 극대화한 일도 있다.

한편 대기록과 관련된 것은 아니지만 시구자의 사연으로 인해 보는 이에게 큰 슬픔과 감동을 던져주었던 잊지 못할 일화도 시구 역사 속에 남아 있다. 2011년 10월 1일, 메이저리그 아메리칸리그 디비전시리즈 1차전(텍사스 레인저스 구장)이 열리던 날, 시구자로 마운드에 올라온 여섯 살짜리 쿠퍼 스톤은 포수 자리에 앉은 텍사스의 좌익수 조시 해밀턴을 향해 공을 힘껏 뿌리며 이를 바라보던 전 세계 야구팬들에게 깊은 울림을 전해주었다.

평소 텍사스의 조시 해밀턴을 가장 좋아했던 쿠퍼 스톤은 같은 해 3개월 전인 7월 8일 소방관이던 아빠(섀넌 스톤)와 함께 텍사스 홈구장을 찾았었다. 그런데 2회 말 외야수 조시 해밀턴이 호의로 던져준 공을 잡으려던 아빠는 짧게 날아온 공에 그만 몸의 중심을 잃으며 외야 난간 아래로 떨어졌

고, 병원으로 이송 중 사망하고 말았다.

　사고 당일 역시 큰 충격 속에 빠져 이후 며칠간 경기에 나설 수 없었던 조시 해밀턴은 자신으로 인해 엄청난 비극을 겪게 된 가족들을 위해 할 수 있는 일을 모색했고, 어린 야구팬의 시구는 그러한 가슴 아픈 사연을 안고 이루어졌다.

　쿠퍼 스톤은 사고 후 석 달 만에 아빠를 떠나 보냈던 야구장을 다시 찾아 엄마와 함께 그라운드로 걸어나와 조시 해밀턴을 향해 공을 던졌다. 이날 관중석을 가득 메운 5만 여 팬들은 이 장면을 짠한 마음으로 지켜보았고, 시구가 끝난 후 조시 해밀턴은 다시 한번 미안함을 전하며 꼬마 야구팬 쿠퍼 스톤을 꼭 안아주었다. 또한 텍사스 레인저스 구단은 이날 경기장에 조기를 게양하는 동시에 유니폼엔 검은 리본을 달며 고인의 명복과 함께 남은 가족을 향해 위로의 뜻을 전했다.

　한편 KBO리그에서도 야구팬들에게 잔잔한 감동을 던져준 시구는 여러 차례 있었다. 어린 나이에 큰 병마와 힘겹게 싸우고 있는 소아환자들을 위해 시구자리가 마련된 적도 있었고, 가족 간의 극적인 만남 또는 사회적으

로 용감한 일을 몸소 행한 의인이나 커다란 장애를 딛고 불굴의 의지를 보여준 사람들을 위한 자리도 있었다.

그중에서도 오래전인 2001년 4월 5일, 네 살의 어린 나이에 해외로 입양되었다가 아홉 살이 되던 해 고국으로 돌아와, 금속 재질로 만든 의족을 하고 걸어 나와 씩씩하게 공을 던졌던 애덤 킹(한국 이름은 오인호)의 모습은 지금도 잊을 수 없다. 애덤 킹은 선천적으로 다리가 썩어가는 희귀 질병을 앓고 있었다. 여기에 양손의 손가락이 붙어버린 중증 장애까지 있었던 아이로 태어나자마자 친부모와 조국으로부터 버림받은 신세였지만, 훌륭한 양부모의 보호 아래 육체적 장애와 정신적 난관을 극복하고 당당히 마운드에 올라 "희망과 용기를 가지면 모든 것이 가능하다"라는 메시지를 전한 바 있다. 이날 애덤 킹은 시구자로 나와 공을 던졌지만 보는 사람들의 마음에 던진 것은 값진 삶에 대한 감사와 희망이었다.

시구에 얽힌 사연과 기억들은 이처럼 다채롭지만 부수적인 기록과 관련해 또 다른 각도로 의미 부여가 되기도 한다. 2016년 4월 1일 대구 삼성라이온즈파크에서 열린 삼성과 두산의 KBO리그 개막전에서의 피겨여왕 김연아의 시구는 첫선을 보인 삼성의 신규 구장 오픈을 알림과 동시에 단일화된 공인구를 사용한 첫해라는 의미를 담고 많은 야구팬들의 주목을 끌기도 했다.

BACK UP

야구장에서 대통령의 시구가 예정된 날의 분위기는 사뭇 삼엄하다. 시구 행사
가 확정된 순간부터 시작된 사전 현장 경호 과정 때문이다. 기록실 역시 예외
가 아니다. 마운드와 가장 가까운 곳에 위치해 있다 보니 경호팀으론 부쩍
신경 써야 할 장소 중의 하나로 주목한다. 따라서 시작 전 장소 점검은 물론이
고 자연스레 경호원 한 명쯤은 어김없이 기록실에 들어와 날카로운 눈빛으로
대통령의 시구 전후 과정을 지켜보곤 한다. 이러한 일련의 의전 때문에 야구장
출입뿐만 아니라 여러 가지로 움직임에 제약을 받아야 하는 불편함은 있지만,
대통령의 야구장 나들이가 갖는 의미가 크기에 팬들뿐만 아니라 관계자들에게
도 대통령의 시구는 잊지 못할 기억으로 남는다.

그러면 지금까지 한국프로야구에서 대통령의 시구는 몇 번이나 있었을까? 모
두가 알다시피 프로야구가 닻을 올렸던 1982년 프로 원년 개막전은 대통령의
시구로 시작되었다. 1982년 3월 27일 MBC 청룡과 삼성 라이온즈의 공식 개
막전(동대문야구장)에서 당시 12대 대통령이던 전두환 대통령이 마운드에 올라
프로야구 출범을 알렸다. 두 번째 시구는 1994년 10월 18일, LG 트윈스와 태
평양 돌핀스의 한국시리즈 1차전이 예정된 잠실구장에서 14대 김영삼 대통령
에 의해 이루어졌다. 김영삼 대통령은 이 외에도 1995년 4월 15일 LG와 삼성
의 시즌 개막전과 같은 해 10월 14일, 두산 베어스와 롯데 자이언츠의 한국시
리즈 1차전에서도 시구를 해 총 세 번이나 시구한 대통령으로 기록되었다.

야구장에 등장한 세 번째 대통령은 16대 노무현 대통령으로 2003년 7월 17일
KBO 올스타전(대전구장)에서 시구 행사를 가졌는데, 이날 경호원 중 한 명이 심
판원의 복장을 하고 2루심 위치에 나간 것이 알려져 화제가 되기도 했던 시구
였다. 이후 네 번째 대통령 시구는 2013년 10월 27일 두산 베어스와 삼성 라
이온즈의 한국시리즈 3차전에 등장한 18대 박근혜 대통령에 의해 성사되었
다. 태극기가 선명히 새겨진 글러브를 들고 입장한 박근혜 대통령은 여성이라

는 점을 감안, 투수 마운드가 아닌 홈플레이트 방향으로 다가서 잔디 위에서 공
을 던지며 시구를 마쳤다. 그리고 다섯 번째 사례는 19대 문재인 대통령으로
2017년 KIA 타이거즈와 두산 베어스의 한국시리즈 1차전(광주 챔피언스필드)에
서 시구자로 깜짝 등장했다. 당초 계획된 시구자는 김응룡(대한야구소프트볼연맹
회장)이었지만 국가대표 유니폼을 착용한 문재인 대통령에게 공을 건네며 대통
령의 시구로 이어졌다. 역대 대통령으로 따져 다섯 번째이자 시구 횟수로는 일
곱 번째 시구였다. 이후 약 6년 만인 2023년 4월 1일 대구 삼성라이온즈파크
에서 벌어진 삼성과 NC의 개막전에선 20대 윤석열 대통령이 깜짝 시구를 하
며 역대 여섯 번째 대통령(시구 횟수로는 여덟 번째) 시구자로 역사에 남았다. 이날
윤석열 대통령의 시구는 정규리그 개막전만으로 따지면 전두환(1982년), 김영삼
(1995년)에 이은 현직 대통령의 세 번째 시구 행사였다. 한편 17대 이명박 대통
령도 2008년 개막전 때 잠실구장 시구에 나설 예정이었지만 미리 동선과 일정
이 외부로 알려지면서 보안 경호상 시구 행사가 취소되기도 했다.

끝을 알 수 없었던 이승엽의
단비 홈런 행진

너무 많았다. 분석도 아닌 그냥 나열하는 데만도 하루 종일 걸렸다. 단발일 때는 몰랐는데 축적된 힘의 크기가 어마어마했다. 1, 2, 3 ……300 ……, 352 ……, 400 ……, 460 ……, 461 ……, 466, 그리고 마지막 줄이 보였다. 467. 국민타자 이승엽이 KBO리그에서 15시즌 동안 쏘아 올린 홈런 숫자다. 여기에 일본프로야구에서 뛴 8년간 때려낸 159개의 홈런까지 추가하면 무려 626홈런. 포스트시즌에서 친 14홈런(64경기)과 태극마크를 달고 국가대표로 출전한 대회에서의 11홈런(48경기)은 또 별개였다.

사실 이승엽의 체형은 선수로선 평범한 축에 속한다. 천하장사급 파워를 가졌다거나 외형이 엄청나게 크지도 굵지도 않은 편이다. 그런데 어떻게 이토록 많은 타구를 외야 담장 멀리 날려보낼 수 있었을까?

몸의 무게중심을 최대한 뒷발에 둘 줄 알고 배트 스피드가 무척 빠르다.

스윙을 할 때 힘을 한 곳에 모을 줄 아는 능력이 있으며 공에 체중을 옮겨 실을 줄 안다.

타격할 때 공의 밑부분을 공략할 줄 알며, 움직이는 물체를 파악하는 동체시력이 매우 우수하다.

선수 시절 이승엽이 끊임없이 홈런을 양산해 내는 비결에 대한 각계 전문가들의 분석이다. 물론 듣고 있자면 이러한 타격 기술을 가졌다는 것은 대단히 놀라운 일이다.

그러나 그가 작성한 홈런 역사의 속을 들여다보면 홈런을 만들어내는 기술이나 엄청난 양적 홈런 숫자보다 더 놀랍고 신기한 것이 있다. 그것은 바로 이슈가 걸려 있거나 결정적인 순간마다 그의 한 방이 늘 함께했다는 기막힌 홈런 타이밍과 여기에 얽힌 사연들이다.

이승엽이 KBO리그에서 처음 홈런을 때려낸 것은 프로 데뷔 첫해인 1995년 5월 2일이었다. 해태와의 광주 경기에서 잠수함 이강철을 상대로 뽑아낸 홈런으로 그때 그의 나이는 약관 만 18세였다. 경북고등학교 시절 투타에 걸쳐 좋은 재목으로 주목받았던 이승엽이었지만, 그때만 해도 이 홈런이 찬란한 이승엽 홈런사의 신호탄이었을 줄은 아무도 예상하지 못했다.

이승엽이 본격적으로 야구팬들의 뇌리에 홈런타자 이미지로 자리 잡히기 시작한 것은 1997년 무렵이었다. 1995~1996년 2년간 22홈런에 그쳤던 이승엽은 1997년 32개의 홈런을 쳐내며 나란히 30개에 머문 양준혁(삼성)과 이종범(해태)을 밀어내고 홈런왕을 차지했다. 그해 이승엽은 홈런 외에도 타점(114)과 최다안타(170) 부문 1위에 자리하며 타격 부문 3관왕에 올랐고 타율에서도 2위(0.329)에 오르는 등, 전 방위적 대활약을 펼치며 1997 시즌 MVP를 손에 거머쥐었다. 비로소 이승엽의 시대가 열렸음을 만천하에 고한 것이다. 그리고 이후부터 이승엽의 홈런사는 곧 KBO리그의 홈런사가 되었다.

이제 야구팬들을 열광의 도가니로 몰아넣고 흥분시킨 이승엽의 굵직했던 홈런 이정표들을 돌아보려 한다. 그 안에는 환희에 찬 홈런도 있었고

감동을 준 홈런도 있었다. KBO리그 안에서 그의 홈런에 누군가는 웃고 울어야 했지만 태극기를 가슴에 달고 고비 때마다 날려준 시원한 한 방은 대한민국을 온통 들썩이게 만들곤 했었다. 그리고 그의 현역 시절을 바라보며 늘 궁금했었다. 그러한 단비 같은 홈런 행진이 어디까지 이어져 나갈지가.

1. 최연소 100홈런

1999년 5월 5일 어린이 날이었다. 이승엽은 이날 대구시민운동장 야구장에서 열린 현대전에서 정명원(현대)을 상대로 115m짜리 우월 홈런을 날리며 KBO리그 최연소 100홈런 달성 기록을 갈아치웠다. 개막 후 한 달 남짓 한 기간에 벌써 시즌 8호 홈런을 기록한 그때 그의 나이는 만 22세 8개월 17일이었다. 종전 기록은 장종훈의 만 23세 5개월. 이승엽의 나이와 홈런 페이스를 감안할 때 생애 통산 예상 최종홈런 개수는 이미 짐작하기조차 어려웠다. 이승엽은 이후로도 꾸준한 홈런 생산 속에 2001년 6월 21일 대구구장 한화전에서 만 24세 10개월 3일의 나이로 최연소 200홈런 기록도 새로이 썼다. 종전 기록은 역시 장종훈의 28세 4개월.

2. 시즌 43호 한국 신기록

1999년 7월 이승엽이 6경기 연속 홈런을 때려내며 타이론 우즈(두산)가 보유했던 시즌 최다 홈런 기록(42개)을 따라잡자 야구팬들은 물론, 온 국민의 관심은 그의 43호 한국 신기록에 해당되는 홈런이 언제 터질지에 모아지고 있었다. 42호 타이기록을 세운 뒤 이승엽의 홈런포는 잠시 침묵 속(4경기)에 잠겨 있었다. 그런 가운데 8월 2일. 비가 내렸다 그쳤다를 반복하는 가운데 대구시민운동장 야구장 관중석은 시작 전부터 이미 만석이었다. 롯데를 상대로 2 : 2 동점이던 5회 말, 이승엽은 세 번째 타석에서 문동환(롯데)이 초구로 던진 직구를 놓치지 않았다. 타구는 우중간 담장 너머로 까마득히 날아갔고 문동환은 직감한 듯 고개를 숙였다. 43호 한국 신기록이었다. 공식기록은 비거리 125m. 저녁 8시 12분. 우즈가 장종훈의 41홈런 기록을 갈아치운 지 불과 1년 만에 리그 최다 홈런 신기록의 새로운 역사가 스물세 살 이승엽에 의해 쓰인 순간이었다.

3. 최초의 시즌 50홈런

43호를 넘어 KBO리그 최다 홈런 기록을 연일 경신해 가던 이승엽에겐 어느덧 국민타자라는 별명이 붙어 있었다. 야구팬은 물론 그의 홈런 기록은 이미 온 국민의 초미의 관심사가 되었다. 그러던 1999년 9월 2일 대구구장 LG전에서 이승엽은 5회 말 투수 방동민(LG)을 상대로 리그 최초의 단일 시즌 50호 홈런을 뽑아내며 KBO리그 홈런 기록의 새로운 장을 열어 젖혔다. 그리고 50홈런 이후 팬들의 관심사는 자연스럽게 일본프로야구 오사다하루가 1964년 세운 아시아 최다 홈런 기록인 55홈런을 이승엽이 과연 깰 수 있는가에 모아졌다. 시즌이 막바지로 치닫던 9월 30일 광주구장 해태전에서 이승엽의 54호 홈런이 터져 나왔다. 이승엽에게 남은 시즌 경기 수는 3경기. 한 개만 더 치면 아시아 타이기록을 이룰 수 있었지만 1999 년 이승엽의 홈런 시계는 54호에서 멈춰 섰다.

4. 시즌 최종전 홈런이 만든 단독 1위

2002 시즌 홈런왕 경쟁은 삼성 이승엽과 현대 심정수의 2파전이었다. 10월 16일 심정수는 사직구장 롯데와의 더블헤더 두 경기에서 홈런 두 방을 몰아치며 이승엽과 나란히 46개로 홈런 부문 공동 1위에 올랐다. 하지만 이후 18~19일 양일간 치러진 LG와의 잠실 경기에서 심정수는 홈런을 추가하지 못했고 최종적으로 이승엽과의 홈런 공동 1위가 짙어지는 국면, 경쟁자 이승엽에겐 20일 기아전 한 경기만이 남아 있는 상황이었다.

그러나 이승엽은 20일 광주구장 기아전 연장 13회 말 1사 상황에서 오봉옥(기아)으로부터 47호 홈런을 기어이 만들어내며 끈질기게 따라붙던 심정수를 제치고 2002 시즌 홈런 부문 단독 1위를 확정지었다. 당시 정규리그 대회 규정에 의하면 연장전은 15회까지 치르도록 했는데, 이 경기 규정이 힘을 실어준 셈이 되기도 했지만 그러한 기회를 놓치지 않고 홈런을 뽑아낸 이승엽의 결정력이 더욱 빛났던 한 해였다.

5. 2002 한국시리즈 6차전의 극적 동점 3점 홈런

2002년 LG와의 한국시리즈 6차전이 열린 대구구장, 삼성은 시리즈 전적 3승 2패로 앞서 있었지만 이날은 6 : 9로 패색이 짙은 상황에서 9회 말 공격에 나서야 했다. 모두가 최종 7차전을 예상하던 분위기. 삼성은 1사 1, 2루의 마지막 반격 기회를 만들어냈지만 마운드에는 LG의 특급 좌완 마무리 이상훈이 버티고 있어 여전히 쉽지 않은 상황이었다. 그리고 타석에 들어선 선수는 이승엽. 이전까지 20타수 2안타의 극심한 부진을 시리즈 내내 겪고 있던 이승엽에겐 너무나도 부담스러운 기회였고 타석이었다. 하지만 삼성의 김응용 감독은 '좌고우면(左顧右眄)'하지 않았다. 그리고 이상훈이 던진 2구째에 이승엽의 방망이가 크게 돌았다. 이어 타구가 우중간 담장 쪽으로 높이 솟아오르자 홈런임을 직감한 이승엽은 양팔을 높이 펼쳐 들고 1루로 달려 나갔다. 패배 일보 직전이었던 경기는 일순간에 9 : 9 동점 상황으로 돌변했고 곧바로 마해영의 끝내기 홈런까지 터져 나오며 삼성은 그렇게 소원하던 첫 한국시리즈 우승을 차지할 수 있었다.

삼성의 우승이 확정되는 순간 대구구장은 선수단과 팬들 모두 서로를 끌어안은 채 눈물바다를 이뤘고, 이승엽은 훗날 이 장면을 "가슴에 맺혀 있던 응어리가 일순간에 빠져나가는 기분이었다"라고 회상.

6. 최연소 300홈런

2003년 6월 22일 이승엽은 대구구장 SK전에서 투수 김원형(SK)를 상대로 우측 담장을 살짝 넘기는 105m짜리 솔로 홈런을 때려내며 리그를 넘어 세계 최연소 300홈런 기록을 새롭게 작성했다. 이는 일본의 오 사다하루(27세 3개월)와 미국의 알렉스 로드리게스(27세 10개월)의 기록을 모두 앞당긴 것으로, 이때 그의 나이는 만 26세 10개월 4일이었다. 아울러 KBO리그의 종전 기록은 장종훈(32세 5개월 26일)이 보유하고 있었으나 이승엽은 이를 5년 가까이 단축했으며, 소요 경기 수 기준으로 따지면 장종훈보다 무려 490경기를 덜 치르고 도달한 기록이라는 점에서 그의 홈런 기록이 초스피드로 진척되었음을 알 수 있다. 한편 이승엽은 같은 날 9회 말 4 : 4 동점이던 2사 만루에서 끝내기 만루홈런까지 작렬시키며 자신이 세운 기록을 자축했다[2003년 시즌을 끝으로 일본프로야구 무대로 옮겨간 이승엽의 홈런 증가 속도는 경기 수 대비 다소 느려졌다. 따라서 그의 개인통산 400홈런(한일 통산)은 2006년에 가서야 만나볼 수 있었다].

7. 아시아 최다 홈런 신기록

2003년 10월 2일 이승엽은 마침내 시즌 56호 홈런을 때려내며 아시아 최다 홈런 신기록을 갈아치우는 데 성공했다. 그것도 잠자리채를 들고 연일 야구장을 찾던 팬들의 애간장을 태우다 시즌 최종전에서. 그래서 더욱 극적이었다.

9월 25일 광주구장 KIA전에서 55호 홈런을 때려내 아시아 최다 홈런 타이기록을 세운 이승엽의 홈런포는 그 후 약 일주일간 침묵에 빠져들었다. 그렇게 남은 경기 수는 하나둘 줄어갔고 어느덧 이승엽에겐 133번째 롯데와의 시즌 최종전만이 남아 있었다. 과연 마지막 경기에서 홈런포가 다시 살아날 수 있을지 모두가 숨죽이던 그날, 이승엽은 0 : 2로 뒤지던 2회 말 야구장을 가득 메운 관중의 환호 속에 선두타자로 타석에 들어섰다.

마운드에 서 있던 투수는 이정민. 데뷔 2년 차이던 그는 이날 경기 전까지 통산 아홉 경기에 등판해 승패 기록 없이 15이닝 투구가 전부였던 무명의 불펜 전문 투수였다. 하지만 선발투수 이정민은 위축됨 없이 투구를 이어갔고 볼카운트 1B-1S에서 낮은 직구를 선택, 이승엽을 향해 세 번째 공을 과감히 뿌렸다.

순간 그때까지 이정민의 투구를 지켜만 보던 이승엽은 주저 없이 방망이를 돌렸고 중심에 맞아나간 타구는 그다지 높이 뜨지 않았음에도 빠른 속도로 좌중간 담장을 넘어 사라졌다. 55호 이후 6경기 25타석 만에 터져 나온 홈런이었다.

비거리 120m. 전광판의 시계는 오후 7시를 가리키고 있었다. 오 사다하루(1964년), 터피 로즈(2001년), 알렉스 카브레라(2002년)가 보유하고 있던 아시아 단일 시즌 최다 홈런 기록 55개를 넘어 새로운 아시아의 최다 홈런 역사가 39년 만에 탄생하는 순간이었고, 언론은 이 기념비적인 순간을 앞다투어 대서특필했다.

아시아는 새로운 영웅을 맞으라.

이승엽은 인터뷰에서 "솔직히 너무 팬들의 기대가 컸던 만큼 부담이 많이 됐다. 첫 타석에서 홈런이 나오지 않았으면 남은 타석이 무척 힘들었을 것 같다. 정면으로 승부해 준 투수 이정민에게 진심으로 감사하다"라는 말을 남겼다(아시아 최다 홈런 기록은 2013년 일본프로야구 블라디미르 발렌틴(야쿠르트)에 의해 60홈런으로 경신되었다).

8. 도쿄돔 광고판을 강타한 초대형 홈런

2004년 무대를 일본으로 옮긴 이승엽(지바 롯데)은 2005년 7월 4일 도쿄돔 니혼햄전에서 특급 기대주 다르빗슈 유를 상대로 0 : 1로 뒤지던 2회 말 외야 오른쪽 최상단에 걸려 있는 대형 광고판을 직격하는 초대형 역전 투런홈런(비거리 150m)을 날려 사람들을 깜짝 놀라게 했다. 이 홈런이 더욱 세간의 화제로 떠오른 것은 당시 광고판에 걸려 있던 사진 속 주인공이 요미우리의 전설적 강타자이자 '미스터 야큐(野球)'로 불리는 나가시마 시게오라는 사실 때문이었는데, 그가 요미우리 자이언츠의 종신 명예 감독이라는 것과 마침 하루 전인 3일, 뇌일혈로 쓰러진 후 1년 4개월 만에 처음 모습을 드러낸 절묘한 시점이 더해져 일본 언론들로부터 주목을 끌었던 일이다.

이승엽은 경기 후 "노리고 있던 공이 들어와 과감히 쳤다. 하루 전 나가시마 시게오 감독의 복귀 장면을 지켜봤다. 한국에서도 유명한 분을 직접 볼 수 있어 기뻤고, 그분의 얼굴이 있는 광고판을 직접 맞히게 되어 영광으로 생각한다"라며 홈런에 관한 소감을 밝혔다.

9. 2005 일본시리즈 홈런 세 방

2003 시즌을 끝으로 일본으로 건너간 이승엽은 2005년 소속 팀 지바 롯데 마린즈가 일본시리즈 진출에 성공하면서 첫 파이널 무대를 경험했다. 한신 타이거즈를 상대로 벌인 일본시리즈에서 지바 롯데는 한신을 일방적으로 몰아붙인 끝에 시리즈 전적 4 : 0으로 31년 만의 우승을 차지했다. 지바 롯데는 1, 2, 3차전을 각각 10 : 1, 10 : 0, 10 : 1이라는 커다란 스코어 차로 이긴 데 이어 4차전에서도 3 : 2로 승리했는데, 시리즈 종합 스코어 '33 : 4'라는 현격한 점수 차가 화제로 떠올랐던 시리즈였다.

한편 지바 롯데의 중심타자였던 이승엽은 시리즈 네 경기 동안 총 세 방의 홈런을 때려내며 인상적인 활약을 펼쳤는데, 10월 22일 1차전(지바 마린 스타디움)에서 한신의 좌완 에이스 이가와 게이에게서 4 : 1로 앞서던 6회 말 첫 홈런을 뺏어낸 이후 다음 날인 2차전에서도 6회 말 추가점이 된 2점 홈런을 더하며 홈 2연전을 모두 쓸어담는 데 큰 공을 세웠다.

이후 이승엽은 장소를 한신 타이거즈의 홈인 고시엔 구장으로 옮겨 벌어진 4차전(10월 26일)에서도 선발투수 스기야마 나오히사(한신)를 상대로 결승 홈런이 된 선제 2점 홈런을 때려내는 등, 지바 롯데의 우승에 일등 공신이 되었다. 총 세 개의 홈런으로 시리즈 최다 홈런을 기록한 이승엽의 일본시리즈 성적은 11타수 6안타(0.545) 6타점. 이승엽은 이러한 활약으로 시리즈 우수선수상을 수상했는데, MVP급 성적을 거두고도 시리즈 MVP 수상에 실패한 것은 동료 이마에 도시아키의 넘사벽급 기록 때문이었다. 그는 시리즈 동안 15타수 10안타(0.667) 1홈런 4타점으로 시리즈 MVP에 올랐다.

10. 2006 WBC 한일전 역전 홈런

처음 창설된 제1회 월드베이스볼클래식(WBC) 한일전을 앞두고 일본 대표 팀의 정신적 지주였던 스즈키 이치로는 "이번 WBC에서 맞붙는 팀들이 향후 30년간 일본을 넘볼 수 없도록 만들어주겠다"라는 말로 대회에 임하는 각오를 밝혔다. 그리고 망언에 가까웠던 이치로의 이 말은 대한민국을 자극하기에 모자람이 없었다.

그러한 분위기 속에 1라운드 경기가 열렸던 2006년 3월 5일. 숙적 일본과의 경기(도쿄돔)에서 대한민국은 7회 말까지 1 : 2로 끌려가고 있었다. 8회 초 반격에 나선 대한민국은 1사 1루 상황을 만들었고 시기상 무언가 전환점이 될 만한 장타 한 방이 절실한 시점이었다. 타석에 들어선 이승엽은 이시이 히로토시(일본)가 던진 공을 받아쳤고 타구는 도쿄돔의 허공을 가르며 외야로 날아갔다. 역전 투런홈런이었다. 일순간 일본야구의 심장으로 불리는 도쿄돔엔 침묵과 정적이 흘렀다. '약속의 이닝 8회'에 터진 이승엽의 한 방으로 극적으로 뒤집기에 성공한 대한민국은 9회 박찬호가 마운드에 올라 이치로를 마지막 타자로 돌려세우며 승리를 따냈고, 이 대회 기간 동안 5홈런을 몰아친 이승엽은 세계 야구에 홈런타자로서의 이미지를 제대로 각인시켰다.

이승엽은 이날의 홈런에 대해 "홈런을 치고 다이아몬드를 도는데 한국 관중 300~400명만 함성을 지를 뿐, 나머지 4만에 가까운 일본 관중은 정말 조용했다"라고 회상.

한편 당시 대한민국 대표 팀의 감독이었던 김인식 감독은 세월이 흐른 뒤 "평소에 그런 이야기를 하지 않던 이승엽이 와서 홈런을 치면 얼마를 주겠느냐고 묻더라. 그래서 2만 엔을 준다고 했는데 진짜로 홈런을 쳤다. 경기가 끝나고 다들 샤워하러 갔는데 이승엽이 남아서 돈을 달라고 했다. 그런데 달러밖에 없어 200달러를 줬다"라는 후일담을 전하기도 했다.

11. 한일 통산 400홈런

2003년까지 324홈런의 기록을 쌓은 뒤 일본으로 떠난 이승엽은 지바 롯데(44홈런)에서 요미우리로 이적한 첫해인 2006년 8월 1일 도쿄돔 한신과의 경기에서 이가와 게이를 상대로 8구째까지 가는 긴 승부 끝에 1회 말 선제 투런홈런(시즌 32호)을 뺏어내며 한일 개인통산 400홈런의 위업을 이루어냈다. 이는 1995년 프로에 입문한 지 12년 만의 기록으로 그때 그의 나이는 만 29세 11개월 13일이었다.

12. 어머니를 위한 어버이날 홈런

2007 시즌 개막을 앞두고 요미우리 계열의 전문 잡지 ≪스포츠호치(スポーツ報知)≫는 이승엽이 홈런을 치고 나서 홈에 들어올 때 두 번째 집게손가락을 펴 하늘로 향하는 일명 배리 본즈식 세리머니를 할 것이라는 기사를 실었다. 이는 1월 작고한 어머니에 대한 그리움과 감사의 마음을 담는 뜻으로 역시 타계한 아버지를 기리기 위해 메이저리그에서 배리 본즈가 했던 홈런 의식과 비슷한 의식을 이승엽이 하게 될 것이라는 내용이었다.

그리고 5월 8일 이승엽은 어버이날 열린 한신전에서 홈런을 날린 뒤 홈으로 들어오며 하늘을 향해 두 번째 손가락을 들어 약속한 세리머니를 펼쳤다. 이 장면을 지켜본 일본의 언론들은 그의 효심에 주목했고 세리머니에 깃든 사연을 '사모곡(思母曲)'이라는 이름으로 세상에 알렸다.

13. 2008 베이징올림픽 준결승 일본전 투런 결승 홈런

"그때를 생각하면 아직도 눈시울이 붉어지려고 한다."

8월 22일 중국 베이징 우커송구장에서 열린 일본과의 2008 베이징올림

픽 준결승전에서 터져 나온 이승엽의 홈런은 그가 기억하는 'TOP 3' 홈런 중 하나로 꼽힐 만큼 대단히 극적이었고 대한민국 국민이라면 누구나 전율을 느꼈을 정도의 짜릿한 홈런이었다.

알다시피 이승엽은 베이징올림픽 내내 부진의 늪에서 헤어나지 못하고 있었다. 일본과의 준결승전이 있기 전까지 이승엽은 예선 7경기 동안 22타수 3안타에 그치며 1할대 초반이라는 극히 저조한 타율(0.136)을 보여줬다. 그리고 일본과의 준결승전에서도 그의 방망이는 여전히 침묵했다. 앞선 세 번의 타석에서 이승엽은 삼진 두 개와 병살타라는 최악의 결과물로 대표 팀의 타선에 어느덧 힘이 아닌 짐과 같은 존재가 되어 있었다.

경기는 점점 종반으로 치달았고 양 팀이 2 : 2로 팽팽히 맞서던 8회 말 1사 1루 상황에서 이승엽은 또 한 번 타석에 들어섰다. 어쩌면 마지막 기회일지도 모르는 타석, 기대감은 이미 싸늘히 식어 있었다. 그리고 네 번째 타석에서도 일본 좌완투수 이와세 히토키(岩瀬仁紀)에게 볼카운트 1B-2S로 코너에 몰린 이승엽에게선 좀처럼 반전의 기미를 찾을 수가 없었다. '혹시나' 했던 마음이 '역시나'로 점차 굳어져 가던 그 순간, 이와세가 던진 4구째 낮은 볼에 이승엽의 방망이가 쫓아나왔다. 타구는 우측 외야 쪽으로 높이 떠올랐고 이승엽은 타구를 응시했다. 맞는 순간 홈런이다라는 확신을 주기에는 다소 모자라 보였던 공의 궤적을 끝까지 주시하던 이승엽은 타구가 일장기가 걸려 있던 관중석 안으로 떨어지자 그제야 두 팔을 뻗어 올렸다. 이 한 방은 그간 극심했던 타격 슬럼프를 홀홀 벗어던짐과 동시에 대한민국 야구팀의 사상 첫 올림픽 결승전 진출이라는 쾌거를 사실상 확정 짓는 홈런이 되었고, 경기가 끝난 뒤 이승엽의 눈은 펑펑 쏟아낸 눈물에 퉁퉁 불어 있었다.

"예선 리그 때 너무 부진해 정말 미칠 것 같았는데 가장 절박한 순간에 홈런이 나왔다. 눈물을 참을 수 없었다."

일본과의 준결승전 승리로 은메달을 확보하게 된 김경문 감독은 왜 부진했던 이승엽을 계속 기용하며 다른 선수로 바꿀 생각을 하지 않았느냐는 질문에 이렇게 대답했다.

"중요할 때 한 번만 해주면 된다. 이승엽을 바꾸면 그 순간 상대에게 지는 거라고 생각했다"

14. 2008 베이징올림픽 결승 쿠바전 투런 결승홈런

일본과의 준결승전 8회에 터진 홈런은 그때까지 눌려 있던 이승엽의 기를 완전히 되살려 놓았다. 바로 다음 날인 8월 23일 쿠바와의 결승전에서 4번 타자 이승엽은 1회 초 기선을 제압하는 선제 투런홈런을 날리며 금메달을 향한 대한민국 야구대표 팀의 마지막 여정에 강력한 힘을 실었다. 이승엽의 홈런에 힘입어 2 : 0으로 앞서기 시작한 대한민국은 3 : 2 살얼음판 리드를 지켜가던 9회 말 1사 만루라는 '바람 앞의 등불' 같은 위기에서 구원투수 정대현이 병살타를 유도해 낸 덕분에 쿠바의 끈질긴 추격을 따돌

리며 승리를 지켰고, 9전 전승으로 사상 첫 올림픽 금메달 획득이라는 쾌
거를 이룰 수 있었다.

준결승전에 이어 연이틀 결승 투런홈런을 작렬한 1루수 이승엽은 9회
말 병살을 완성 짓는 피벗맨 2루수 고영민의 서커스(?) 송구를 잡아 금메
달이 최종 확정된 순간, 하늘을 향해 만세를 부르며 마운드 쪽으로 달려
나갔다.

15. 한일 통산 500홈런

8년간(2004~2011년)의 일본 생활을 접고 국내 무대로 돌아온 이승엽은
복귀 첫해(2012년)부터 기념비적인 홈런 기록을 역사에 아로새겼다. 2012
년 7월 29일 목동구장 넥센전에서 이승엽은 1 : 1로 맞서던 4회 초, 선발
투수 밴헤켄을 상대로 0B-2S의 불리한 볼카운트를 딛고 3구째를 좌중간
담장 밖으로 날려 개인 한일 통산 500홈런이라는 찬란한 금자탑을 쌓았
다. 499호 홈런 이후 7경기 동안 침묵하며 언제 터질지 모르는 500호에
경기마다 새 꽃다발을 준비해야 했던 구단은 그제야 성가심(?)을 덜 수 있
었고, 이승엽 역시 마음의 부담을 털어낼 수 있었다.

2003년까지 324개의 홈런을 기록한 상태에서 일본으로 건너갔던 이승
엽은 일본 무대에서 159개의 홈런을 추가한 후 국내로 복귀했고, 이날 홈
런은 그의 시즌 17번째 홈런이었다. 이승엽의 한일 개인통산 500홈런이
달성된 시점에서 미국과 일본프로야구의 개인통산 500홈런 기록보유자는
각각 25명과 8명이었다.

16. KBO리그 최다 홈런 신기록

2012 시즌 고국 무대로 복귀한 이승엽은 이듬해인 2013년 6월 20일 인

천 문학구장 SK전에서 1 : 1이던 3회 초, 윤희상(SK)에게 좌중간 담장을 넘어가는 3점 홈런(개인통산 352호)을 뺏어내며 양준혁이 보유했던 한국프로야구 개인통산 최다 홈런 기록인 351개를 뛰어넘어 새로운 이정표를 세웠다. 이는 양준혁이 2057경기에서 세운 기록을 무려 733경기나 앞당긴 기록으로 이승엽의 352호 홈런에 소요된 경기 수는 총 1324경기였다.

17. 울산 문수야구장 개장 1호 홈런

롯데가 제2의 홈구장으로 사용하는 울산 문수야구장이 처음 문을 연 것은 2014년 3월이었다. 그리고 그해 공식 경기 개장 첫 홈런의 주인공은 다름 아닌 이승엽이었다. 정규 시즌이 개막하기 전 3월 시범경기에서 롯데의 손아섭이 첫 홈런을 날리기는 했지만 이는 어디까지나 비공식기록.

삼성 이승엽은 2014년 4월 5일 롯데와의 원정경기에서 6번 타자로 나와 0 : 4로 끌려가던 2회 초 롯데 선발 셰인 유먼을 상대로 가운데 담장을 넘어가는 투런홈런을 뺏어내며 자신의 시즌 1호이자 울산 문수야구장 개장 후 공식 경기 첫 홈런 기록자로 이름을 올렸다. 이날 이승엽의 타구는 센터 쪽 담장을 맞고 그라운드로 튀어 들어와 처음에는 홈런으로 인정받지 못했지만, 삼성 류중일 감독의 비디오판독 요청을 통한 리플레이 확인 과정을 거쳐 정식 홈런으로 인정받을 수 있었다.

18. 고의4구 후 이승엽 대결 선택 홈런

승부처에서 이승엽 타석이 돌아오면 상대 팀은 피해갈 수만 있다면 그 길을 선택한다. 우회로가 보이는 상황에서 군이 무서운 장타력을 보유한 이승엽과 정면 승부를 볼 필요가 없기 때문이다. 그런데 이러한 상식적인 선택을 역으로 가져가다 낭패를 본 일화가 존재한다.

2014년 5월 21일 포항구장에선 삼성과 롯데의 경기가 열렸다. 롯데가 4 : 3으로 리드하던 5회 말, 롯데는 2사 3루의 실점 위기 상황에서 타석에 등장한 박석민을 고의4구로 거르는 선택을 했다. 그리고 다음 타자는 이승엽. 이날의 선발인 장원준(롯데)이 좌완이라는 점을 감안해 롯데로선 우타자 박석민보다는 좌타자 이승엽을 상대하는 편이 더 낫다는 판단을 내린 것이었다.

하지만 롯데 장원준의 이 선택은 결국 무모한 선택이 되고 말았다. 앞선 4회 말에 이미 홈런을 기록하는 등, 타격감이 나쁘지 않았던 이승엽은 2사 1, 3루 상황에서 장원준이 던진 커브를 받아쳐 오른쪽 담장 너머로 멀리 날려버렸다. 역전 3점 홈런이었다. 앞 타자를 거르고 자신을 선택하자 타석에 들어서면서부터 인상이 편치 않았던 이승엽은 작심한 듯 풀 스윙으로 상대를 공략했고, 결과는 롯데 측의 참패였다. 경기에서 승리한 삼성 이승엽은 경기 후 수훈 선수 인터뷰에서 이 순간의 감정을 숨기지 않았다.

"앞 타자를 거르니까 기분이 많이 나빴어요. 응징을 하고 싶었는데 홈런이 나와 기쁩니다."

19. 삼성 이건희 회장과 이승엽의 홈런

2020년 10월 삼성그룹 이건희 회장의 별세 소식에 이승엽은 SNS를 통해 "삼가 고인의 명복을 빕니다. 대한민국 경제와 스포츠에 태산 같은 존재였던 이건희 회장님. 회장님께서 생전에 보여주셨던 대한민국 스포츠 발전을 위한 열정과 관심. 스포츠인으로서 진심으로 감사드린다"라고 추모의 뜻을 밝혔고, 아울러 "삼성의 유니폼을 입고 삼성을 통해서 성장할 수 있었다. 그런 삼성을 이끌어주셨던 회장님의 죽음에 깊은 애도를 표한다"라며 비통한 심경을 표현했다.

이는 자연스럽게 2014년에 있었던 이건희 회장의 투병 과정에 얽힌 홈런 이야기로 이어졌는데, 당시 의식이 없는 상태로 병상에 누워 있던 이건희 회장이 5월 25일 대구구장 넥센전에서 3회 말 이승엽이 3점 홈런을 때려내자 TV로 경기를 시청하던 가족들의 떠들썩한 분위기에 잠시 눈을 떠 반응을 보였다고 알려졌던 일화다. 돌아보면 이승엽의 홈런은 단순히 선수 개인적 차원의 홈런에 그치지 않고 그 정도의 사회적인 이슈로 부상할 만큼 큰 영향력을 갖고 있었다는 반증으로 해석할 수 있다.

20. 한 경기 3연타석 홈런

이승엽이 3연타석 홈런을 기록한 것은 총 세 번. 그중에서 두 번은 두 경기에 걸쳐 작성한 것으로 단일 경기에서 3연타석 홈런을 때려낸 것은 2014년 6월 17일 딱 한 번뿐이다.

이날 문학구장 SK전에서 이승엽은 개인통산 세 번째(리그 역대 34번째)에 해당하는 3연타석 홈런을 때려내며 건재를 과시했다. 이승엽은 2회 초 솔로포를 시작으로 4회 초에는 동점 솔로 홈런, 5회 초엔 투런홈런을 각각 추가하며 개인 최초의 단일 경기 3연타석 홈런 기록을 작성해 냈다.

KBO리그 개인 최다 연타석 홈런은 4연타석이다. 2000년 박경완(현대), 2014년 야마이코 나바로(삼성), 2017년 윌린 로사리오(한화)가 각각 4연타석 홈런 기록을 세웠다.

이 부문 세계 최고 기록은 5연타석 홈런. 2022년 8월 2일 일본 야쿠르트 스왈로스의 내야수 무라카미 무네타카에 의해 작성된 기록으로, 무라카미는 7월 31일 한신전에서 7회와 9회 그리고 연장 11회에 연달아 담장을 넘긴 데 이어 8월 2일 주니치전(도쿄 메이지 진구구장)에서도 1회 솔로, 3회 투런을 작렬하며 한·미·일 통틀어 사상 첫 개인 5연타석 홈런이라는 대기록을 만들어냈다.

21. KT 위즈파크 개장 첫 홈런

2015년은 KT 야구단 창단과 함께 10개 구단으로 KBO 정규리그가 치러진 첫해로 기록된다. 그리고 3월 31일 신생구단 KT는 수원 홈구장에서 삼성을 상대로 홈 개막경기를 치렀다. 이는 2007년 수원구장을 홈으로 사용하던 현대가 떠난 이후 무려 8년 만의 정규리그 경기였다.

이날 이승엽은 3회 초 선발 크리스 옥스프링(KT)의 초구를 밀어 쳐 좌중간 쪽 담장을 살짝 넘어가는 홈런을 기록하며, KT 위즈파크로 이름을 바꾸고 새 출발을 알린 수원구장 재개장 첫 공식 홈런 기록자로 이름을 남겼다. 한편 이승엽은 경기 시작 전, 수비 연습 도중 날아온 타구에 허벅지를 직격당하는 예기치 않은 부상을 입어 경기 출전이 불투명했지만 예정대로 경기를 소화해 냈다. 이 홈런이 있기 전, 이승엽이 수원구장에서 마지막으로 홈런을 기록한 것은 2003년 9월 6일 현대전이었다. 상대투수는 정민태.

22. 재현된 잠자리채 열풍 속 KBO리그 400홈런

2013년 이승엽이 352호 홈런으로 개인 최다 홈런 리그 신기록을 작성한 이후부터 그에 의해 추가되는 홈런은 하나하나가 곧 KBO리그의 새로운 홈런사였다. 그리고 홈런 숫자가 하나둘 늘어가면서 팬들의 다음 관심사는 자연스럽게 이승엽의 리그 400홈런에 모아지고 있었다. 이승엽 개인적으로는 이미 2006년 400개의 홈런(한일 통산)을 때려낸 바 있지만 KBO리그만으로 국한한 단일 리그 400홈런은 그 의미가 더욱 특별할 수밖에 없었다.

삼성 라이온즈가 제2의 홈구장으로 사용하는 포항구장에서 2015년 6월 3일, 홈런 기록에 관한 한 인연이 남다른 롯데를 맞아 이승엽은 6번 지명타자로 이름을 올렸다. 경기 시작 전부터 포항구장 외야는 마치 2003년

56호 때처럼 대형 잠자리채를 든 관중으로 북새통을 이루었다. 이날 롯데의 선발은 무명에 가까운 구승민. 이승엽은 5 : 0으로 앞서가던 3회 말 2사 후 타석에서 초구 스트라이크를 그대로 지켜본 뒤 구승민이 던진 두 번째 공이 날아오자 힘껏 방망이를 돌렸다. 타구는 오른쪽 담장을 향해 커다란 궤적을 그리며 날아갔고 외야에 자리하고 있던 사람들은 홈런임을 직감한 듯, 예상 낙구 지점을 향해 바삐 움직이기 시작했다.

그렇게 날아간 타구는 외야 잔디를 지나 나무들 사이로 사라졌고 이승엽은 축포가 터진 포항구장을 가득 메운 팬들의 박수와 함성을 받으며 유유히 다이아몬드를 돌았다. 누가 말을 해주지 않아도 포항구장 전광판에 큼지막하게 뜬 숫자 '400'은 오늘 이 한 방이 어떤 의미를 가진 홈런인지를 대신 말해주고 있었다.

이승엽은 대기록 달성 후 "마흔 살에 작성한 기록이라 너무나 값진 홈런이라고 생각한다. 아마도 이 400호 홈런이 굵직한 이정표로선 내 마지막 홈런 기록이 될 것 같다"라는 말로 소감을 피력했다.

한편 포항시는 이승엽의 400홈런이 포항구장에서 터진 것을 기념하기 위해 홈런타구가 떨어진 방향에 "400 ZONE 라이온 킹 이승엽"이라는 문구를 새겨 넣은 '홈런 기념존'을 설치해 그의 대기록을 기렸다(KBO리그 개인통산 400홈런 기록이 이승엽에 의해 처음 작성된 후, 2021년 10월 19일 SSG의 최정이 리그 두 번째로 400홈런 고지에 올라섰다).

23. 시각장애 소년과의 약속, 감동 홈런

2014년 8월 24일 대구구장 SK전에 앞서 이승엽은 공민서 군(대구광명학교)의 손을 잡고 함께 마운드로 향했다. 시각장애인이던 공 군은 시력이 나빠지기 전 이승엽이 활약하는 경기를 즐겨 봐왔는데 증상이 점점 악화되어 이젠 앞이 거의 보이지 않는 상태로 귀를 통해서만 야구하는 소리를 들

을 수 있는, 딱한 사연을 갖고 있는 학생이었다.

이 사연을 전해 들은 삼성은 공 군을 시구자로 초청했고 이승엽은 시구 도우미를 하기 위해 그라운드로 나섰던 것. 이승엽은 공 군을 마운드로 안내한 뒤 공 군의 어깨에 손을 얹어 공을 던질 방향을 알려주었고, 공 군이 던진 공은 포수 이지영을 향해 정확하게 날아갔다. 우상이던 이승엽을 만나는 게 소원이었던 공민서 군은 성공적인 시구 후 이승엽에게 사인볼을 건네받았고, 공 군은 꼭 홈런을 쳐달라는 부탁과 응원의 말을 남겼다. 이에 이승엽은 어쩌면 지키지 못 할 수도 있는 약속 아닌 약속을 하며 경기에 들어갔다.

그리고 5회 말 이승엽은 트래비스 밴와트(SK)로부터 오른쪽 담장 가장 끝자락을 때리는 넉넉한 홈런을 쏘아올렸다. 공 군은 순간 자리에서 벌떡 일어나 기어이 약속을 지켜낸 이승엽을 향해 아낌없는 박수를 보냈다. 사실 앞선 두 경기에서 홈런은 고사하고 안타 한 개도 기록하지 못했던 이승엽으로선 약간 부담이 되는 약속일 수도 있었지만 이승엽은 보란 듯이 그 약속을 지켜냈던 것이다. 이날의 홈런은 이승엽으로부터 홈런을 선물받은 공 군에겐 더 없는 감동의 순간이었을 것임은 당연하지만, 이를 보는 사람들에게도 못지않은 깊은 울림을 전해준 홈런이었다.

한편 메이저리그에도 이와 비슷한 미담이 옛날부터 존재해 내려오는데 홈런왕 베이브 루스의 '예고 홈런'이라는 이름으로 불리는 일화다. 뉴욕 양키스의 베이브 루스는 1926년 세인트루이스와의 월드시리즈 경기를 앞두고 말을 타다 크게 다친 조니 실베스터라는 11살 소년에게 "수요일에 너를 위해 홈런을 치겠다(I'll knock a homer for wednesday game)"라는 글을 적은 사인볼을 선물한 뒤, 실제로 4차전에서 홈런 세 방을 때려냈다고 전해오는 이야기다.

24. 한일 통산 600홈런

2016년 9월 14일 국민타자 이승엽은 한일 통산 600홈런이라는 대기록을 수립했다. 이승엽은 이날 대구 삼성라이온즈파크 한화전에서 5번 지명타자로 출전, 1 : 0으로 리드하던 2회 말 이재우(한화)가 던진 3구째를 통타해 비거리 115m짜리 우월 솔로 아치를 그려내며 모두가 주목하던 대망의 600홈런 고지를 밟았다. 이 홈런은 KBO 무대에서 14시즌(441개), 일본 무대에서 8시즌(159개)을 뛴 끝에 탄생된 기록으로 미국에선 여덟 명(배리 본즈, 행크 에런, 베이브 루스, 알렉스 로드리게스, 윌리 메이스, 켄 그리피 주니어, 짐 토미, 새미 소사), 일본에선 단 두 명(오 사다하루, 노무라 가쓰야)만이 개인 600홈런 수립자 명단에 이름을 올려놓고 있다.

한편 이승엽은 한일 통산 600홈런에 대해 단일 리그 기록이 아니라 큰 의미를 두지 않는다는 말을 남기기도 했는데, 일본에서 기록한 홈런은 KBO리그에 비해 기량적인 면에서 수준이 높다고 할 수 있는 리그에서 작성된 것임을 감안할 때 적어도 KBO리그 내에서는 그 기록적 의미와 가치를 평가절하할 수는 없는 일이다.

25. 은퇴 경기 연타석 홈런

종착역이었다. 2017년 10월 3일은 국민타자 라이온 킹 이승엽이 1995년 한국프로야구에 고졸 신인으로 데뷔한 이후 기나긴 23년간의 현역 생활을 마감하는 날이었다. 이미 오래전 은퇴 시점을 예고한 터라 갑작스러운 일은 아니었지만 이승엽을 아끼는 야구팬들은 이날이 오지 않기를 바라고 또 바랐었다.

하지만 멈추지 않는 시간을 거스를 수는 없는 법. 그간 셀 수 없이 많은 홈런을 양산해 내며 야구팬들을 기쁨으로 때론 감동으로 몰아넣곤 했던

이승엽의 마지막 모습을 보고자 삼성라이온즈파크는 구름처럼 몰려든 관
중으로 가득 차 있었다.

선수로서 이승엽의 마지막 경기 상대는 넥센 히어로즈였다. 상대 선발
투수는 사이드암 유형의 한현희(넥센). 관중의 우레와 같은 함성과 응원가
떼창 속에 1회 말 타석에 들어선 이승엽은 1사 3루에서 한현희의 3구째
직구(147km)가 날아오자 주저 없이 방망이를 돌렸다.

"딱!"

설마 했는데 이승엽은 마지막 순간까지도 팬들에게 그의 트레이드마크
인 홈런을 통해 작별 인사를 했다. 더 이상은 없을 최고의 선물이었다. 타
구가 오른쪽 담장을 훌쩍 넘어 관중석에 떨어지자 야구장 안은 그야말로

난리법석이었다. '믿기지 않는 은퇴 경기에서의 홈런이라니.' 은퇴 경기를 앞두고 이승엽은 "홈런이나 안타보다도 끝까지 최선을 다하는 모습을 보여드리고 싶다"라며 결과보다 과정 자체에 의미를 두는 말로 자세를 한껏 낮췄는데 결과적으로는 지나친 겸손이었다.

시작하자마자 안 그래도 뜨거운 야구장을 고별 홈런으로 더욱 끓어오르게 만든 이승엽은 두 번째 타석인 3회 말 2사 후 또 한 번 야구장을 발칵 뒤집어놓았다. 한현희가 던진 공을 또 다시 오른쪽 담장 밖으로 날려보내버린 것이다. 그의 626호 홈런이자 KBO리그 467번째 홈런이었다. '은퇴 경기에서 연타석 홈런씩이나 …….' 팬들을 향한 작별 인사와 고별 선물로 치기에는 너무나 화려한 작별이었고 고가의 선물이었다.

그렇게 마지막 경기는 끝이 났고 깊어가는 가을 밤 이승엽의 성대한 은퇴식이 열렸다. 그리고 그때 알았다. 그의 홈런이 주는 달콤함과 짜릿함에 중독되어 온 야구팬들에게 이승엽의 단비 같은 홈런 행진은 단 한 번도 멈춤이 없었다는 것을. 대한민국 야구가 낳은 최고의 스타 이승엽은 마지막까지 그것을 증명하고 있었다.

진정한 노력은 결코 배신하지 않는다.

이승엽의 좌우명이다. 이승엽은 1993년 경북고등학교 시절 청룡기를 모교에 안길 당시 혼자서 4승을 따낼 만큼 장래가 촉망되던 투수였다. 1995년 삼성 라이온즈에 입단했을 때도 그의 포지션은 투수였다. 하지만 고교 시절 연투에 의한 부상 후유증으로 프로 입단 후 타자로 전향해야 했다. 그럼에도 이승엽은 천부적인 재질과 끝없는 노력으로 불과 입단 3년 만인 1997년 홈런왕을 차지하며 한국프로야구 최고의 선수 자리에 올라섰다.

이후 1998년 외국인 선수에게 KBO리그 문호가 개방되며 우월한 힘과 신체 조건을 지닌 그들로 인해 이승엽의 존재감은 다소 떨어질 것으로 짐작됐지만, 이승엽은 1999년 최초의 50홈런 시대를 열며 그러한 생각을 기우로 만들었다.

그리고 이승엽은 여기에서 멈추지 않았다. 2001~2002년 연속 홈런왕에 오른 그는 2003 시즌을 앞두고 당시 이승엽을 있게 만든 타격폼에 수정을 가했다. 누가 봐도 모험에 가까운 시도였다. 그러나 이승엽은 2003년 보란 듯이 56개의 홈런을 쳐내며 아시아 최다 홈런 신기록을 갈아치웠고 존재감을 한껏 드높였다. 그런 그에게 국내 리그에서 더 이상 오를 곳은 없어 보였다.

더 큰 무대를 원했던 이승엽은 KBO리그를 떠나 2004년 일본으로 건너갔다. 당초 메이저리그로의 진출을 꿈꿨던 이승엽은 상황이 여의치 않자 일본으로 진로를 틀었고 8년간 지바 롯데-요미우리-오릭스를 거치며 우승을 맛보기도 하고 때론 2군으로 내몰리는 등, 편차 심한 부침을 겪기도 했지만 상위 무대에서 살아남기 위한 그의 도전은 언제나 값진 것이었다.

2011 시즌을 끝으로 일본 생활을 마무리 지은 이승엽은 2012년 원소속 팀이던 삼성을 통해 KBO리그로 복귀했다. 복귀 전 기량적으로 전성기가 이미 지났다는 평가절하를 받기도 했지만 이승엽은 그간 쌓아온 원숙한 경험과 중단 없는 노력을 통해 이를 이겨냈고, 세간의 예상과 평가가 섣부른 판단이었음을 마지막 순간까지 증명해 냈다.

팬들의 아쉬움 가득한 눈물 속에 영구결번식과 은퇴식이 모두 끝나갈 즈음, 이날 이승엽 은퇴 경기 중계 방송사인 MBC SPORTS+의 한명재 캐스터는 준비한 마지막 멘트를 읽어나갔다.

이승엽 선수, 우리 세대의 타자였습니다. 우리와 함께 데뷔했고, 우리와 함께 웃었고, 울었고, 기뻐했고, 슬퍼했던 타자입니다. 우리 세대의 선물을 오늘 우리는 우리의 가슴 속에 새깁니다. 정말 우리에게 이 많은 추억을 안겨줘서 고맙습니다. 당신은 라이온 킹이 아닌 우리에게는 베이스볼 킹이었습니다. 잊지 않겠습니다. 당신이 얼마나 당당했고 자신 있는 선수였는지. 절대 배신하지 않는다는 당신의 땀과 눈물, 그리고 그 가치까지 잊지 않겠습니다. 보고 계시죠, 듣고 계시죠. 당신이 함께 한 역사는 당신이 어디에 있든 우리 가슴에 영원히 남을 것입니다. 고맙습니다. 이승엽.

이승엽이 기록한 626개 홈런 비거리를 모두 합치면 7만 4070m다. 이는 세계 최고봉인 히말라야 에베레스트(8848m) 높이의 약 8.37배에 해당하는 길이다. 범위를 좁혀 KBO리그 467홈런만을 대상으로 홈런 비거리를 합하면 5만 4705m. 여의도 63빌딩 높이인 249m를 기준으로 하면 63빌딩의 219.7배에 이르는 길이가 된다.

돌이켜보면 이승엽의 한일 개인통산 홈런 수는 626개가 아닌 그 이상의 홈런 수로 기록될 수도 있었다. 2006년 6월 11일 요미우리 소속이던 이승엽은 지바 롯데전 2사 1루 상황에서 투런홈런을 때려냈는데, 1루 주자였던 오제키 다쓰야가 그만 3루를 밟지 않아 누 공과로 아웃(제3아웃에 해당)되는 바람에 홈런 기록이 날아간 일이 있었다.

또한 국내로 복귀한 이후 잠실 경기에서는 이승엽이 친 라인드라이브성 타구가 우측 담장 부근으로 날아갔다가 관중이 내민 손을 맞고 그라운드 안으로 떨어져 홈런이 아닌 2루타로 처리된 일이 있었다. 당시 삼성 류중일 감독은 이 타구에 대해 비디오판독을 신청하지 않고 지나갔는데, 추후 다시 돌려본 영상에선 관중의 손에 맞지 않았다면 노란색 홈런 선을 넘었을 것으로 추정되는 장면을 확인할 수 있었다.

한편 아무도 넘볼 수 없을 것 같던 이승엽의 KBO리그 467홈런 기록에 도전장을 내민 선수가 있다. SSG의 3루수 최정이 그 주인공. 최정은 2020년까지만 해도 이승엽이 보유한 리그 통산 최다 홈런 기록 경신 가능성을 묻는 질문에 쳐다보지도 못할 기록이라며 손사래를 쳤지만 2023 시즌 종료 기준 그가 기록한 통산 홈런 수는 458개로, 이승엽의 최다 기록에 9개 차로 바짝 다가선 상태다. 2005년 이후 18시즌 동안 매년 평균 23~24개꼴로 홈런을 추가해 왔음을 감안할 때 2024 시즌 이승엽의 최다 홈런 기록을 넘어서는 일이 가능할 것으로 보인다.

타구 방향별 홈런

구분	좌	좌중	중	우중	우	계
KBO리그	54	31	105	62	215	467
한일 통산	73	41	132	90	290	626

점수 유형별 홈런

구분	솔로 홈런	2점 홈런	3점 홈런	만루홈런	계
KBO리그	244	160	53	10	467
한일 통산	338	205	73	10	626

KBO리그 투수 유형별 홈런

구분	우완	좌완	우완 언더드로	좌완 언더드로	계
KBO리그	286	131	49	1	467

KBO리그 구장별 홈런

고척돔	홈런
잠실	39
인천 문학	20
부산 사직	27
전주	10
광주 챔피언스필드	8
마산	13
대전	29
청주	3
대구 라이온즈파크	22
군산	1
수원	16
인천	6
목동	4
포항	15
울산	1
광주 무등	25
고척돔	3
대구(시민운동장)	225
계	467

KBO리그 상대 팀별 홈런

상대	경기 수	홈런
롯데	252	73
쌍방울	92	19
SK	165	48
LG	264	59
두산	257	56
현대	163	33
한화	250	71
KIA	254	72
넥센	93	16
NC	74	15
KT	44	5
계	1906	467

이승엽 연도별 홈런

연도	소속	경기 수	홈런
1995		121	13
1996		122	9
1997		126	32
1998		126	38
1999	삼성	132	54
2000		125	36
2001		127	39
2002		133	47
2003		131	56
2004	일본	100	14
2005	지바 롯데	117	30
2006		143	41
2007		137	30
2008	요미우리	45	8
2009		77	16
2010		56	5
2011	오릭스	122	15
2012		126	21
2013		111	13
2014	삼성	127	32
2015		122	26
2016		142	27
2017		135	24
KBO리그	15시즌	1906	467
일본 NPB리그	8시즌	797	159
합계	23시즌	2703	626

그리운 선배
그리운 이름, 'Park'

 2016년 봄은 유난히도 벚꽃의 향기가 짙던 해였다. 그래서였을까? 박기철 선배의 카톡 프로필에는 어울리지 않는(?) 사진 한 장이 올라 있었다. 고개를 들어 만개한 벚꽃을 올려다보는 모습이었다. 꽃에는 관심이 없는 분인 줄 알았었는데 ……. 그리고 그렇게 화사하던 벚꽃이 꽃가루가 되어 바람에 부서지기 시작할 무렵, 박선배는 홀연히 우리 곁을 떠났다. 잘 지내라는 한 마디 말도 없이 ……. 하지만 남겨진 우리는 그럴 수 없었다. 늦었지만, 늦어도 아주 많이 늦었지만 부디 잘 가시라는 인사는 드리고 싶었다. 들어줄 사람 없는 독백과도 같은 혼잣말이었지만 그마저도 하지 않으면 많이, 아주 많이 혼날 것 같았다. 먼 훗날의 나로부터.

2016년 4월 6일

 그 어떤 당부나 작별의 말도 없이 홀연히 우리 곁을 떠나셨던 그날, 야구장엔 추적추적 비가 내렸습니다. 봄비를 자양분 삼아 여름이면 더욱 파릇해질 녹색의 그라운드는 한껏 풋풋함을 뽐내고 있었지만, 혼잣말하듯 가

끔 한마디씩 던져주곤 하던 선배님의 말씀을 거름 삼아 커 나온 후배들의
마음은 목동을 잃은 안개 속 양 떼들처럼 어디로 가야 할지 몰라 그저 막
막하기만 할 뿐이었습니다. 미처 준비하지 못한 이별이 가져다주는 황망
함과 당황스러움은 그 누구에게도 마찬가지겠지만, 선배님의 지나온 길과
아직 걷지 못했지만 걸어냈을 남은 길을 생각하면 야구계의 상심은 더욱
더 깊어져만 갑니다.

"신문기사 봤습니다."

기억하시나요? 30년도 넘은 긴 세월이 흘렀습니다. 선배님을 처음 알게
되었던 고등학교 시절, 잠실야구장을 나와 집으로 가는 2호선 전철 안에서
내내 아무말 없이 신문만 뒤적이던 선배님에게 제가 처음 어렵사리 꺼낸
말이었습니다.

"……."

말보다 가벼운 웃음으로 대신하셨지요. 그때는 알지 못했습니다. 선배
님이 어떤 생각으로 공학도가 아닌 야구의 길을 택하셨는지를. 하지만 지
금은 누구보다 잘 알고 있습니다.

프로 초창기 시절, 당시 주류를 이루던 일본식 야구 이론과 기록 방식보
다 좀 더 알기 쉽고 합리적이라고 생각한 미국식 기록 방식을 과감히 수용
했던 일, 야구는 출루가 우선이라는 생각으로 아무도 거들떠보지 않았던
출루율의 중요성을 강조해 공식 통계화한 일, 기존 일본식이던 투수의 자
책점 결정 방식을 미국식으로 전환해 투수들의 고의적인 기록 조작 여지
를 사전에 막아버린 일, 1980년대 중반 컴퓨터를 이용한 기록의 체계적인
데이터베이스화의 필요성을 일찍이 주장해 관철시킨 일 등등 ……

주변의 반대에도 불구하고 그저 야구가 좋아 어렵게 배워온 원자핵공학
이라는 전문 분야의 학문을 과감히 버리고 돈키호테라는 소릴 들으며 프
로야구 공식기록원에 몸을 던졌던 선배님의 결단과 노력이 있었기에 지금
의 프로야구 기록 체계는 굳건히 뿌리를 내릴 수 있었습니다.

아울러 야구 공식 기록의 토대를 마련하는 데 머물지 않고, 세상의 주목을 받지 못했던 출루율을 비롯한 틈새 기록에 관심을 갖고, 공식 기록과 통계가 미처 표현해 내지 못하는 숨겨진 기록을 발굴하고자 'SKBR'이라는 재야의 야구기록 및 통계 연구모임을 발족시켜 한국판 세이버메트릭스의 장을 열어주셨습니다. 바쁜 시간을 쪼개어 PC 통신으로 알게 된 해외야구 덕후들과의 오프라인 교류 모임을 갖고, 그들의 야구 열정에 관심과 진정 어린 격려를 아끼지 않으셨습니다.

또한 야구기록 분야 외에도 행정적으로는 1990년대 중후반 KBO(한국야구위원회) 기획실장직을 지내며, 마케팅 분야의 발전 모색과 한국프로야구 최초의 외국인 선수 트라이 아웃을 미국 현지에서 주관하시기도 했습니다.

한편 KBO를 떠난 이후에는 《스포츠투아이》라는 스포츠 통계 기록을 전문으로 다루는 회사를 창설, 야구기록은 물론이고 각종 스포츠 분야 기록 통계의 전문화를 극대화하는 데 매진하셨습니다. 그 결과 현재 프로야구가 연일 쏟아내는 빅 데이터의 체계적 관리와 정확한 기록 산출을 현실적으로 가능하게 만드셨습니다. 시간이 흘러 이렇듯 선배님이 걸어온 길을 돌이켜 생각하니 그 빈자리가 더욱 한없이 넓어져만 갑니다.

하지만 이러한 야구에 대한 열정 외에 스스로의 건강을 챙기고 염려하는 데는 너무나 서툴러 보였던 것이 늘 마음에 걸리곤 했었는데, 결국 그 부분이 이렇게 뜻하지 않은 갑작스러운 이별을 불러오고 말았습니다.

사람은 누구나 한번은 그 길을 가야 한다지만 지금은 때가 아니었기에, 이미 현실이 되어버린 선배님과의 작별은 그래서 더더욱 믿기지 않았고 받아들일 수 없었습니다. 한국야구는 선배님을 어떻게 추억할까요? 한국 야구기록계의 대부로? 한국의 헨리 채드윅으로? 한국의 빌 제임스로?

그러나 어떻게 기억하든 이것 하나만은 꼭 세상이 기억해 주길 바라봅니다. 후배들의 실수를 나무라기보다 감싸 안으려 했고, 모르는 부분을 주입하기보다 스스로 느껴 깨닫기를 원했고, 자신의 생각을 앞서 강요하기보다 후배들의 생각을 먼저 들어주시던 분이었습니다.

정체된 현실에 안주하기보다 열린 생각으로 야구와 세상을 바라보기를 원했고, 남 듣기 좋은 말보다 꼭 들어야 할 말을 먼저 꺼내시던 분이었습니다. 특유의 불명확한 말투와 어법으로 때론 알아듣지 못해 되돌아온 질문에 난감한 적도 있었지만, 선배님에게서 풍겨 나오는 말의 체취는 언제나 인간미 그 자체였습니다. 사람 냄새가 풀풀 나는 그런 분이었지요. 두고두고 많이 그리울 것 같습니다.

2016년 4월 8일

선배님을 억지로 보내드리고 돌아와 앉은 야구장 기록실. 그날의 야구는 지금까지 보아오던 야구와 많이 달랐습니다. 그라운드, 관중석, 기록실, 선수들의 플레이 하나하나 그리고 그것을 옮겨 적는 펜 끝 한 올 한 올. 곳곳에 선배님의 흔적이, 선배님과 함께 했던 옛 기억들이 살아 숨 쉬는 듯 묻어나고 있었습니다.

선배님의 순수함을 아끼고 사랑했던 사람들을 뒤로하고 먼 길을 서둘러 떠나신 '박기철'이라는 이름 석 자. 야구와 떼려야 뗄 수 없는 그다지 세련되지 않은 음과 철자법을 가진 그 이름 석 자는 많은 사람들의 기억과 가슴에 오래도록 남아 회자될 것입니다.

선배님과의 인연으로 야구계에 몸담은 후배들과 야구기록을 아끼고 사랑하는 사람들에게 마음의 전당이 있다면 그곳에 맨 먼저 자리할 사람은 아마도 선배님일 것입니다.

갓 들어와 잠실야구장 중앙 테이블석에서 기록 연습에 열중하던 후배를 서서 내려보다 짚어줘야겠다 싶은 부분을 말없이 손가락으로 꾹 눌러주시던 선배님의 모습이 생각납니다.

남겨진 사람들의 때늦은 후회를 들으시며 언제나 그러셨듯이 지금도 저

하늘 어디에선가 작은 미소를 짓고 그때처럼 내려다보고 계시겠지요. 하늘나라에도 야구장이 있다면 그곳에서 다시 만날 것을 믿습니다. 사랑합니다.

"부디 고이 영면하십시오."

(고)박기철 선배는 1982년 서울대 원자핵공학과를 졸업하고 야구가 좋다는 단 한 가지 이유만으로 주변의 만류를 뿌리치고 KBO에 입사했을 만큼, 야구에 대한 애정과 열정이 남달랐다. 프로야구가 출범하던 1982년 당시 야구와 어울리지 않는 (?) 이러한 특이한 이력 때문에 그는 언론의 주목을 받기도 했는데, KBO 입사 후 공식기록원으로 활동하며 야구기록의 전산화를 추구했고, 1995년 기획실장으로 업무를 전환한 이후에는 통합 마케팅의 중요성을 주장하며 KBOP의 태동을 이끌어냈다. 이후 1998년에는 자리를 옮겨 스포츠 기록 통계를 다루는 스포츠투아이를 설립하는 데 앞장서며 스포츠 통계 기록의 산업화에도 많은 힘을 쏟았다.

지은이

KBO 공식기록원
윤병웅

1990년 KBO 기록위원회 공식기록원으로 입사해 30여 년간 프로야구 경기 현장에서 야구 경기 역사의 사관으로 활동해 오고 있으며, 1990년 9월 27일 태평양 돌핀스와 삼성 라이온즈의 경기(당시 인천 도원구장)로 1군 데뷔전을 치른 이후, 2020년 10월 3일 부산 사직구장, 롯데와 한화전에서 KBO리그 통산 3000경기 출장을 달성했다.

2012년에 온라인 뉴스매체 ≪OSEN≫에 8년간 연재했던 야구기록 칼럼을 모아 『윤병웅의 야구기록과 기록 사이』를 펴낸 바 있으며, 당시 연재 글 중 분량 문제로 싣지 못했던 일부와 새로운 내용을 가미해 2023년 후속편인 『야구기록과 기록 사이 2』를 야구팬들 앞에 내놓았다.

2018년 야구규칙서 전면 개편 TF 팀의 일원으로 활동했으며, 현장 기록업무 외에 한국 프로야구 규칙, 규정의 변화 과정과 실제 각종 사례를 한곳에 모은 『풀어 쓴 야구기록 규칙』의 주기적 개정증보판 작업을 병행해 맡아오고 있다.

윤병웅의

야구기록과 기록 사이 2

ⓒ 윤병웅, 2023

|지은이| 윤병웅
|사진 제공| OSEN / KBO
|펴낸이| 김종수
|펴낸곳| 한울엠플러스(주)
|편집책임| 최진희
|편 집| 이동규

|초판 1쇄 인쇄| 2023년 10월 22일
|초판 1쇄 발행| 2023년 11월 3일

|주 소| 10881 경기도 파주시 광인사길 153 한울시소빌딩 3층
|전 화| 031-955-0655
|팩 스| 031-955-0656
|홈페이지| www.hanulmplus.kr
|등 록| 제406-2015-000143호

Printed in Korea.
ISBN 978-89-460-8255-7 03690

* 책값은 겉표지에 표시되어 있습니다.

윤병웅의
야구기록과 기록 사이

윤병웅 지음 | 24,000원 | 448면 | 2012.6.15

"경기 도중 갑자기 정전이 된다면 다음 경기는 어떻게 진행될까?"
"타격하다 부러진 방망이가 타구에 닿으면 어떻게 처리될까?"

야구팬이라면 경기 중 예상치 못한 상황이 펼쳐지는 그라운드를 보며 '저
선수나 경기의 기록은 어떻게 처리되는 거지?' 하고 한 번쯤 궁금증을 가져
봤을 것이다. KBO의 공식기록원인 저자는 프로야구 역사 속에서 벌어진
그러한 사건들을 야구규칙과 곁들여 매력적이게 풀어냈다. 독자들은 이 책
을 통해 프로야구의 흥미로운 뒷이야기, 선수들에게 얽힌 에피소드를 살펴
보며, 숨어 있던 야구의 또다른 매력을 발견할 수 있을 것이다.